广视角·全方位·多品种

权威·前沿·原创

皮书系列为
"十二五"国家重点图书出版规划项目

国际城市蓝皮书

BLUE BOOK OF WORLD CITIES

总 编／王 战 潘世伟

国际城市发展报告
（2014）

ANNUAL REPORT ON WORLD CITIES
(2014)

主 编／屠启宇
副主编／苏 宁 张剑涛

社会科学文献出版社
SOCIAL SCIENCES ACADEMIC PRESS (CHINA)

图书在版编目（CIP）数据

国际城市发展报告. 2014/屠启宇主编. —北京：社会科学文献出版社，2014.1
（国际城市蓝皮书）
ISBN 978 - 7 - 5097 - 5464 - 1

Ⅰ.①国… Ⅱ.①屠… Ⅲ.①城市经济 - 经济发展 - 研究报告 - 世界 - 2014 Ⅳ.①F299.1

中国版本图书馆 CIP 数据核字（2013）第 311500 号

国际城市蓝皮书
国际城市发展报告（2014）

主　　编 / 屠启宇
副 主 编 / 苏　宁　张剑涛

出 版 人 / 谢寿光
出 版 者 / 社会科学文献出版社
地　　址 / 北京市西城区北三环中路甲 29 号院 3 号楼华龙大厦
邮政编码 / 100029

责任部门 / 皮书出版中心 （010）59367127　　责任编辑 / 姚冬梅　李春艳
电子信箱 / pishubu@ ssap. cn　　　　　　　　责任校对 / 李　腊
项目统筹 / 邓泳红　姚冬梅　　　　　　　　　责任印制 / 岳　阳
经　　销 / 社会科学文献出版社市场营销中心　（010）59367081　59367089
读者服务 / 读者服务中心 （010）59367028

印　　装 / 北京季蜂印刷有限公司
开　　本 / 787mm × 1092mm　1/16　　印　张 / 24.75
版　　次 / 2014 年 1 月第 1 版　　　　字　数 / 397 千字
印　　次 / 2014 年 1 月第 1 次印刷
书　　号 / ISBN 978 - 7 - 5097 - 5464 - 1
定　　价 / 69.00 元

本书如有破损、缺页、装订错误，请与本社读者服务中心联系更换
▲ 版权所有　翻印必究

致 谢

本书撰写获得如下资助：

上海社会科学院蓝皮书出版资助；

上海市科技发展基金软科学研究基地"创新型城市发展战略研究中心"项目资助；

北京市发展和改革委员会"全球城市发展动态"项目资助；

特此致谢！

上海蓝皮书编委会

总　编　王　战　潘世伟

副总编　黄仁伟　洪民荣　叶　青　谢京辉　王　振

委　员　(按姓氏笔画排序)

　　　　　左学金　卢汉龙　杨亚琴　刘世军　沈开艳
　　　　　陈圣来　周冯琦　周振华　周海旺　荣跃明
　　　　　强　荧　蒯大申　屠启宇　李安方　季桂保

《国际城市发展报告（2014）》
编　委　会

顾　　问（按姓氏笔画排列）

　　王　旭　王　战　左学金　宁越敏　杨剑龙
　　连玉明　吴志强　吴缚龙　张幼文　张鸿雁
　　郁鸿胜　周振华　洪民荣　顾朝林　诸大建
　　黄仁伟　曾　刚　潘世伟

编委会委员（按姓氏笔画排列）

　　于燕燕　王红霞　邓智团　任　远　闫彦明
　　汤　伟　汤蕴懿　苏　宁　杜德斌　李　健
　　张剑涛　陈雅薇　林　兰　罗守贵　周海旺
　　周蜀秦　春　燕　胡苏云　陶希东　黄建中
　　屠启宇

特约撰稿人（按姓氏笔画排列）

　　于　蕾　陆　雯　陈铭萱　倪　外　薛晓辰

主要编撰者简介
（按文序排列）

屠启宇 本书主编，博士，上海社会科学院城市与人口发展研究所副所长、研究员，上海市规划委员会社会经济文化专业委员，上海市软科学研究基地创新型城市发展战略研究中心首席专家。主要研究方向：城市战略规划、城市创新体系、社会系统工程。

苏　宁 本书副主编，博士，上海社会科学院世界经济研究所副研究员，主要研究方向：城市经济、国际城市比较。

张剑涛 本书副主编，博士，上海社会科学院城市与人口发展研究所副研究员，中国城市规划学会学术工作委员会委员。主要研究方向：城市开发、城市空间结构。

邓智团 博士，上海社会科学院城市与人口发展研究所副研究员。主要研究方向：城市经济。

春　燕 博士，上海社会科学院城市与人口发展研究所助理研究员。主要研究方向：城市与区域发展战略、决策分析。

闫彦明 博士，金融学博士后，上海社会科学院经济研究所研究员。主要研究方向：区域金融、金融产业组织。

李　健 博士，上海社会科学院城市与人口发展研究所副研究员。主要研究方向：城市经济与空间规划。近些年聚焦于全球生产网络视角下的地方产业升级与高科技城市转型研究。

于 蕾 博士，上海社会科学院世界经济研究所副研究员。主要研究方向：世界经济、国际产业转移和国际分工、国际贸易。

林 兰 博士，上海社会科学院城市与人口发展研究所副研究员。主要研究方向：技术创新、高技术产业、城市文化。

王红霞 博士，上海社会科学院城市与人口发展研究所副研究员。主要研究方向：人口城市化与区域发展。

汤 伟 博士，上海社会科学院国际关系研究所助理研究员。主要研究方向：国际体系、城市网络、环境变化。

倪 外 博士，上海社会科学院港澳研究中心助理研究员。主要研究方向：低碳城市、区域经济。

陶希东 博士，上海社会科学院青少年研究所副研究员。主要研究方向：城市区域发展、社会建设与管理、区域跨界治理。

陈铭萱 硕士，上海外国语大学中国国际舆情研究中心助理研究员。主要研究方向：城市公共治理、公共经济学。

汤蕴懿 博士，经济学博士后，上海社会科学院经济研究所副研究员。主要研究方向：政府职能转变、非营利组织管理、公共政策绩效评估。

摘 要

2014年是全球化的转型升级之年，也是国际城市的转型升级之年。

2014年内，二场定义国际经济交往新规则的跨区域自由贸易谈判将相继达成。跨太平洋伙伴关系协议（TPP）和跨大西洋贸易与投资伙伴协议（TIPP）号称"21世纪高质量的自由贸易安排"。届时，在横跨太平洋两岸和大西洋两岸至少39个国家、经济总量超过全球GDP60%的范围内，将实行更高标准、更大深度的自由贸易安排。再加上历时12年的世界贸易组织多哈回合谈判终于在2013年12月巴厘岛会议上，以达成一揽子协定宣告完成。这俨然是要推动全球化升级进入2.0版。

国际城市是全球经济活动的流量枢纽和控制节点，是全球化关键性的空间响应主体。巴里岛一揽子协定成果和跨区域自贸谈判所涉及的所有新内涵都将对各个国际城市形成全面的升级要求。哪个城市响应速度最快、升级程度最高，哪个城市就有可能抢占先机，进而在新一轮的国际城市大洗牌中脱颖而出。因此说，国际城市的2.0时代正同步到来。

国际城市具体如何进行升级响应呢？这已成为摆在所有国际城市决策者面前的一道大考题。本报告给出面向国际城市2.0升级的路径答案：资本枢纽与创新中心兼备的城市经济升级；包容性导向的城市社会升级；以文化复兴为指引的城市文化升级；以市民幸福为衡量标准的城市治理升级；绿色低碳运行的城市生态升级以及倡导紧凑和混合的城市空间升级。

本报告选择了全球40个国际城市，进行了有关城市升级水平的评价。成熟国际城市与后发国际城市间原先似乎已然缩小的差距，在新的视野下，再次拉开。但是机遇从来是为奋发者所准备的。中国（上海）自由贸易试验区在中国首位经济城市上海的启动，以及全中国各地对于自由贸易区试验的高度关注与积极准备，正预示后来者实施全面赶超的决心。

2013 国际城市十大关注

一 全球多层次自由贸易谈判密集展开，推动国际城市升级

2013年是经济全球化新一轮发展之年。2013年6月，美国在继跨太平洋伙伴关系协议（TPP）谈判之后又与欧盟正式启动跨大西洋贸易与投资伙伴协议（TIPP）谈判。12月7日，世界贸易组织多哈回合谈判终于在巴厘岛部长级会议上达成了一揽子协定。这些谈判的目标都是推动更开放、更高水平的全球经济交流，对国际城市提出了全面升级的要求。作为全球经济活动的关键节点，国际城市的升级方向包括更开放的市场、更活跃的服务经济、更好的劳动保障、更高的环保标准、更严的知识产权保护、更畅通的电子商务、更便利的人员流动。因此，响应速度最快、升级程度最高的城市就能抢占先机，在新一轮的国际城市大洗牌中脱颖而出。

二 底特律破产显示地方债重压下城市发展"大而不倒"模式破产

2013年7月，作为美国三大汽车制造商所在地，并以"汽车之城"著称于世的底特律市因不堪债务重负，向法院递交了破产申请。其长期、短期债务合计规模超过200亿美元，成为迄今为止全球申请破产保护的最大城市。从"二战"后的鼎盛时期到2013年破产清盘，短短数十年的历程，深刻揭示了城市在产业转型过程中可能存在的"城市收缩"现象及其引发的"财政收支恶性循环"的潜在危险。在城市发展中，一方面要严格

控制债务规模,规避偿债危机;另一方面需要密切关注的是,产业转型过程中应把保持充裕的就业机会和市场活力作为城市发展的"生命线",由此需要着重优化城市空间的规划管理,着力培育城市创新发展的中坚力量。

三 空气污染被列为一类致癌物,空气质量直接影响城市竞争力

2013年10月17日,世界卫生组织(WHO)旗下的国际肿瘤研究所(IARC)发布报告,将空气污染列为一类致癌物。2013年,有多国城市陷入"霾伏"。1月15日,韩国首尔全城遭遇雾霾。6月,印度尼西亚苏门答腊岛的森林大火引起的大范围空气污染,严重波及新加坡和马来西亚。2013年,中国平均雾霾天数为52年来之最,12月上旬的大范围雾霾波及中国25省份100多个大中型城市。空气污染长期化的城市,正面临对高端人才与高能级项目产生"环境挤出效应"的风险,在未来的国际竞争中处于不利地位。空气质量已上升为决定城市竞争力的关键因素。

四 "棱镜门"折射智慧城市的共享与安全双面性

2013年6月,爱德华·斯诺登揭露美国政府通过进入微软、谷歌、苹果、雅虎等九大网络巨头服务器秘密监控公民的"棱镜"项目,在全球引发轩然大波,折射出数字时代的城市信息在开放和共享的同时,面临如何保护安全与隐私的挑战。随着全球智慧城市建设的兴起,城市信息安全问题日益突出。据爱立信的预测,未来十年全球将有500亿个终端接入城市物联网,将会形成一个庞大信息空间——"数据海",其开放性和共享性将使得信息空间面临更多的安全风险,因此智慧城市在给人们带来随时在线、随处感知、智能处理的便利的同时,也在城市信息的保密性、完整性、可认证性、可靠性等方面面临巨大挑战。

五 极端天气频袭各国城市，华沙气候大会受挫 预示全球应对气候变化进程困难重重

2013年全球极端天气频现。6~8月，中国出现大范围持续高温天气，多个城市突破历史高温记录，"烧烤模式"成为关键词。11月7~15日，18级超强台风"海燕"登陆菲律宾，遇难人数突破6000人，1600多万人受灾，财产损失更高达355亿比索。12月中旬，中东地区受到极寒天气袭击，埃及开罗遭遇降雪，打破了112年的纪录。同时，2013年11月在华沙召开的联合国第19次气候变化缔约方大会虽经过艰苦谈判，但核心议题仍无重大进展，发达国家始终拒绝对极端气候灾害承担更多责任，发展中国家缺乏建设低碳城市等能力方面的国际支持，全球应对气候变化的努力再次遭遇败绩，前景不容乐观。

六 社会骚乱频发显示新兴市场城市 面临经济增长瓶颈和社会分化风险

2013年，新兴市场城市由于发展困境而频繁发生社会骚乱。6月17日，里约20万名示威者抗议政府筹备联合会杯和2014年世界杯足球赛花费巨大，以及公共服务不力、警方暴力和政府腐败，进而爆发了巴西20年来最大规模的骚乱。10月13日，莫斯科发生约1000人参与的排外骚乱。12月3日，阿根廷第二大城市科尔多瓦发生哄抢，随后引发包括首都布宜诺斯艾利斯在内的全国性的大规模骚乱。12月8日，一向被视为安全典范城市的新加坡，发生约400名外籍劳工参与打砸的40年来罕见骚乱。12月14日，国际货币基金组织副总裁朱民指出，80%的新兴经济体国家增长步伐已经开始放慢。同时，新兴市场城市的社会分配不公不断加剧，因此这些城市的社会分化与矛盾使其不稳定性风险不断凸显。

七 互联网金融崛起对城市金融核心功能形成全新挑战

互联网金融凭借流通易、成本低、创新多在全球范围内快速崛起。创立

于旧金山市的全球最大P2P平台"贷款俱乐部"（Lending Club），截至2013年累计交易金额超过24亿美元。创立于伦敦的P2P互联网贷款公司"市场发票"（Market Invoice），凭借技术优势快速成长，获颁2013年英国"年度商业领袖"称号。2013年更被称为"中国互联网金融元年"：支付宝推出了余额宝，第三方支付渐趋成熟，众多P2P网贷平台迅猛扩张，传统商业银行也积极探索互联网金融技术创新。互联网金融不仅颠覆传统金融媒介方式，而且对城市金融核心功能形成全新挑战：一是互联网金融基于网络平台，有效突破了空间和地域上的界限，使城市金融中心的资源集散功能受到冲击；二是互联网金融运作模式交易成本低，城市金融中心高昂的商务成本将成为制约金融功能拓展的重要因素；三是互联网金融产品灵活、便捷、分散、隐蔽，存在逃避监管的潜在动因与条件，这给传统的金融中心监管模式带来新的挑战。

八　文化功能区建设成为激发城市活力、推动城市发展的新路径

联合国开发署《创意经济报告2013》以主旨形式将文化创意经济明确为城市发展的新路径。根据全球文化区网络组织的报告，全球城市中现有的知名文化功能区约有50个，还有将近50个大型文化功能区在规划建设中。未来10年全球将有约2500亿美元投入于各个新文化功能区建设。同时，各国还有大批的城市文化功能区建设项目。仅美国就有12个州设立了156个州立文化区，给予从税收激励到技术支持的众多支持，直至建立正式的文化税区，授予专项征税权支持区内文化发展。文化功能区有的历经长时期发展自发有机形成，如巴黎左岸、伦敦西区、纽约苏荷区；当今更多是经过有意识自上而下的战略规划形成，包括阿布扎比的萨迪亚特岛、芝加哥千禧年公园、达拉斯艺术区、香港西九龙文化区、新加坡歌剧院文化区以及多哈文化区等。新兴文化功能区往往以高知名度的文化项目为核心，构筑起区域性文化生态，进而推升整个城市的品质。

九 青岛"11·22"爆炸事件凸显快速城市化过程中的城市管理困境

2013年诸多的城市灾难事件揭示了快速城市化过程中城市管理能力的不足与缺位对城市造成的严重负面影响。11月,青岛市黄岛区的中石化输油管线发生破裂,进而导致市政管网爆燃,造成62人遇难、136人受伤、城市道路建筑大范围受损、数万户冬季供暖中断的重特大事故。同月,拉脱维亚首都里加一所落成只有2年的超级市场发生屋顶坍塌,造成54死40伤后果,总统贝尔津什形容事件等同谋杀大量无辜平民。更早时候,南非一座兴建中的商场突然倒塌,导致2死29重伤。这些事件表明,随着发展中国家城市化的快速发展,基础设施建设存在的混乱和质量问题开始对城市安全形成巨大威胁。城市化发展必须坚持以人为本,基础设施建设要速度,更要质量,提升城市化发展进程中的城市管理能力成为发展中国家的重大课题。

十 跨国城市伙伴关系热潮反映城市间合作成为全球化新形式

2013年跨国城市伙伴关系大量涌现。10月2日,世界城市和地方政府联盟第四次世界大会在摩洛哥首都拉巴特开幕,100多个国家和地区的3000多名市长、地方政府和国际机构代表围绕"构想社会、建设民主"主题,就地方政府如何改善民生、探索管理新模式等议题进行讨论。11月13日,芝加哥和墨西哥城市正式签订全球城市经济伙伴关系协议,旨在贸易、创新、教育等领域发起合作,以增加就业、扩张高端产业,进而增强自身全球竞争力。11月20日,中欧城镇化伙伴关系论坛在北京举行,聚焦可持续城镇化发展,探讨政府在城镇化进程中的角色位置。城市伙伴关系从文化、旅游向环境、民生和经济贸易等全领域拓展说明世界越来越为城市网络所构建,由人物、商品、服务、能源、资本、观点的交换所整合,由此成为全球化深化新形式,应得到国家和城市多个层面的重视。

目录

BⅠ 总报告

B.1 面向国际城市2.0的升级维度
——2014国际城市发展趋势
.... 邓智团 汤 伟 苏 宁 林 兰等 / 001
　　一 维度：国际城市升级版的认识空间 .... / 002
　　二 指标：国际城市2.0的衡量体系 .... / 007
　　三 态势：国际城市2.0的升级水平 .... / 015
　　四 评价：典型国际城市的升级特征 .... / 026

BⅡ 城市创新篇

B.2 创业生态系统：全球领先城市发展趋势 .... 邓智团 / 051
B.3 纽约硅巷：中心城区科技集群复兴 .... 邓智团 / 060
B.4 知识创新集群：日本的产学官结合模式 .... 春 燕 / 067
B.5 产业创新中的服务业：慕尼黑生物科技产业集群的
　　启示 .... 闫彦明 / 074

BⅢ 城市战略篇

B.6 城市可持续发展的七大挑战与分析 .... 李 健 / 083

B.7	"金砖国家"金融中心崛起之路	闫彦明 / 093
B.8	美国的自由贸易区演变与展望	邓智团 / 100
B.9	底特律市从辉煌走向"破产"	闫彦明 / 110

BⅣ 城市经济篇

B.10	美国振兴大都市制造业的"新新经济"方略	于 蕾 / 119
B.11	芝加哥重塑"先进制造业大都市"之策	苏 宁 / 129
B.12	东京大田都市制造业常青的秘诀	春 燕 / 138
B.13	纽约专业服务业集群成功之道	闫彦明 / 145

BⅤ 城市社会篇

B.14	幸福城市的民众感受与政府责任	王红霞 / 155
B.15	面向全球化的新加坡人才开发利用	林 兰 / 163
B.16	聚焦台北城市救助服务体系	李 健 / 169
B.17	穿越金融危机的波士顿人口与就业	张剑涛 / 176

BⅥ 城市文化篇

B.18	文化评价体系:国际文化大都市的判断要素	苏 宁 / 189
B.19	文化复兴与城市更新:欧洲文化之都的动向	张剑涛 / 198
B.20	"酷城市"与"富城市": 美国大都市区人群流向趋势分析	苏 宁 / 206
B.21	大小皆有机遇:欧洲文化创意产业集群的发育规律	屠启宇 / 213

BⅦ 城市生态篇

| B.22 | 绿色发展引领下一代城市经济的政策与实践 | 汤 伟 / 223 |
| B.23 | 新加坡维护"世界花园城市"的环境策略 | 张剑涛 / 235 |

B.24 香港大气治理与废物处置的举措 …………………………… 林　兰 / 246
B.25 慕尼黑低碳建筑的先进技术开发与应用 ……………………… 倪　外 / 255

BⅧ　城市治理篇

B.26 政府间协作治理：美国切萨皮克湾综合治理体系的构建
　　　　　　　　　　　　　　　　　　　　　　　　陆　雯　薛晓辰 / 264
B.27 公私合作伙伴：西方城市治理模式的新选择 ………………… 陶希东 / 274
B.28 深度城市化与参与式城市治理制度创新的国际实践
　　　　　　　　　　　　　　　　　　　　　　　　陈铭萱　汤蕴懿 / 281
B.29 拉美快速城市化中的陷阱与应对 …………………………… 林　兰 / 289

BⅨ　城市空间篇

B.30 荷兰兰斯塔德多中心城市群的发展历程 ……………………… 邓智团 / 296
B.31 伦敦以人为尺度的后奥运大都市区发展 ……………………… 苏　宁 / 303
B.32 东京推动私营铁路公司参与新城建设 ………………………… 春　燕 / 311
B.33 日本城市有轨电车的发展特点与趋势 ………………………… 春　燕 / 318

BⅩ　中国城市最佳实践

B.34 国际大都市"多机场"建设趋势与上海经验 ………………… 邓智团 / 326
B.35 杭州打造"中国电子商务之都"的政策与成效 ……………… 李　健 / 338
B.36 上海"营改增"试点经验与服务业发展 ……………………… 闫彦明 / 347

Abstract ……………………………………………………………………… / 355
Contents ……………………………………………………………………… / 356

总报告

General Report

B.1 面向国际城市2.0的升级维度

——2014国际城市发展趋势

邓智团 汤伟 苏宁 林兰 屠启宇 李健 陶希东*

摘　要： 国际城市2.0作为对全球化深化的空间响应升级版，其核心内涵逐步明晰，即包括：资本枢纽与创新中心兼备的经济升级、包容性导向的社会升级、文化复兴为指引的文化升级、服务于幸福的治理升级、绿色低碳运行的生态升级和倡导紧凑与混合的空间升级。以此为测度标准，本文建构了指标体系，对全球40个主要国际城市的升级态势进行了量化检验。以此为基础，文中对国际城市的整体升级特征进行了梳理，并对典型城市的升级状况进行对比分析。

关键词： 国际城市2.0　城市升级　全球化深化

---

* 本书其他编委也参与了本文的讨论，研究生陆雯承担了数据整理工作，特此致谢！

国际城市蓝皮书

一 维度：国际城市升级版的认识空间

国际城市2.0是响应全球化深化态势的国际城市"升级版"。进入21世纪第二个10年，随着对全球发展新共识的形成和城市运行思路的调整，有关国际城市由1.0到2.0的升级内涵逐步清晰。我们可以从经济、社会、文化、治理、生态和空间6个维度上对城市升级予以归纳。

1. 国际城市2.0的经济升级：资本枢纽与创新中心兼备

国际城市2.0版的经济升级关键表现应该是资本枢纽与创新中心兼备的城市核心功能，并达成从嵌入全球生产网络到嵌入全球创新网络的转型升级。产业生命周期理论表明，在产业发展初创期和成长期，创新的重要性甚至超越资本，但从长期看，特别是随着产业进入成熟期，资本的重要性将会日益凸显。从这个角度而言，随着科技创新和产业更替速度的日益加快，资本和创新最终将成为提升城市发展竞争力同等重要的支撑力量。第三次工业革命浪潮的冲击正引导跨国公司创新网络向发展中国家持续深入嵌入，其中发达的大城市依然是最重要的载体。但这种创新网络的嵌入依然延续过去全球生产网络的组织模式，即高端研发的环节保留在母国，劳动密集型的研发环节布局发展中国家。因此，发展中国家城市嵌入全球创新网络的路径需要根据自身条件重新定位和思考。选择路径之一，是依然作为追随者，适应"全球化深化"发展趋势，继续深入融入全球产业体系特别是创新网络体系，通过吸引跨国公司研发活动落地，承接知识、技术溢出，缩小与国际领先水平的差距。该路径的成败取决于城市在区域中的政治经济地位、经济规模、市场辐射范围等要素。选择路径之二，是作为差异化领先者，抓住新产业革命技术瓶颈尚未突破、技术标准尚未形成的机会，基于自主创新发展战略，强化新技术突破和产业化运作，做领先者。该路径的成败取决于城市人力资本储备及其创新能力、金融服务等要素。

2014年的国际城市经济升级竞争将在多个维度开展。一是在创新领域，这涉及都市化创新集群的塑造以及侧重创新服务的专业服务业发展策略。美欧城市已然形成新优势。二是在先进制造领域，相比于美国城市痛下决心再造制造业，日本城市则从来没有放弃过制造业，东京大田制造业被引为经典。三是资本控制领域，没有任何国际城市会小视其价值，成熟国际城市与后发国际城市在金融中心功能、自由贸易区功能等方面的竞争必将日益激烈。

2. 国际城市2.0的社会升级：包容性都市社会

国际城市2.0版的社会升级关键表现是能够有效解决城市国际化发展中"社会极化"加速、"社会对立"加剧的挑战，达成以包容性发展为核心的升级。国际城市2.0版的城市社会应该是一个多元均衡、公平公正、流动活力、安全稳定的包容性都市社会，呈现四个发展趋势与特点：第一，人口结构多元化，典型表现为来自全球多个国家的不同移民和平共处、不同种族与语言和谐共存等趋势特征。第二，社会公平公正，典型表现为中产阶级占城市社会结构的主体部分；收入分配公平，收入差距适度，外来移民、低收入群体能够拥有可承受的住房（廉租房、公租房等）、医疗、教育等公共服务和社会保障；不同群体在就业和劳动力市场上拥有平等的社会权利，尽力消除各类歧视行为。第三，流动型和有活力的社会，典型表现为拥有能进能出、机会平等、畅通向上的社会流动通道和机制，让每一个劳动者能够自由流动，让社会底层的人群也看到发展的希望，具有较强的社会认同感；种族隔离、空间隔离不断弱化，混合居住等社会融合进一步增强；有创意、有活力，吸引和接纳各种不同年龄的群体来创业、工作和生活，尤其是对年轻人具有独特的吸引力；鼓励各种创新创意活动，宽容失败，各类企业家都能找到生存和发展的空间。第四，安全稳定。在本质上，安全稳定是社会关系达到和谐的一种良性状态，也是国际城市生存发展的根本基础。

在实践领域，2014年关于建设幸福城市的探索将持续发酵，教育、健康和财富已被公认为影响市民幸福感三个关键因素，这指示了城市社会升级的主要着力点。本报告所介绍的新加坡面向全球化的人力资源开发政策以及台北针对城市弱势群体的社会救助做法从高低两个层次上提供了最佳实践。

3. 国际城市2.0的文化升级：从安全、繁荣到"神圣"

国际城市2.0版的文化升级关键表现是强调对城市文化认识的提升，即从"文化搭台，经济唱戏"的实用主义思路提升到对城市发展本质的文化认识、对城市文化软实力价值的理解，以及对于城市文化复兴的强调。回顾人类城市史，定义一个城市伟大与否的终极标准正是文化，国际城市2.0建设成果的整体终极表现也在于文化。① 科特金在全球城市史研究中将那些在人类文明史上留下深深烙印的世界名城的共同特征归纳为"神圣、安全、繁荣"②。在现代语境里，当今城市之"神圣"已更多从宗教膜拜转向为文化膜拜、文明膜拜。文化转向思潮（Cultural Turn）提出一切皆为文化，强调经济生活不仅是经济的，更是社会和文化的，经济过程也是一个社会文化过程。一个国际城市的文化升级是否有效，基本可以从文化活动的生态氛围、文化资源情况和文化吸引力三个维度予以考察，其相应反映了城市文化的孕育、生产和辐射。

文化升级的价值将在2014年得到更多城市更为充分的肯定。美国最新人口流动统计反映，无论是年轻人口的主要流向城市（所谓"酷城市"）还是富裕人口集聚城市（所谓"富城市"），都有着相当突出的文化"识别度"。文化资源成为决定城市受欢迎程度进而决定城市兴衰的关键因素。而无论是美国的"酷城市"还是欧洲的主要文化创意产业集群城市，都提示了文化产业既是传统大城市保持优势的秘诀，也是后发城市、中小城市实现赶超的一条捷径。中小城市正引领着各国文化创意产业的高增长。本报告对于"2013欧洲文化之都"马赛和科希莱（捷克城市）的实践对比，进一步印证了文化发展上"大小（城市）皆有机会"。同时也展示了"欧洲文化之都"项目运行25年来，在文化升级上主动而为的巨大成功。

4. 国际城市2.0的生态升级：绿色低碳

国际城市2.0版的生态升级关键表现在于城市运行方式的低碳取向、绿色发展。从早期的花园城市、生态环保到绿色低碳，城市发展的理念从关注城市自身的清洁卫生、可持续逐渐提升到关注城市对于全球可持续发展的引领责任。当前的全球挑战是发展中国家城市化刚刚启动，发展中大国正积极筹谋国

---

① 1998年，前纽约市长鲁道夫·朱利安尼的就职演讲就深刻反映了公众对于城市文化发展的根本诉求，他说道："最伟大和最成功的城市一直是那些艺术繁荣和发展的城市。我们用来定义未来一代的是创造出来的音乐、戏剧、舞蹈、绘画、雕塑、建筑，我们的哲学家、诗人、小说家、历史学家的著作不仅会影响未来一代纽约人，而且会影响美国人和全世界的人。伟大城市的最宝贵遗产是他们给予世界的伟大艺术品。"

② 科特金：《世界城市史》，社会科学文献出版社，2006。

际城市、大都市区域建设,而发达国家城市面临更新,由此不同的环境问题同时间、同空间集中爆发,使得全球环境负荷、生态承载力"过冲"明显。生态环境"过冲"挑战还与城市面临的建筑标准、非正式土地开发、人口增长等其他关键问题缠绕,加剧了挑战的复杂性。

一系列优秀的实践案例已经展示了2014年国际城市在绿色发展方面的作为将不仅涵盖环境策略、治理手段等软件升级,而且包括低碳建筑等硬件升级。更为重要的是,绿色发展已显现作为引领下一代城市经济发展的一个关键范式的潜力。伦敦政治经济学院的一项调查反映有超过93%的城市政府期望绿色政策能带来经济效应。

5. 国际城市 2.0 的治理升级:服务于人的幸福的善政

国际城市2.0版的治理升级关键表现在于公共管理从服务于发展转向服务于幸福。城市治理是一个包括政府、企业、社会、市民、媒体等在内的诸多利益主体之间通过协商、对话、合作等方式,有效解决城市公共问题的过程与机制。国际城市2.0版的城市治理升级目标,是全方位构建政府国家与市民社会之间紧密合作的善政(Good Governance)体系,谋求公共利益最大化。同时,政府治理或公共政策的目标逐步从服务于经济发展转向服务于公民的幸福,不断提升民众的幸福程度。具体而言,国际城市2.0版的城市治理以服务于民众幸福为主线,需实现以下五个目标①:一是社区组织和社会组织发达,政社合作机制健全,公共服务供给方式多元、有效。二是公民享有言论自由、选举权和演讲、结社、媒体表达的自由。三是政治稳定。政府具有应对暴力、恐怖袭击、非法行为等不稳定状态的能力,具有很高的社会法治程度。四是政府管理有效率,政治清廉。政府在制定政策、执行政策、公共管理方面表现为强有力的执政能力,政府拥有控制腐败的能力。五是市民生活幸福。民众拥有安全、便利、清洁、健康、舒适的生活环境,具有积极向上的城市精神。

---

① 参照世界银行1996年开始发布的各国政府的评价报告指标,它们就是围绕个人的幸福程度对政府和政治进行评价,作者有所改造。参见德雷克·博克(DerekBok)著《幸福的政策——写给政府官员的幸福课》,许志强译,北方联合出版传媒(集团)股份有限公司、万卷出版公司,2011。

2014年的国际城市治理升级将从后发国家在应对快速城市化、深度城市化挑战方面所逐步积累的善政做法中得到启发。特别需要指出，参与式治理、公私合作伙伴、政府间协作等多方、多层级协同治理已成为应对复杂城市问题的有效做法。无论是拉美走出"坏的城市化"陷阱的经验还是北美合作治理跨境挑战的经验，都反映了多方协同，尤其是引入原来仅仅作为政府服务对象的社会公众参与到治理过程中的做法，更有助于保证城市治理真正服务于城市人的幸福。

6. 国际城市2.0的空间升级：紧凑发展与混合布局

国际城市2.0版的空间升级关键表现在从大都市到大都市圈的多中心城市体系构建，从铺张到紧凑的城市优化路径选择。具体包括：第一，高密度和混合开发。综合内涵为城市土地高强度和功能混合开发，以推进城市（或大都市区）城市生产和生活活动的空间集聚。第二，基于公交系统的城市内部联系。通过有效的土地利用设计，重点发展公共交通系统保证城市生产和生活活动的有效联系。第三，城市可达性。该部分与土地混合开发、城市公交系统发展的发展息息相关，更多关注城市居民接近城市服务如超市、饭店、医院以及在邻里地区工作的便捷性。通过土地混合开发以缩短空间距离，而通过快捷公交系统的发展可以缩短时间距离。

2014年的国际城市空间优化升级将基于多种背景和原因展开。其中，城市人口总量增长和人口结构变化（老龄化）、生态环境压力、日益增长的能源价格以及地方财政的压力等都是重要因素。各国城市根据自身情况采取不同的城市空间升级战略。进入后奥运时期的伦敦提出了2020年大都市区发展策略，散布于大伦敦范围内的19个"机遇区域"作为空间发展重点得到了明确。在欧洲大陆，作为标志性的多中心大都市区，兰斯塔德区域联盟（RANDSTAD，阿姆斯特丹－鹿特丹轴线24个城市的集群）度过了20岁生日。"兰斯塔德是一个世界城市"的称谓得到了更广泛的肯定。在亚洲，"公共交通指向的开发"（TOD）和"传统的邻里开发"（TND）日益得到重视。东京等城市纷纷考虑复兴有轨电车、拓展郊区铁路等交通与居住更紧密结合的空间优化升级方式。

二 指标：国际城市 2.0 的衡量体系

国际城市 2.0 概念提出的目的，在于引起城市理论界和实践者对于目前国际城市领域正在发生的关键性变化的关注。从原先的流量枢纽、控制节点为主向经济创新、社会包容、绿色低碳、善政治理、文化复兴等方面转变，而这些变化必然对城市空间结构和形态产生重大影响。综合当前国际城市的研究，尽管有大量国际城市的量化衡量体系，但是尚无主要考察城市升级能力的指标体系。

为此，根据国际城市 2.0 内涵、动力及升级维度的认识，本报告提出主要评价国际城市升级水平的指标设计思路，其基本框架确定为经济、社会、文化、治理、生态和空间 6 个升级维度（见图 1）。

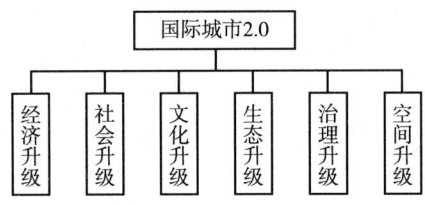

图 1 国际城市 2.0 指标设计框架

1. 国际城市 2.0 指标体系

考虑到城市统计指标取得的可能性和数据质量，建立由 6 个一级指标和 18 个二级指标组成的国际城市 2.0 评价指标体系（见表 1）。

二级指标的具体数据主要采集自新华社中经社控股集团指数中心和标普道琼斯指数有限责任公司共同发布的《新华-道琼斯国际金融中心发展指数》、普华永道会计师事务所的《机遇城市报告》（Cities of Opportunity）、联合国人居署的《世界城市年度状况报告 2012/2013》、森（Mori）纪念基金会都市战略研究所的《全球实力城市指数 2012 年度报告》、万事达公司的《万事达全球旅游目的地城市指数（2013）》、能比奥（Numbeo）城市数据门户网站的《生活质量指数 2013》，以及莱坊（Knight Frank）顾问公司的《世界财富报告 2013》

表1 国际城市2.0评价指标体系

一级指标	二级指标(x_{ij})	指标性质	权重(α_j)(%)
经济	金融市场指数	指数、正向指标	5.93
	经济指数	指数、正向指标	4.82
	智力资本和创新指数	指数、正向指标	5.93
社会	公平指数	指数、正向指标	6.67
	生活成本指数	指数、正向指标	5.37
	城市准入门槛指数	指数、正向指标	4.63
文化	创作环境	指数、正向指标	4.26
	美术馆、博物馆	数值、正向指标	5.37
	旅游目的地	数值、正向指标	7.04
生态	宜居指数	指数、正向指标	6.57
	环境指数	指数、正向指标	5.37
	污染指数	指数、逆向指标	4.72
治理	健康、保障指数	指数、正向指标	5.52
	安全指数	指数、正向指标	4.48
	政治权利指数	排名、逆向指标	6.67
空间	交通和基础设施指数	指数、正向指标	6.20
	通勤时间指数	指数、逆向指标	5.93
	城市面积占大都市区面积比重	数值、适中指标	4.54

和经济合作与发展组织秘书处的《经济合作与发展组织大都市地区的土地和人口》。本文的城市选择主要基于以上报告的前50名城市，合并考虑数据的交叉可得性，最终选择了40个城市的18项数据，形成18×40的数据阵列①。

2. 国际城市2.0评价方法

国际城市2.0评价采用综合评价法，其过程为在国际城市2.0评价指标体系的基础上，将不同量纲的指标通过标准化处理形成无量纲化的相对指标，按照经济、社会、文化、生态、治理和空间6个模块通过加权处理形成6个二级评价指标，然后将这个6个二级评价指标用等权重的方法直接相加得到一级指标，即国际城市2.0综合评价指数。具体指数的无量纲化处理方法如下：

---

① 缺失数据控制在了10%以内。针对少数缺失数据，采用专家打分法进行补充，数据值取专家打分的平均值。

表2 国际城市2.0指标数据说明

二级指标名称	含 义	参考数据来源	发布机构
金融市场指数	金融市场指数是对国际金融中心城市的发展核心优势的测度。金融市场指标包括4个子要素，分别是资本市场、外汇市场、银行市场和保险市场。着重反映资本市场、外汇市场、银行市场、保险市场等金融市场的规模、稳定性和成熟度	《新华-道琼斯国际金融中心发展指数》	新华社中经社控股集团指数中心和标普道琼斯指数有限责任公司共同发布
经济指数	对市场规模、市场吸引力、经济活力、人力资本、商业环境、规章和风险进行评估	《全球实力城市指数2012年度报告》(Global Power City Index 2012)	森(Mori)纪念基金会都市战略研究所
智力资本和创新指数	智力资本和创新是社会发展和经济增长的"发动机"。通过研发占国内生产总值的百分比来测算	《机遇城市报告》(Cities of Opportunity)	普华永道会计师事务所(Pricewaterhouse Coopers LLP)
公平指数	公平涉及经济发展的利益的系统性分配，通过法律框架确保一个"公平的竞争环境"，保护穷人等弱势群体的权利	《世界城市年度状况报告2012/2013》(State of the World's Cities 2012/2013)	联合国人居署 United Nations Human Settlements Programme (UN-Habitat)
生活成本指数	通过城市的市民体验判断一个城市的生活质量	《机遇城市报告》(Cities of Opportunity)	普华永道会计师事务所(Pricewaterhouse Coopers LLP)
城市准入门槛指数	该指标反映了城市的世界结网程度，以及其在社会、经济、文化等方面的吸引力	《机遇城市报告》(Cities of Opportunity)	普华永道会计师事务所(Pricewaterhouse Coopers LLP)
创作环境	在主流旅游书中介绍的美术馆、博物馆数	《全球实力城市指数2012年度报告》(Global Power City Index 2012)	森(Mori)纪念基金会都市战略研究所
美术馆、博物馆	基于对具体目标城市工作居住人员以及曾在多个目标城市工作居过的人员的问卷	《全球实力城市指数2012年度报告》(Global Power City Index 2012)	森(Mori)纪念基金会都市战略研究所
旅游目的地	在该城市停留至少一个晚上以上的国际游客产生的消费支出	《万事达全球旅游目的地城市指数(2013)》(Master Card global destination cities index 2013)	万事达公司(MasterCard Worldwide)
宜居指数	对工作环境、生活成本、安全和保障、生活环境、生活设施进行评估	《全球实力城市指数2012年度报告》(Global Power City Index 2012)	森(Mori)纪念基金会都市战略研究所

续表

二级指标名称	含义	参考数据来源	发布机构
环境指数	对生态、污染、自然环境进行评估	《全球实力城市指数2012年度报告》(Global Power City Index 2012)	森(Mori)纪念基金会都市汉略研究所
污染指数	评估城市的总体污染,涉及水污染、空气污染	《生活质量指数2013》(Quality of Life Index 2013)	能比奥(Numbeo)城市数据门户网站
健康、保障指数	考察市民的活力、凝聚力和先进的社会经济成就	《机遇城市报告》(Cities of Opportunity)	普华永道会计师事务所(Pricewaterhouse Coopers LLP)
安全指数	犯罪指数是对某一个城市或国家整体犯罪水平的评估。安全指数是犯罪指数的反面	《生活质量指数2013》(Quality of Life Index 2013)	能比奥(Numbeo)城市数据门户网站
政治权利指数	该数据考察城市对全球思想和观点的影响力。具体涵盖了对于城市中国家政治组织总部、国际非政府组织总部、大使馆和智库数量的评估	《世界财富报告2013》(Global Wealth Report 2013)	莱坊(Knight Frank)顾问公司
交通和基础设施指数	指标关注整个城市交通和基础设施的角色,使人们高效地结合在一起,加深了城市的生活方式。	《机遇城市报告》(Cities of Opportunity)	普华永道会计师事务所(Pricewaterhouse Coopers LLP)
通勤时间指数	一个关于花费在工作通勤上的时间、消耗时间的不满程度、交通的 CO_2 消耗量和在交通系统中的整体低效率的综合指数	《生活质量指数2013》(Quality of Life Index 2013)	能比奥(Numbeo)城市数据门户网站
城市面积占大都市区面积比重	该指标用来评估城市的紧凑程度	《经济合作与发展组织大都市地区的土地和人口》(Land and population of the OECD large metropolitan areas)	经济合作与发展组织秘书处(Secretary-General of the OECD)

资料来源:本报告课题组整理。

(1) 标准化处理。为方便对数据进行统一比较,对数据进行无量纲标准化处理。本报告采取较为常用的极值(min-max)标准化方法。处理过程包括以下几个步骤。

对于正向指标的处理公式:

$$y_{ij} = \frac{x_{ij} - \min\limits_{1 \leq i \leq m} x_{ij}}{\max\limits_{1 \leq i \leq m} x_{ij} - \min\limits_{1 \leq i \leq m} x_{ij}} \times 100, (1 \leq i \leq m, 1 \leq j \leq n)$$

对于逆向指标的处理方法：

$$y_{ij} = \frac{\max\limits_{1 \leq i \leq m} x_{ij} - x_{ij}}{\max\limits_{1 \leq i \leq m} x_{ij} - \min\limits_{1 \leq i \leq m} x_{ij}} \times 100, (1 \leq i \leq m, 1 \leq j \leq n)$$

对于适中指标的处理方法：

$$y_{ij} = \frac{\max\limits_{1 \leq i \leq m} |x_{ij} - X_0| - |x_{ij} - X_0|}{\max\limits_{1 \leq i \leq m} |x_{ij} - X_0| - \min\limits_{1 \leq i \leq m} |x_{ij} - X_0|} \times 100, (1 \leq i \leq m, 1 \leq j \leq n)$$

其中，y_{ij}为标准化数据，x_{ij}为原始数据，X_0为适中参考值，m为城市数，本文为40，j为指标数，本文为18。

标准化后的变量值范围在0~100之间，数据基本呈正态分布，最大值为100，最小值为0。

（2）指标权重赋值。通过专家打分法，取得各个指标的权重（见表1）；

（3）分类指标得分计算。通过计算得到各个指标的得分情况，通过加总得到各个分类的得分以及总得分，并对得分进行排序，得到各个分类指标以及总得分的排名数据。得分计算公示为：

$$Z_i = \sum \alpha_j \cdot y_{ij}$$

Z_i为第i个城市的分项得分或综合得分，α_j为第j个指标的权重，y_{ij}为标准化后的第i个城市第j指标的标准化数据。

（4）综合指标得分计算。为经济、社会、文化、生态、治理、空间各分类升级能力指标加权后的汇总。

（5）得分分组排名。根据与得分最高城市的得分对比，得出综合和分类指标的40个城市分组依据，在表3中用灰色色阶标识出城市分组情况。

表3　国际城市2.0的40个城市排名与分组

排名	综合升级水平			经济升级水平		
	城市	得分	分组	城市	得分	分组
1	东京	78.78	I	纽约	94.9	I
2	伦敦	78.44	I	东京	88.55	I
3	巴黎	74.12	I	伦敦	87.79	I
4	纽约	68.27	I	香港	73.04	II

续表

排名	综合升级水平			经济升级水平		
	城市	得分	分组	城市	得分	分组
5	新加坡	64.02	I	巴黎	72.79	II
6	斯德哥尔摩	59.15	II	法兰克福	60.4	II
7	悉尼	58.77	II	新加坡	60.15	II
8	香港	58.61	II	多伦多	59.07	II
9	维也纳	57.59	II	悉尼	58.95	II
10	多伦多	56.93	II	旧金山	56.09	III
11	华盛顿	56.82	II	上海	55.13	III
12	柏林	56.77	II	斯德哥尔摩	54.94	III
13	苏黎世	56.74	II	苏黎世	54.1	III
14	阿姆斯特丹	56.55	II	芝加哥	54.03	III
15	法兰克福	55.63	II	华盛顿	48.38	III
16	日内瓦	54.22	III	洛杉矶	48.01	III
17	首尔	53.62	III	北京	47.34	III
18	布鲁塞尔	52.4	III	日内瓦	46.02	IV
19	温哥华	52.04	III	波士顿	44.28	IV
20	慕尼黑	51.23	III	柏林	43.39	IV
21	上海	51.22	III	慕尼黑	43.26	IV
22	哥本哈根	50.91	III	首尔	42.79	IV
23	大阪	50.73	III	阿姆斯特丹	42.26	IV
24	米兰	50.33	III	维也纳	39.73	IV
25	墨尔本	49.88	III	哥本哈根	39.58	IV
26	芝加哥	48.99	III	温哥华	37.41	V
27	旧金山	48.88	III	布鲁塞尔	34.77	V
28	洛杉矶	48.52	III	大阪	33.86	V
29	波士顿	47.58	III	墨尔本	30.65	V
30	巴塞罗那	47.44	III	莫斯科	29.48	V
31	北京	46.72	IV	台北	28.57	V
32	台北	44.97	IV	马德里	27.6	VI
33	福冈	44.15	IV	米兰	27.07	VI
34	马德里	44.14	IV	巴塞罗那	20.46	VI
35	吉隆坡	38.32	V	福冈	19.56	VI
36	布宜诺斯艾利斯	37.97	V	吉隆坡	13.35	VI
37	莫斯科	35.43	V	孟买	9.82	VI
38	孟买	35.06	V	圣保罗	9.69	VI
39	圣保罗	33.84	V	布宜诺斯艾利斯	7.48	VI
40	约翰内斯堡	16.35	V	约翰内斯堡	3.31	VI

续表

排名	社会升级水平			文化升级水平		
	城市	得分	分组	城市	得分	分组
1	巴黎	87.92	I	巴黎	94	I
2	北京	85.23	I	伦敦	83.49	I
3	东京	85.18	I	纽约	77.4	I
4	伦敦	82.91	I	东京	54.69	II
5	悉尼	74.36	II	巴塞罗那	51.36	II
6	新加坡	73.95	II	米兰	50.95	II
7	法兰克福	73.61	II	维也纳	46.4	II
8	日内瓦	73.15	II	柏林	44.86	II
9	上海	72.63	II	新加坡	43.81	II
10	慕尼黑	71.43	II	阿姆斯特丹	41.3	II
11	苏黎世	69.65	III	洛杉矶	37.89	II
12	香港	69.39	III	首尔	35.95	III
13	阿姆斯特丹	69.32	III	香港	32.82	III
14	大阪	69.26	III	上海	31.75	III
15	维也纳	68.33	III	华盛顿	31.15	III
16	华盛顿	68.04	III	慕尼黑	31.05	III
17	哥本哈根	68.04	III	斯德哥尔摩	31.03	III
18	福冈	66.79	III	悉尼	28.98	III
19	布鲁塞尔	66.29	III	马德里	27.13	III
20	墨尔本	66.24	III	多伦多	26.75	III
21	波士顿	65.74	III	吉隆坡	26.59	III
22	台北	64.5	III	芝加哥	26.49	III
23	纽约	63.73	III	布鲁塞尔	26.42	III
24	巴塞罗那	62.71	III	墨尔本	25.23	III
25	温哥华	62.41	III	哥本哈根	24.51	III
26	米兰	62.4	III	莫斯科	24.31	III
27	马德里	61.04	IV	北京	21.94	III
28	旧金山	56.36	IV	温哥华	21.05	III
29	莫斯科	54.7	IV	法兰克福	20.66	III
30	多伦多	53.75	IV	台北	19.73	IV
31	斯德哥尔摩	53.31	IV	旧金山	18.73	IV
32	芝加哥	53.08	IV	大阪	16.94	IV
33	圣保罗	52.55	IV	波士顿	15.84	IV
34	洛杉矶	52.13	IV	布宜诺斯艾利斯	13.09	IV
35	首尔	52.02	IV	圣保罗	12.95	IV
36	吉隆坡	46.47	V	苏黎世	11.52	IV
37	布宜诺斯艾利斯	44.61	V	约翰内斯堡	9.5	IV
38	孟买	41.71	V	日内瓦	9.39	IV
39	柏林	41.47	V	孟买	9.14	IV
40	约翰内斯堡	12.77	V	福冈	7.08	IV

续表

排名	生态升级水平			治理升级水平			空间升级水平		
	城市	得分	分组	城市	得分	分组	城市	得分	分组
1	斯德哥尔摩	92.24	I	华盛顿	85.78	I	东京	79.1	I
2	维也纳	90.69	I	东京	83.08	I	新加坡	76.27	I
3	苏黎世	85.3	I	多伦多	80.12	I	伦敦	75.5	I
4	日内瓦	83.52	I	柏林	79.51	I	孟买	73.61	I
5	柏林	83.17	I	悉尼	79.05	I	布宜诺斯艾利斯	68.41	II
6	东京	82.07	II	布鲁塞尔	76.92	I	首尔	67.11	II
7	温哥华	80.38	II	伦敦	76.47	II	洛杉矶	67.02	II
8	大阪	79.22	II	纽约	75.03	II	吉隆坡	64.09	II
9	哥本哈根	78.93	II	香港	74.4	II	香港	63.29	II
10	法兰克福	76.27	II	新加坡	73.73	II	华盛顿	61.4	III
11	阿姆斯特丹	75.97	II	苏黎世	72.07	II	米兰	61.36	III
12	福冈	75.71	II	巴黎	67.86	III	芝加哥	60.37	III
13	墨尔本	74.9	II	温哥华	67.86	III	大阪	59.19	III
14	慕尼黑	73.5	II	斯德哥尔摩	66.33	III	上海	58.37	III
15	巴黎	73.17	III	维也纳	63.77	III	旧金山	57.14	III
16	多伦多	70.65	III	首尔	63.61	III	斯德哥尔摩	57.04	III
17	巴塞罗那	68.85	III	法兰克福	59.79	III	圣保罗	54.35	IV
18	悉尼	66.7	III	日内瓦	59.68	III	莫斯科	54.21	IV
19	马德里	65.12	III	波士顿	59.56	IV	纽约	53.9	IV
20	伦敦	64.49	III	北京	58.7	IV	日内瓦	53.55	IV
21	首尔	60.22	III	阿姆斯特丹	58.3	IV	福冈	52.79	IV
22	布鲁塞尔	59.37	III	旧金山	57.13	IV	阿姆斯特丹	52.15	IV
23	新加坡	56.21	III	芝加哥	57.12	IV	墨尔本	51.54	IV
24	台北	54.75	IV	慕尼黑	55.69	IV	多伦多	51.22	IV
25	米兰	53.58	IV	上海	55	IV	台北	51.07	IV
26	吉隆坡	50.57	IV	哥本哈根	53.97	IV	布鲁塞尔	50.61	IV
27	波士顿	49.84	IV	台北	51.18	IV	波士顿	50.23	IV
28	旧金山	47.85	IV	墨尔本	50.72	IV	巴黎	48.99	IV
29	布宜诺斯艾利斯	46.53	IV	洛杉矶	49.94	IV	柏林	48.25	IV
30	华盛顿	46.17	IV	布宜诺斯艾利斯	47.67	IV	苏黎世	47.81	IV
31	纽约	44.68	V	孟买	46.84	IV	巴塞罗那	44.77	IV
32	圣保罗	42.91	V	米兰	46.59	IV	悉尼	44.57	IV
33	芝加哥	42.85	V	大阪	45.9	IV	温哥华	43.15	IV
34	香港	38.7	V	莫斯科	44.29	IV	法兰克福	43.04	IV
35	洛杉矶	36.15	V	马德里	43.22	IV	北京	42.18	IV
36	上海	34.44	V	福冈	42.99	IV	马德里	40.73	IV
37	孟买	29.21	V	巴塞罗那	36.46	V	哥本哈根	40.41	IV
38	约翰内斯堡	28.37	V	圣保罗	30.59	V	维也纳	36.61	V
39	北京	24.96	V	吉隆坡	28.84	V	慕尼黑	32.44	V
40	莫斯科	5.59	V	约翰内斯堡	16.82	V	约翰内斯堡	27.35	V

三 态势：国际城市2.0的升级水平

1. 综合升级水平

在对综合升级水平的衡量上，得分最高的第一集团主要是被公认的"全球城市"，主要包括东京、伦敦、巴黎、纽约和新加坡等。其中东京的首位地位显示出在升级层面上传统的"纽-伦-京"排位呈现新的变化。

第二集团主要为发达国家的首都或者首位城市，如斯德哥尔摩、悉尼、维也纳、华盛顿、柏林等。在综合得分上，第二集团城市和第一集团城市有明显落差，意味着第二集团城市的升级之路依然需要艰苦努力。

第三集团城市则包括发展中大国或者发达国家的经济中心城市，如首尔、上海、大阪等；第四集团城市为在升级方面具有特定优势的城市，如北京、台北、福冈和马德里；第五集团城市则主要为发展中大国的首都或首位城市。从整体上看，第二至第五集团城市的得分排名呈现均匀递减的状况，这表明中等层级的国际城市在升级路径上的水平较为接近，城市国际化提升的机遇较为充分。

综合升级水平的排名情况表明，升级起点相同的城市，在不同的城市发展战略引导下其升级前景也大相径庭。以新加坡和香港为例，目前新加坡已上升至第一集团，而香港与竞争对手新加坡相比尽管在金融和经济方面具有优势，但综合排名仍居于第二集团。同为北欧首都城市的斯德哥尔摩和哥本哈根起点相近，但斯德哥尔摩凭借经济、环境、治理和空间等方面的优势在升级方面远超哥本哈根。

发展中国家首都、首位城市的排名状况也值得深思。在国际城市升级的大潮中，发展中国家城市群体发生了明显的分化。其中既有排名较靠前的上海，也有居于中间位置的北京，但更多的"新兴市场城市"居于最后一个集团，布宜诺斯艾利斯、莫斯科、孟买、圣保罗、约翰内斯堡依次居最后五位（见图2）。这一方面表明新兴城市尽管发展势头迅猛，但与发达国家城市的整体差距仍然明显，因此需要漫长努力才能缓慢追赶发达国家城市；另一方面也体现出新兴城市的升级之路不仅需要经济、社会、文化、环境、治理和空间多领域的整体提升，而且需要与国家战略影响力的总体提升相配合。

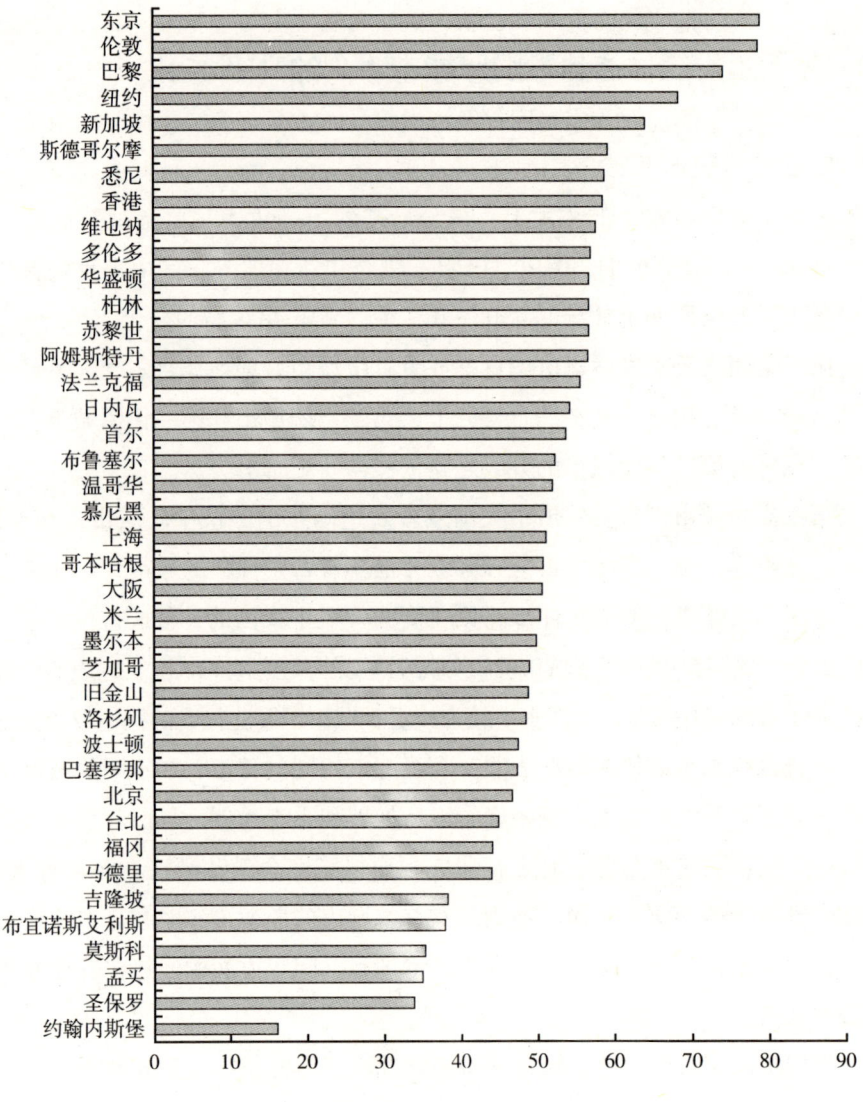

图2　40城市综合升级水平排名

2. 经济升级水平

经济指标设计的理论前提是国际城市功能正逐步由资本控制和流量节点向资本和创新双重功能转化，国际贸易保护主义的兴起、全球资本流量的下降使创新尤其科技创新对城市发展的影响趋于扩大。国际城市2.0的发展动力应是资本流量和科技创新的有效融合。以这一思路构建的二级指标有三个：金融市场指数、经济指数、智力资本和创新指数。其中金融市场指标主要用来测度资本流量，包括4个子要素，分别是资本市场、外汇市场、银行市场和保险市场，反映规模、稳定性和成熟度；经济指数是对市场规模、市场吸引力、经济活力、人力资本、商业环境、规章和风险进行评估；智力资本和创新通过研发占国内生产总值的百分比来测算。

经过上述指标的统计和测量发现，经济意义上的世界城市体系呈现明显的金字塔形，大致分为六组。第一组仍然是全球城市纽约、东京、伦敦，这些城市兼具强大的资本流量控制功能及卓越的科技创新功能，且东京、伦敦的总体表现和纽约特别接近，也再一次验证了《国际城市发展报告（2013）》的判断。第二组主要为传统意义上的区域性金融中心，包括香港、巴黎、法兰克福、新加坡、多伦多、悉尼等。区域性金融中心与顶级全球城市仍存在较大落差。值得关注的是，香港作为金融中心的地位排在巴黎、法兰克福、新加坡、悉尼之前，这说明香港依托日益崛起的中国经济，作为人民币离岸港，资本流量控制的功能持续加大，同时系统性创新工作的经常支出和资本支出（国家和私人）也都持续攀升，即便与巴黎、法兰克福等传统欧洲城市相比也表现了较高的市场活力和吸引力。第三组城市主要为发达国家的节点城市和中国的两座城市。其中，旧金山、斯德哥尔摩、华盛顿、洛杉矶对所在国的重要性不言而喻，也不难理解北京、上海在中国经济增长中的龙头地位。上海的经济指数要稍好于北京，这主要源于金融、经济、贸易和航运四大"中心"的基础使之拥有大规模资本流量的控制权。第四组城市的总体经济指标已低于顶级全球城市的50%，主要为日内瓦、波士顿、柏林、慕尼黑、首尔、阿姆斯特丹、维也纳、哥本哈根等。第五组城市包括温哥华、布鲁塞尔、大阪、墨尔本、莫斯科、台北等，这些城市尽管存在发展的潜力，但短期内无论对资本流量的控制还是创新都不大可能取得实质性突破。第六组主要为发展中大国城市，尽管这些城市随着国家经济发展有着相当潜力和前景，但是短期看资本流量控制主要为国内产业结构服务，科技创新和发达国家城市间还有遥远的距离。最后一名城市约翰内斯堡创新和资本两种能力融合得分仅为纽约的3%，这说明"金砖国家"即使在经济领域和发达国家初步接近，但创新所代表的经济发展质量提升仍然有限（见图3）。

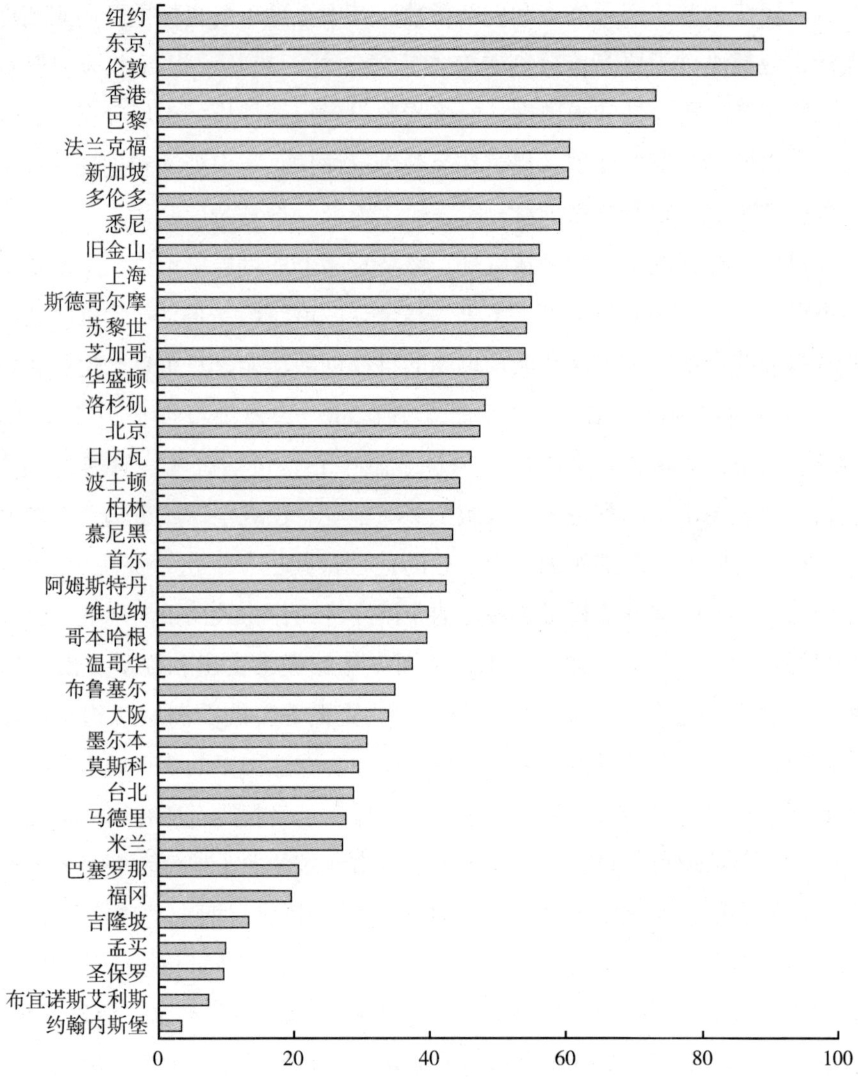

图3 40城市经济升级水平排名

3. 社会升级水平

社会指标的设计主要依据城市包容性理念。包容性发展已成为社会发展的重要价值观。在测度方面，我们认为其在城市方面的量化测度可体现在3个二级指标上，即公平指数，生活成本指数，城市准入门槛指数。公平指数涉及经济发展的利益的系统性分配，通过法律框架确保一个"公平的竞争环境"，保护穷人等弱势群体的权利；生活成本指数意在通过城市的市民体验，判断一个城市的生活质量；城市准入门槛指数反映了城市的世界结网程度，以及其在社会、经济、文化等方面的吸引力。

对上述指标的测量发现，社会层面的世界城市体系呈现钝形，即在包容性方面主要城市的差距并不大，以较小的幅度递减。这些城市共可划分五组。第一组为包容性较好的城市，以巴黎居首，其次为北京、东京和伦敦。北京的包容性程度足以与巴黎、伦敦媲美，令人意外，主要原因在于公布的基尼系数低，这既与统计数据的视角有关，也和北京以低价格充足有效地供给基本公共服务（交通、食物）有关。第二组主要为发达国家或者富裕地区城市，如悉尼、日内瓦、慕尼黑等。上海也在这组，这与这座城市曾经的"排外"印象相反，在数据上除了上海的基尼统计数据之外，也与上海的移民传统以及对外来人口的持续吸纳密切相关。第三组均为发达国家首位城市或者主要城市，这些城市都有着共同特征，即富裕、历史悠久且有着特色内涵。第四组城市中有部分具有"不平等"名声的城市，譬如芝加哥发生黑人运动、洛杉矶发生过种族骚乱、首尔和莫斯科因为不断攀升的房地产价格和生活成本较高牺牲了相对公平。第五组城市主要为发展中大国城市或者新兴市场城市，这些城市发展速度较高，但在发展的过程中也牺牲了部分包容。需特别指出的是，柏林社会指标得分位列倒数第二，与人们的普遍印象有较大差距，这主要源于尽管柏林对同性恋、移民都有着较高的包容度，但其基尼系数较高，且生活成本昂贵（见图4）。

4. 文化升级水平

文化指标依据的理念在于文化已经成为城市发展的软实力，文化也不再仅仅为经济服务，而基于文化本身真正的尊重。指标设计的3个二级指标包括创作环境，美术馆、博物馆，旅游目的地。文化作品的创作环境表现的是创作氛围，数据来源于对具体目标城市工作居住人员以及曾在多个目标城市工作居住过人员的问卷；美术馆博物馆是在主流旅游书中介绍的美术馆、博物馆数；旅游目的地指在该城市停留至少一个晚上以上的国际旅客数量。

指标的测度显示文化升级维度的世界城市体系呈现显著"金字塔"特征，即久负盛名的文化城市有着压倒性优势。大致分为四组，第一组就是世界性的

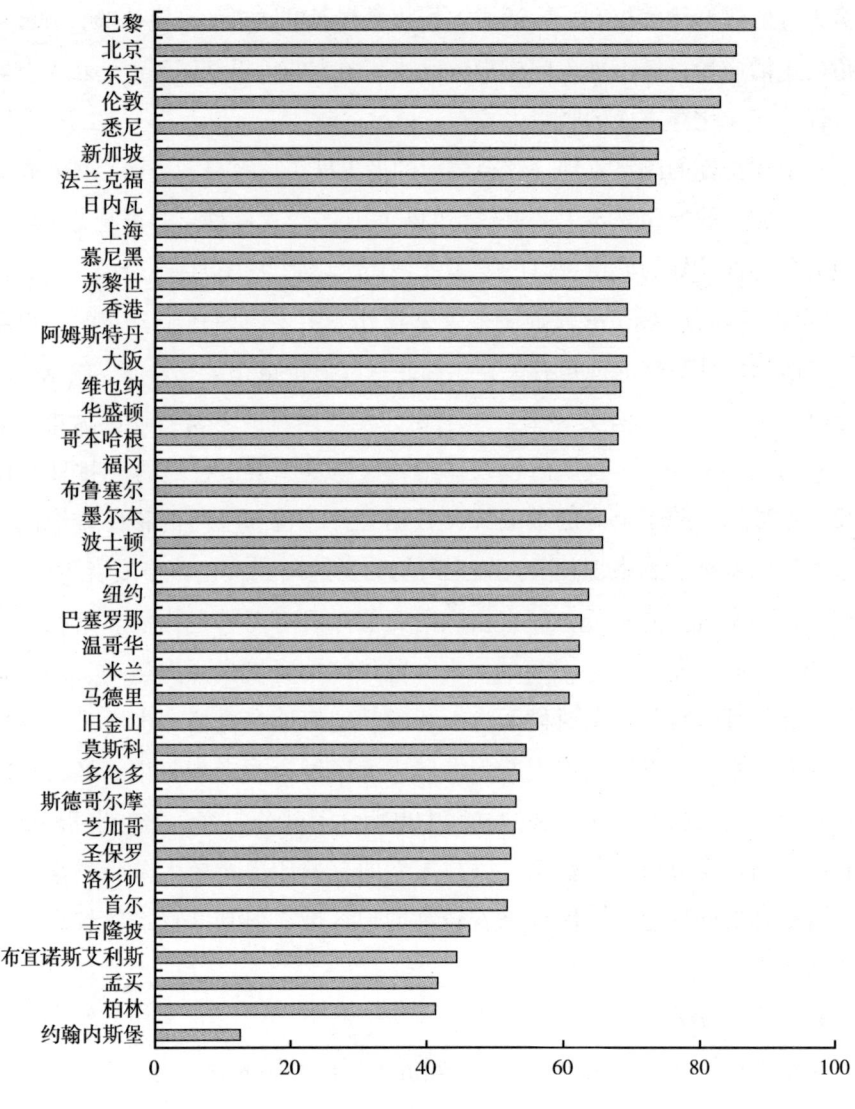

图4　40城市社会升级水平排名

文化城市，也是人们印象中的传统大城市，即巴黎、伦敦和纽约，其中巴黎具有异常明显的优势，甚至伦敦、纽约都与之差距明显。第二组是具有特色文化要素的城市，譬如以动漫、影音闻名的东京，以时装、时尚闻名的巴塞罗那与米兰，以音乐艺术闻名的维也纳，以对同性恋等个性包容闻名的柏林、阿姆斯特丹，以好莱坞著称的洛杉矶，等等。第三组城市的文化吸引力已跌至巴黎的

40%以下,充分表明世界城市体系在文化升级方面的极化现象。这一组城市既包括传统文化浓厚的发展中大国城市,如北京、上海和吉隆坡,也包括大部分发达国家城市如哥本哈根、芝加哥和布鲁塞尔等。第四组城市的文化内涵并不特别,同样属于发达国家和发展中国家的混合,但发展中国家城市较多,且无鲜明的文化特色(见图5)。

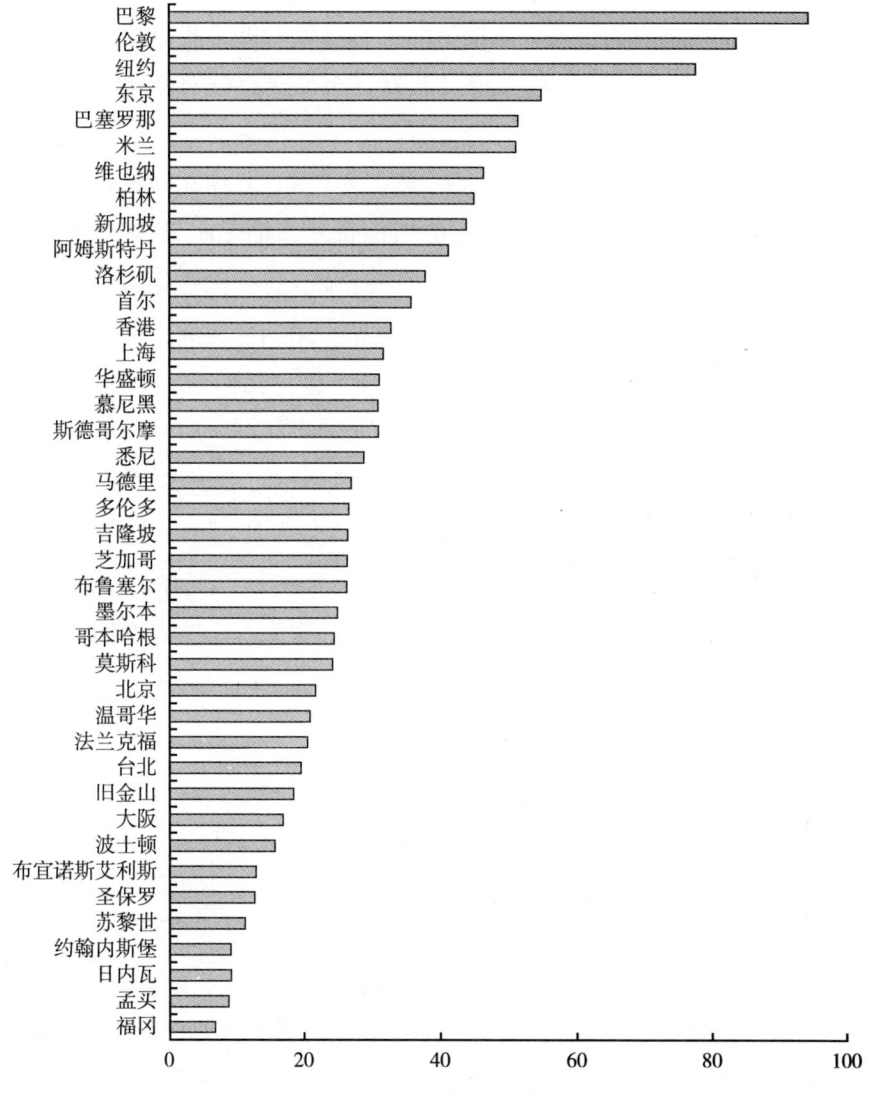

图5 40城市文化升级水平排名

5. 生态升级水平

生态指标的设计采用"以人为本"的立场，充分尊重人生活在其中的实际感受，因此二级指标采用了宜居指数、环境指数和污染指数。宜居指数评估工作环境、生活成本、安全和保障、生活环境、生活设施；环境指数主要评估生态和自然环境；污染指标主要评估城市的总体污染，涉及水污染、空气污染，其中空气污染扮演重要角色。

指标的评估结果发现世界城市体系的生态升级程度呈现典型坡度较缓的"金字塔"形，即城市之间的环境情况差异并不显著，特别是发达国家城市之间尤为趋同。城市组群大体上可分为五组。第一组主要是人们耳熟能详的"后现代城市"，包括斯德哥尔摩、维也纳、苏黎世、日内瓦和柏林；第二组城市的指标仍可以达到环境评价最佳的斯德哥尔摩的80%以上，主要为东京、哥本哈根、法兰克福、慕尼黑等；第三组城市的指标得分仍为最高得分的60%以上，如多伦多、马德里、首尔等城市；第四组为波士顿、华盛顿等城市；最后一组城市多为发展中大国的城市，也包括纽约、芝加哥等城市（见图6）。

生态升级排名的状况表明城市的环境、污染情况与地理位置、富裕程度相关系数较小，印证了世界银行将环境问题分为贫困型、生产型、消费型的科学。在发达国家城市中既有环境状态尤佳的斯德哥尔摩，也有相对较差的洛杉矶。莫斯科位居末席主要因为自然环境，即严酷的寒冷和漫长的冬季。对亚洲城市来说，东京、福冈等日本城市状态较好，中国的上海、北京居于最末。

6. 治理升级水平

治理指标设计主要考察城市的安全、公民社会活力，以及该城市的国际影响力。主要采取健康、保障指数，安全指数和政治权利指数进行测度。健康保障指数主要考察市民的活力、凝聚力和先进的社会经济成就，安全指数是对某一个城市或是国家整体犯罪水平的评估，而政治权利指数主要考察该城市对全球思想和观点的影响力，具体涵盖了对于城市中国家政治组织总部、国际非政府组织总部、大使馆和智库数量的评估。

对三者综合观察发现，治理升级维度的世界城市体系也呈现坡度较缓的

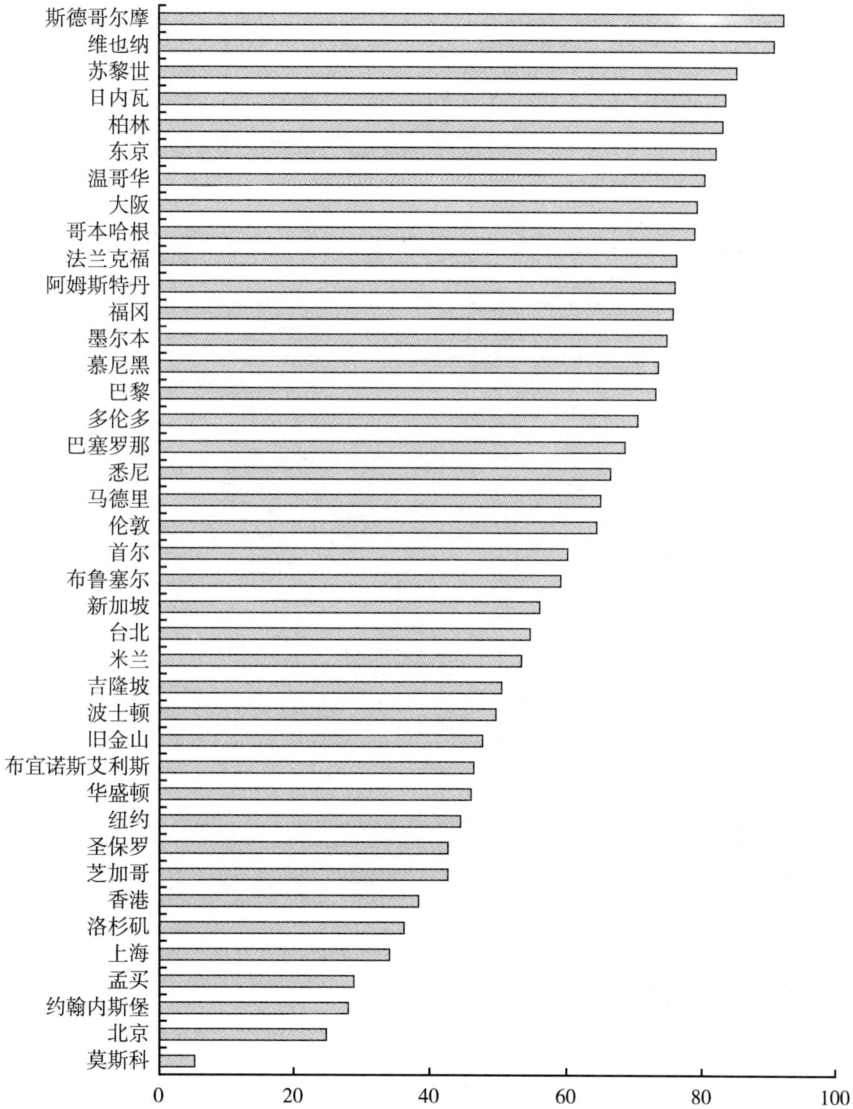

面向国际城市 2.0 的升级维度

图 6　40 城市生态升级水平排名

"金字塔"形,即城市间相差的间距并不大。若以治理最佳的华盛顿为满分100%,从治理较好城市到治理一般城市共分为五组,各组得分间距基本为10个百分点。最佳的一组主要为发达国家首都城市,如华盛顿、东京、柏林、悉尼、布鲁塞尔等。第二组城市主要为典型的世界城市,包括伦敦、纽约、中国

香港、新加坡等，而伦敦与其他世界城市几乎无实质性差别，指标值已跌落华盛顿指标值的90%之外，基本反映英国在国际社会中地位。第三组同样是部分国家首都，除法国巴黎外，多数为中等发达国家城市，如维也纳、首尔、日内瓦等；第四组多为发达国家主要城市，譬如墨尔本、洛杉矶、马德里等，日

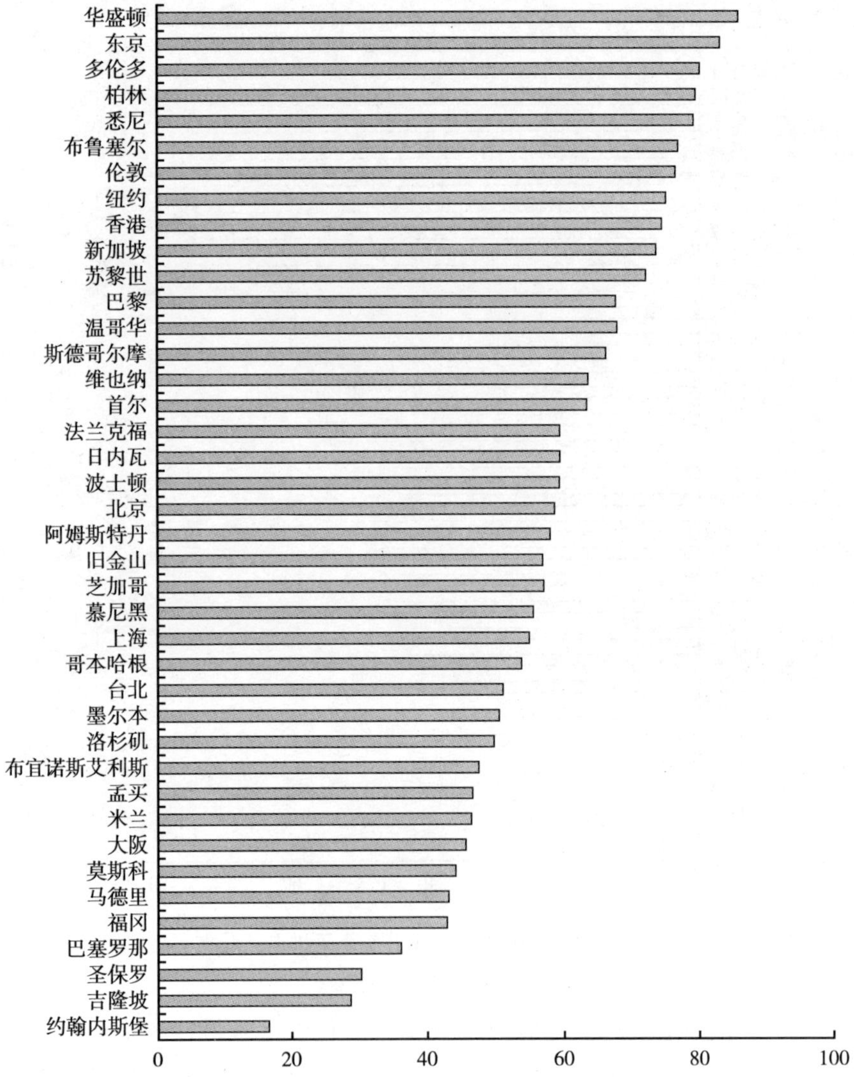

图7 40城市治理升级水平排名

本的大阪、福冈也在其中。尤为特殊的是印度的孟买也在这一组。孟买以犯罪率居高不下著称，其排位比大阪、马德里等发达城市更高令人诧异。究其原因，主要是该市较为活跃的宗教社会团体以及一些政府、非政府组织总部多于大阪、马德里。最后一组城市基本为发展中国家城市，或者是新兴国家城市，譬如圣保罗、吉隆坡和约翰内斯堡，这些城市的安全指数较低，缺乏健全的政治权利和公民社会发育，政府组织、非政府组织以及有国际影响力的智库也较少。

7. 空间升级水平

城市经济、社会、文化、环境、政治功能最终都将投射于城市的空间。对于国际城市2.0而言，其对空间升级水平的测量主要基于三方面：交通和基础设施指数、通勤时间指数、城市面积占大都市区面积比重。交通和基础设施指数关注整个城市交通和基础设施的角色，其如何使人们高效互动，加深城市生活方式；通勤时间指数指的是一个关于花费在工作通勤上的时间、消耗时间的不满意程度、交通的CO_2消耗量和交通系统整体低效率的综合指数；城市面积占大都市区面积比重主要用来评估城市紧凑程度，我们认为紧凑度适中为理想状态。

空间升级的指标情况显示城市得分状况呈现坡度较缓的"金字塔"形，即城市空间结构合理性间隔度不大。从城市的表现看，主要可分为五组。第一组为东京、新加坡、伦敦、孟买。其中东京和孟买的情况值得关注。东京在这一领域的得分登顶缘于其公共交通体系发达，城市空间布局紧凑适中；孟买的交通和基础设施严重匮乏，存在非常严重的贫民窟问题，但通勤时间却最短，说明其城市结构因贫民窟的存在导致了过度紧凑。第二组主要为布宜诺斯艾利斯等城市，其得分为东京的70%以上。第四组主要为圣保罗、莫斯科、日内瓦、阿姆斯特丹、巴黎等典型的发达国家城市，这些城市或空间体量过度庞大，或公共交通匮乏、过度依赖私人汽车。最后一组为维也纳、慕尼黑等城市。北京的环形结构不但在通勤时间上得分较低，且交通和基础设施供给与迅猛增长的人口相比有诸多不足（见图8）。

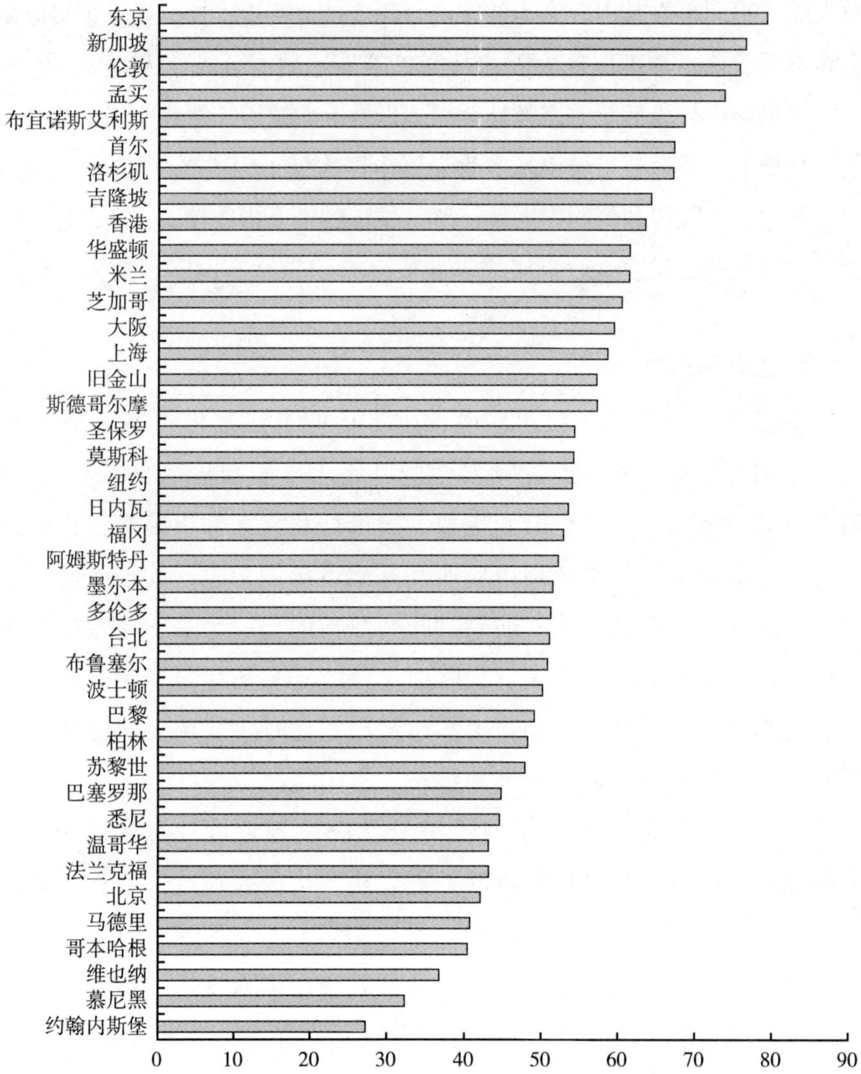

图8 40城市空间升级能力排名

四 评价：典型国际城市的升级特征

国际城市向2.0的升级是系统性的全面更新，经济、社会、文化、生态、治理、空间6个领域之间既相互独立，又彼此影响。因此，在分析城市的单项

面向国际城市 2.0 的升级维度

排名之外，以城市个体为视角，进行横向的评估，有助于我们理解主要国际城市升级路径的特点和综合水平。从升级指标体系的视角，国际城市的格局可分为欧美城市、东亚城市、新兴市场城市三个板块。以下就以上述三个板块为区分，选取部分典型国际城市进行其升级特征的分析，以期总结不同板块城市的升级规律和发展趋向。

1. 欧美城市

（1）欧美城市升级的总体特点

第一，国际城市升级的引领者。

欧美城市在国际城市升级领域毫无疑问地处于引领地位。相关典型城市共囊括了10个最大值指标，在引领性领域占据了绝对优势地位。同时，这些最大值指标基本涵盖了经济、环境、治理等升级的关键性领域。这种在升级方面的巨大推进，充分反映出作为受到全球金融危机、欧债－美债危机影响最为直接深刻的区域，欧美城市对于国际城市发展道路的深刻反思以及果断转型升级的战略执行力。

第二，扬长避短的升级策略。

欧美城市的指标得分普遍较高，且基本具备自身的优势领域。这反映出长期主导国际城市发展潮流的欧美城市，其自身的深厚积淀在转型升级之路方面仍然发挥出重要的基础性作用，且其根据自身特定条件，着力发展优势领域，进而带动城市整体升级的"以点带面"发展策略，是快速实现城市升级的重要路径。

第三，快速升级中的社会、环境、空间"极化"问题亟待应对。

在欧美城市的升级指标架构中，安全、公平、污染、交通基础设施和空间指标常常成为低于平均值的短板。这说明欧美城市转型升级的过程中，因国际化程度高等致的社会和空间"极化"问题逐渐开始影响城市升级的步伐。同时，欧美城市由于保持较长时期稳定发展而带来的基础设施老化、发展空间有限等固有问题，也成为影响升级的不利环节。

（2）典型城市分析

巴黎：文化创意－资本双驱动的先锋全球城市。

巴黎的指标得分状况显示出其全面升级的态势，在18项指标中，有14项超过平均值，且均为大幅度超越，大部分趋近于最高值，令人印象深刻。巴黎在创作环境、美术馆、博物馆、宜居3个指标项方面达到了最大值，其城市准入门槛1项也几乎达到最高值，显示出该城市软实力方面的超强实力。同时该城市经济领域的指标也处于领先地位，与其强项相结合，表现出文化创意-资本配合发展的显著趋势。该市低于平均值、略显不足的指标主要反映在污染、安全、交通、通勤4个指标上，这显示出欧美率先转型升级、具有较深厚历史积淀的国际城市，由于长时间受固有城市运行模式羁绊，而在社会、环保、基础设施方面显现"先发劣势"的特点。

在经济指标方面，巴黎无论金融市场、经济还是创新得分都高于大多数城市，尤其创新投入甚至接近世界得分最高城市斯德哥尔摩。社会指标上，巴黎除了公平得分略高于世界平均水平外，在生活成本指数和城市准入门槛上都大幅领先，接近世界最先进城市。文化指标上，巴黎本身就是最高水平，具有压倒性优势，只是国际旅客数量稍稍少于伦敦。在环境指标三项上，巴黎属典型的宜居城市，环境指数略微高于平均水平，污染指数低于平均水平，这说明巴黎存在空气、水污染，但并不严重。在治理指标上，巴黎拥有较好的公共卫生、医疗保障，市民也较为活跃，同时拥有较多的国际组织、非政府组织总部和思想库，因此巴黎的政治权利非常接近指数最高的城市华盛顿。当然必须指出巴黎的犯罪率比较高，因此安全指数排名处于平均水平之下。空间指标上，巴黎空间结构非常紧凑，城市面积占大都市区面积比重仅为19.9，远低于适中值（38%）。由于城区面积较大，尽管存在完善的交通和基础设施，但通勤时间指数的得分较低，通勤时间仍然较长（见图9）。

伦敦：资本流量与创新驱动完美统一的顶级全球城市。

伦敦的综合指标状况可用接近"完美"来形容，其18项指标中的16项超过平均值，且大部分接近最高值。仅有的两个低于平均值的指标为污染指数、安全指数，但其数值也与平均值十分接近。伦敦的金融市场、城市准入门槛、旅游目的地3个指标达到了最大值，表现出城市在要素流量方面居于全球顶级水平。同时，与创新相关的智力资本、创作环境等指标均居于前列，显示出城市发展动力升级的强劲态势。一言以蔽之，伦敦在国际城市升级的路径上走在了全球的最前列。

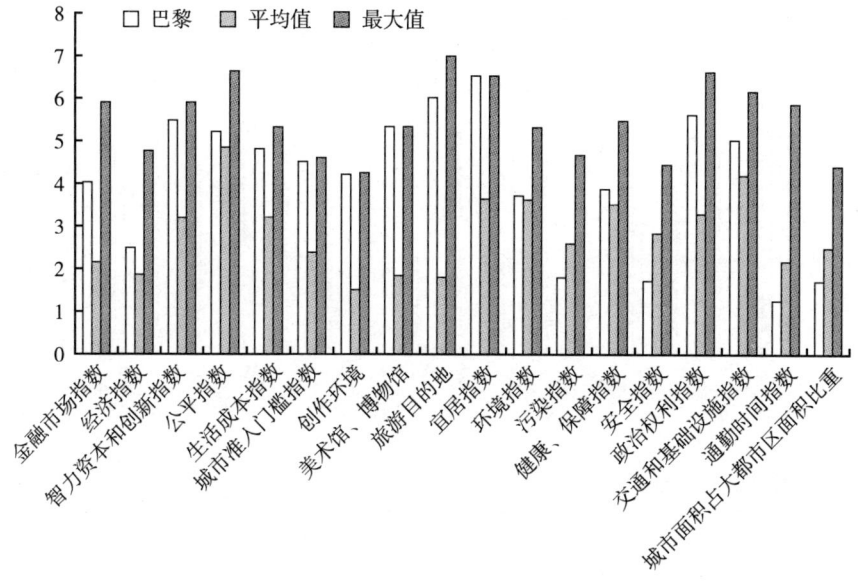

图 9　巴黎 18 项指标得分情况

从经济指标上看，伦敦是全球性的金融中心，其市场活力、人才吸引力的经济指数远高于平均水平，略低于最佳城市。创新投入方面，伦敦也非常接近最佳城市，这说明伦敦是名副其实的资本流量控制和创新并举的城市。社会指标方面，伦敦总体上相对公平，生活成本也不算昂贵，因此这两项指数略高于平均水平。当然伦敦城市准入门槛相对较高，可以说是最高的。文化指标上看，伦敦的创作环境优越，美术馆、博物馆数量惊人，非常接近巴黎，而旅游目的地最佳城市就是伦敦。从环境指标看，伦敦的宜居、环境指数要好于平均水平，其污染指数低于平均水平，说明伦敦也存在特大城市所固有的污染问题。从治理指标看，伦敦的医疗保障、公共卫生较好，市民也较为活跃，犯罪率也比较低，但其政治权利排名仅略高于平均水平，这说明以伦敦为选址地的各类组织不如以往。空间排名方面，伦敦的交通和基础设施相当完善，而城市面积占大都市区面积的比重为 34.8%，稍低于大都市适中水平，因此该指标得分要高于平均值，城市空间结构相对合理，其通勤时间较平均水平要好（见图10）。

纽约：经济要素引领的顶级全球城市

纽约作为全球城市的典型代表，总体指标体现较强的升级趋势，共有 12

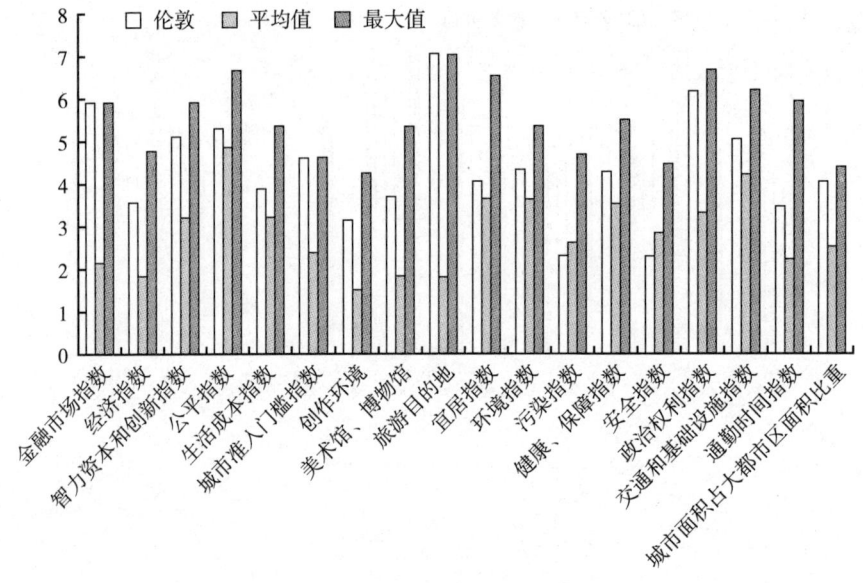

图 10　伦敦 18 项指标得分情况

项指标超过平均值，其金融市场指数达到最大值，其他 2 项接近最大值的指标分别为经济指数与智力资本和创新指数，这表明在国际城市升级过程中，经济要素仍是纽约的主要依托。而在其低于平均值的 6 个指标中，公平指数、宜居指数、环境指数、污染指数、安全指数、城市面积占大都市区面积比重均与城市快速发展的"极化"问题相关。因此，纽约在向国际城市 2.0 升级的道路上，其短板仍在速度与效益的矛盾上。

纽约是典型的由金融中心和生产性服务业构建的世界城市，经济指标中的金融市场指数、经济指数远高于其他城市，其科技创新的投入力度也非常大，与巴黎一样，在更大规模、更高层次上可实现资本流量和创新的双重控制。社会指标上，纽约存在较为严重的贫富分化现象，相对不公平，同时物价等要素的硬约束决定其生活成本和准入门槛较高，较大程度超过平均水平，和伦敦的情况差不多。文化指标上，纽约的创作环境，美术馆、博物馆和旅游目的地得分都远超过平均水平，异常接近最高水平的巴黎、伦敦，显示纽约强大的文化吸引力。环境指标上，纽约的宜居指数、环境指数、污染指数低于平均水平，其环境状态不尽如人意。治理指标上，纽约存在相对较高的犯罪率，在公共卫生、医疗保障，以及市民活力方面和平均水平持平，但基于联合国总部、非政府组织和使馆数量，纽约在政治权利方面有骄人成绩。空间指标上，尽管有着较好的交通和基础设施，但其城市面积在整个大都市面积比重为58%，远高于理想值的38%，城市空间存在蔓延式扩展趋势（见图11）。

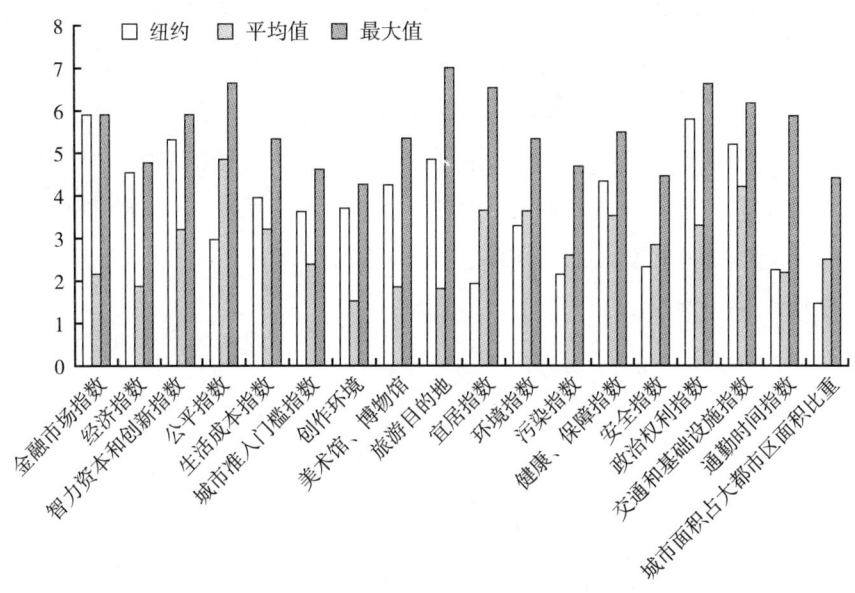

图11　纽约18项指标得分情况

斯德哥尔摩：创新与环境互动的"北欧风格"国际城市

斯德哥尔摩的升级指标状况显示出鲜明的北欧特征，即不追求全面超越，而在部分特色领域取得绝对优势。其18个指标项中共有11个高于平均值，显示出城市的升级水平已走在国际前列。该城市在智力资本和创新指数，污染指数，健康、保障指数3个指标项方面达到最高值，且在环境指数方面趋近于最高值，这表明城市的创新与环境领域形成了独特的优势。而金融市场、城市准入门槛、旅游目的地3个指标大大低于平均值的状况表明该城市在升级道路上"有所选择"，放弃了自身的劣势方面，不求城市的"大而全"，而是以少数优势领域的精益求精带动整体的升级水平提升。

斯德哥尔摩是北欧最令人瞩目的城市，其综合排名列第6位。该市显然并不是金融城市，金融市场指数很低，而以市场活力和人力资本吸引力为代表的经济指数也只是平均水平，但智力资本和创新指数却是第一，说明了斯德哥尔摩和瑞典对创新的高度重视。社会指标上，斯德哥尔摩秉承社会福利国家传统，重视公平，其生活成本和城市准入门槛相对较低，显示出开放包容。文化指标上，斯德哥尔摩的创作环境优良，但美术馆、博物馆只是平均水平，说明文化氛围与世界领衔城市相比还有较大距离。从环境指标看，无论宜居指数、环境指数还是污染指数都接近于最高水平，表明其对环境保护极端重视并取得积极成果。从治理指标看，健康、保障指数目前最优，犯罪率高于平均水平，政治权利排名却低于平均水平。从空间指标上看，斯德哥尔摩城市结构相对合理，城区面积在整个大都市面积中的比重为20.5%，低于38%的理想值，表明城市建成区较为紧凑。加之交通基础设施好于平均水平，因此，通勤时间要高于平均水平（见图12）。

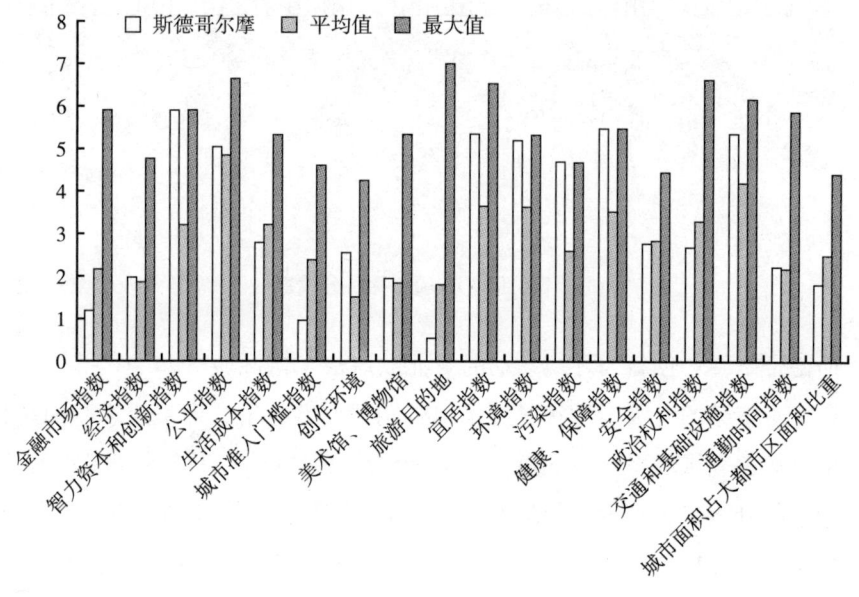

图12　斯德哥尔摩18项指标得分情况

慕尼黑：均衡稳定升级的国际城市

从升级角度看，慕尼黑表现综合稳定的成长特性，其18个指标项中有12个高于平均值。安全指数达到最大值，与之相关的健康、安全、宜居、环境等指数都趋近最大值，显示出慕尼黑稳定的城市转型升级环境。另外，慕尼黑6个低于平均值的指标中，政治权利、通勤时间、城市面积指数得分均接近最低点，反映该城市的区域性特征导致发展空间受限。

与同属德国的法兰克福相比，慕尼黑显然不属于金融城市，因此金融市场指数低于世界城市平均水平，而代表市场活力的经济指数和平均水平也不相上下，较高的创新指数则显示德国对创新的重视。社会指标方面，无论公平指数、生活成本指数还是城市准入门槛指数都略高于平均水平，显示了德国对公平的重视。从文化指标看，创作环境，美术馆、博物馆指标高于平均水平，而国际旅客指标低于平均水平，显示了德国城市在文化方面并无特别的优势。环境指标上，宜居指数、环境指数、污染指数或等于或高于平均水平，因为大体处于这些城市的中位。从治理指标看，慕尼黑医疗卫生等公共服务较为充足，市民异常活跃，其指数非常接近于最高城市斯德哥尔摩。犯罪率方面，慕尼黑是目前这些城市中最安全的，从侧面反映德国社会治安的先进和发达。令人意外的是，可能不是首都的缘故，慕尼黑并无很多的政府组织、非政府组织，因此政治权利排名低于平均水平。从空间结构看，尽管慕尼黑交通和基础设施较为完善，城区面积占大都市区面积比重显著小于平均水平，为11.1%，表明慕尼黑的城市建成区比重很小，城市空间非常紧凑，但城市的通勤时间比大多数城市要多，这说明慕尼黑城市结构相对不够合理（见图13）。

悉尼：繁荣与可持续发展兼备的亚太"门户"都市

悉尼的升级指标表现出整体性优势，18个指标项中有13个高于平均值。该市尽管没有任何指标达到最高值，但公平、生活成本、污染、健康安全4个指标接近最大值，充分表明城市在可持续发展方面的强大优势。同时该城市金融、经济、创新等指标的得分较高，反映出悉尼作为亚太重要门户枢纽城市的繁荣与活力。

悉尼是澳大利亚首位城市，尽管并不处于全球经济和资本流动的主干道上，但地理位置带来了城市的特殊优势。经济指标上，悉尼的金融市场指数和经济指数大于平均数，而创新指数却接近于最先进城市斯德哥尔摩，说明悉尼对创新关注。社会指标上，公平指数和生活成本指数高于平均水平而城市准入门槛较低，这说明尽管生活压力较大，但悉尼内部相对公平且易于进入。从文化指标看，悉尼的创作环境，美术馆、博物馆以及国际旅客基本处于平均水

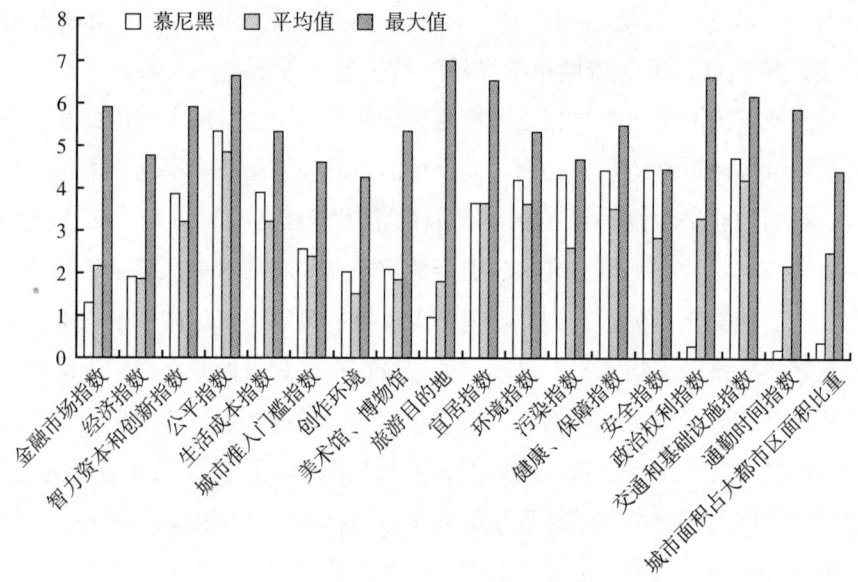

图13 慕尼黑18项指标得分情况

平,因此称不上发达的文化城市。环境指标上,宜居指数低于平均水平,而环境指数、污染指数高于平均水平,这说明悉尼环境优美,污染程度低于大多数城市。治理指标上,公共卫生、医疗健康指标、市民活力接近世界主要城市先进水平,而犯罪率接近平均水平,说明其治安状态良好;政治权利方面,基于政府组织、非政府组织总数和智库数量,该项指标高于平均水平。从空间指标上看,城市的交通和基础设施指数相对较低,说明悉尼的公共交通仍然不够发达,而通勤时间高于平均水平说明悉尼是个繁忙的城市。当然我们也不难发现,悉尼城市面积占整个大都市区面积比重为20%,得分较低,少于巴黎,多于慕尼黑,和纽约不相上下(见图14)。

2. 东亚城市

(1) 东亚城市升级的整体特点

第一,升级序列的领先者。

从整体上看,东亚的国际城市向2.0阶段的转型升级程度处于较高水平。除台北外,以东京、香港为代表的东亚城市在各项指标上均达到或超过平均值,且在最大值方面夺取了4个指标的冠军,呈现"四分天下有其一"的较

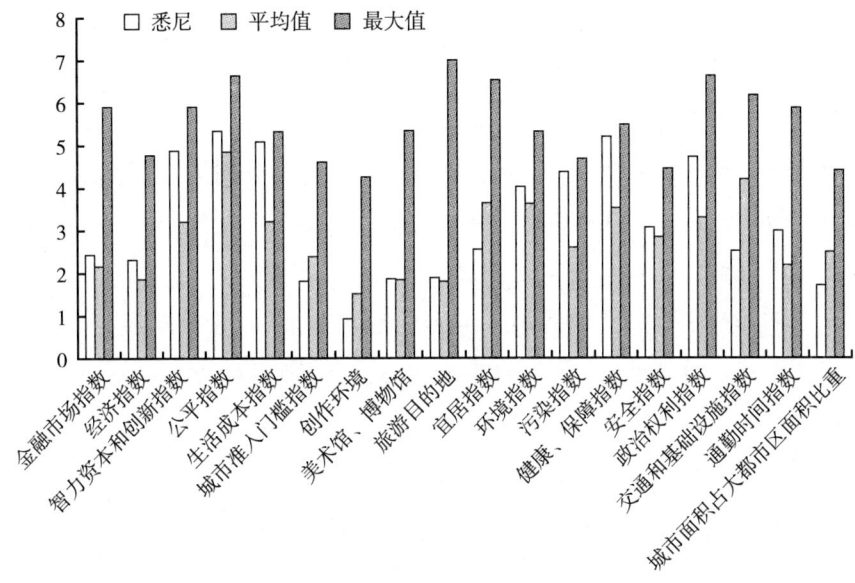

图 14　悉尼 18 项指标得分情况

高水平。这表明东亚的世界城市在世界经济重心向亚太地区转移、经济全球化动力发生变化的战略性变革阶段,利用长期积累的优质要素,已经进入国际城市率先升级转型的前列。

第二,经济发展与城市稳定的有效互动。

东亚国际城市的指标结构中,经济、创新、安全、基础设施、公平、城市准入门槛等指标普遍较高,反映出其以经济繁荣带动城市稳定发展的良好前景。这种经济与稳定互动的情况,是对传统世界城市发展中因经济快速发展引发社会分化,进而引起城市发展"极化"现象的重大修正。

第三,文化积淀面临突破。

东亚国际城市的短板较为普遍地表现在创作环境及美术馆、博物馆等文化领域,这也是这些城市在升级中亟须关注的领域。新加坡、东京等城市近期大量提出的以"文艺复兴"为核心指向的城市文化发展战略,也印证了对这一领域的高度关切和大力推进。

(2)典型城市分析

东京:全面升级的顶级全球城市

从国际城市2.0指标体系的衡量上看,东京无疑属于升级基本完成的全球城市。整体上看,东京在18个指标项上都超越平均值。更令人瞩目的是,该城市绝大部分指标都接近最高值,这充分体现出东京作为顶级全球城市发展的全面性和先进性。该城市共有3个指标达到最大值,分别是经济指数、生活成本指数和环境指数。上述指标也分属不同的指标类型,这充分表明东京城市核心竞争力的完整性和多样性(见图15)。

东京的综合性排名已位居第1。经济指标方面,尽管日本经历了长达20年的经济低迷,但是东京对国际资本流动的控制仅次于纽约、伦敦,且东京已形成很好的产学研一体化体系,创新优势明显,研发投入在GDP中的比重也较高,而市场活力和人力吸引仍然强大,所以该项指标位列第2。社会指标方面,东京的表现要好于伦敦、纽约,次于巴黎,这主要是因为贫富差距小,生活成本和城市准入门槛相对较低。文化指标方面,与印象中类似,日本文化过于单一,多样性不足,尽管国际旅客比例较高,但国际知名的美术馆、博物馆数量较少,因此和老牌的世界城市巴黎、伦敦、纽约间都有较大差距,但仍可位列第4。环境方面,基于循环型社会法律的推行及低碳经济的实施,东京的垃圾处理、污染排放都有突出表现,和环境最佳的斯德哥尔摩间基本没有差距。从犯罪率、居民活力和政治权利看,东京与其他城市相比也具有较好表现,这其实相当程度上归功于日本整体的相对公平有序以及素质教育的相对成功。从城市空间看,东京的交通和基础设施较为完善,能源消耗和二氧化碳排放系数与其他城市相比相对较低,城区面积在大都市中面积也相对适中(41.7%),得分较高,城市结构较为合理,通勤时间较短。

新加坡:空间受限但均衡升级的枢纽城市

新加坡的指标情况较为均衡,除4个指标项外,其余14个指标均超过平均值,且基本靠近最大值。这表明新加坡的转型升级已达到较高水平,且各领域的发展较为均衡。该城市在交通和基础设施指数方面达到了最大值,这一方面缘于长期的建设和精心管理,另一方面也与其区域面积相对较小的特质相关。新加坡低于平均值的短板集中在智力资本和创新,创作环境、美术馆、博物馆以及宜居四个领域,这与其空间的有限性相关。从新加坡指标的数值结构可以看出,空间约束对国际城市2.0的升级之路具有相当的影响作用,但其他

面向国际城市2.0的升级维度

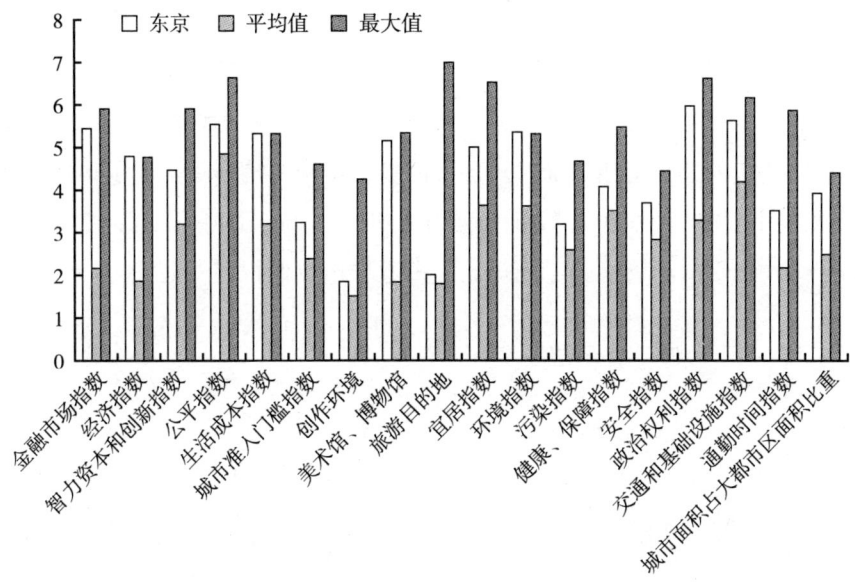

图15　东京18项指标得分情况

领域的均衡发展能够在相当程度上弥补这种无法改变的固有约束带来的负面影响。

新加坡上升至第一集团令人瞩目。其各项排名分别是经济指标第7，社会指标第6，文化指标第9，环境指标第23，治理指标第10，空间指标第2。从经济指标看，新加坡是名副其实的航运中心和金融中心，其金融市场指数、市场规模、市场活力、人才吸引力的经济指数大幅高于平均水平。从社会指标看，新加坡相对公平，能确保弱者的权利，但其"城市国家"的定位使城市准入门槛较高。文化方面，新加坡具有很长的平均教育年限，也具有较多的国际旅客，但总体上并不是传统意义上的特色文化城市，其创作环境，美术馆、博物馆得分都低于平均水平。环境方面，新加坡在垃圾回收和处理方面做出了很大努力，城市景观方面堪称楷模，被称为"花园城市"，因而宜居得分较高。但是由于新加坡的热带地理区位，水和自然资源缺乏，使环境得分不高，二氧化硫、二氧化氮、一氧化碳、臭氧和悬浮微粒（PM10）造成的空气污染较为严重。由于污染物主要来源于邻国，污染指数仍较世界平均水平要低。治理方面，新加坡公共卫生、医疗保障为平均水平，犯罪率为全球最低，然而基于权威主义政治治理模式,市民的活力、成就似乎有所不足。在考察城市对全球思想和观点的影响方面,新加坡和大国的首都城市,譬如华盛顿、东京、柏林、布鲁塞尔等相比确有较大差距。城市空间方面,新加坡的交通拥挤收费政策和快速便捷的公共交通的确对新加坡的城市空间结构合理化起了很大的促进和帮助作用。城区面积在大都市中面积为50%,高于适中值,该指标的得分稍高于平均水平,尽管通勤时间仍比大多数城市要低得多(见图16)。

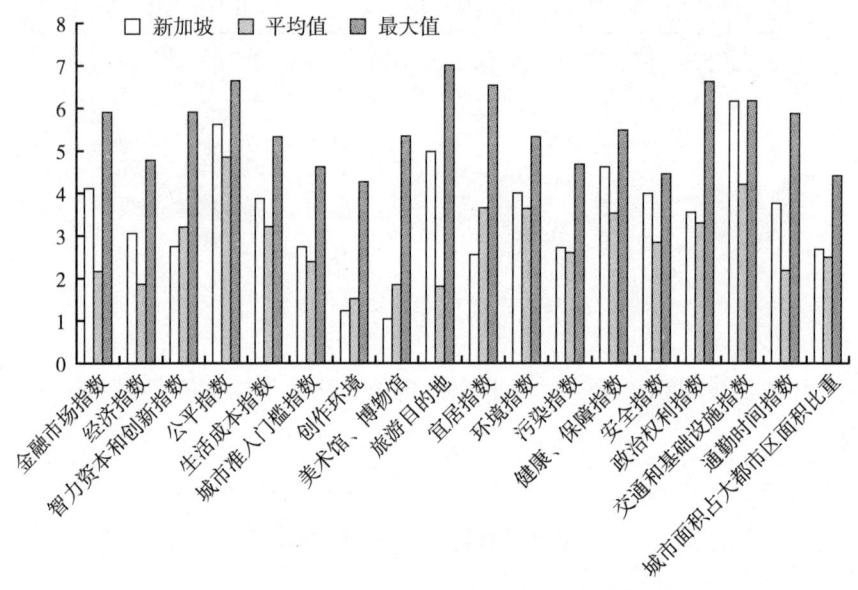

图16 新加坡18项指标得分情况

香港:以经济撬动总体升级的国际都市

香港的指标情况与新加坡有相似之处,都属于升级进程处于中上水准的国际性都市。其有12个指标超过平均值,显示出城市升级的步伐稳健。从结构来看,其经济领域的3个指标均接近最大值,从而带动城市的整体排位居于前列。这体现出香港以经济能级提升带动城市整体升级的重要特点。香港低于平均值的短板体现在5个指标,均属于环境及文化领域,这也表明其发展受制于空间约束。

香港的经济指标方面,金融市场指数成绩优越,接近于纽约、伦敦等世界领衔城市，显然得归功于规制较少的自由港定位以及成功的证券交易所；经济指数也大大好于平均水平，尽管和先进水平相比确有明显差距；而创新指数略高于平均水平，低于先进水平，因此创新的投入不足。从社会指标看，公平指数、生活成本指数和平均水平不相上下，而城市准入门槛略微高于平均水平，低于先进水平，这说明香港对移民的选择条件仍然较高，但没有达到最严厉的程度。从文化指标看，创作环境，美术馆、博物馆的数量仍然低于平均水平，这说明香港尽管存在与国际接轨的出版发行，但是仍没有达到文化传播中心的程度；国际旅客超过平均水平多归功于自由港和贸易中转的定位，而非香港自身的文化吸引力。香港的环境指标同样不尽如人意，宜居指数、环境指数、污染指数低于世界平均水平，和先进水平相差甚远，说明香港的环境治理面临挑战。从治理指标看，香港的公共卫生、医疗保障略低于平均水平，但犯罪率低于世界大多数城市，而政治权利方面凭借诸多非政府组织总部、领事馆和大学，排名显著超越平均水平，治理方面相对成功。空间指标方面，归功于出色的城市规划和轨道交通建设，其交通和基础设施指数、通勤时间指数，以及城市面积占大都市比重（50%）的得分稍高于平均水平，但优势并不明显，表明香港的城市空间结构处于平均水平，过于紧凑的城市空间使得该指数的得分较低（见图17）。

首尔：具备雄厚基础、具有较高潜力、处于升级前列的世界城市

首尔在东亚范围内并不如香港、新加坡等国际化程度较高的世界城市知名，但其指标表现却令人刮目相看。其超过平均值的指标达到10个之多，且公平与交通和基础设施两个指标接近最大值。其低于平均值的8个指标得分也较高，与平均值差距很小，其污染和美术馆、博物馆指标几乎达到平均值。从中可以看出，首尔向国际城市2.0目标升级的基础十分雄厚，且已处于升级的先发行列。

从经济指标上看，首尔本身并不是金融中心，但其市场活力、人才吸引力和创新投入要好于平均水平。社会指标方面，其公平指数好于平均水平，但其生活成本指数、城市准入门槛指数要低于平均水平，说明首尔易于融入。从文化指标看，首尔的创作环境，美术馆、博物馆低于平均水平，但意外的是国际旅客高于平均水平，接近香港定位。从环境指标看，首尔总体情况和平均水平

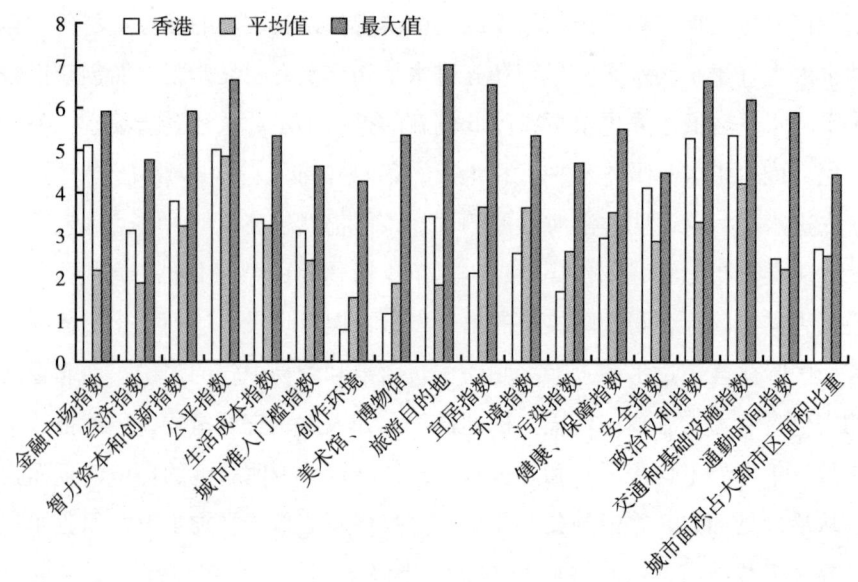

图 17 香港 18 项指标得分情况

差不多，三大指标或者略高于或者略低于平均水平。从治理指标看，首尔的公共服务、医疗保障面临不足，犯罪率也比较低；从国际组织、非政府组织总部数量上看，首尔的首都身份提升了政治权利的排名。从空间指标看，首尔的交通和基础设施指数、城市面积占大都市区面积比重（27%）低于适中值，但相对差距较小，因此得分超过了平均水平，显示出其城市空间结构仍相对合理，不过因为超大规模而使通勤时间相对较长（见图18）。

3. "金砖国家" 及新兴市场国家城市

（1）新兴市场城市升级的主要特点

第一，国际城市升级的"追赶者"。

从新兴经济体的城市指标排名情况看，这些城市普遍处于升级的初始阶段。其大部分指标都低于甚至大大低于平均值，显示出新兴城市在转型升级方面仍存在大量短板。这与这些城市所处的发展阶段密切相关。印度、南非、巴西等国的大城市仍处于集聚传统经济要素的规模性发展阶段，其高端要素的集聚能力普遍不强，因此难以全面转入面向全球化深化阶段的升级路径。

第二，城市"软实力"不足成为升级的重大制约因素。

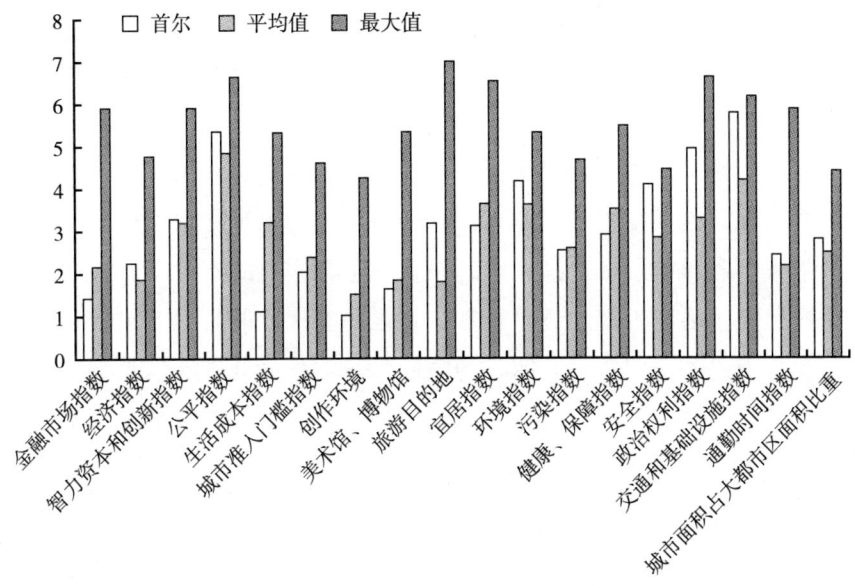

图 18　首尔 18 项指标得分情况

新兴经济体的指标体系中，公平，创作环境，美术馆、博物馆，宜居，安全等涉及城市"软"环境的指标往往成为最大短板，从而拉低了城市升级的总体评价。这种"软实力"不足带来的缺陷，在全球化深化阶段将极大地影响城市集聚高端要素的能力和升级动力。

第三，空间发展具有一定优势。

新兴经济体城市在通勤时间、城市面积等空间升级领域的得分普遍较高，这与这些城市人口高度集聚、城市空间相对紧凑的特点息息相关。这种空间上的优势有助于为新兴城市未来的转型升级提供发展所需的空间保障，为城市的"理性增长"构建良好的基础。

（2）典型城市分析

圣保罗：艰难转型的巨型城市

圣保罗的升级指标结构中，18 个指标中的 13 个均低于平均值，从中可见其转型升级道路之艰难。其高于平均值的 5 个指标集中在生活成本、环境、政治权利、通勤时间及城市面积方面，表明该城市发展的优势环节仍依赖于城市的内在环境和固有因素方面。其与升级相关的创新、生态、经济指标基本大幅低于平均值，显示出城市发展的动力仍然不足。

经济指标上，圣保罗不属于金融中心，其金融产业主要服务于国内，因此金融市场指数远低于平均水平；从市场活力、人力资本吸引度等指标看，经济表现也低于平均水平，说明圣保罗经济发展吸引力和世界先进城市相比存在明显差距；创新指数上，圣保罗同样低于平均水平，这可能对其长期经济绩效形成不利影响。社会指标上，圣保罗存在明显的不公平，公平指数低于平均数，而生活成本却超越平均数，这说明圣保罗的收入支出较低；城市准入门槛方面，圣保罗并没有明显的限制，尽管指数低于平均水平，但也造成了蔓延的贫民窟。文化指标上，圣保罗的创作环境远低于平均水平，这就是说圣保罗基本缺乏合适的文化土壤；美术馆、博物馆基本接近于平均水平，至于国际旅游方面也相当程度低于平均水平，这说明圣保罗的文化吸引力比较落后。环境指标上，圣保罗宜居指数显著低于平均水平，这说明居民生活不够便捷；环境指标接近最高水平，这意味着圣保罗的生态环境还比较优良，但从污染指数低于平均水平看，圣保罗污染确有趋于严重的一面。治理指标上，尽管政治权利排名因诸多政府间、非政府间组织总部、领事馆有所加分，但公共卫生、健康医疗服务严重不足，市民活力不足，以及犯罪率居高不下，使得安全指标远低于平均水平。空间指标上，圣保罗城区面积占大都市区面积比重为40%，接近适中值，因此该指标得分很高，接近最高得分，说明其城市空间结构较为理想，但由于基础设施未跟上需求，因此通勤时间要高于平均水平（见图19）。

约翰内斯堡：竞争力有待提升的区域性城市

约翰内斯堡的指标情况显示其仍处于国际城市升级的起步阶段，其18个指标全部低于平均值，金融、创新、公平、宜居、安全、基础设施6个指标几乎为最小值，这种情况反映出这一非洲新兴城市的竞争力仍然不足，仅能发挥传统的区域性作用。

约翰内斯堡是南非首都，也是最大的南撒哈拉非洲城市，其所有指标均低于平均数，很多指标甚至接近于零，譬如金融市场指数、创新指数、公平指数、宜居指数、安全指数、交通和基础设施指数，相对较好的指数或者能够接近于平均水平的指数也就是生活成本指数、环境指数、政治权利排名、通勤时

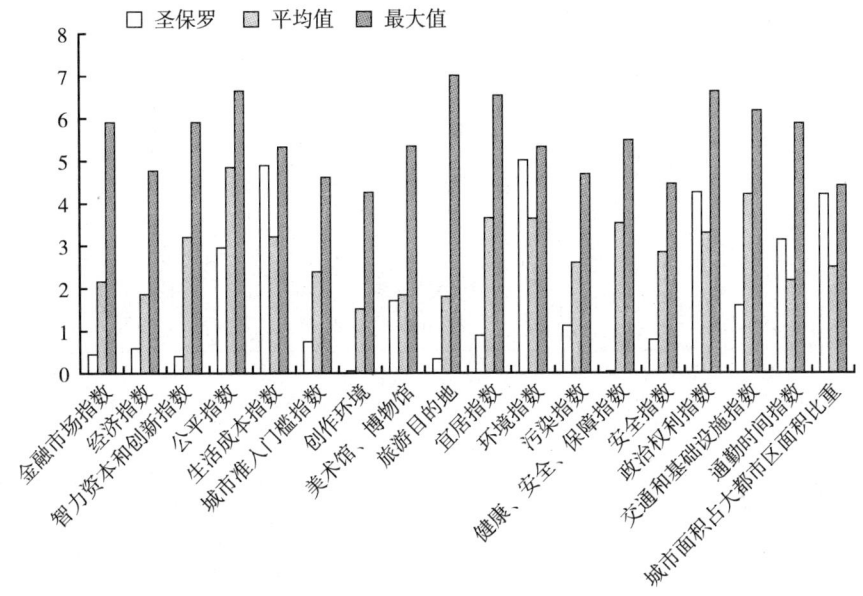

图 19　圣保罗 18 项指标得分情况

间指数和城市面积占大都市面积比重。这说明约翰内斯堡在几乎所有方面都无法与其他城市相竞争，需多方面入手更加主动发展（见图 20）。

孟买：具备升级潜力的新兴城市

孟买的升级指标体系中，18 个指标中的 14 个低于平均值，仅有安全、政治权利、通勤时间、城市面积 4 个指标高于平均值，这表明其仍处于升级的起始阶段。孟买在金融市场、公平、宜居、环境、基础设施方面得分尽管低于平均值，但相距不远，反映出这一城市的一定升级潜力。

经济方面，尽管孟买是印度的金融中心，但其金融市场指数仍低于平均水平，这说明印度在国际金融市场的作用有限，同时，其市场活力也缺乏有效的吸引力。社会方面，孟买的公平指数接近于平均水平，城市准入门槛指数几乎没有，再加上生活成本低于大多数城市，使孟买出现大量的贫民窟。文化方面，孟买创作环境也不甚理想；在犯罪率居高不下的影响下，国际旅客也出现萎缩，由此国际旅客远低于平均水平。环境方面，尽管孟买的宜居指数和环境指数接近于平均水平，但是污染得分为零，说明其污染严重。治理方面，作为

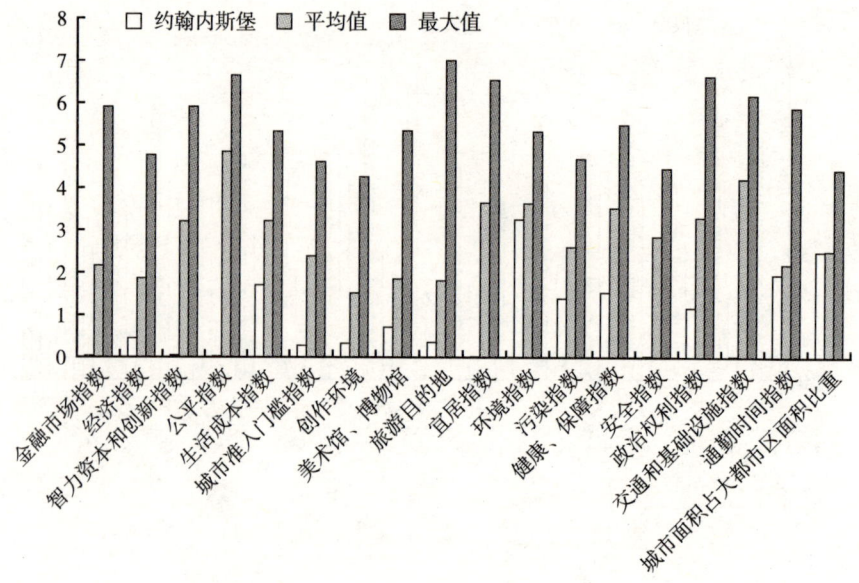

图20　约翰内斯堡18项指标得分情况

发展中国家以及大量贫民窟的存在,健康、高于平均水平保障指数远低于平均水平;犯罪率也高居不下,影响了其政治权利的发挥。空间方面,尽管孟买的交通和基础设施未达到平均水平,城市面积占大都市区面积的比重(45%)略高于适中值,该指标的得分较高,要好于平均水平,但居住拥挤、相对紧凑,所以通勤时间是世界上所有城市中最短的(见图21)。

莫斯科:以"软实力"为核心的转型中城市

莫斯科的总体指标得分情况也属于中下水平,其18个指标中的14个低于平均值。但除了创作环境、环境、污染、健康保障4个指标之外,其余10个指数均与平均值相距不远,反映该城市具备相当的升级潜力。而且,莫斯科的政治权利和美术馆、博物馆2个指标较大幅度超出平均值,显示出其长期以来积累下来的政治、文化"软实力"仍对城市转型起到重要的推动作用。

莫斯科仅有几个指标超过平均值。从经济指标上看,金融市场指数、市场活力以及创新均未及平均水平;从社会指标上看,莫斯科的生活成本高于平均水平,而公平指数和城市准入门槛指数低于平均水平,这说明莫斯科与其他城市比较算易于进入,有一定的包容性;文化指标方面,莫斯科的创作环境同样

面向国际城市 2.0 的升级维度

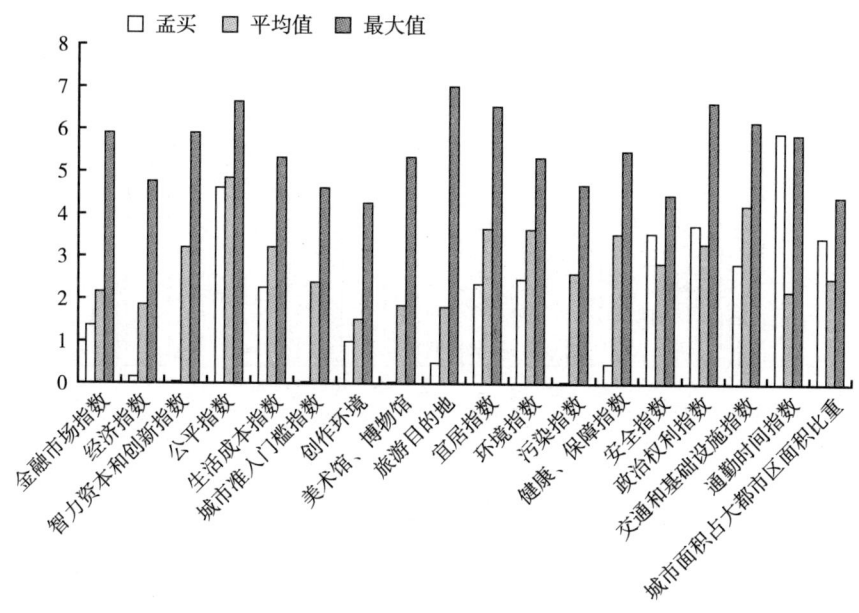

图 21　孟买 18 项指标得分情况

不理想，尽管历史遗产丰富，美术馆博物馆多于平均水平但是国际旅客的数量仍少于预期，低于全球平均水平，这说明莫斯科在全球的文化吸引力与以往相比已不可同日而语；环境指标方面，受到酷寒和较长冬季的影响，其宜居指数接近于零；治理指标方面，其健康卫生、公共医疗供给严重匮乏，市民社会活力也明显不足，与平均水平相比都相差甚远，犯罪率也高于平均数也表明莫斯科的治安状态堪忧，但基于莫斯科仍然是大国首都，拥有诸多的使馆、大学和智库以及各类政府非政府组织，因此其政治权利排名方面仍然靠前；空间指标上，交通和基础设施有效供给不足，而城市面积又占据大都市区面积较小（20%），使得其通勤时间较长，不适合宜居生活的需要，总体上莫斯科在全部城市综合排名中已不如从前（见图 22）。

4. 北京与上海的升级表现

北京是中国的首都。从这 18 项指标来看，北京经济指数中的金融市场指数、经济指数超过了全部城市的平均数，但是凸显创新内涵的智力资本和创新指数却不及平均数，且差距较大。即使金融市场指数也和世界先进水平譬如纽

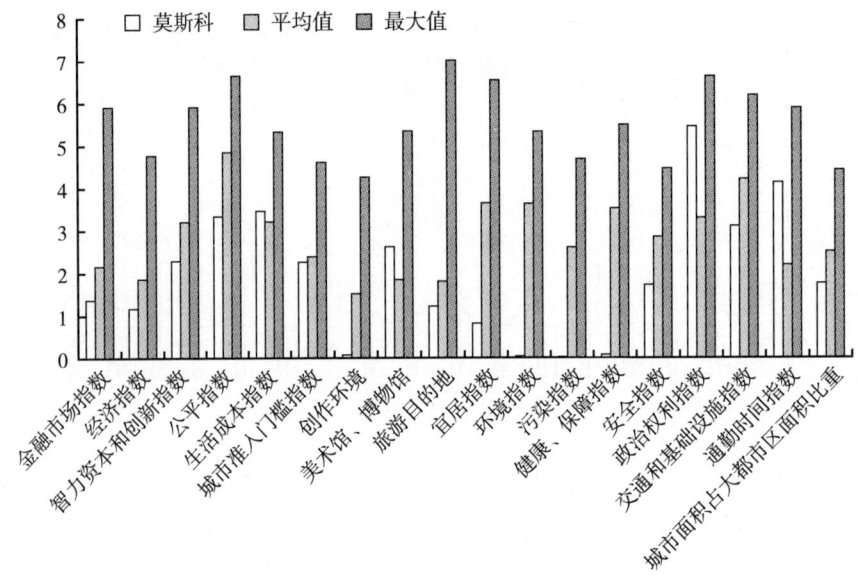

图 22　莫斯科 18 项指标得分情况

约、伦敦、东京有较大距离，唯一表现较好的就是对市场规模、市场吸引力、经济活力、人力资本、商业环境、规章和风险进行评估的经济指数。从社会指标看，令人瞩目的是北京的公平指数最高，这主要因为官方统计中较低的基尼系数；生活成本指数和平均水平差不多；而城市准入门槛方面也接近于最佳城市，这说明北京总体上属于包容性城市。文化指标上，尽管北京是公认的中国文化中心，但创作环境指标却远低于平均水平；美术馆、博物馆以及国际旅客的数目也仅仅接近于平均水平，与纽约、伦敦、巴黎等国际文化名城尚有巨大差距，这说明其文化吸引力仍然有限。从环境指标看，北京宜居指数远低于平均水平，属于不宜居城市；环境指数约为平均水平的一半，说明环境远未达标；污染极其严重，大大低于平均标准，甚至已经达到不适合人类居住的程度。从治理指标看，健康指数、安全指数都低于平均水平，表明北京公共卫生服务供给不足，居民健康状态不容乐观，且犯罪率较高；北京政治权利指标接近于最高水平，意味着有大量政府组织、非政府组织总部和大使馆，以及思想库的集聚，这很大程度上缘于北京作为大国首都。从空间指标看，北京无论是交通和基础设施指数还是通勤时间指数都远远低于平均水平，表明北京蔓延的圈层结构极其影响城市功能的发挥，对出行造成很大负面影响；尽管北京的城区面积占大都市面积接近38%的理想值水平，但这是由于北京大都市区的面积以市域范围作为基础，从而使该指标的得分较高（见图23）。

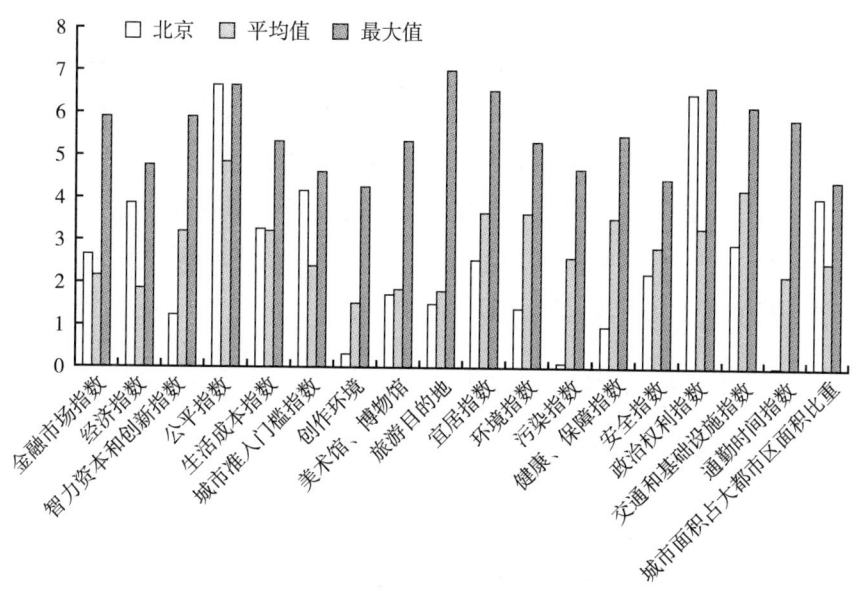

图23　北京18项指标得分情况

上海是中国的首位经济城市。从经济指标看，上海作为经济、贸易、航运和金融中心，金融市场指数、经济指数高于平均水平，但与纽约、伦敦还有较远距离。和北京一样，上海研发投入在GDP中比重虽然较高，但仍低于主要城市的平均水平，和先进水平如斯德哥尔摩有很明显的落差，这说明中国还远不是创新型国家。需要注意的是，依据森基金城市战略研究所的数据，上海智力资本和创新指数比北京稍好，但二者差距很小，结合两地的创新要素集聚和创新产出来看，这一结论处于合理的范围内。社会指标方面，上海的情况相对较好，公平指数和城市准入门槛都非常接近先进水平，但仍有差距；生活成本方面上海较高，比多数城市的情况严峻一些。文化指标上，上海与北京情况类似，创作环境一般，美术馆、博物馆接近平均水平，而国际旅客稍高于平均水平，这说明上海距离世界文化城市仍有很远距离。从环境角度看，上海和北京的情况差不多，即宜居指数接近平均水平，而环境指数和污染指数都低于平均水平；尤其污染指数远低于平均水平，这说明上海环境状况令人担忧。从治理指标看，上海公共卫生、安全保障明显低于主要城市平均水平，而犯罪率相对较低，接近世界先进水平；在政治权利方面，虽无大量政治组织、非政府组织、大使馆等集聚，但仍有相当数量的智库、政府和非政府组织总部。从空间指标来看，上海的交通和基础设施指数、通勤时间指数都略低于平均水平，与先进水平间仍有明显差距，而城区面积占大都市区比重得分高于平均值，表明上海该指标较为接近38%的理想值水平，城市建成区的面积趋于理想状况，可开发空间有限（上海与北京存在同样状况，是以市域面积作为大都市区面积，因此基数较大，才导致城区面积占大都市区的比重较为适中）（见图24）。

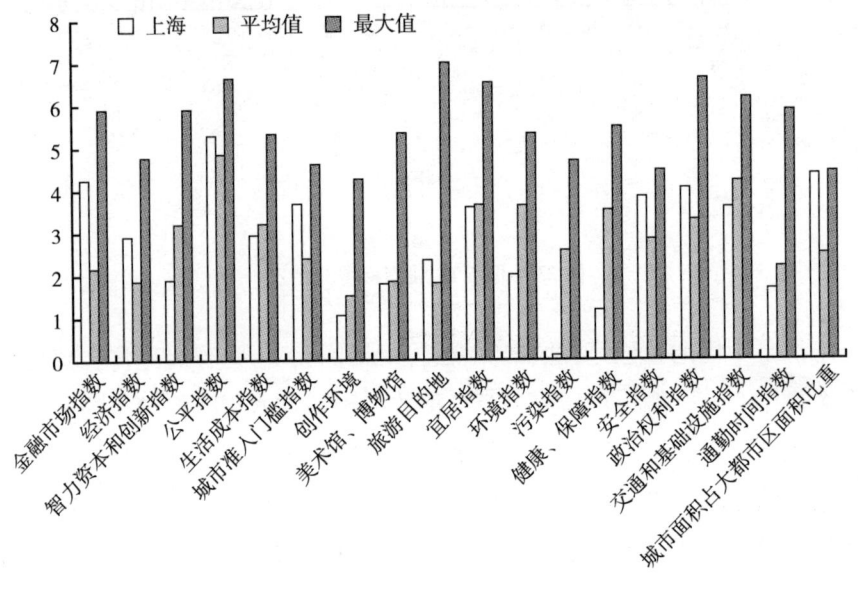

图24　上海18项指标得分情况

通过对北京、上海的分析不难发现，中国大陆城市的资本流量控制持续上升，经济增长表现突出，而创新投入不足；文化创作环境较差，而国际旅客数量代表的国际化程度仍然较低，同时环境恶化严重，健康、安全等高效充足的公共服务匮乏，而空间结构不合理对居民生活和城市功能的发挥形成的挑战日益严峻。其实中国两个国际城市的特征正是中国当前发展模式的写照，显然，要保证中国模式的成功必须从中国城市入手，转变城市发展战略，依靠创新、文化，使城市更宜居。

5. 结论：国际典型城市升级的比较与特点

从总体上看，对国际城市升级的特点总结，可以从地理和等级两个方面入手。就地理视角而言，东亚的世界城市体系在升级路径上的表现值得关注，这些城市由东京、新加坡、香港、北京、上海、吉隆坡、台北组成。指标体系研究发现，东京位列国际城市升级水平的首位，新加坡也位列第一集团，香港紧随其后，而上海居于其中，北京、台北靠后，吉隆坡处于最后位置，这说明城市的状况也反映出国家的状态，东亚的国际城市格局从"冷战"结束以来没有发生实质性变化，但华人文化圈的国际城市的中坚地位已基本确立。在国际城市的升级水平方面，新加坡和香港的地位竞争将更趋激烈，但新加坡可能在一段时间内保持优势，尤其是社会方面。

从等级上看，世界城市群体的分化基本可归为三类：顶级全球城市，主要为巴黎、伦敦、纽约；中等发达国家城市，如慕尼黑、马德里、巴塞罗那、米兰、悉尼等城市；发展中国家与新兴市场城市。从升级指标的表现上可以看出，最高等级的世界城市除了环境方面指数可能处于平均水平，其他指标均接近于最高水平，也就是说，世界城市对其他城市具有压倒性优势。中等发达国家城市往往在单项指标上有突出表现，如创新和生态环境方面显示出优势地位的斯德哥尔摩、慕尼黑等。新兴市场城市即使在经济上有所发展，但在环境、创新、文化和空间方面都存在难以克服的软肋，这表明新兴市场城市要赶上世界其他城市，必须积极发展文化城市、创新城市，减少资源的消耗，而这也是广大具有国际化抱负的中国城市必须长期坚持的升级方向。

参考文献

Knight Frank Consultation, *Global Wealth Report* 2013.

MasterCard Worldwide, *Master Card Global Destination Cities Index* , 2013.

Mori Memorial Foundation, *Global Power City Index* 2012.

Numbeo, *Quality of Life Index 2013*, www. numbeo. com.

Price Water House, *Cities of Opportunity*, 2012.

Secretary General of the OECD, *Land and Population of The OECD. Large Metropolitan Areas 2012*.

新华社中经社控股集团指数中心和标普道琼斯指数有限责任公司,新华-道琼斯国际金融中心发展指数,2012。

UN-Habitat, *State of the World's Cities 2012/2013*, 2012.

城市创新篇
Urban Innovation

B.2
创业生态系统：全球领先城市发展趋势

邓智团*

摘　要： 西班牙特立丰电信数据公司（Telefónica Digital）联同创业基因公司（Startup Genome）公布了全球前20个地区的创业生态系统（startup ecosystem）排名。Startup Genome 使用创业指南工具收集数据，目的是帮助高科技公司采用基于数据分析的方法来避免过早失败。该报告认为人们有能力在世界上的任何地方，建立一个健康的创业生态系统。

关键词： 创业生态系统　《2012创业生态系统报告》

---

* 本报告是基于对《2012创业生态系统报告》的解读与分析，并进行了中国启示的研究。特此致谢，同时受国家自然科学基金项目（4110 1127）、上海哲学社会科学项目（2013BK001）资助。

近来，创业生态系统在世界各地开花，其对未来全球经济发展将有很大的影响。基于这一点，西班牙特立丰电信数据公司（Telefónica Digital）联同创业基因公司（Startup Genome）发布了《2012 创业生态系统报告》。该报告提出，历史上几乎所有高增长的科技初创公司的出现也仅限于常见的三四个创业生态系统，如硅谷和波士顿，不过目前这一趋势似乎已经发生了变化。同时，创业精神在全球的大爆发正催动新的创业生态系统在全球兴起。本文将基于对《2012 创业生态系统报告》的分析，为国内创业者、投资者和政策制定者了解全球范围内的各种类型创业生态系统提供帮助。

一 全球创业生态系统排名

排前 20 位的考虑因素包括了创业产出、资金、公司业绩、人才、基础设施的支持、创业者的心态、引领潮流的趋势，以及与硅谷相比的生态系统分化。虽然硅谷在早期阶段就能赢得风险资本，然而初创公司仍在寻找它们产品的市场组合。在这个排名中，硅谷毫无疑问地登顶榜首，排在第 2 位的是以色列的创业温床——特拉维夫（Tel Aviv），洛杉矶和西雅图排在了第 3 和第 4 位，纽约排第 5 位，从第 6 位到第 20 位分别为波士顿、伦敦、多伦多、温哥华、芝加哥、巴黎、悉尼、圣保罗（巴西）、莫斯科、柏林、滑铁卢（加拿大）、新加坡、墨尔本、班加罗尔（印度）、圣地亚哥（智利）（见图1）。跻身前 20 名的除

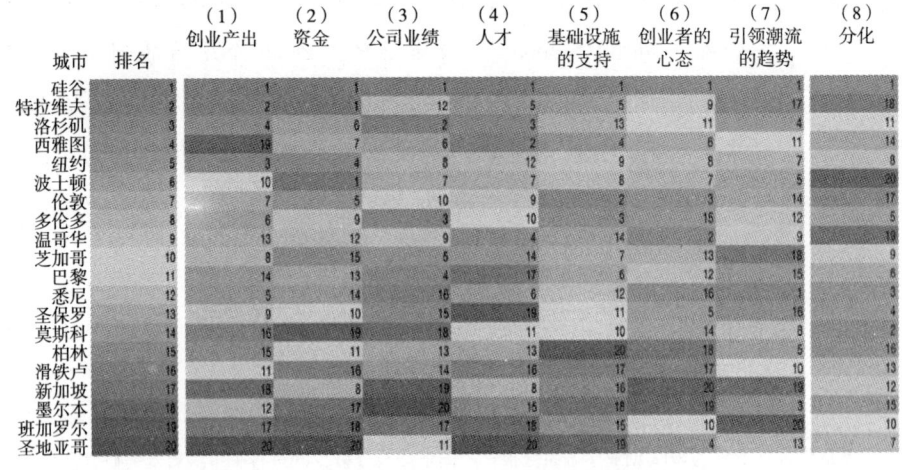

图1 城市创业生态系统排序与构成指标排序

了美国之外，英国、加拿大、法国、澳大利亚、巴西、俄罗斯、德国、新加坡、印度和智利等国也榜上有名。

二 若干创业生态系统的比较

若干创业生态系统的基本区域特征和创业者特征如表1所示。

表1 创业生态系统的创业者特征

类别	硅谷	特拉维夫	洛杉矶	纽约市	波士顿	伦敦	班加罗尔	巴黎	圣保罗	新加坡
排名	1	2	3	5	6	7	19	11	13	17
年龄(岁)	34.12	36.16	32.55	32.55	36.8	35.98	37	33.21	30.80	33.35
性别(男:女)	90:10	91:9	88:12	82:18	91:9	91:9	94:6	93:7	96:4	95:5
教育(辍学:硕士+博士)	1:2.5	1:2.33	1:2	1:4	1:6	1:3	1:4.5	95%受高等教育	1:10	1:6
连续创业者(%)	56	47	55	56	51	42	24	37	23	32
非技术创业队伍比重(%)	16	11	21	22	15	15	15	25	24	26
平均每天工作小时	9.95	9.42	9.64	9.69	10.41	9.78	10.86	9.88	8.86	11
创业者居住在硅谷的比重(%)	100	13	29	19	16	25	8	25	26	33
动机(产品:影响)	1:1	1.5:1	1.4:1	1:1	1.6:1	1.3:1	2:1	2.6:1	2.4:1	1:1
客户(B2B:B2C)	2:1	1.6:1	0.25:1	1.2:1	2.7:1	1.8:1	1.4:1	3:1	1:1	2:1
市场(新:利基)	4:1	4:1	3:1	2.6:1	4.5:1	3:1	2.4:1	3:1	3:1	1.4:1

1. 硅谷

在所有创业生态系统中，将硅谷与全球平均水平进行比较，其特点如下：与所有创业生态系统阶段相比，硅谷的资本比其他地方高出32%；硅谷的创业导师比其他城市多了20%以上；连续创业者的比例，硅谷比其他城市高了35%；可能去从事咨询活动的创业者，硅谷比平均水平少了54%；创业者不以生产产品作为挑战的比例比平均水平低了22%；与所有其他生态系统创业者野心的平均水平相比，硅谷的创业者更加雄心勃勃，每天工作更长的时间，更致力于全职工作；以改变世界而不是制造一个良好产品来激励自己的创业者，硅谷比平均水平高出19%；以解决"小众"市场为目标的创业者，硅谷比平均水平低30个百分点。

资本状况。根据该报告的研究，硅谷初创中资本在创业前四个阶段中的比例分别为11%、74%、9%和6%[①]。创业资本的来源结构为：自有资本13%、加速资本5%、朋友和家庭22%、孵化器6%、天使资本25%、超级天使资本和微型风险资本12%、风险资本16%和银行1%。

经济业绩。各个阶段的岗位创造分别为：发现阶段1.74%、验证阶段3.43%、效率阶段14.26%和规模化阶段34.07%。这些数据只包括全职员工，不包括联合创业者。

创业的收入来源结构为订购收入48%、交易费17%、广告8%、执业费6%和其他21%。市场取向的结构为新市场46.15%、利基市场11.79%、较好的市场32.56%、较廉价的市场9.49%。客户的面向结构为中小企业30.14%、消费者33.69%和大企业36.17%。

2. 特拉维夫

基本概况。作为一个国家，以色列尽管只有60年历史，人口也仅约700万，但它在世界上具有最高密度的高科技初创企业。2009年，63家以色列公司在以技术为导向的纳斯达克上市，这个数字超过了欧洲、日本、韩国、印度和中国相加之和。当今，几乎所有主要的高科技公司都会在以色列设立子公司，包括英特尔、微软、谷歌和思科等。因此，以色列大约39%的高科技员

---

① Startup Genome将创业划分为六个阶段：发现（Discovery）、验证（Validation）、效率（Efficiency）、规模化（Scale）、保持（Profit Maximization）与再创新（Renewal）。其中，发现（Discovery）：这个阶段主要是确认自己是否在解决一个真正有意义的问题；验证（Validation）：验证人们是否对你所制造的产品感兴趣；效率（Efficiency）：改进商业模式、提升获取客户的效率；规模化（Scale）：快速成长；保持与再创新：当规模化到一定阶段后，公司需要保持下去，同时通过不断的再创新继续这个循环。

工在跨国公司的 R&D 部门工作。

在创业生态系统指数中,特拉维夫排名全球第 2,这主要是因为它在整个创业发展周期中每个阶段里创业产出指数都是全球第二高的,另外还包括高度发达的资金生态系统、强大的创业文化、充满活力的支持生态系统和丰富的人才供给。特拉维夫的创业历史令人印象深刻,而且其创业生态系统还在不断扩大。然而,尽管排名靠前但也有一些迹象表明,它们也存在进入扩张固化阶段的可能性。对特拉维夫的技术初创公司而言,需要解决两种风险:技术风险和市场风险。特拉维夫生态系统高度依赖于小型技术驱动的出口,而不是大的市场赢家。

特拉维夫创业生态系统与硅谷相比的特点。特拉维夫的创业者与硅谷有接近的受教育程度(40%的硕士及博士对硅谷的42%);特拉维夫的创业在创业每个阶段雇佣的劳动力数量与硅谷相似;以色列初创公司有27%的基础用户群会支付,比硅谷高出46%;特拉维夫的创业企业没有资金缺口,在整个创业生命周期中都有一个健康的融资通道;相比于硅谷,其资金来源于天使资本稍微多些,来源于家人/朋友少些;特拉维夫和硅谷的创业者都着力于解决大的标的市场,且专注于新市场和利基市场的比例相等;特拉维夫的平均工作时间与硅谷相似;特拉维夫的创业者野心相对要小些,如更愿意解决规模较小的市场的初创公司以色列比硅谷高出46%,再如关注 10 亿~100 亿美元间的市场的企业比硅谷少了5%,关注 100 亿美元以上的市场的企业更是少了33%,特拉维夫创业者更关心的是"建设一个伟大的产品",而不是"改变世界"。

关键的一点挑战,且与硅谷显著不同的是,愿意围绕团队的人比硅谷少了67%,而围绕着产品的人多了39%。

3. 纽约

从创业的绝对产出来看,纽约市具有世界第二大的软件类公司创业生态系统。纽约市比较明显的是以消费者为目标客户的创业公司,形成与硅谷的显著差别。

纽约市创业生态系统的主要特点是:创业者与硅谷创业者一样雄心勃勃,都是优先解决"新"的市场而不是利基市场。纽约市初创企业的收入模式与硅谷基本上是相同的，付费认购同样是最流行的。纽约市的初创企业存在显著的资金缺口，特别是在产品适应市场前的第二阶段，纽约市创业企业缺少资金支撑的比例比硅谷多了70%，这可能是由于缺乏超级天使资本。纽约市创业企业更多以消费者为导向，因此，专注于消费者作为其主要的付费客户的创业公司比硅谷高了35%以上，以中小企业作为其主要的付费客户的创业企业比硅谷少了35%。与硅谷创业公司相比，纽约市平均每个创业公司的创业导师少了16%。而且从创业者和投资者的视角来看，纽约市与硅谷也有较显著的差异（见表2）。

表2 不同视角下硅谷与纽约市创业生态系统的比较

视角	硅谷	纽约市
创业者视角	孕育了10亿美元以上公司，比其他任何城市创业生态系统都要多，主要是因为其丰富的风险资本、世界一流的人才，还包括许多大型公共企业的总部、一个充满活力的支持生态系统，以及开放、信任、预知和改变世界的文化。这里唯一的短板是较高的生活成本、竞争激烈的人才市场，迫使创业者在与其他最好的创业公司竞争的同时，还要与世界顶级巨型公司进行抗争，如谷歌等	对于任何以处理消费空间，从事电子商务、广告、媒体或时尚的创业来说，纽约可以说是新的硅谷。如果创业已经达到产品/市场组合正准备扩大规模的阶段，那纽约是一个筹集资金的好地方，这里能容易获得全球曝光
投资者视角/政策制定者视角	从政策制定者视角来看，硅谷需要做的只是支持立法，继续消除创业生态系统中存在的摩擦，它包括：①降低工资税，以支持总额高、低收益的高科技公司；②支持新的"协作消费"的创业公司，如空中食宿公司（Airbnb）的发展，放宽住宿条例，放开传统的运输服务；③在美国创业生态系统中支持创业签证法案，使国际创业者更容易留在美国，为美国公民创造更多就业和财富的机会（http://startupvisa.com/）	从投资者的角度来看，纽约市是一个成熟的创业生态系统，并且将继续扩展。纽约市的早期创业阶段发展迅猛，但缺乏与早期阶段相结合的资本，这为投资者寻找30万~150万美元规模大小的投资对象提供了一个好的机会

4. 波士顿

波士顿是美国马萨诸塞州的首府和最大城市，也是新英格兰地区的最大城市，位于美国东北部，地处大西洋沿岸，紧邻纽约，创建于1630年，是美国最古老、最有文化价值的城市之一，美国最著名的两所大学哈佛大学和麻省理工学院均坐落于此。

其创业生态系统的主要特点是：波士顿的创业生态系统已经将"东海岸领跑者"的位置让给了纽约市。虽然它有完善的天使资本和风险资本，但初创公司的数量却比硅谷少了79%。波士顿创业生态系统也明显小于硅谷，但在整个创业生命周期中，初创企业都有健康的资金支撑。从这点而言，它可以被当作硅谷一个极其重要的替代者。赚钱的创业公司波士顿比硅谷高了24%。创业者的教育水平波士顿比硅谷更高（50%的硕士和博士，高于硅谷的42%）。

5. 伦敦

在过去的50年中，技术创业主要发生在硅谷、波士顿和特拉维夫，但最近几年，伦敦突然冒了出来，并成为欧洲最成功的创业生态系统，有欧盟迄今为止最大的创业产出，虽然其产量仍然比硅谷低了63%。看起来，伦敦作为持续增长的、欧洲领先的创业生态系统而在欧洲处于有利地位，成为美国创业者建立他们的欧洲总部的首选。

创业生态系统的主要特点是：与硅谷相比，在初创企业产品适合市场前，缺少资金支持的初创企业比硅谷高了81%，这很可能是因为缺乏超级天使和微型风险投资。这些微型风险资本的目标是50万~250万美元规模的初创企业。与硅谷不同，伦敦初创企业的创建目标不是改变世界，而是更加积极地想制造一个伟大的产品。伦敦的初创公司从导师获得的支持比硅谷的创业公司略少（每个创业公司的导师分别是3.24个与4.04个）。

6. 巴黎

尽管巴黎是世界上最流行的旅游胜地，但对创业者的吸引力却有限。巴黎的创业生态系统在全球排名第11位，这在很大程度上是因为其初创企业健康地分布在创业生命周期的4个阶段中。要想创造一个繁荣和自我维持的创业生态系统，最重要的因素之一是从国外吸引人才的能力。硅谷面对非常艰难的移民法，但移民在硅谷的成功中仍然起到了关键的作用。事实上，在美国大约1/6的创业者是移民。因此，这方面的竞争能力与伦敦和柏林等欧洲顶尖水平的创业启动生态系统相比，巴黎还需要走很长的路。

创业生态系统的主要特点是：与硅谷相比，巴黎更多的创业者具有研

究生学历（巴黎的硕士及博士比例为97%，硅谷为42%）。总体而言，巴黎的初创公司筹集的资金在第3阶段（效率阶段）和第4阶段（规模阶段）分别比硅谷少了95%和91%。由于超级天使资本和风险资本的缺乏，在巴黎的创业者几乎完全依赖自筹、朋友和家人以及孵化器。另外，与硅谷相比，巴黎的创业者较少依赖于广告，而更多的是以牌照费的收入为来源。

7. 圣保罗

在最近几年，巴西经济一直稳步增长。作为"金砖四国"经济的一部分，巴西的经济是非常有前途的。其创业生态系统排名居全球第13位，当前这里的创业者团体被描述为"技术拉美"（Techno Latinas）。然而与硅谷相比，这里初创企业的数量少了80%。

创业生态系统的主要特点是：圣保罗初创公司面临的主要挑战与硅谷相似，包括顾客认同、打造产品、资金和团队建设等。另外，圣保罗初创企业对"利基"市场和"新"市场的关注与硅谷相似。圣保罗有一个显著的资金缺口，在产品适应市场之前及之后，其获得的资金资助比硅谷少了86%。

三 中国启示

一是不需要完全模仿硅谷，不要过度设计产业集群，而是要帮助它们有机生长。硅谷并不适合做所有城市的榜样。如特拉维夫和纽约等都发展出了具有自身特色的创业生态系统。

二是鼓励私营部门参与产业集群建设。经验表明，只有私营部门才有足够的能力来拓展利润驱动型的可持续发展市场，因此，政府部门只需要尽早让私营部门参与到产业规划与区域发展计划中，这一定会给政府和私有部门带来更大的利益。

三是改善文化环境，完善法律、管理和监管制度。以色列和智利的创业生态系统的成功经验表明，有关创业的社会观念、健全的法律和监管体制是能在较短的时间内得到改善的。

参考文献

Telefónica Digital, Startup Genome. *Startup Ecosystem Report 2012*. 2012. 11, http://reports.startupcompass.co/

Isenberg, Daniel, "How to Start an Entrepreneurial Revolution", Harvard Business Review, June 1, 2010

B.3
纽约硅巷：中心城区科技集群复兴

邓智团*

摘　要：
硅谷（Silicon Valley）作为互联网兴起后该产业的地域品牌，为众人熟知。但新兴的开设在大都市中心城区中的无边界科技园已成为新一种互联网产业集聚地的地域品牌，如纽约硅巷（Silicon Alley），并未引起足够的关注。事实上，位于纽约曼哈顿下城区的硅巷，在老宅中的高科技企业群已成长为纽约市经济重要的新的增长点，成为美国发展最快的互联网中心地带之一，仅次于硅谷。其迅速发展的经验对推进我国创新城市的建设有着重要参考和借鉴意义。

关键词：
纽约　大都市中心城区　无边界科技园区　硅巷

一　美国大都市中心城区无边界高科技园区的新趋势

中心城区无边界高科技园区并没有确定的边界，但却相对集中于中心城区的某一个区域。这些中心城区无边界高科技园区相对于郊区或远郊的科技园区，能提供完善的基础设施、生活环境、聚会机会和丰富的集中于城市中心的青年创新人才以及风险资本。虽然硅谷作为全球杰出的高科技产业中心一时仍难以撼动，但所在市中心的帕洛阿尔托，传统的人口集中的城市中心地带也正

---

* 本报告同时受国家自然科学基金项目（41101127）、上海哲学社会科学项目（2013BK001）资助。

成为互联网或创新企业的办公地点。处于衰败中的伦敦肖尔迪奇地区（Shoreditch），现在却被称为"科技城"或"小硅谷"（silicon roundabout），成功转型为一个新的高科技企业集聚地。据 Centre for London（2012）的年报数据，肖尔迪奇集聚了 3200 家科技类公司，提供了 4.8 万个岗位。

2012 年 1~8 月，新工作岗位数在位于纽约的硅巷是 8976 份，仅次于硅谷的 9874 份，居全美科技岗位数第 2 位。在硅谷南边新兴起的硅滩（Silicon Beach），凭着 7368 个就业机会甚至还无法进入前 4 名。更是远超知名的传统科技园区，如北卡州的科技三角（Research Triangle, North Carolina）和波士顿的 128 公路（Route 128, Boston）（见图 1）。

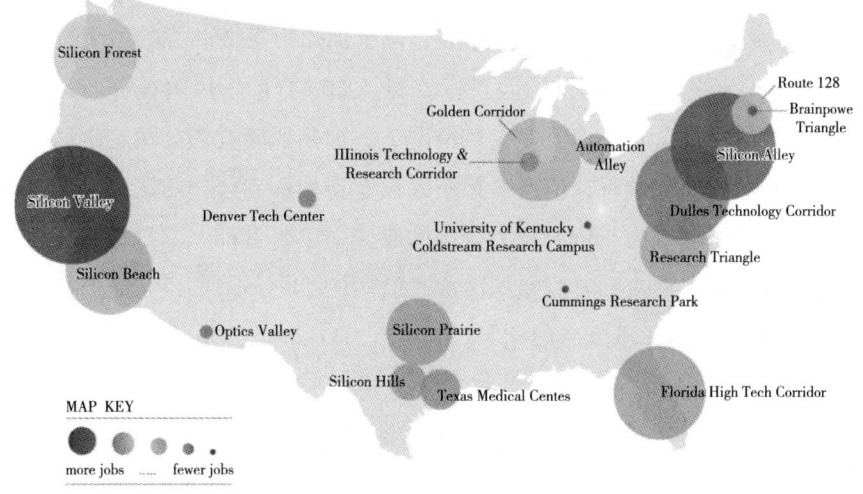

图 1　美国主要科技企业集中区域新增岗位排名（2012.1~8）

资料来源：www.bright.com/labs。

从图中可以看到，前 10 位排序为：第 1 位，硅谷（Silicon Valley）；第 2 位，硅巷（Silicon Alley）；第 3 位，Dulles 科技走廊（Dulles TECH Corridor）；第 4 位，FL 高科技走廊（FL High Tech Corridor）；第 5 位，硅滩（Silicon Beach）；第 6 位，Silicon Forest, Greater Portland；第 7 位，Golden Corridor, Chicago；第 8 位，北卡州科技三角（Research Triangle, North Carolina）；第 9 位，Silicon Prairie, Dallas；第 10 位，波士顿 128 公路（Route 128, Boston）。相对而言，传统科技研发集群的新增就业岗位数增长并不明显。

二 纽约硅巷的复兴

1. 硅巷的复兴

硅巷（Silicon Alley）位于曼哈顿下城区，通常是指位于该区从熨斗大楼到苏荷区、特里贝卡区等区域的由互联网与移动信息技术的企业集中而成的无边界科技园区，没有固定的边界，并不是传统意义上的科技园区。纽约硅巷（Silicon Alley）在20世纪90年代科技股泡沫破灭时受到极大冲击，但现在已经成长为有超过500家全新科技和移动信息技术企业的初创聚集地，如Kickstarter、Tumbler、谷歌卫星中心等。硅巷的兴起也意味着与硅谷的竞争，《纽约观察家》2012年的一份报告报道，位于加州山景城硅谷的风险投资公司Y Combinator正在与一些纽约风险投资公司，如联合广场风险投资公司，争先去资助纽约的科技公司。而且在某些情况下，加州风险投资公司希望那些初创企业能离开纽约前往硅谷，但这一想法并没有得到硅巷公司的认可，大多数硅巷公司将纽约的创造力与资源视为全国的媒体与广告首都，不打算搬迁。这样风险现金资本正在流入硅巷。追踪高成长公司的CB Insights说，风险投资的交易数量在2012年第3季度激增至44宗，比2011年同季高出19%，资助总金额上升了5.8%，达2.18亿美元。

硅巷的成功为纽约市找到了新的城市标签：美国"东部硅谷"、世界"创业之都"。

2. 硅巷的成功

硅巷与硅谷都兴起于互联网科技年代，但其影响力一直不被认可。2008年的全球金融危机给全球经济带来灾难的同时，却给硅巷带来新的机遇。主要有三大原因：其一，纽约大量集聚的人才优势。金融业的寒冬降低华尔街的吸引力，大量青年才俊转投互联网产业。其二，雄厚的资金与完善的服务。纽约是全球金融中心城市，同时也拥有超过12个以上的"孵化器"，吸引大量的风投资本家集聚，吸引初创企业集聚，并帮助其站稳脚跟。其三，优越的政策。2010年，纽约市提出要把纽约打造为新一代科技中心，愿意提供土地与资金用来吸引一流的院校与研究所。在这些有利因素推动下，纽约市劳工部门的数据显示，从 2007 年到 2012 年，在出版业、制造业就业岗位分别降低了 15.8% 和 29.5% 的情况下，互联网以及应用技术企业就业岗位却增长了 28.7%。而风险投资的数据也同样得到了证明。从 2007 年到 2011 年，在硅谷等美国其他六大高新产业集聚地的风险投资呈不断下降的情况下，硅巷风险投资总额增长了 32%。

3. 硅巷的业态

纽约经济发展公司的执行副总裁尤恩·罗伯特森把硅巷这种特性称之为"东岸模式"，"其业务大多集中在互联网应用技术、社交网络、智能手机及移动应用软件上"，原因是这些创业者喜欢把技术与时尚、传媒、商业、服务业结合在一起，从而开掘出互联网新增长点。而传统的"西岸模式"硅谷的业态更关注计算机的芯片等硬件的创新。正如城市未来发展研究中心的报告中所说："或许硅谷将继续在芯片装置、硬件以及某些软件应用上有所建树，但纽约的特性将适合下一代互联网科技企业。"

三 推动硅巷复兴的举措

硅巷的成功是政府推动与市场化运作的完美结合。

1. 政府推动

（1）减税计划。在 20 世纪 90 年代硅巷刚开始建立时，为了纽约市的税收，政府推出一系列优惠政策：房地产税方面，实行特别减征 5 年计划（前 3 年减 50%，第 4 年减 33.3%，第 5 年减 16.7%）；免除商业房租税（前 3 年商业房租税全免，第 4 年免 4.7%，第 5 年免 3.3%）；曼哈顿优惠能源计划（期限 12 年，前 8 年电费减少约 30%，以后每年减电费 20%）。

（2）政府、商业区联盟和业主成立公私合作伙伴，成立新媒体理事会。2000 年 6 月，纽约市政府组织成立了新媒体理事会，理事会下设 9 个小组，主要关注新媒体产业发展的各个方面，其成员代表包括新媒体企业、贸易委员会、教育文化机构和政府部门。

（3）大力改善基础设施。如推行数字化纽约计划，将硅巷的成功模式向其他 5 个大区推广。推行管线改造计划，通过对曼哈顿旧管道的利用，安装光纤线路，进行高速数据传送。如举办程序评选大赛和"绿色"编程马拉松，通过为提高市民生活质量的数据公开法案，加强地铁站WiFi和移动信号建设，将空闲职位在纽约地图上标记，打造"科技地图"。

2. 市场选择

（1）大量的创新人才队伍。调查显示，85%的高新技术企业在选择创业地点时优先考虑人才。纽约的人才组合特别受到推崇，比如大量集聚的作家、导演、编辑、设计师和艺术家等，都是新媒体发展过程中的重要群体。这些群体又吸引了图像艺术家、作家、软件设计师和电影制片人，成为一个良性循环。

（2）浓郁的交融的文化。国际大都市浓郁的文化氛围也使创业者感到"生活在一个不是一天到晚谈论技术的城市是令人愉快的"。

（3）接近市场和丰富的资金来源。纽约易于取得资金来源，选择机会多。

（4）成熟的科技创新生态系统。纽约是美国2007～2011年风投成交数量唯一增加的城市。有纽约科技大会和其他299个科技产业组织帮助资金找到需要资金的公司。建立起了产业互助系统，形成了良性的科技圈生态环境。给新公司一个良好的空间，并在政府事务中让科技产业优先级提高，整合金融、时尚、媒体、出版社和广告商为科技产业开路。

四 对我国大城市创新城市建设的启示

硅谷一直被视为高技术产业发展的"样板"，但位于纽约市中心下城区的硅巷的崛起，却给了我们新的启示。

1. 推动中心城区设立无边界科技园区

当前，我国的大城市中心城区真正依托大学和高科技园区的集群型创新模式还没有真正形成，缺少能真正推动大城市走向创新驱动的科技研发型大型创新引擎。根据国外中心城区研发集聚发展的趋势，中心城区因为地价租金等商务成本高企的特点，可以建造单体建筑成为多功能的综合体，这种巨构型创新空间是一种集学习、创新、研发、交流等多功能为一体的智慧综合体；功能的组合是以相互间的协同互动为基础，可以增进空间使用的效率。因此，可以通过设立大城市中心城区的无边界科技园区,推动大城市中心城区建立高能级研发型的巨构创新综合体或创新楼宇。

2. 规划布局、土地出让和财政补贴上向创新空间倾斜

引导空间规划,积极响应创新活动,为大都市中心城区建立研发商业化运作中心。在财政政策上,特别是在土地出让上,对创新主体开发建设给予适度的优惠,特别是在工业老厂房改造过程中,给予创新、创意和创业从事者租金优惠和财政补贴等,提升创新、创意和创业等在中心城区布局的能力。

3. 探索混合布局城区功能,建设中心城区的中央智力区

转变城市空间规划布局导向,探索传统工业、商业或居住性的城区功能向知识和创新导向、重视生活品质兼顾的混合布局城区功能转变。建设中心城区的中央智力区,包括转变城区产业培育方式,从原来注重依赖城市的财富集聚、企业集聚、要素积聚的生产性特质,转向挖掘城市的人力集聚、知识集聚、文化多元的创新性特质,[①] 围绕校区的科研和人才优势来设计新产业方向,依托中央智力区的三区联动来引导知识创新与经济增长方式的转变。彻底冲破文化隔离、文化孤岛的局面,达成高校与本土的融合、历史与现代的融合、传承与创新的融合,使得校区和园区的发展真正根植于社会的土壤,并成为创新文化的种子而在区域中全面萌发。

4. 因时制定创新发展规划,形成高科技产业发展的内生源泉

鼓励金融和科技创新服务机构集聚中心城区,建立产业互助系统,形成良性的科技圈生态环境,给创新公司一个良好的空间,整合金融、时尚、媒体、出版社和广告商为科技产业开路。

参考文献

世界科技园协会(IASP)官方网站,www.iaspbo.com/.
www.bright.com/labs.

[①] 见邓智团《优化创新空间布局提升城市创新功能》,《华东科技》2013 年第 5 期。

成骆:《硅巷 VS 硅谷:谁将引领信息技术新潮流?》,《解放日报》2012 年 7 月 28 日。

邓智团、屠启宇、李健:《从大学集聚区到中央智力区的升华——坎布里奇的实践与探索》,《华东科技》2012 年第 9 期。

邓智团:《优化创新空间布局提升城市创新功能》,《华东科技》2013 年第 5 期。

Mario Kranjac. *Silicon Alley soaring*:*Gaining from Wall St. 's pain*. New York Post, Jan. 25, 2012.

New York City Takes on Silicon Valley " WNYC". Retrieved January 27, 2012.

Molly McHugh. *Silicon Valley vs. Silicon Alley*:*Can New York competes with the best of the west*? Digit Trends, August 20, 2011.

B.4 知识创新集群：日本的产学官结合模式

春 燕

摘　要： 为加速企业创新的成果转换，使研究成果得到进一步开发应用，实现科研成果的产业化和商业化，提升国家创新实力，日本文部省制定政策，支持和鼓励连锁性创新的集群——知识创新集群的形成。具体内容包括：以具备独立研究项目和突出研究潜力的院校为核心，企业和其他研究机构等共同参与，形成不同功能的产学官协作网络。各地区及各级部门构建产学官联合网络，通过产学官协作网络形成知识创新集群，使之成为推动日本创新驱动转型发展的重要基础。

关键词： 日本　创新集群　产学官合作　文部省

科研成果转化成适应社会需要的实际应用需要很长的时间。通过开展和制定、实施相关措施，形成具有竞争力的"知识创新集群"，能够加速科研成果的转化过程。日本在科技进步与产业发展中的经验也表明了这一点。长期以来，日本政府在推进科研成果转化和企业创新中发挥着重要作用。其中，日本文部省作为政府在国家层面推进创新的主要职能机构，通过制定相关政策积极鼓励和支持"知识创新集群"的形成。文部省的主要政策方针是：各个地区在地方政府主导的基础上，以具备独立研究项目和突出研究潜力的院校为核心，企业和其他研究机构等共同参与，形成连锁性创新的"知识创新集群"，促进开发新研究成果,以及进一步实现成果的产业化和商业化。"知识创新集群"的实质就是通过构建产学官为节点的网络,形成以地区为主体的人力资源网络、融资系统、创业援助体系。在这样的网络系统中,作为核心的院校及研究机构独创的技术要素与企业的需求相互适应,形成推动地区不断创新的内在机制。

一 日本文部省"创新集群"政策与资助方式

1. "创新集群"政策的形成历程

2001年3月,日本内阁批准了文部省《第二期科学技术基础计划》。在该计划中,促进形成地区性的"知识创新集群"是主要内容。为促进产业集群的形成与发展,2006年3月,文部省在《第三期科学技术基础计划》中明确提出,在重点援助发展形成世界级集群地区建设的同时,加强扶持项目规模虽然小,但具有地区特点,能够最大限度地带动和提升地区竞争力的"知识创新集群"。至此,文部省关于鼓励形成"知识集群"的政策中包含了两个方面内容,一是以形成世界级"知识集群"为目标的"产学官"合作项目,二是不限规模,以体现区域特色为主的城市社区范围的产学官合作"知识集群"项目。2010年的"知识集群"政策进一步重视推进各地区的独立性,重视加强研发项目与区域组织和大学的合作关系,将已经开展的"知识集群创成项目"和"城市社区产学官合作促进项目"与在大学建设产学官体制相结合,将"产学官合作战略项目"与"创新系统建设项目"结合,形成一体化的"创新集群"援助项目。

2. 文部省政策扶持的主要内容

为扶持形成以地区为主体的"创新集群"(创新系统建设),文部省的政策鼓励通过地区的产学官联系网络促进在院校内形成相关的网络节点,强化院校的创新集群功能。

(1) 2010年地区创新集群计划,年度预算额12065百万日元。计划援助的内容包括三个方面:一是"国际目标集群项目",预算经费7942百万日元,用于支持瞄准国际市场,能够形成世界级竞争能力的集群项目;二是"都市社区产学官联合项目",预算经费3000百万日元,用于支持规模虽小但能够最大限度地体现和提升本地区的特点,形成小规模的产业创新集群项目;三是"优先支援框架项目",经费预算1000百万日元,用于重点支持已取得了一定业绩的地区性产业集群项目。

(2) 2010年《促进院校等产学官自立合作计划》年度预算额2649百万日元。该计划主要资助两方面的活动及人员费用等支出:一是功能强化型资助,计划费用2041百万日元,用于支持院校等为强化产学官功能所必需的人员费和活动费;二是活动及协调经费资助,计划资助金额593百万日元,主要用于支持产学官合作协调活动以及培育。

二 日本"创新集群"形成的主要特点

1. 企业需求是沟通产学关系的基础

企业的不断发展使得更多的资金不断投入到科学研究中,能使研究和企业都获得持续发展的动力,这是产、学、官协作关系确立的基本出发点。文部省鼓励产学官协作,共同推进创新积聚的形成。其中,将"产"列于首位,明确产业是推进科学研究的原推力。从企业来看,研究的成果运用于企业发展,提高了企业的生产率,从而使企业获得更大的利润,拥有更多的资金。同时企业对研究的资助也锻炼了企业决策的眼光。只有投入对产业可持续发展有益的科学研究,才能得到后续发展。否则,投入得不到回报,对企业发展非常不利。因此,在"产"和"研"两方面的良好沟通中,文部省的政策强调地方政府建立信息传送机制,在引介专家、联合研讨、发展壮大协作关系等方面承担主要职能。

2. 院校为产业发展提供保证

产业发展和研究机构需要院校提供人才,这在智力支持方面产生巨大的推动力。正是由于院校以及各级培养机构不断培养各种专门性人才,使人才不断补充到各产业和研究机构,才为其提供了智力支持。保证各个企业的高附加值生产和研究机构的科研水准。如果没有院校为产业和研究机构提供人才,那么产业的专业水平就难以保证,而基于这些专业的研究就失去了发展

的基础。所以,学校在产、学、研三方面的良好沟通中有重大作用。研究机构在三者沟通中也起了较大作用。研究机构在企业的资金支持下进行研究,其研究成果又投入到企业生产中,提高了生产效率,为企业创造出更大的利润。

3. 政府职能为集群形成搭建桥梁

在创新集群中政府起了巨大的作用,政府通过制定各项法律、法规,从法律角度鼓励产、学、研合作,保障日本官、产、学合作的合法利益。此外,政府还推出各种商业计划,创造商业机会,鼓励企业、产业、院校、研究机构等都能参与其中。如日本文部省建立了"国立学校与民间企业等的共同研究制度",以及在学术国际局设置"研究协作室"等促进企业与高校的结合。

4. 企业是产、学、官合作中的主体

在官、产、学的合作中,一般来讲企业是合作体系中的主体。这是由于,首先,学术研究的资金需求主要来源于企业,企业通过提供资金为官、产、学的合作提供了保障。其次,企业的需求是影响学术研究的重要因素,技术研究跟随企业需要找到研究的课题。不仅如此,院校的人才输送也与企业直接相关,因此日本大学的专业设置会在很多方面考虑企业的需求,培养适合企业需要的专门性人才,以提高院校毕业生的就业率。

三 日本"创新集群"战略对中国的启示

"创新集群"体现了官、产、学的合作关系,在这种合作中,各方通过协作、沟通,以及相互促进,使优势得到发挥,并且在其中获得各自的利益需求。因此,实现良好的沟通是产、学、官合作顺畅进行的前提。日本文部省的政策和措施着重确保产、学、官在合作中各自发挥自己的长处和作用而不互相冲突,达到较好的平衡,同时也为良好沟通合作创立了条件,使合作的各方找到了合作契合点,这样合作关系才能建立和长期保持,并创造出合作成果。因此,在产、学、官形成的"创新集群"中,产、学、官三方面都发挥了自己的作用,三者都做了良好的沟通,这是产、学、官合作模式的一个重要特点,

也是其正常运作的纽带。文部省促进创新积聚方面的做法，包括政府的支持，体现在制定措施和计划促进大学、科研机构与企业开展合作，促进在大学创办科学技术园区，以及促进接受各种技术转移的中介公司等机构的形成。事实上现在国内也有相类似的做法，但是由于日本企业的研发力量较强，企业的管理水平更高，技术创新的主体由企业承担等因素，所以从效果上看与国内情况还是有许多不同。归纳这方面的启示有以下几点。

1. 产、学、研三方面的沟通与协调是合作的基础

我国大部分地区产、学、研合作存在联系不紧密、沟通不畅的问题，从而导致三者无法有效结合，无法发挥各自的最大效用。仅有少量企业与科研机构共同研发项目，高校与企业联系也不紧密。因此，沟通与协调成为当务之急。企业应与高校签订人才培养协议，确保专业性人才的输入。科研机构也应以企业需求为导向进行科学研究，充分把科技成果转化为经济效益。总之，封闭不可能发展，产、学、研三方面都应充分表达自己的需求，在共同合作中找到平衡点，共同促进我国经济的全面协调可持续发展。

2. 转变政府职能，发挥政府引导协调作用

发挥政府引导协调作用包括转变政府职能、制定法律法规、牵线搭桥等。在法律法规方面，当前国内关于产、学、研协作的法律法规并不完善，需要制定相关的法律法规促进产、学、研的合作，以及通过法律法规保证产、学、研协作的顺利开展。在牵线搭桥方面，政府应当发挥行政引导的作用，发挥中间人的职能，为企业、院校和研究机构的合作创造机会，促成合作。在中间人职能方面，政府在信息以及单位部门之间关系和联系等方面都具有很多的优势。对于企业来说，信息就是生产与发展的重要机会；对于院校和科研机构来说，信息是确定课题重要因素。因此，政府向企业传达信息，促进形成创新集群、创新合作和开展协同项目，有利于企业发展。从转变政府职能来说，政府应积极向服务型政府转变，为创新合作的产、学、研协作关系提供支持，积极参与引导等方面服务。如政府的职能转变可以是：①对创新合作形成采取对应的激励措施。围绕产、学、研合作，促进实现各类自主创新活动。②从政策环境方面为产、学、研合作创造有利条件，包括在企业和高校以及科研机构之间传达适时信息，同时研究出台相关的政策法

令,鼓励企业、院校、科研机构等创新相关单位联合创办各种合作机构,实现产、学、研项目的对接。③加大资金的投入力度。通过设立鼓励产、学、研合作的专项资金,为产、学、研合作提供有力的经济支持,同时也能够带动其他方面的资金进入,从资金上保证产、学、研合作的顺利进行。④政府发挥平台作用。政府平台作用主要是协调好各方面的利益,发挥政府中介的作用,为产、学、研的合作提供各种支持,包括资金、技术方面的支持,推动以创新为目标的产、学、研合作健康发展。

3. 充分发挥企业在产、学、研合作中的主导作用

当前国内的市场经济体制还不十分完善,企业在产、学、研合作中的主导作用并没有得到发挥,因此企业的需求尚不可能得到充分满足。与此同时,院校和科研单位各自为主进行关门研究的现象还较为普遍,院校和科研单位的研究工作没有与市场相融合,导致院校及研究单位的研究成果与企业和市场需求相脱节,研究成果无法顺利运用到企业生产当中。此外,企业存在规模差异,小企业由于科技开发能力相对较低,科研项目的规模化水平又相对较低,使得企业与院校和科研单位之间难以实现专门的、稳定的和不间断的合作;对大企业来讲,其与大学和科研机构建立产、学、研联盟相对较为容易。因此,辅助中小企业和院校、科研单位合作是产、学、研合作中需要重点关注的部分。把占有绝对数量优势的中小企业的技术需求统合在一起,形成具有一定规模的科研需求综合项目,这样,企业与院校和科研单位的合作可能会更加稳定和持续,并在不断合作的基础上建立起企业、院校、科研单位三位一体的产、学、研战略联盟。

综上,在借鉴日本产、学、研合作先进经验的基础上,我国应充分考虑自身的国情,确立适合自己的产、学、研合作模式,进而推动我国经济的不断发展。

参考文献

2010 年度日本文部省地区创新发展计划,http://www.mext.go.jp/a_menu/

kagaku/chiiki/budget/1297966. htm。

2010 年日本文部省创新集群发展援助政策，http：//www. mext. go. jp/a_ menu/kagaku/chiiki/budget/1297966. htm。

康青松：《日本创新集群的发展及启示——以九州半导体创新集群为例》，《科技进步与对策》2012 年第 3 期。

吴丽华、罗米良：《日本创新产业集群形成及特征对我国产业群聚的借鉴》，《科学管理研究》2011 年第 3 期。

倪外、曾刚、滕堂伟：《区域创新集群发展的关键要素及作用机制研究——以日本创新集群为例》，《地域研究与开发》2010 年第 2 期。

B.5 产业创新中的服务业：慕尼黑生物科技产业集群的启示

闫彦明

摘　要：

慕尼黑作为德国最大的经济中心城市，在产业和科技创新方面有很强的优势。在慕尼黑的经济发展中，科技服务业发挥了重要作用，并形成了独特的发展模式。本文分析了慕尼黑生物科技产业集群的特点及其服务业功能，阐述了我国各大城市科技创新的相关启示。

关键词：

慕尼黑　科技服务业　生物科技产业集群

慕尼黑市是德国巴伐利亚州的首府，是德国南部第一大城市。慕尼黑从人口规模看是全德国的第三大城市，在长期发展中一直扮演着德国经济中心、工业中心的角色。慕尼黑一直被视为德国乃至欧洲的最重要的制造业城市，实际上慕尼黑同样是重要的服务业城市。慕尼黑在服务业发展、服务业支撑制造业、科技创新方面尤其是一个典范城市。美国城市土地研究学会（ULI）受普华永道会计师事务所委托所做的《2010年地产新兴趋势报告》将慕尼黑列在所选27个欧洲大城市的首位。2009年，德国经济研究所受《经济周刊》委托所做的《德国大城市对比报告》在经济和结构一栏中，将慕尼黑排在德国50个大城市的首位。受益于发达的专业服务业、高技术资源、传统产业基础等方面的优势，在一些重要产业领域（如电子工业、IT产业、生物工程、汽车工业等），慕尼黑在全球范围内拥有

产业创新中的服务业：慕尼黑生物科技产业集群的启示

很高的地位。本文重点探讨专业服务业在推动慕尼黑产业创新中的相关经验。

一　慕尼黑的科技服务业快速发展

慕尼黑的产业多样，产业结构比较均衡，除了在高端制造业领域有着强大的产业优势，其在现代服务业领域也有着良好的基础。例如，慕尼黑目前是仅次于法兰克福的德国第二大金融中心，特别是慕尼黑保险业的优势甚至超过了法兰克福（全球著名的安联保险公司和慕尼黑再保险集团的总部都设于此地）。又如，慕尼黑是德国主要的展会城市之一，慕尼黑国际建材展（BAU）、国际手工业展（I. H. M.）、冬季国际体育用品展（Ispo Winter）及国际饮料和液体食品技术展（Drinktec）等均是国际知名的展会；再如，慕尼黑有发达的出版传媒产业，是欧洲最大的出版中心和重要的影视制作中心。总体来看，慕尼黑的专业服务业主要呈现如下特点。

1. 租赁和企业服务业就业占比较高

与纽约、伦敦等城市服务业比重极高的特点不同，慕尼黑产业结构更多体现出二、三产业较为均衡的特点。从长期趋势看，服务业比重不断上升，产业结构日趋优化，尤其是体现产业高度化的科技服务业获得了较快发展。

从近些年来的产业数据来看，慕尼黑的服务行业从业人数比重不断增加，从 2000 年的 74.8% 增长到 2009 年的 79.8%。2009 年该市服务行业（包括建筑业）就业人数为 550907 人，明显高于制造业 138644 人的就业人数，制造业（包括建筑业）2009 年的就业比重已经下降到 22.4%（见图 1）。在服务业中，租赁和企业服务业在统计范围上与专业服务业较为接近，再加上房地产业，该类产业的就业比重达到 23.1%，居于各行业首位。

2. 注重科技服务的引领作用

在经济发展过程中，德国联邦政府和州政府、市政府都高度注重科技创新对产业和经济发展的重要作用，通过采取多种措施，引导科技创新和经济发展实现紧密结合，从而推动了科技服务业等专业服务领域的有序发展。例如，2010 年以来，德联邦教育研究部及其他相关部门分别以"国家生物经济研究

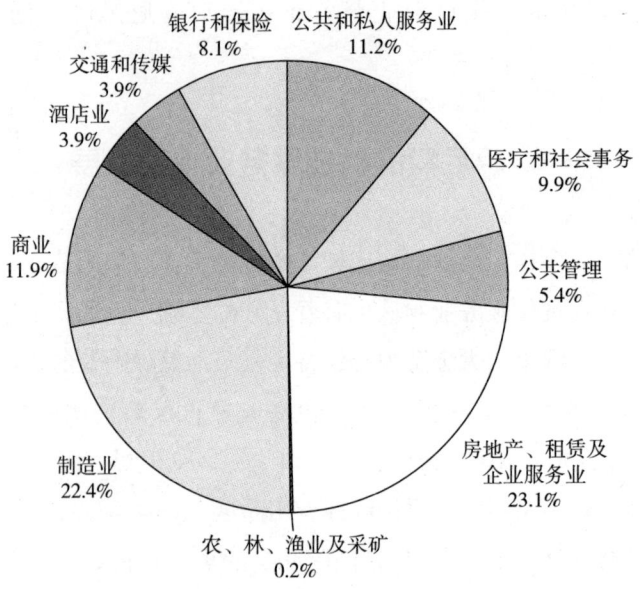

图 1　2009 年慕尼黑各行业就业比重

资料来源：中国驻慕尼黑总领事馆经商室研究报告《慕尼黑经贸简况》，2011 年 1 月。

战略 2030"、"联邦政府健康研究框架计划"、"面向可持续发展的科学研究"、"服务业创新"、"纳米技术行动计划 2015"等为主题，对一些重要科研领域的政策行动做出规划与部署。又如，巴伐利亚州所成立的史太白技术转移中心（Steinbeis）非常著名。自成立以来，该中心成功实现了由一个州立技术转移机构发展成为国际化的技术转移网络组织，并将主要业务定位于组织技术转移服务，面向技术创新各阶段，提供咨询服务、研究开发、国际技术转移、人才培训等各类专业服务。

3. 产业集群、融合发展

20 世纪 90 年代开始，巴伐利亚州政府采取了一系列措施，重点扶持部分关键行业和高新技术产业的发展，使得该州成为全德经济最具活力的地区之一，慕尼黑市也成功跻身于欧洲三大高科技产业基地的行列。产业集群发展还充分体现了专业服务业与实体产业之间紧密结合、融合发展的特点。

在巴伐利亚州政府 2004 年酝酿出台的产业集群政策中，慕尼黑及其周边地区就集中了 9 个,加上属于慕尼黑大都市圈的奥格斯堡市,慕尼黑大都市圈就集中了 11 个巴州产业集群,占总数的 57.9%。慕尼黑大都市圈集中的产业集群包括工业和高科技、金融服务、汽车制造、信息技术、建筑、生命科学、食品和传媒等。这些产业集群都具有很强的专业性特点,同时又体现出相关产业融合发展的集群特征,由此可见慕尼黑相对多的专业服务业资源是分散在各个产业集群区域之内的。

二 慕尼黑生物科技产业集群的特点与服务业功能

为了在全国范围内推动产业集群的发展模式,2007 年联邦教育研究部依托高科技战略发起了"领先集群竞争行动"(The Leading Edge Cluster Competition)①。这些不同类别的产业集群往往具有许多共同特点,如在某个技术领域具有领先优势,在空间方面高度集中,集群内部由制造业和服务类企业、科研机构、管理部门和政策制定者等共同组成。慕尼黑生物技术集群是在第二轮竞争中脱颖而出的一个产业集群。该产业不仅是慕尼黑具有代表性的高技术产业,同时其形成与发展也体现服务业的重要功能。其特点主要有以下三个方面。

1. 多元化产业组织的集聚发展:"m^4 – 4 Strong Partners"

慕尼黑生物科技产业集群最为典型的形态是"m^4"集群,即区域由多样化的产业组织构成,其中一类重要的机构是服务管理和服务类企业。所谓的 m^4 主要指如下四类参与者:

——卓越的科学研究机构(Excellence in Science)

——350 家生命科学公司(Life Science Companies)

——世界著名医院(World Renowned Hospitals)

——专业的集群管理与服务(Professional Cluster Management)

---

① 该行动促进了具有领先优势的科技型产业在地域上汇集,推动了科技的产业转化,并形成了一定的产业集群示范和促进效应。迄今为止,该行动已启动了三轮工作计划,每轮计划期的总支持资金为 2 亿欧元,进而从全德范围申报者中遴选 5 个优胜集群作为扶持,并对每一集群资助 4000 万欧元。目前,共有 15 个集群在三轮竞争中胜出。

慕尼黑生物技术集群是一个内部关联紧密的网络，集群之内涵盖了行业企业、专业服务公司、学术研究、专业医院等各种相关机构。在这些机构中大约2/3的是中小型企业（SME），同时也有一些国际著名的科研院所，如慕尼黑-路德维希-马克西米利安大学（LMU）、慕尼黑工业大学（TUM）的学术机构，以及马克斯·普朗克生物科学研究所和赫尔姆霍茨慕尼黑中心等（见图2）。

在各类机构共同参与下，该产业集群快速崛起，目前处于一个相对稳定的发展时期。

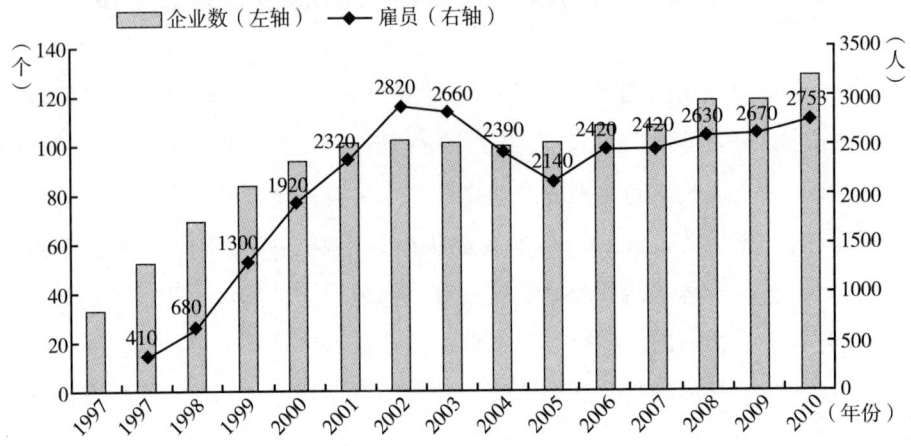

图2　慕尼黑生物技术集群中中小企业数量及雇员数量发展趋势

资料来源：www.m⁴.de。

2. 集成化、专业化的区域管理与区域服务

在慕尼黑生物科技产业集群内部，推行一种集成化、专业化的区域管理与区域服务模式。在该模式下，集群管理部门（Bio^M）有效整合区域内的各类服务资源，为科技企业、科研院所提供全方位、"一条龙"式的管理和服务。这是该产业集群获得成功的一个重要因素。

在该模式下，政府部门的服务功能与专业服务业的市场化服务功能被有机地整合起来了。集群内部的科技企业能够获得金融、法律、研发、网络、咨询、会计等全方位的专业化服务，从而极大地提升了企业运作效率，展现了产业集群的独特优势（见图3、表1）。

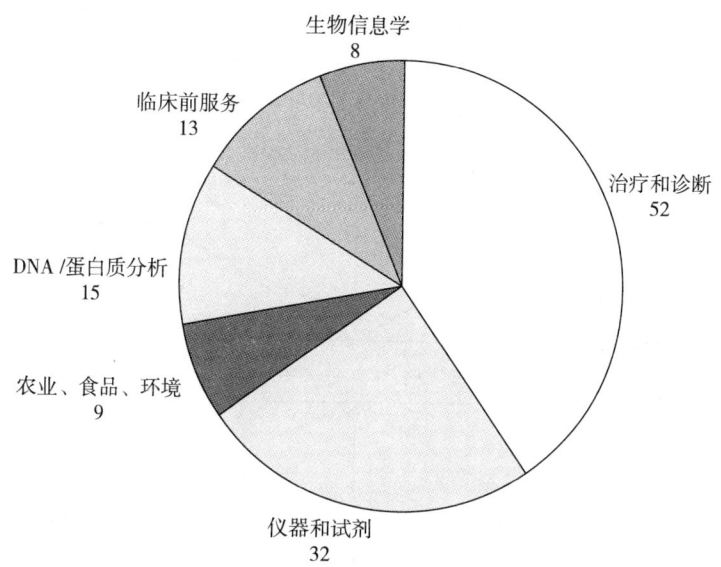

图 3　慕尼黑生物技术集群中中小企业的业务类别

资料来源：www. m⁴. de。

表 1　慕尼黑生物科技产业集群的专业服务与管理：主要服务内容

1. 促销	2. 信息	3. 市场	4. 国际网络	5. 网上服务
• 技术侦查 • 建议资金 • 启动意见 • 安排融资 • 业务发展 • 合作事项	• 巴伐利亚州生物技术产业的数据收集 • 主题讲座 • 培训机会 • 组织科学大会	• 派代表出席国际会议和展览会 • 记者的新闻和事件 • 集群发展演示 • 每年接纳超过 50 组的游客	• 德国 BIO 协会网络 • 生物技术工作组 • 欧洲生物技术倡议理事会 • 欧盟 ABC 项目的合作伙伴	• 公司数据库 • 公司新闻 • 事件说明 • 招聘 • 通信 • 网络电视

3. 贴近产业需求，设立专业的技术服务中心

在 m⁴ 生物科技集群中，针对产业特点和业务需求，还量身定做了一些功能型服务平台，如 m⁴ 试验服务中心（m⁴ Trial Service Center）、m⁴ 生物资料库联盟（m⁴ Biobank Alliance）、m⁴ 数据集成系统（m⁴ Data Integration System）等。其中较为典型的是 m⁴ 试验服务中心，其主要任务是：针对研究和开发新的医疗方法需要从实验室阶段到人类临床试验的转换，为小型和中小型企业在临床研究领域提供咨询、规划和协调，同时充分整合在慕尼黑

m^4集群的合作伙伴（从事临床研究的企业和学术机构等）资源为企业提供支持（见图4）。

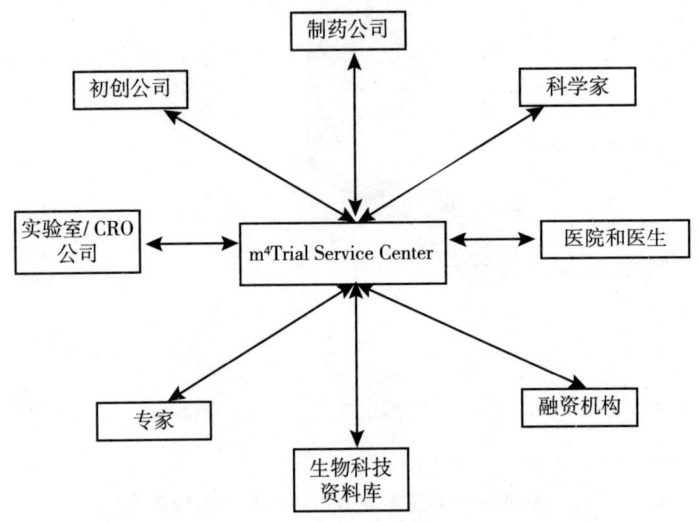

图4　m^4试验服务中心的资源网络及主要参与者

通过各种专业技术服务中心，服务商能够"一站式"地为科技企业的早期临床试验提供支持和建议。在此过程中，基于网络联系而建立起来的与当地服务机构之间的紧密联系也发挥着重要作用。

三　我国城市推动服务业发展的相关启示

德国在各西方发达国家中始终保持制造业的支柱作用，并不断提升产业国际竞争力，其经验主要体现在慕尼黑等地出现的大量富有创新活力的高科技产业集群。在集群中有机地整合专业服务业资源，为科技产业的发展提供"一站式"、高效率、专业化的服务，是其成功的重要经验。我国各大城市加快推进产业转型，改变专业服务业落后的局面，可以积极借鉴慕尼黑的有关经验。

1. 集群发展是科技服务业有效发挥服务功能的重要模式

从国内外科技服务业发展情况看，科技服务资源的存在模式大体可分为三类：一是集中在 CBD 区域，体现 Front Office 特点的高端科技服务集群；二是集中在城市郊区一些高科技园区中，根据所"依附"的高科技产业特点与需求，提供全面、便捷科技服务的专业化科技服务集群；三是在著名高校或科研院所周边，为促进科研成果的市场化转化而集聚起来的各类中介服务机构。这些不同的模式体现不同的产业发展需求，但其存在动因都在于贴近市场需求，有效发挥服务功能，它们共同支撑起了城市科技创新体系的服务环节。慕尼黑的汽车、电子、生物医药等产业之所以能够在全球保持强大竞争力，是与科技服务业的有效发展密不可分的。我国各大城市目前大体都处于工业经济向服务经济转换的进程之中，专业服务业普遍比较薄弱，在空间布局方面也缺乏前瞻性的考虑，慕尼黑生物科技集群的案例为我们提供了重要的启示。

2. 政府部门在推动技术创新中能够发挥重要作用

德国作为成熟的市场经济国家，虽然经济发展主要依靠市场机制来实现，但在技术创新方面，联邦政府和地方政府都长期发挥着极为重要的作用。例如，为了推动各地区优势产业的巩固与发展，德国联邦政府自 2007 年开始推出"领先集群竞争行动"。该战略所关注的集群基本上都是科技型产业在地域上汇集，其目的是促进科技向产业的顺利转化。在政策方面也给予了资金、财税等方面的支持。又如，德国联邦政府积极扶持"创新联盟"，将此作为"高科技战略"下的新型政策工具；政府在资金投入方面强调对社会资金的"杠杆效应"（其目标是：以 1 欧元的联邦政府资金投入，带动约 5 欧元的产业界资金投入）[①]；自 2007 年启动"创新联盟"项目以来，政府总计投入资金 6 亿欧元，产业界配套投入资金据估算超过了 30 亿欧元。

由于技术创新活动更多地体现为微观行为，因此地方政府在制定政策、推动创新方面具有更大的能动性。慕尼黑市政府在关键产业领域也推出了相应的服务和配套政策。其最成功的案例就是早在 1984 年，慕尼黑市政府和慕尼黑

---

① 政府参与扶持组建的九大创新联盟包括：①eNOVA 汽车电子创新联盟（www.strategiekreis-elektromobilitaet.de）；②OLED 高能效照明行动；③有机光伏研究联盟；④研发能源储存的锂电池联盟（LIB2015，www.lib2015.de）；⑤从事医药工程研究的分子影像研究联盟；⑥面向网络技术的欧盟 100GET 行动计划；⑦碳纳米管（CNT）联盟；⑧数字记忆产品联盟；⑨虚拟技术联盟。

商会共同投资成立慕尼黑高科技工业园。该园区十分重视现代科技开发,并且扶植传统产业,随着园区发展,区域内成功集聚了大量的科技型企业。结合我国大型城市的科技创新来看,由于市场机制尚未充分发展,在关键技术领域的服务资源比较欠缺,此时就必须充分发挥政府在财政投入(以吸引更多社会资金)、产业规划、土地配备等相关方面的作用。

3. 整合服务资源,打造专业化服务平台,有助于提升专业服务业效率

在各国经济发展中,科技服务的形式多种多样,其中"平台型、一站式"的服务模式是效率较高的一种,也为许多高科技园区或产业集聚区所采用。在慕尼黑 m^4 生物科技集群中,建立了不同功能、不同形式的专业化服务平台,其中既有负责整个集群区域日常服务与管理的综合性机构,也有 m^4 试验服务中心、m^4 生物资料库联盟、m^4 数据集成系统等专业化服务平台。这些平台全面地整合了区域内部的科技服务资源,同时还根据产业技术创新的需要开放式地拓展国际国内的外部创新资源,达到"柔性合作"的目的。这种管理模式有效地避免了同类科技服务机构无序竞争可能带来的市场混乱局面,并能够通过"一站式"服务为企业科技创新提供便捷的服务。但也要防止"内部人操控"的潜在寻租行为和道德风险。在上海、北京等经济中心城市,广泛分布着各种国家级、有世界影响的高科技园区,在此方面可以深入借鉴慕尼黑等地的服务模式。

参考文献

Biotech in Bavaria-Rollercoaster to Innovation(Report 2012 – 2013). *BioM Biotech Cluster Development GmbH.* www.bio – m.org.

Biotechnology in Munich. *BioM Biotech Cluster Development GmbH.* www.m^4.de.

中国驻慕尼黑总领事馆经商室:《慕尼黑经贸简况》,调研报告,2010年12月。

中国驻德国使馆经商参处:《德国政府如何引导科技创新与经济发展实现紧密结合》调研报告,2013年2月。

城市战略篇
Urban Strategy

B.6 城市可持续发展的七大挑战与分析*

李 健

摘 要： 当前全球关于可持续发展的政策讨论集中在如何提升可持续发展，大多数关于可持续发展的定义为通过清洁的工业生产和能源利用所取得的经济增长。本次研究认为，城市组织和运行的方式对于经济增长、能源需求、自然系统及生活质量都有重大影响，从而将可持续发展的内涵集中于另一个方面：城市中影响居民活动和资源消费效率的所有基础设施和功能组织模式，并相应提出七大挑战进行深入分析。

关键词： 智慧城市 可持续发展 城市组织

---

* 本报告主要基于世界银行研究所《Smart Cities as Engines of Sustainable Grolwth》报告的介评，并进行了中国启示的研究分析，特此致谢！

尽管自 1980 年代以来关于气候变化和自然资源消耗殆尽的呼声不断，但关于可持续发展所取得的成就依然屈指可数。在 MIT 的研究中，认为可以通过改变城市中影响居民活动和资源消费效率的功能组织模式，来真正推动可持续发展。在现实中，城市组织和运行的方式对于经济增长、能源需求、自然系统及生活质量都有重大影响，然而目前只有很少的政策关注这样的问题，乃至更少有实际行动来推动城市可持续发展的形式和方式。

在人类发展的另外一些领域，组织结构已经发生了巨大变化。商业新模式、物流模式、社会联系、城市规划都因为过时的组织系统的失败而产生新变化，另外主要是因为 21 世纪由数字系统及高科技通信技术所提供的新的发展机遇，并且这种影响今后的潜力无限。这些技术能够而且将会日益增多地应用于城市规划和组织中，形成一种更加有效率和可持续的增长模式。这些设想产生了以下一些基础而根本的问题：

- 在 21 世纪的背景下，规划"可持续"的城市有什么重大意义？
- 新的城市形式、信息沟通以及组织安排是否需要？
- 基于当前城市所面临的不确定变化以及复杂挑战，传统基于平稳发展所建立的规划进程是否依然有效？
- 目前或者将来管理我们城市的管理者是否可以把当前的工作做得更好，或者说他们可以做其他一些转型的事情，来保证城市能够可持续增长。

以上这些问题指出了在 21 世纪城市取得大规模可持续发展的主要挑战。一些问题关注环境基础设施的质量，而其他的则关注城市功能组织的实质及未来如何规划和组织的事务，更有一些则关注数字信息的整合及信息反馈。总而言之，研究针对取得智慧的可持续的城市增长，确立了 7 个关键的挑战。这些挑战揭示了城市的功能和演化形式、城市规划和操作的进程，以及新世纪城市建设新的组织安排。

挑战一：超越现代主义的理念

当前在发展中国家进行得如火如荼的城市化，依然是延续了 20 世纪 20 年代现代主义的城市映像，反映的是工业化发展以及适应汽车交通的城市发展模式。植根于福特主义的生产模式——生产效率来自于标准化、重复生产以及功能的分割，推动现代主义的城市在规划时就形成居住区、商业中心、休闲公园、办公区以及工业区统一的模式，所有的功能都存在于一个巨大的无差异空间组织，而汽车在其中随意奔跑。这样的城市发展模式对资源消费来说非常浪费。其他研究也显示，现代主义的、蔓延式的、低矮和功能单一的更多依赖于汽车的郊区化发展对于资源的消耗更是过度。随着资源的不断减少和温室效应不断凸显，在20世纪20年代曾经被认为是先进的现代主义城市（或者生活方式）已经需要改变。

许多发展中国家都制定了雄心勃勃的计划和目标，以减少温室气体排放和经济活动对环境的影响。例如，中国计划2020年的能源利用效率比2005年提升45%；印度则计划提升25%；巴西计划提升39%；墨西哥则计划提升30%。这些目标的实现主要是依赖于清洁能源的使用以及工业生产提高能源利用效率。然而，通过城市发展模式的改变来减少能源的消费依然没得到足够重视。这可能是因为政策制定者通常缺乏相应的能力来利用环境保护知识，更多还是要源于对现代主义的城市发展模式的坚持。如果想实现既有目标，我们需要做的就是不再坚持现代主义理想城市模式，而是采用更加多元化的城市发展模式。

就可持续发展而言，可以通过各种挑战来实现，这可能在不同地方、不同城市以及不同气候条件下而不同。实际上有多条路来实现可持续发展，比如最近MIT所领导的社区清洁能源使用的全球案例所展现的。研究提出了6种城市发展范式，其中包括11个变量，实际操作中可能更多。其中每一种城市发展范式都有一整套关于交通、材料、运作以及组织等各方面的取舍法则以实现可持续发展。为实现城市发展的多元化，MIT提出了多种工具和措施，如能源形式（Energy Proforma.）。这样的工具可以使能源使用定量化测度，以比较不同城市可持续发展政策的效果。在不同的地方社区，城市规划者和管理者都可以采用不同解决办法来实现可持续发展。

挑战二：建设网络化的城市环境

数字技术时代的到来为城市发展提供新的选择和更加有效率的发展路径，

其中基础设施建设、社会系统和经济系统都可以互相联系和互相依赖。数字技术改变了人们对城市的使用，包括基础设施、企业以及生活、生产环境。与20世纪城市建设基于功能分区而导致的空间分割有很大差别，数字技术引导的城市发展尽量减少城市中的通勤活动，包括日常生活、工作以及商业行为等。21世纪的城市发展范式是通过一种高度联系的方式将人们集聚和混合，包括实体空间和网络空间。这对于可持续发展和提升生产效率都具有很大作用。

通过数字技术和实际物理空间的整合，可能提升的效率非常可观。例如，研究证明大约30%的能源消耗是用在寻找停车地点的时候，而通过智慧停车系统的建设可以大大提高停车效率从而节省能源。道路管理系统可以监测交通流，从而通过控制车辆的进出避免城市交通堵塞。这样的数字基础设施使得我们日常的城市活动变得更加有效率和产出率（从土地和资源消耗的角度而言）。在老城区中，通过采用数字系统往往可以用更少成本取得比再建设或者拓展基础设施建设更大的效益。在当代城市化进程中，数字化系统可以保证高度密集的城市空间集聚生活、工作、学习以及娱乐等众多混合功能。

这种减少成本、提高效率和居民满意度的城市系统的改造因为某些城市、信息技术企业的发展而日益昌盛，如思科系统已经专注于"连接的城市"的创新活动，并同世界一些城市形成良好合作。计划通过在线交易和新的合作形式，使城市综合减少30%能源的使用。IBM制定了同样的商务计划"智慧城市"项目，在交通、教育、发展、基础设施、社会保障以及公共安全方面提供智慧服务。

在信息技术公司看来，城市就是一个巨大的市场，他们可以在其中建设有线或者无线基础设施，推动城市数字化发展；设计和管理城市基础设施系统；提供应用性服务，为政府和个人提升服务水平提供支持。投资银行加拿大帝国商业银行（CIBC）认为，在未来30年中，城市信息基础设施建设将达到30万亿美元的市场规模。

挑战三：城市作为创新发展的平台

随着城市增长和变化的减速，传统的城市发展模式越来越不可行。过去，城市基础设施比如高速公路不断升级,并被融入城市之中。到现在我们发现,所有的城市实验和反馈都融入到城市活动中,不仅是高端的城市计划,甚至包括普通的事件,可持续发展的技术和业务都被高度融入到城市的任一角落。

城市创新随着电话的增多不断增长,这在印度的城市发展中非常显明。例如,SMSONE为边远地区的贫苦群众提供地方的信息,如天气将变冷,今天市场的稻谷价格较为便宜,公共汽车马上来了等,大大方便了居民的生活。到目前,SMSONE总共覆盖了400个社区的40多万居民。SMSONE的成功推动了另外一家新公司的发展,VNL建设了一个便宜,相对固定和长久,利用太阳能的微波基站为居民服务。这样的设备延伸了手机基站工作范围,使得手机服务在边远地区用很低的成本就能够实现。如今VNL被评为全球最具创新力的"50强",并计划在拉丁美洲开展业务,包括主要的大城市,挑战传统的通信服务商。

这样的案例挑战了传统的观念,即城市创新主要由大企业自上而下进行。实际上,数字基础设施因为其独特性而提供完全不同的范式。对于城市公共和私人建设者而言,新的技术创新挑战来自于如何把城市既作为市场又作为资源。当所有城市系统都变得智慧,这种挑战的内容更加多元。所有的城市系统都通过传感器和无线网络进行实时管理和协调,这不仅是更有效率和可持续增长的问题,同时代表着城市中服务和产品的新范式。在首尔数字传媒城,LG通过智慧街灯进行试验并测试人们的反应;在西班牙萨拉戈萨,数字感应水已经变成了公共场所的催化发展剂;在哥伦比亚波哥大、意大利佛罗伦萨,智慧公交系统都被广泛应用。在全球范围内,这样的智慧建设日益多元化,通过时间的积淀而形成完全不同的一种城市发展模式。

挑战四:城市作为文化宣传的平台

对于现代主义发展的其中一个长期抱怨就是似乎所有的城市都是类似的——从深圳到迪拜、班加罗尔以及洛杉矶,这已经超越了一种审美观察的层次。目前已经浮现的数字城市将寻求地方内涵和文化作为发展动力和价值的资源。这是通信技术和高端媒体技术发展的必然结果,通过其可将地方内容快速

传递到全球。通过快速传递，地方文化及环境独特性所包含的内涵能够为地方居民及全球的潜在观众所接受，并放大影响。

通过对21世纪一些新建城市的研究发现，科学宣传是个重要整合工具，并且可能是新城市建设中的一个核心功能。当前的城市宣传不再是传统的主题，如财富生产、经济增长、各种资源等。例如，迪拜的宣传定位就是成为各种媒体平台的区域中心，在21世纪从石油资源转型为多元化的经济增长。这种定位也为城市发展注入了新的内涵，为在迪拜生活、居住和参观的人体验、塑造新的现代阿拉伯文化提供机会。这其中数字技术发挥了重要作用。

宣传定位包含几层意思。首先，可以将城市从重复化发展的进程中解脱出来；其次，可以形成商业和产业集群，提供就业和推动经济增长；最后，在一个竞争日益激烈的全球性劳动力市场，好的宣传定位可以帮助城市吸引更多熟练技术工人乃至顶尖专业人士来定居和工作，由此培育较好的社会网络资本。总而言之，好的定位和宣传可以帮助城市居民、商业、学生以及其他进入功能社区的人共享发展的意义和目的。

需要注意的是，在当前城市的宣传中，可持续发展的主题日益流行。所有以前提及的计划都表示自己是"高度可持续"的发展模式。首尔DMC就是从以前城市垃圾埋放处收集甲烷气体进行能源供应；美国的媒体城也称自己是世界第一个通过英国建筑研究院环境评估方法（BREEAM）的社区；马斯达也被宣称将成为世界第一个零排放的城市，主要靠太阳能电池提供能源，并且对汽车进行禁止。必须承认这些都是个案，但它们揭示出将可持续增长整合纳入城市定位中非常重要，可以更好地提高城市化效率和产出率。

挑战五：灵活应对城市风险

在过去，城市成长过程中面临的挑战都是通过不断增长的大规模和机械化生产系统予以克服，包括更高的防洪墙、更大的垃圾填埋场、更宽的高速公路、更宽泛的灌溉和排水系统、更高的居住计划。每一项都为不同的组织机构所设计和管理，都是寻求特殊目标的最大化和风险的最小化，但目前专家普遍认为这种发展范式已经到达极限点。

城市可持续发展的七大挑战与分析

我们可以采取整合的、灵活的和适应性强的策略来适应这种情况，更多从生命系统来行事而非单调的目标。要达到这种运作需要各种层面的整合，包括设计、管理以及城市系统的实时运作，这需要在城市嵌入某一"神经系统"。某种程度上，其就是目前正在设计和操作的将数字能力嵌入整个城市功能谱系中的系统。这种"神经系统"不但可以更加灵活地发挥管理城市功能，而且能够提高基础设施的服务水平和减少风险。

从管理的角度展望，灵活发展的目标在于避免失败情况而非寻求计划或行动的完美。在整个城市的基础设施中建立弹性组织系统，关键在于预测失败目标并及时进行调整。灵活发展也用来预测好的方面，它开始于利益相关者在一个野心勃勃和系统的合作模式中以实现某种目标，这是灵活系统的基础。这种发展范式的关键因素包括透明、监测、反馈，并能够快速适应变化情况，其中信息的透明度最重要。系统关系和组织依赖需要透明来提供一个可以与不同组织分享知识信息的基础，并将不同组织和个人进行整合，进而进行战略设计和执行。

从设计的角度展望，灵活城市发展战略为原先大体量的、需要大规模投资和保障的基础设施发展困境提供了解决之道。整合的传感器网络可以更好地帮助理解自然系统的功能已经发展的潜在效果。在极端情况下，传感器同样可以监测事故的发生，通过调整基础设施（如果设计可以调整）以降低破坏效果，或者警告潜在的受害者。在建筑和房地产领域，土地和设施的灵活、多功能开发已经成为主题，可以更好地提升空间开发的价值和减少开发风险。在城市尺度方面，城市开发的多用途利用已经替代 20 世纪规划所提出的单一功能区域。能够容纳更多活动的弹性空间可以更高强度开发，以替代单一目的空间。

挑战六：高效的城市规划

信息和通信技术已经提高许多城市建设的速度，并且能够及时进行决策和设计的修改。环境传感器、无线网络、射频识别标签以及 CATV 的融合发展极大改变了城市规划的进程。城市建设者可以及时对实体和虚拟的城市形式和功

能进行实时监测。实时数据揭示城市居民之间的复杂关系，包括公共和私人的活动模式、垃圾流向管理、社区内部及社区内部与外部之间的通信联系模式、24小时的零售模式和虚拟市场，以及个人、家庭和社区的资源消费情况。

目前全球已经有许多城市尺度的计划正在酝酿，包括一些综合的基于未来发展的新的城市规划，已经成为城市创新的平台，包括被赋予更多全球、国家及城市层面的政策。目前已有许多这样的计划正在实施，包括"无所不在的城市"、"U-城市"、"智慧城市"、"新世纪城市"、"连接的城市"、"生态城市"、"绿色城市"等概念。尽管每个计划都有自己的内涵，但它们的共同点就是通过新的方法测试技术整合城市规划和管理以及组织联盟。

在韩国的U-城市计划受新的U-城市规划体系（包括2006年U-韩国规划和2008年无所不在的建设行动等法规）资助，并推动城市部门、建设公司以及IT业务的集聚。国家信息社会部还为U-规划、U-基础设施、U-空间以及U-居民引导设立地方层面的数字服务平台，避免系统和技术的重复建设。

产业和政府中的规划执行者日益认识到民众的反馈意见有多么重要，它们可以避免很多风险，同时需要推动合作，这可以保证更高的产出率。与传统智慧比较，开放式更可以提升竞争价值。对于全球发展社区而言，道理非常明显，随着互动技术变得更加可行，城市发展企业必须转型为更快的合作、更好的整合、更具自主权，以及城市规划中更合理的规划方法。

挑战七：日益增多的城市建设企业

技术企业的增多意味着组织的变化，相应必然会引起城市规划、开发以及管理的变动。同过去一样，现在城市的某个部门都会利用其独特的技术和能力来管理城市某些功能，形成自己的系统和文化，并坚定地维护自己的信息和权限。在这样的环境中，私人开发者往往是项目发起者，因此造成城市各项功能的开发都是独立进行的。数字网络的出现为城市部门和项目提供了互动的基础，并形成新的组织结构和伙伴关系。由于信息变得日益透明，同样的跨平台基础设施更可以管理多种系统，这种组织往往不是等级性划分的。

新增城市及规划事务中的参与者往往具有各种兴趣和能力,他们形成"城市建设产业"。有人可能会说,既然城市是数字增长的"发动机",那么每个人都可以参与。提供一个案例,JC Decaux集团为几个大洲的几百个城市提供和维护各种设施——长凳、凉亭、休息室及公共汽车站,包括实施自行车分享计划的巴黎。这些公共设施和服务来自于私人企业,并无花费个人任何成本,企业却能通过在系统中植入广告而获得收益。

同样,技术和媒体企业正拓展它们传统的为城市部门提供软件和硬件服务的角色,这些企业日益变成城市建设中的利益相关者,提供解决城市问题的方法,与城市其他人分享知识,利用它们在研究、创新及决策方面的文化来取得事业成功。最杰出的莫过于几个大的跨国企业,包括思科、IBM、西门子、三星等,尽管这些企业仍然在专注某些特定基础设施和应用市场,但它们的兴趣却延伸广泛,在基础层面它们都希望成为城市开发和管理过程的集成商。

另外一些城市包括大学和知识密集型的研究所,这些部门植根于当地并对城市能够产生巨大影响,它们在城市更新建设中都会变成积极的利益相关者,能够产生规划并进行基础设施建设及其他开发。大学和文化机构日益成为城市增长和竞争力培育的基础——不是基于过去大学校园的界限,而是成为用它们的研究和专长参与城市建设的社会利益相关者。最后,社区发展来自于更新的力量,包括网络,可以重建城市组织并干预发展的进程。

随着城市利益相关者日益增多,多方力量的合作对可持续增长的模式就是个巨大挑战,其中一条潜在的整合道路是整体城市建设组织的出现。无论是公司内部的分工还是企业联盟的分工,这些企业计划都在多个层面和尺度对城市化进行开发和管理,例如中国的万科、美国的盖尔国际等,企业可以实现全球资本的运作。依据传统观点,它们不是房地产开发商或设计顾问,因为它们不仅关注硬件开发,更是集中于发展人力社会资本、教育、技术系统、商务以及城市全球联系,包括新系统、新项目和新技术的开发,所有这些都等同于基础设施建设甚至更加重要。它们不像传统的开发商,不是政府部门或者私人企业,而是兼而有之。

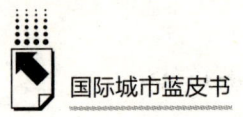

启示:智慧城市——创新的城市组织模式

随着智慧城市建设的浪潮日益蓬勃,全球智慧城市已经出现发展思路、工作取向、建设方式等多方面的差异化。其中在新兴经济体城市中,智慧城市建设更多强调技术的具体应用及信息产业的升级发展。特点是,一方面,应用可见,示范效果明显;另一方面,采取技术解决方案,重点是近期建设的可能,能够在短期内形成产业拉动力。但在发达国家城市中,推崇智慧增长理念的全面推广,尤其是在欧洲城市得到比较普遍的接受。以维也纳为例,就是强调将智慧增长理念贯穿于整个城市的诸方面,追求最终形成长期的智慧增长道路而非短期的技术炫耀。在 MIT 本次研究中,同样将智慧城市建设作为城市建设和可持续发展的创新组织模式,而非短期基础设施建设。正如报告中所言:"智慧建设日益多元化,通过时间的积淀而形成完全不同的一种城市发展模式。"这样的理念对于我国目前正在兴起的智慧城市规划和建设浪潮是一种思路颠覆,需要深入学习和领会。

参考文献

Dennis Frenchman, Michael Joroff, Allison Albericci. *Smart Cities as Engines of Sustainable Growth*. Report for the World Bank Institute, 2011.04.

Bodreau, John. *Cysco Systems Helps Build Prototype for Instant City in a Box*. LA Times, 2010.06.

B.7 "金砖国家"金融中心崛起之路

闫彦明

摘　要： 依托国民经济的后发优势，"金砖国家"主要的金融中心整体步入了快速成长阶段，金融发展指标、金融中心国际排名等在中长期呈现上升趋势。文中结合伦敦金融城发布的"全球金融中心指数"（GFCI），分析了"金砖国家"主要金融中心的国际排名变动特点。在寻求共性问题的基础上，探索提出了"金砖国家"金融中心未来发展的战略思考。

关键词： "金砖国家"　金融中心　软环境

自2001年高盛公司的吉姆·奥尼尔首次提出"金砖国家"的概念后，2003年高盛公司发表了《与BRICS一起梦想的全球经济报告》，南非也加入到"金砖国家"的队伍之中。在西方发达国家长期主导的经济格局下，"金砖国家"经济发展异军突起，其经济成就也逐渐体现在金融领域，并激发了各"金砖国家"金融中心城市的快速成长。

一　"金砖国家"金融中心城市成长之路

"金砖国家"的经济、金融发展之路是全球发展中国家的浓缩，虽然这些国家的经济基础、产业结构、区位条件等都有很大差异，但一个重要的共同点在于其实体经济领域步入了工业化加速发展的关键阶段，其显著特征就是经济的高增长性。与西方国家在20世纪"二战"以后的工业化阶段不同，"金砖国家"在制造业快速发展的过程中,其服务业也取得了同步发展,甚至个别国家能够与发达国家分庭抗礼。概括起来,"金砖国家"金融中心城市成长之路的共性特征有以下几点。

1. "金砖国家"的金融中心存在"后发优势"（Late-mover Advantage）

30年来出现的金融自由化、金融全球化浪潮对新兴市场经济体金融发展起到了推波助澜的作用。21世纪以来,"金砖国家"通过各种方式加快了金融市场开放的步伐,推动了金融体系的改革,这极大地激发了国内金融市场的活力。在后发优势的强大推力下,各"金砖国家"的金融体系获得了空前的发展,一些来自这些国家和地区的中心城市快速地在全球金融中心体系中崛起。从银行业情况来看,英国《银行家》杂志每年对全球1000家大银行进行排名,在2001年以一级资本排名入围前10大银行的仅有中国工商银行1家,其余的银行分布于美、英、日、法4个发达国家。在次贷危机爆发后,入围的"金砖国家"银行数量快速增加,其中在2012年发布的排名中,以一级资本排前10名银行仅中资银行就达到了5家,这有力地支撑起了北京、上海两大城市在全球金融体系中的地位。另外,其他"金砖国家"金融中心近年来也随着本国经济的发展而呈现金融产业加速发展的特点。

2. "金砖国家"的金融市场处于高速成长期

在全球金融"脱媒化"浪潮下,"金砖国家"普遍经历了金融市场快速发展的过程。在"金砖国家"中,印度、巴西等国家的资本市场发展成效比较突出。虽然中国在长期发展中以间接融资为主,但资本市场在2009年前后也出现过"井喷式"发展。根据美国期货业协会（FIA）对全球81家衍生品交易所的统计数据,"金砖国家"的交易所占据了较为重要地位,如表1所示。

表1内容反映出"金砖国家"的金融与资本市场已经在全球金融市场中占据了较为重要的地位,其中印度、巴西、俄罗斯等国的金融市场处于快速发展的阶段。中国近些年来金融市场也是处于爆发式增长阶段中,2011年度市场规模下降主要是各个交易所为了抑制过度交易、控制市场风险而大幅度提高保证金,取消了"当天开平仓减手续费"等各个风险防范政策的结果,其目的是为了推动金融市场更为健康地持续发展。

"金砖国家"金融中心崛起之路

表 1　2011 年"金砖国家"主要衍生品交易所交易量及国际排名

交易所名称	2011年度排名	2010年交易量（张）	2012年交易量（张）	同比增长（%）	交易所所在城市
印度国民证券交易所	5	1615790692	2200366650	36.2	孟买
巴西证券期货交易所	6	1413753671	1500444003	6.1	圣保罗
印度大宗商品交易所	9	1081813643	1196322051	10.6	孟买
俄罗斯交易系统	10	623922363	1082559225	73.5	莫斯科
郑州商品交易所	11	495904984	406390664	-18.1	郑州
印度联合证券交易所	13	125360892	352318350	181	孟买
上海期货交易所	14	621898215	308239140	-50.4	上海
大连商品交易所	15	403167751	289047000	-28.3	大连

资料来源：根据《去年全球衍生品交易所交易量继续增长国内期交所排名"一升两降"》内容整理绘制，并添加"交易所所在城市"一栏内容。参阅《期货日报》2012 年 3 月 15 日。

3. 金融资源的日趋集中，推动了金融中心的快速崛起

金融发展史表明，金融资源天然具有强烈的空间集中特性，由此也促成了金融中心的形成与演化。在"金砖国家"中，市场机制的作用不断显现，推动了金融资源在空间上的集聚，特别是一些具有引领作用的功能性机构，包括大型商业银行总部、证券交易所总部都落户在这些国家的金融中心，而金融监管机构也大多数坐落于此。例如，南非的约翰内斯堡证券交易所（JSE）有着上百年历史，其上市的公司市值占据全非洲上市公司总市值的75%，从而在区域金融中有着垄断地位。另外，约翰内斯堡还集聚了包括德意志银行、汇丰银行、JP 摩根等在内的一大批国际金融机构的分支机构。

二　"金砖国家"金融中心国际排名的变动趋势：基于 GFCI 的分析

随着"金砖国家"金融中心的不断发展，这些城市快速跻身于全球金融中心的序列之中。全球影响最为广泛的伦敦金融城发布的"全球金融中心指数"（GFCI）排名情况，可以从整体上反映出"金砖国家"主要金融中心整体崛起的趋势。

虽然 GFCI 的指数和排名在理论界存在质疑，但是其仍是目前各方面指数中最有影响力的。表 2 数据显示出如下三个特点。

表 2 "金砖国家"主要金融中心在 GFCI 中的排名及变动情况

城 市	GFCI 1 (2007年3月发布)		GFCI 5 (2009年3月发布)		GFCI 10 (2011年9月发布)		GFCI 13 (2013年3月发布)	
	全球排名	得分	全球排名	得分	全球排名	得分	全球排名	得分
上 海	24	576	35	538	5	724	24	674
北 京	36	513	51	478	19	655	58	622
深 圳	NA	NA	NA	NA	25	642	38	650
孟 买	39	460	49	485	64	578	66	605
莫斯科	45	421	60	363	61	581	65	606
圣保罗	NA	NA	54	440	49	607	44	644
约翰内斯堡	NA	NA	48	503	52	603	62	610
里约热内卢	NA	NA	NA	NA	53	602	48	639

注：中国的金融中心城市仅列举内地城市，不含中国香港、中国台北等城市；NA 表示未进入排名体系，没有排名数据；在该排名体系中，金融中心的样本量存在动态调整。GFCI 1 选择的全球金融中心数量为 46 个；GFCI 5 为 62 个；GFCI 10 为 77 个；GFCI 13 为 79 个。

资料来源：根据伦敦金融城报告 The Global Financial Centres Index 有关各期内容整理。

1."金砖国家"金融中心排名存在上下波动

自美国次贷危机以来，"金砖国家"范围内的主要金融中心城市的排名有不同程度上升或下降。尤其是中国内地的上海、北京、深圳三大城市在金融危机爆发后国际排名快速上升并有所回落，这与实体经济发展趋势形成了呼应；孟买、莫斯科虽然在近期的排名有所下降，但是得分在近几期都出现过大幅度的提高，从发展趋势看这可能是发展过程中出现的阶段性调整；圣保罗在第 1 期尚未入围排行榜，但第 10 期的排名已高于孟买、莫斯科，达到全球排名中游偏下的水平；约翰内斯堡、里约热内卢进入"排行榜"时间较晚，但总得分持续提高，其中里约热内卢还在排名方面出现了一定的提升。

2. 中国三大金融中心排名出现阶段性下滑

虽然中国在 2011 年崛起为全球第二大经济体，但是从 GFCI 的排名看，上海、北京、深圳等城市的国际排名却出现了不同程度的下降。其中上海从历史最高的第 5 名下降到第 13 期的第 24 名；北京从历史最高的第 19 名下降到第 13 期的第 58 名；深圳也从第 10 期的第 25 名下降到第 13 期的第 38 名。导致排名下降的原因是多方面的，主要问题在于：一是近年来国内资本市场陷入了持续的"熊市"，企业融资、再融资规模均出现大规模下滑，从而导致金融市场的总体规模在达到峰值后快速下滑。二是中国内地金融中心在推进国际化、市场化发展方面进展不明显，国际金融业存在对"中国外汇管制及金融开放政策不确定性的担忧"。

3. 巴西两大金融中心在近期的排名上升较快

巴西作为南美洲第一大国，近些年来经济后发优势突出。虽然巴西在全球金融危机中一度受到冲击，但经济恢复很快。在2011年由英国经济与商业研究中心公布的世界经济排行榜中，巴西已经超过英国，成为世界第六大经济体，从而显示出了强劲的经济增长态势，这在"金砖国家"中的表现是较为突出的。随着本国经济实力的增长，巴西的两大金融中心城市——圣保罗、里约热内卢近年来在金融领域的成就也非常显著。在圣保罗的CBD区域，集聚了许多巴西主要的金融机构，如圣保罗证券交易所；在被称为"银行街"的保力斯达大街上，也有许多跨国银行和金融机构云集于此。从发展趋势看，巴西的金融中心仍将保持更大的活力。一是2014年世界杯足球赛和2016年奥运会将为这两座城市带来重要机遇，体育经济、体育金融的发展将突飞猛进。二是巴西政府积极推动更为灵活、宽松的金融政策，如2013年6月中旬，巴西政府宣布将取消对外汇衍生产品的征税，这也是该国消除资本管制和阻止本币汇率下跌的重要举措。

可见，虽然"金砖国家"金融中心经过了一轮快速发展阶段，但在金融危机的冲击下也不同程度受到过冲击。在面向未来的竞争中，能否持续保持竞争力还存在一定的不确定性。

三 "金砖国家"金融中心未来发展的措施思考

"金砖国家"经济、金融发展道路具有一定的相似性，这些国家要在经济全球化背景下推动金融中心地位的提升，可以探寻一些共同策略，同时也应当积极推动金融合作发展。

1. 有序推动金融市场化、国际化将是"金砖国家"需要面对的问题

与发达国家相比，"金砖国家"在长期发展中，代表传统融资媒介的银行业普遍较为发达，而代表直接融资渠道的金融市场却仍有巨大的发展空间。特别是在证券市场国际化方面,各交易所上市企业结构高度偏重于国内。截至2012年底,位于孟买的印度国家证券交易所上市的外国企业仅有1家,而中国的两大证券交易所尚未对外企开放。推动金融市场化,不仅有利于完善金融市场机制,也有助于推动国内金融体制与国际金融体制的接轨,从而推动金融国际化发展,这是国际金融中心建设的重要前提条件。因此,在未来各国金融中心的发展进程中,应当不断提高金融市场在融资体系中的比重,并积极开放金融市场,引进海外金融机构来激发国内金融发展活力。由于有了全球金融危机的前车之鉴,各国还必须关注金融开放、金融市场化进程中的金融风险控制问题,重点是考虑推行分步骤、可控制的金融制度建设。

2. 改善金融中心的生态环境是金融中心持续崛起的重要条件

与工业经济时代的资本密集特点不同,金融发展更多地体现为知识密集、智力密集、服务密集,而这些新的经济元素对区域环境(包括硬件基础设施、金融软环境)的要求往往比较"挑剔"。特别是金融业作为高风险行业,对市场透明度、经济自由程度等高度关注。例如,在GFCI第13期的评价体系中,设置了一系列具体指标,包括人才(People)、商业环境(Business Environment)、市场发展程度(Market Access)、基础设施(Infrastructure)、总体竞争力(General Competitiveness)等,具体涉及96个评价指标。在来自全球的问卷对象的答复中,被高度关注的竞争性领域依次是商业环境、人才、税制、声誉、基础设施、市场准入等。对于各新兴经济体,问卷对象普遍关注的因素则主要是金融监管、宏观经济稳定性、腐败程度、开放竞争力以及政治稳定等。这表明,如果新兴市场的金融中心能够通过提高金融体系的透明度和稳定性来改进这些竞争力要素,那么它们的竞争力将显著提高。因此,"金砖国家"目前迫切需要以金融中心所在城市为核心,大力推进金融生态环境的建设,力争形成更为开放、透明、公平、稳定、法制化的金融发展环境。

3. 以组建"金砖国家开发银行"为核心,深化"金砖国家"金融中心之间的合作

"金砖国家开发银行"的筹建,将成为"金砖国家"开展货币金融领域战略合作的重要里程碑。2013年3月27日,在第五次"金砖国家"领导人峰会上各国领导人共同决定建立"金砖国家开发银行",主要目的是简化"金砖国家"间的相互结算与贷款业务，减少对美元和欧元及其他主要货币的过度依赖，为成员国间的资金流通和贸易往来提供金融保障。该银行的组建，将有效突破自"二战"以来由美欧发达国家主导的全球金融体系，为发展中国家金融发展带来更为有利的条件和环境。在"金砖国家"合作框架中，可以构建起以金融中心为枢纽，以多层次金融市场合作为网络，以货币互换为纽带的全方位、全天候的金融战略合作系统。在战略合作框架中，各金融中心将发挥至关重要的节点作用：一是构建"金砖国家"金融组织网络体系，包括开放银行、清算机构、"金砖国家"金融发展论坛等。二是在各类金融交易所之间开展全方位的战略合作，优先推动"金砖国家"优质企业交叉上市，以促进各国金融市场的国际化发展。三是各金融中心城市可以出台鼓励政策，大力支持商业银行、投资银行、基金公司、保险机构等在"金砖国家"金融中心开设更多的分支机构，并在市场准入、企业税收、信息披露等诸多方面给予"一揽子"的政策扶持。四是推动各金融中心之间的文化交流、人员往来，逐步降低"金砖国家"之间的文化差异、环境差异、体制差异等，为金融、经贸往来营造良好氛围。

总体上看，全球金融、经济体系正处于动力核心微妙的转换过程中，以"金砖国家"为代表的新兴市场经济体所处的工业化加速发展阶段，必然体现为经济、金融的飞跃式发展，金融中心的全面崛起将成为必然。然而，还应当深入借鉴发达国家经验，在推动金融改革、金融合作、金融开放的同时，必须对各种金融自由化浪潮所带来的潜在风险保持长期警醒，只有在稳中求进才是"金砖国家"金融中心实现崛起的正确道路。

参考文献

Fujita M., Krugman P., Venables J., *Spatial Economy: Cities, Regions and International Trade*. Cambridge, Mass: MIT Press. 1999.

The Global Financial Centres Index（1–13），伦敦金融城政府网站。

彼得·迪肯：《全球性转变——重塑21世纪的全球经济地图》，商务印书馆，2009。

闫彦明：《金融区位导论：金融经济学的视角》，上海社会科学院出版社，2012。

上海证券交易所：《2013年市场资料（研究报告）》，2013。

B.8 美国的自由贸易区演变与展望*

邓智团

摘　要：

美国国会研究服务中心发布的《美国自由贸易区的发展与问题：国会报告》回顾了自由贸易区在美国的发展历程与现状，并通过大量数据对美国自由贸易区的成本与收益进行了分析，提出自由贸易区通过三个方面使美国公司获得更多收益而影响其竞争力："倒关税结构"导致的减税、海关和仓储效率的提升，以及出口货物在自贸区中消耗、报废及销毁等获得的免税。同时从国会的角度对当前自由贸易区发展的关键问题进行了分析。这对当前正在进行自由贸易实验园区建设的中国和上海来说，有重要的借鉴意义。

关键词：

自由贸易区　成本　收益

自由贸易区是城市国际化发展深化的重要标志，对于提升城市在世界城市网络体系中的地位有重大价值。美国国会一直关注自由贸易园区的发展与运行，认为自由贸易园区计划能提高美国商业的竞争力、增加就业机会以及影响美国关税收入。不过，也有人认为，为了平衡这些潜在的收益，自由贸易园区计划在一定程度上扰乱了国际贸易秩序，甚至可能在整体经济的运行中扮演着导致资源配置扭曲的角色。为此，2012年9月，美国国会研究服务中

---

* 本报告基于对《美国自由贸易区的发展与问题：国会报告》的解读与分析，并进行了中国启示的研究。特此致谢！

心(Congressional Research Service)发布《美国自由贸易区的发展与问题：国会报告》(U. S. Foreign - Trade Zones：Background and Issues for Congress)。该报告分为三个部分：自由贸易区的背景、美国自由贸易区计划、国会关注自由贸易区的若干问题。本文将对该报告进行简单的介评，并结合当前我国自由贸易园区的建设提出建议。

一 世界自由贸易园区的发展

1. 自由贸易园区的背景

自由贸易园区是用围栏与周边地区区隔开来的一种特殊监管的区域，提供生产制造的工业园区及相关的基础设施，通常位于港口、机场以及陆路口岸等。在世界范围内，自由贸易园区有各种各样的名称，如美国的对外贸易园区、中国的特别经济区[①]、爱尔兰的产业自由园区或出口自由园区、阿拉伯联合酋长国的自由园区、韩国的免税出口加工园区等，已经成为全球供应链的支撑部分。当前全球有 3500 个自由贸易区分布于世界上 135 个国家。尽管各国的自由贸易园区规则有差别，但其一般机制是一样的，就是通过"境内关外"建立国际合作。这样，产品的零部件可以在世界范围内从一个园区运送到另一个园区直到最终形成产品，在产品运送出全球自由贸易园区的系统之外前，都不用考虑关税、配额和详细的通过手续。当前，全球的自由贸易园区至少有 6600 万个工作岗位，包括美国的 32 万个岗位。大量的自由贸易园区设立在发展中国家。根据最新的估计数据，2006 年中国大约有 4000 万个工作岗位，占 60%；亚洲其他地区为 1500 万个，占 22%；墨西哥和中美洲有 530 万个，占 8%，中东和北非有 170 万个，占 3%；美国有 32 万个，占 0.5%。

2. 世界自由贸易园区的比较

世界各地的自由贸易区是相似的，其功能定位都是为了促进贸易。但是，它们也有很大的差别，包括在规模、经济发展的目的、物理特性、政府的激励

---

① 该报告将中国的海关特殊监管区都纳入到自由贸易园区的概念体系中，以进行比较。当然总体而言，我国的保税区等海关特殊监管区在政策上与真正的自由贸易园区有较大的差距，因此才有当前的自由贸易实验园区建设。——编者注

措施以及它们产品的最终免除等。在发展中国家基础设施相对较差,因此,这些地方的园区可能是像城市一样自给自足的配套住房、餐饮、银行等,以及生产和(或)运输的产业综合体。而在发达国家,自由贸易园区有大量的基础设施和现代化的设施,因此这里的园区仅仅提供生产和(或)运输。在美国,自由贸易园区并不是被绑定到一个特定的靠近港口设施的区域,其设计可以快速、简单到某一个公司,而且这个公司可以在任何地方。所有的园区通常包括简化海关程序以及仓储关税和配额的豁免或延期。而那些在发展中国家的自由贸易园区更有可能有额外的奖励,如补贴,更灵活的劳动力市场法规,以及额外的税免除。当然,发展中国家的自由贸易园区通常是为出口生产产品,随着国家的发展,它们越来越有可能消费("进口")大量在自由贸易园区生产的产品。

二 美国的自由贸易园区计划

美国的自由贸易园区计划开始于1934年经济大萧条时期颁布的《美国自由贸易园区法案》。根据《美国自由贸易园区法案》,美国建立了国家自由贸易园区理事会,有权赋予某些区域以自由贸易园区状态。该法案规定,每个美国入境口岸至少有一个自由贸易园区区域。到1950年,国会同意在自由贸易园区中设立加工制造业。两年后的1952年,自由贸易园区理事会更进一步,颁布新的法规,并提出自由贸易园区亚区的新概念,管理上隶属于自由贸易园区,但空间上是分开的。这被看作是一个很好地通过园区发展产业的方法。

1. 美国自由贸易园区的最新体系

当前而言,美国的自由贸易园区活动还包括了自由贸易园区亚区(拓展区)。自由贸易园区亚区为所有的自由贸易园区带来了大量的好处,包括那些针对某些特殊公司、仓库或生产制造业企业专门设计的园区亚区。这些亚区的进口产品占了所有园区的85%,出口产品的74%。全美国范围内一共有132个活跃园区,还包括263个园区亚区。

每一个州至少有一个自由贸易园区,有45个州至少还有一个园区亚区。进入园区的产品大多数是来自于美国国内,大概有3110亿美元,占58%;从境外输入的部分大致为2230亿美元,占了42%(见表1)。自由贸易园区系统的进口大致占了全美的12%,同时雇了32万个生产制造业的员工,这一比例大致占了全美的3%。

表1 美国自由贸易园区的类型

类　别	运营园区（个）	进入园区货物总量(10亿美元)		流出园区货物总量(10亿美元)	
		境外输入	境内输入	出口	国内消费("进口")
FTZ	132	39	42	9	72
园区亚区	263	184	270	26	427
合计	395	223	312	35	499
亚区占园区比(%)	68	85	87	74	86

2. 美国自由贸易园区的利用与产业增长

1993～2008年,自由贸易园区的国内外产品输入增长了约7倍。大多数的增长是由原油价格的通货膨胀造成的。从图1可以看出自由贸易园区发展的变化。

一是进入自由贸易园区的产品更多是来自于美国本土的制造,而不是从境外的进口。二是大量的自由贸易园区产出产品是在美国本地消费而不是出口。美国本土消费占比在95%以上。三是1993年至今,美国自由贸易园区的就业岗位保持在一个相对稳定的水平,基本维持在30万～35万个。四是自由贸易园区的大量输入是原油。以2011年为例,原油的进口比例大约占了所有园区进口产品的75%。

3. 自由贸易园区的经济成本和收益

自由贸易园区直接让生产制造企业受益,同时也可能因其节省而让美国的整体经济收益。

对企业来说主要有七种主要的收益来源:关税倒置状态的减税(Duty Reduction on Inverted Tariff Situations)、税收延缓(Duty Deferral)、出口税豁免(Duty Exemption on Exports)、税收返还(Duty Drawback Elimination,先进口再出口产品的退税)、税费节约(Tax Savings)、园区间转移(Zone-to-Zone Transfer,产品在园区间转移不需要支付税费直到进入消费市场前)、通关与仓

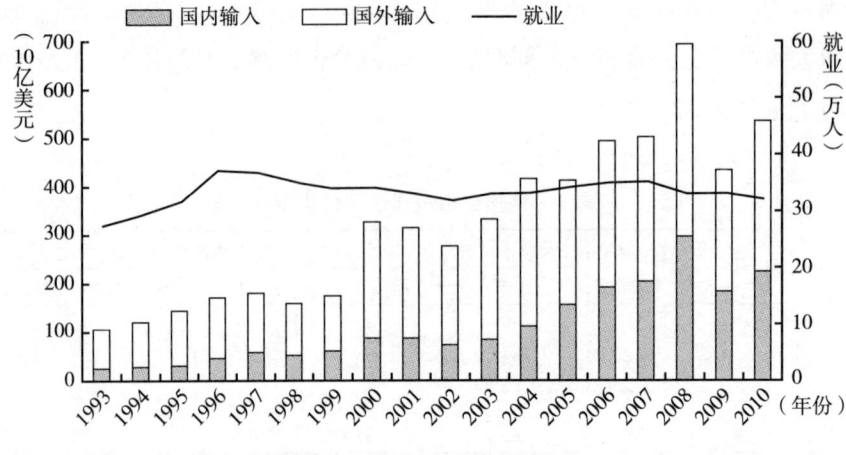

A 国外、国内部件和就业的发展水平

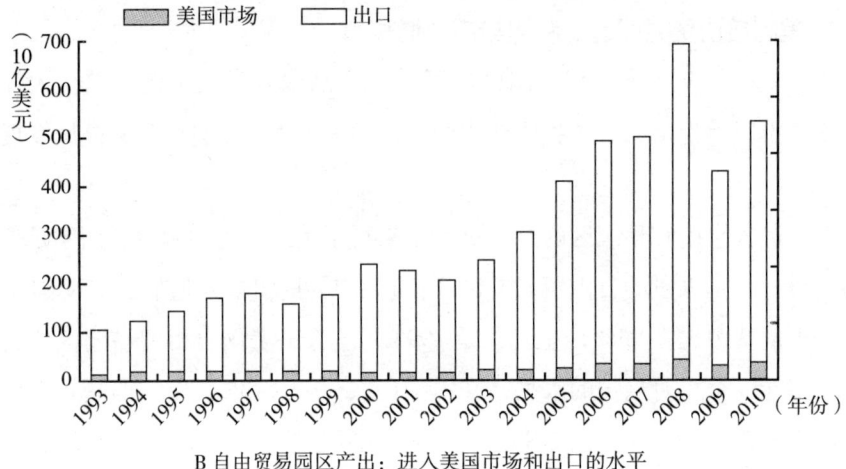

B 自由贸易园区产出：进入美国市场和出口的水平

图 1　1993～2010 自由贸易园区发展水平

储管理效率（Customs Inventory Control Efficiencies，直接带来现金流节省，因海关仓库带来的直接报关和周进入等）。其中关税倒置状态的减税是指在特定许可下，园区中的企业可以关税倒置状态（当同一类型产品的进口产品关税率高于在园区生产产品关税率时）在产品进入关税区之前选择较低关税率。这一措施获得的成本节约大致占了使用园区可以获得的所有收益的 50%。通关与仓储管理效率的收益是另一个重要的成本节约方式，特别是对那些"捆绑式"通关的货物。时间和文本工作的节省也是比较直接的。"捆绑式"通关允许进口商在一周内只提供一次报关材料和缴纳一次报关费（485美元以上），而不是每次货物进出口都提交报关材料和报关费。仅此一项，可以让大型的园区进口商节约通关处理费用90%以上。

企业如果需要申请自由贸易园区状态，需要全面权衡其成本与收益。成本包括开业成本、维护成本。因为成本的存在，因此美国自由贸易园区贸易利息团体认为，只有当一个企业能看到在园区的回报率在100%~200%后，才会选择以自由贸易园区状态经营。开业成本包括：申请过程；进口商背景审查；物理安全系统——由锁、门卫和摄像头等组成的围栏；仓储控制系统及监督货物移动的软件追踪系统；咨询商团队。维护成本包括：CBP监控；至少一个管理园区的全日员工；关税保证金（进入园区货物需缴纳一定的潜在关税给政府）；园区许可运营年费（大约数千美元到1万美元每年）。

4. 美国自由贸易园区管理机制

多个美国相关部门参与自由贸易园区计划的管理。自由贸易园区理事会（FTZ Board）在《自由贸易园区法案》下对自由贸易园区的设立、维护和管理负责。自由贸易园区理事会由两个成员组成：商务部长和财政部长。商务部长是自由贸易园区理事会的主席和执行官，任命该理事会的执行秘书长（首席营运官），由一个7人组成的专家团队支持。财政部长的职责则是保护财政收入，包括关税以及外贸政策等。另外，国家安全部的海关和边境保护局（Customs and Border Protection，CBP）是自由贸易园区理事会的顾问部门，对自由贸易园区的业务活动进行监督，确保相关活动的合法性。国家安全部的移民和海关署（Bureau of Immigration and Customs Enforcement，ICE）也自愿加入理事会，以帮助确保园区中的用工合法性。其他涉及的部门还包括农业部和美国食品药品管理局。

5. 美国自由贸易园区资格的最新申请方法

一个园区建立后，通过申请可以获得"许可"，获得许可的公共或私人企业可以管理一个园区。这些企业必须提供和维护一些用于确保园区作为特殊海关监管区运行的各种设施。在《自由贸易园区法案》规定下，这些园区必须公开运营，相关设施以公平合理的价格成为公共设施，并以年报的形式向自由贸易园区理事会汇报活动，对园区的使用者提供无差别待遇。

国际城市蓝皮书

2012年2月28日,自由贸易园区理事会出版了《联邦注册登记法规》,这是自1991年以来第一个主要的自由贸易园区法规。新的简单的程序需要的信息包括:公司名称、开展活动概要和需进口的部件及成品清单。而原有处理流程需要的信息包括:就业影响;出口及再出口;保留或创造的制造或加工活动;增加值活动增值程度;相关产品进口水平的影响;相关产品在国外的竞争力;对国内相关行业的影响;技术转让和投资的影响。

三 当前美国国会关注自由贸易园区的若干问题

1. 自由贸易园区对资源配置的影响

该报告从多个层面对自由贸易园区可能导致资源错配的理论进行了反证。首先,自由贸易园区肯定是让园区中的企业获益了。事实上,尽管只有少部分美国企业在利用自有贸易园区,但每一个美国企业都可以申请自由贸易园区资格,因此从技术上来说,自由贸易园区的红利是每一个企业都可以获得的。只是由于自由贸易园区巨额的开业成本,可能导致只有大型公司才有能力承担相关费用。当前,美国自由贸易园区理事会也尝试了通过简化程序来降低申请自由贸易园区资格的门槛。其次,如同关税也会导致资源的错位配置一样,虽然经济理论也提出如果消除关税美国经济可以获得更多的好处,但这个方法并没有可行性。进口关税敏感度高的行业有更大的动力去维持关税保护。与此相似,当前自由贸易园区的关税降低行业大多是美国国内反对声较少的行业。最后,保税区的物流优势会造成扭曲。保税区用户受益于更简化了的通关程序和降低了的商品加工费,而以外的区域却不能享受。事实上,商品加工费是进口总值一定的百分比,并有上限。较大的进口商将达到这一上限,而使通关变得更快速,产生更强支付建立自由贸易区的前期成本的动力。

2. 自由贸易园区对美国就业和全球竞争力的影响

自由贸易园区每年雇用32万名员工,这一比重大概占美国制造业就业的3%。1979年以来,美国制造业就业人数减少了40%。这有国内生产制造生产率上升和海外较低的生产运行成本两方面原因。然而,自由贸易园区的贸易团体却提出,自由贸易园区能保留和增加新的制造业就业岗位,并提高了美国本

美国的自由贸易区演变与展望

地企业在全球范围的竞争力。其理由是大量的进口商在某些条件下可以通过在自由贸易园区内或自由贸易园区型工厂中组装加工，从而降低了生产和运输成本。例如，日产汽车公司因为有自由贸易园区的存在而选择将生产组装厂家留在美国境内。

3. 自由贸易园区作为经济发展手段的效率

报告对世界出口加工区和出口导向战略不一定对经济发展做出贡献的观点进行了反驳。提出，对发展中国家而言，世界经济正在迅速增长的时候，出口导向型增长可能是效果最好的开发工具，所以，经济发展可能更快地发生在出口加工区而不是其他地方。当然，随着经济不断增长，发展中国家也开始面临挑战：①持续多元化地生产高附加值的商品；②想方设法不断升级生产这些高附加值商品劳动者的技能；③鼓励自由贸易园区内生产货物的国内消费。同时，报告对一些过于乐观的观点也进行了反驳，如有些经济学家的观点认为，世贸组织内消除全球关税有助于促进国际经济发展，相比继续推动出口加工区的建设，将是更有效和更少市场化扭曲的方式。报告提出，历史已经表明，取消关税的过程是非常缓慢的，而这终将解决不同国家之间的关税问题，更不消说需要克服发展中国家自由贸易园区基础设施和海关简化带来的福利了。

4. 美国自由贸易区的未来

当前，越来越多的人开始对 FTZ 的未来展开开始讨论了，包括美国自由贸易园区管理委员会。随着不断推进的贸易自由化和不断降低的关税，自由贸易园区会消失吗？报告提出，在将来，自由贸易园区在全球生产供应链上的作用取决于大量未知和未确定的因素。例如，1993 年的《北美自由贸易协定》（NAFTA）最终消除了美国、墨西哥和加拿大之间的贸易关税，其结果是导致沿美、墨边境的组装加工园区重要性的减弱，整个自由贸易协定伙伴国家成为广阔的"自由贸易区"而相互贸易。然而自那时以来，目前至少有 3700 家企业雇用至少 120 万工人在墨西哥的自由贸易园区中。

在 1997 年和 2006 年之间，全球自由贸易区的数量翻了两番，它们雇用的工人数量翻了 3 倍。美国的自由贸易区增长的方向与世界其他出口加工区一样，但扩张一直较为温和，自由贸易园区的数量增加了，但使用自由贸易园区的企业数量却在下降（从 3600 家到 2400 家）。在未来，可能在世界各地会增

加利用自由贸易区的主要因素,包括美国的自由贸易区,包括:①继续改进技术,这将延续近期通信工具、电脑能力及运输行业的进步;②安全监控的进步和改善;③自由贸易园区内用户的自动化水平提升,以及货物和服务电子跟踪技术的进步,在国际贸易中获得新的效率。

因此,只要国际关税和非关税障碍依然存在,随着因安全需要处理的问题的增加,如恐怖主义和洗钱,美国自由贸易园区系统和其他类型的区域计划在国内外都很可能会继续,甚至还可能会扩大。

四 对中国建设自由贸易实验园区的启示

1. 自由贸易区是提升城市国际等级地位的重要路径

自由贸易区是城市国际化发展深化的重要标志。通过建设和发展自由贸易区,城市的经济总量、对外开放程度、全球化水准等都会有跨越性提升。特别如香港、新加坡等一批重要城市,整体作为一个自由贸易区(自由港),对于提升城市在世界城市网络体系中的地位有重大价值。

2. 从国家层面颁布自由贸易园区法案

从美国自由贸易园区建立的经过来看,在一开始就颁布实施了《自由贸易园区法案》,在国家层面指导自由贸易园区的建设。从中国当前来看,最先做的应该是从国家层面制定自由贸易园区法案,设定管理体制、空间布局以及各种制度安排,推动自由贸易区在我国的健康稳步发展。

3. 在国家层面设立自由贸易园区管理委员会

美国在自由贸易园区设立之初即在国家层面设立了理事会,其成员包括多个部级单位,负责自由贸易园区的建立、维护和管理等。当前我国正处在自由贸易园区探索性建立的起始阶段,可以借鉴相关做法,在国家层面成立自由贸易园区管理委员会,其成员可以包括发改委、商务部、财政部和海关等部门,统一协调处理相关事物。

4. 加快设立自由贸易实验园区,并在核心园区基础上设立二级园区,不限定地理位置与物理空间

从美国自由贸易园区设立的经验来看,每个州均拥有建立自由贸易园区的权力，且大多数州拥有一个以上的园区，不少的州有次级园区，在管理体制上享受自由贸易园区的待遇，但在空间上却不受地域和物理形式限制，甚至是一个可以在任何地方的具体公司，非常灵活。就当前我国设立的中国（上海）自由贸易实验园区而言，28.78 平方公里所在区域作为核心园区，应在此基础上在合适的地方设立二级园区，以增强自由贸易园区的能量，发挥更大的作用。

5. 简化自由贸易园区海关报关程序，实行捆绑式报关，提升自由贸易园区竞争力

从自由贸易园区能节省成本来看，捆绑式报关是自由贸易园区与园外相比最具吸引力的措施之一。从美国的经验来看，周统一汇报制度是实行的相对较为成功并被广泛接受的方案。不仅可以提高通关效率，节省大量的人力和时间成本，同时也能从实际上节省资金。因此，对于我国探索建立自由贸易区的发展有很好的借鉴意义，可以极大改善当前保税区在通关报关上缺乏竞争力的状态。

参考文献

Mary Jane Bolle, Brock R. Williams. *U. S. Foreign-Trade Zones: Background and Issues for Congress.* CRS Report for Congress, No. 7 – 5700, September 5, 2012.

B.9 底特律市从辉煌走向"破产"

闫彦明

摘　要： 底特律"破产"案是城市发展史上一个重要而典型的事件。本文结合统计资料，对底特律市巨额债务的形成及破产的过程进行了阐述，分析了底特律市在长期发展中从产业繁荣逐渐走向"破产"的主要原因，并针对有关问题提出了对我国城市建设的若干启示。

关键词： 城市破产　底特律市　人口流失

位于美国密歇根州的底特律，是美国三大汽车制造商的所在地，一直以"汽车之城"著称于世。但是在"二战"后快速达到辉煌的巅峰后，随着产业布局全球优化，底特律的区位优势迅速衰落，其所在的密歇根州也成为所谓的"生锈地带"。底特律也由此逐步步入了城市衰退的怪圈，出现了产业外迁、人口缩减、经济下滑、环境恶化等一系列问题，最终导致了破产悲剧的发生。底特律市"破产"案例深刻反映了在制造业向服务业转型过程中，城市再造、城市更新背后的一些异化轨迹，对我国处于快速城市化、实现经济转型等进程中的大中城市都具有一定的借鉴意义。

一　底特律市成为美国历史上最大的申请破产保护的城市

2013年7月18日，根据美国媒体报道，底特律市因不堪债务重负，其紧急财政管理人已获得密歇根州州长的授权，向位于底特律的美国破产法院递交破产申请。因其负债规模超过200亿美元（包括近150亿美元的长期债务及60亿美元的短期债务），赫然成为美国迄今为止申请破产保护的最大城市。据称，底特律如果不申请破产保护，其财政紧急状况将难以顺利解决。申请破产保护虽然是一个艰难而痛苦的决定，但却是较为可行的方案。如果此次破产保护申请最终获批，该市的市政资产将被变卖以清偿所欠债务。

巨额债务的形成是一个日渐累积的过程，并受到财政收入不断缩减、市政开支持续增加的双重挤压而不断恶化。从财政收入情况来看，底特律的市政收入主要来自税收，但数十年来纳税人的数量不断减少——包括工商企业和个人，税基的缩减使得财政收入持续萎缩，而金融危机的爆发则使其雪上加霜。从税种看，底特律的税收构成主要包括公司缴纳的工资税、个人收入需缴纳的地方税、基于房价的房产税及州政府返还的部分消费税等。根据底特律市政府官方公布的数据，2012年前述主要类别的税收与2004年相比都出现了不同程度的下降。例如，市政个人所得税从2004年的2.9亿美元下降到2012年的2.3亿美元，降幅约为20%。与此同时，同期市政府的财政年度总支出却不降反升，2012年度总支出规模达到了26亿美元，高于2004年度的水平。图1反映了近10年来，底特律市始终处于"入不敷出"的财政状况。

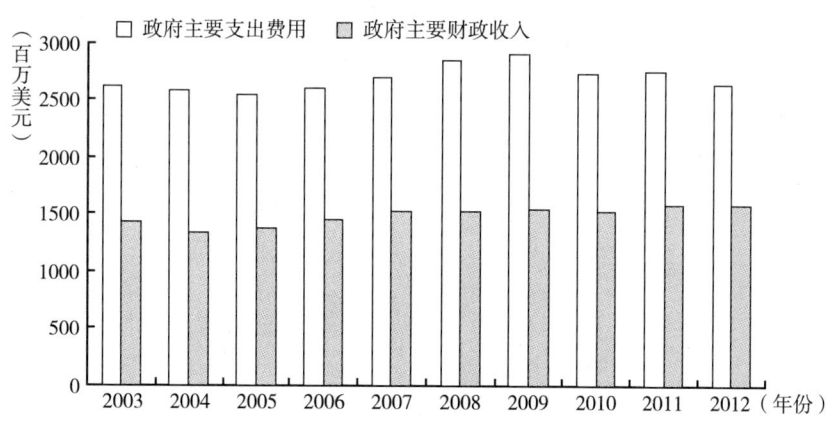

图1　2003～2012年底特律市财政收入与支出规模对比

注：财政年度统计期间是从上年的6月到本年度的6月。
资料来源：City of Detroit. *Comprehensive Annual Financial Report*（2003–2012）。

值得关注的是,财政支出的背后却隐藏着腐败丑闻。一方面,底特律市政府的财政报告显示,与2004年度相比,市政府2012年度在医疗、教育、公共环境和文化建设等不少与居民日常生活密切相关的项目上都减少了支出,部分项目支出甚至被减半;另一方面,导致总开支上升的原因主要是自来水供应和污水排放项目的支出上升,两项支出之和从2004年的5.1亿美元大幅攀升到2012年的8.3亿美元。与此密切相关的是,2013年3月,底特律前市长基尔帕特里克的贪污丑闻显示,被法院裁定的罪项中至少有3项与供水管线施工维护工程受贿有关。可见,财政支出的增长并未真正用于市政设施的建设。

二 底特律市走向"破产"的主要原因

底特律市走向"破产"是多方面因素日积月累的结果,主要原因有以下四个方面。

1. 产业外迁导致中心城区产业衰落和人口规模锐减

底特律市走向"破产"最为根本的原因在于产业衰落、产业外迁。其主要机理在于:其一,产业结构较为单一,产业周期步入衰落期。根据有关资料,底特律市财政收入的80%左右都来自于汽车制造业相关产业,这无形中抑制了其他高科技产业的成长。在西方国家普遍经历了汽车产业黄金时期之后,随着全球能源形势日趋紧张、汽车排放标准不断提升,汽车产业发展逐渐具有了夕阳产业特征。在此过程中,底特律市却没有及时进行产业转型、创新升级,这导致了大量产业资源的流失、外迁,中心城区人口规模也随之而锐减。1950年,该市人口曾达180万人,名列美国第四大城市,但目前人口规模仅约68.5万人。其二,产业资源出现大规模空间重组,外围空间受到企业青睐,中心城区出现产业空洞化。由于中心城区就业、生活环境不断恶化,大量中产阶级人士离开底特律市区,转到周围的郊区发展。当底特律旧城开始萎缩的同时,它的郊区则开始兴起——零售商业逐渐转移到郊区,它开始于20世纪50年代北境购物中心的创建。罗伯特·菲什曼(2009)描述了郊区化的过程:"在中心区域趋于破败的最近这半个世纪中,有近500万人口的大底特律的人口和财富却保持着持续的稳定增长。底特律是与新奥尔良并列的全国最贫困城市,而位于其西北郊、跨过'8英里街'的奥克兰县,却是全国第二大富裕县。"他还指出,"作为大都市区的底特律甚至比1950年更加繁荣,成为一个指挥着世界汽车生产网络的主要能量核;其区域内的郊区不仅容纳了大批管理与研发工作岗位,还有一个非常强大的制造基地。世界上产量最高的汽车工厂(生产(运动-实用型)汽车的福特工厂)就位于底特律城的某处郊区"[①]。这种情况更为清晰地体现在图2中。其三,金融危机的爆发使底特律"雪上加霜"。在金融危机期间,由于国际汽车市场的萎缩,给底特律汽车产业带来了沉重打击,三大汽车公司裁员规模总计高达14万人。其中,克莱斯勒和通用汽车两大巨头在2009年相继宣布破产。这些因素导致了城市的经济、财政状况更加恶化。其四,远洋运输的发展使得底特律的地理区位优势大幅度削弱。随着远洋运输体系的逐步完善,以内河运输为支撑的底特律的地理优势逐渐丧失;密歇根州的钢铁企业被更为廉价的进口钢材取代,密歇根州也沦为"生锈地带";底特律汽车业则在日趋激烈的国际竞争中快速衰落。

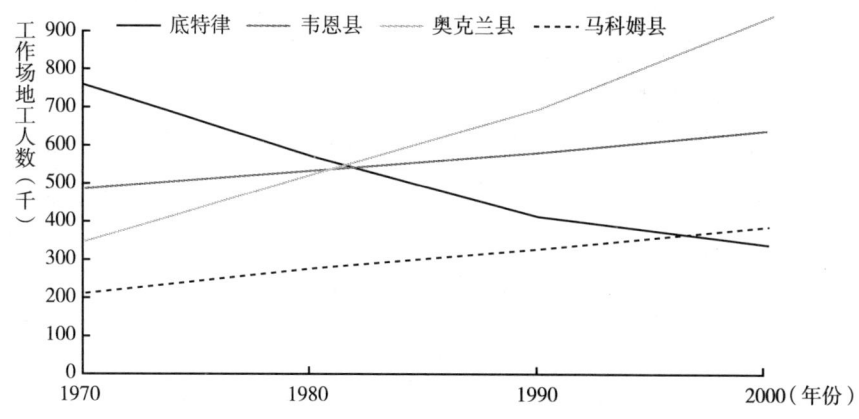

图2 底特律及郊区:工作场地个人数

资料来源:菲利普·奥斯瓦尔特主编《收缩的城市》,胡恒、史永高、诸葛净等译,同济大学出版社,2012。

---

① 菲利普·奥斯瓦尔特主编《收缩的城市》,胡恒、史永高、诸葛净译,同济大学出版社,2012,第91页。

2. 经济下滑导致地方财政入不敷出

企业持续外迁、人口规模锐减等因素导致地方税收基础大规模减少，企业税收和个人所得税总量持续减少并在较长的时期保持在较小的规模，这使得底特律市财政状况日益恶化。从图1的情况可以看出，近10年来底特律市的财政收入大体稳定在14亿~15亿美元的水平，但同期的财政支出都保持在25亿~28亿美元之间，长期的入不敷出积累下来就必然会导致城市财政不堪重负甚至破产。进入2013年后，底特律财政状况进一步恶化，发行新的债券难度也有所提高，使得"举新债还旧债"的格局面临终结。

在此过程中，一方面是财政收入的长期萎缩，另一方面却是具有"刚性"特征、居高不下的财政支出。例如，从社会保障情况看，产业繁荣时期产生的高额退休养老金和医疗保险，曾见证了底特律的辉煌，但目前来看却是一个沉重的包袱。虽然企业由于经营状况不佳而趋向于裁员或降低福利水平，但由于势力强大的工会组织积极介入，使得劳工权益受到较好的保障，削减福利难以推进。又如，虽然人口规模下降，但公共安全、照明、交通运输、医疗、教育、文化建设等公共服务领域的建设支出却必须持续投入，以保证各种设施和项目的正常运行。

事实上，底特律市为改变现状，通过发展博彩等多元化产业、推出减税计划推动汽车业转型升级，推动新能源汽车的发展。但客观上看，这些应对措施的效果并不显著。

3. 环境恶化、种族歧视加速了高端人群的流失

长期以来，随着大量白人中产阶层人士离开了市中心，街道上遍布被遗弃的建筑物，城市环境、居民生活均出现恶化。2013年2月，底特律被《福布斯》杂志评为2012年美国"最悲惨城市"。这种过程可以被理解为城市发展的"负循环"：经济衰退－精英流失－财政赤字－环境恶化－经济萧条。

在这个循环过程中，一个关键环节在于生活环境的恶化，使得大量精英流失。随着税收的下降，地方政府难以有足够的警力和投入来控制犯罪率，导致底特律暴力犯罪频发，排在全美"犯罪之都"前三位。原本居住在城市生活区中的中产阶层纷纷外迁到城市的近郊或远郊居住，从而加剧了住宅郊区化和城市空心化。

在人口流失方面，一个非常显著的特点是白人的比重持续下降，留守市区的黑人比重则快速上升。据统计，底特律黑人的比例从1950年的16%增长到2000年的81%。在郊区，白人的比率则达到80%。新的人口普查数据显示，目前城区内大约83%的人口为非洲裔，城区内有1/3以上的人口生活在贫困线以下，失业率也高达18.2%，相当于同期全美平均水平7.7%的两倍多。这在表象上看是不同种族经济收入的差异，而深层次看则体现出种族矛盾问题。正是由于对种族歧视的不满，底特律先后于1943年、1967年两次发生大规模城市骚乱，从而引发了美国历史上有名的"白人逃离"事件，受影响的地区在其后的几十年逐渐变为废弃的区域。

4. 城市管理不善起到推波助澜的作用

其一，政府内部机构臃肿、人浮于事是造成财政赤字和长期债务增加的重要原因，机构超编所产生的大批政府冗员享受着较高的福利待遇，但却给财政支出带来了很大负担。其二，政府部门管理方式不科学，缺乏有效的规划。在城市发展过程中，有不少措施是缺乏科学论证的。例如在1981年，政府强行拆迁市区1400户人家（约4000人）进行征地，为通用汽车公司建造了一个只雇佣1300名员工的高科技工厂，导致人口流失。其三，虽然在发展中曾经试图转型，但一直未能成功。前述的发展多元化产业、推动汽车产业创新升级等就是现实的案例。另外，根据哈佛大学学者格拉泽的观点，底特律是"大厦集群"的受害者。底特律采用了以大企业为龙头，通过大规模地修建办公楼、体育场馆以及交通设施等措施来刺激增长的战略。这种大工业和基础设施先行的模式，使底特律过度依赖单一的汽车产业，最终则成为产业衰败的受害者。这与新制度经济学提出的"路径锁定"理论观点是一致的。其四，前任市长的贪腐案件的背后，也意味着本来就紧张的财政费用的低效率使用，阻碍了城市的建设与发展。其五，受美国法律的影响，当地的土地开发与利用缺乏总体规划。例如，密歇根州的法律给了当地居民巨大的支配土地的权利——当地的几千个居民就可以判定6000平方英里土地的使用，而无须经过临近居民和当地政府的考察。

三 底特律市案例对我国城市建设的若干启示

底特律市破产案深刻地揭示了产业转型过程中城市衰落的内在逻辑，对我国各大城市的转型发展具有重要的借鉴意义。哈佛大学的爱德华·格莱泽曾在《城市的胜利》一书中指出，"底特律作为工业城市的衰落在美国并非个案。城市衰落的原因在于它们丧失了城市生活最为重要的特点，如技术创新、大量的小型企业和紧密的对外联系"。虽然城市破产在我国的现行体制下不会出现，但前车之鉴却应当引以为戒。可以肯定的是，底特律破产后，有关方面将会削减退休雇员的医疗福利，减少公共支出，并以破产为缘由让政府债券持有人承担部分投资损失，这些对于居民和投资者而言都是不利的。

1. 有序推动产业转型，保持就业机会和市场活力

产业转型是每个城市在发展过程中必然面临的现实问题，但转型的成败却决定着城市的命运。首先，一个城市必须考虑到产业的周期问题，不能过度地将产业集中于少数行业，而应当探索多元化的产业支撑，由此抵御行业的"生命周期风险"，推动区域经济在关键节点上能够平稳转型。其次，政府应当积极为产业竞争、市场发育营造良好的环境，尤其是鼓励大批富有创新活力的中小型企业推陈出新，这样不仅能够创造大量的就业机会，也有助于解决市场垄断带来的效率降低、创新不足问题。最后，东部沿海地区一些率先步入转型阶段的城市，应当及早筹划服务业高端人才队伍的建设。随着我国制造业人力成本优势的丧失，大城市商务成本的节节攀升，使得发达地区城市的产业不得不快速向服务业领域转移，由此出现大量的制造业人力资源的流失，相应地需要大体同量的服务业人才的补充，为城市发展补充"新鲜血液"。

2. 科学开展城市规划管理，形成城市生长的"正循环"

城市的规划管理有其独立性，但更多地体现为适应城市运行、经济发展而加以开展的。高效率的城市规划管理应当侧重于为区域经济发展提供便捷、周到的基础设施和管理保障，能够针对区域特点为城市的有序运行保驾护航。底特律失败的一个关键问题在于，当城市走向衰败后，由于规划缺乏科学论证，导致城市运行陷入了循环累积的"负循环"过程。大量的资金投资于收效甚微的城市建设,力图通过大规模的基础设施建设和城市更新改造,让城市重新复兴,但却忽略了产业的实际需求和居民日常生活的安全保障等问题。如果在规划过程中加强科学论证,将宝贵的财政资源投资于更为实际的产业扶持、环境改善等方面,也许会在一定程度上扭转高端人才快速流失的状况。

在我国近年来各个地方出现的一轮又一轮的城市建造过程中,大量的商业资金投资于房地产领域,并拖累地方财政的同步投入建设,同时却又缺乏产业和人的支撑,必然面临"鬼城"频现的情况。因此,在城市建设过程中,要高度重视需求导向,通过循序渐进的方式加以推进,并注重提高财政资金的使用效率。通过激发经济活力,吸引更多高端人群的集聚,由此形成城市生长的"正循环"。

3. 加强流动人口管理,推动社会融合发展

人口因素在底特律的衰败过程中扮演着重要角色,其中既包括人口的空间选择问题,也包括不同种族之间的矛盾冲突问题,最终的结果就是居民阶层的"逆向选择",使得城市中富有创新创意人群的集体出走。在我国现行户籍制度下,虽然难以出现底特律式的人口大迁移,但也会出现流动人口、本地居民之间的矛盾问题,以及部分精英人士的迁出问题等。就中国城市的特征而言,这个过程可能在短期内并不明显,但如果放到一个相对较长的时期中考察,就会出现比较显著的变化。比如,在部分地区,由于流动人口与本地居民之间的利益冲突,出现了"城市暴乱"的现象,如广东增城新塘事件、潮州古巷事件、浙江湖州织里事件等,严重影响到了城市日常秩序。又如,随着市场化人才制度的推行,高端人才的流动变得更为频繁,"孔雀东南飞"以及海外移民等现象更为突出,对各个城市的发展都带来了影响。因此,借鉴底特律的教训,积极加强流动人口管理,推动社会融合是改善区域生活生态环境的重要抓手。只有通过努力营造一个开放、包容、多元、鲜活的文化氛围和宜居环境,才能够加大对不同层次人群的吸引力、凝聚力,共同为城市发展而会聚力量。具体来看,一方面,要认识到流动人口对城市生产、生活的重要性,在社会保障、子女就学等方面尽量提供平等化服务,消除产生社会隔离的根源;另一方面,制定针对精英人士的人才引进计划和配套措施,通过合理的政策倾斜,强化其文化认同感和根植感,从而培育起城市创新创业的中坚力量。

参考文献

City of Detroit. *Comprehensive Annual Financial Report*（2003 – 2012），2013.

Rana Foroohar. *Economy Broken City：How Detroit's Epic Bankruptcy Could Help the Rest of the Country*.（*Time*）. August 5，2013.

科特金著《全球城市史》，王旭译，社会科学文献出版社，2010。

菲利普·奥斯瓦尔特主编《收缩的城市》，胡恒、史永高、诸葛净译，同济大学出版社，2012。

张锐：《哪些败笔弄垮了底特律》，《中国青年报》2013年7月29日。

城市经济篇
Urban Economy

B.10 美国振兴大都市制造业的"新新经济"方略[*]

于 蕾

摘 要： 美国智库布鲁金斯学会提出，在奥巴马第二个任期期间，联邦政府应采取一个更具有创新性、生产为导向的"新新经济"模式，通过以州和大都市区为主体的"自下而上"改革，以适应美国未来发展的需要。其中包括"大都市联邦主义"、"创建国家范围内的先进制造业创新中心网络"、"指定20家美国'制造大学'"、"开展先进制造业竞赛"等一系列极具创建性的策略。

关键词： "新新经济" 联邦主义 创新 制造 美国城市

---

[*] 本文主要是基于对布鲁金斯学会系列报告《重建联邦体制、恢复经济活力》的介评，进行了对中国启示的研究分析，特此致谢。

一 "新新经济"模式：美国应对挑战的新思路

1. 经济持续大萧条暴露美国原有经济发展模式的缺陷和深层次问题

随着奥巴马进入第二个任期，美国联邦政府面临着巨大的实体经济的、财政的和治理的问题。随着竞争力的下滑，收入差距的扩大，失业率保持了大衰退以来40个月的水平，接近8%，使得落伍的企业更加无力。民主、共和两党之间的积怨，过于庞大的机构和分裂的政治，使得国家无法采取果断措施来振兴经济。这种纷争加剧和无力的政治状态导致了决策预算的拖而不决，引起了一系列的政府财政支出削减和税收调整，进而增加了政策的不确定性，导致企业投资放缓，并阻碍经济复苏。

经济的萧条也引起了美国严重的财政和政治问题。经济大萧条暴露了有缺陷的美国增长模式更深层次的失败。长期以来，该模式崇尚消费甚于出口导向的生产，并且过度投机，对可持续发展掉以轻心。

2. 以创新和生产为核心的"新新经济"模式是美国未来发展的选择

2008年金融风暴以来，越来越多的商界领袖和主流经济学家开始要求新的发展模式。对此，布鲁金斯学会提出"新新经济"（Next Economy）发展模式。[①] 这种模式要求更倾向于创新、工程而非金融游戏，更倾向于生产和出口而非消费，更倾向于确保经济为美国工薪家庭服务。"新新经济"模式可以提高国家生产力，推动出口增长，提供高薪工作。其关注的焦点是充满活力的创新和工程密集型为特征的先进制造业，包括汽车装配、新能源体系、IT部门、医疗设备，还包括光纤通信、医疗诊断、半导体、光学成像以及全球定位系统（GPS）技术等。光电子等技术及应用的创新往往波及整个经济，推动更广泛的生产力，对平衡外贸也是十分重要。通过与当地的经济发展相适应，地区和州正创造出一种新的发展模式去塑造"新新经济"。通过区域产业集群推动创新，生产和出口脱颖而出，经济真正适合工薪家庭的需求。同时，新一轮的地

---

① Bruce Katz and Mark Muro. *Remaking Federalism, Renewing the Economy*, Brookings Institute, 2012 – 10.

方自助行动表明，21世纪问题的解决有赖于协作，既包括州、地区和自治市间的"纵向"协作，也包括在不同部门、司法区域间的"横向"协作。

3. 各州和大都市地区正成为美国重振经济、恢复活力的主要力量

持续的政治僵局和所需重组的成本是巨大的，解决它们超过了联邦政府的能力范围。一些大都市区以及它们所在的州，已经成为改革的前沿阵地。它们在自己的区域内开始形成"新新经济"的结构。在面对危机、解决问题和达成共识中，传统的不引人注目的美国大都市区正在发展创新型企业、技术工人和支持体系，如大学、社区学校和商业协会，并在城市的集聚中崛起。

——在联邦政府创新风险基金的支持下，如纽约市、俄亥俄州和田纳西州做出相当大的努力去吸引创新型科研机构、商业化的研究成果和成长性的创新型企业。

——在联邦政府对一些尚未形成的先进产业的有力推动下，如俄亥俄州东北、路易斯维尔、列克星敦等大都市区，以及马萨诸塞等州已经做出计划去扩大战略性贸易部门的成长。

——随着联邦贸易政策未来的不确定性加剧，有些大都市如洛杉矶、波特兰，以及明尼苏达州正调整自己的经济发展努力，以促进出口、吸引外资及技术移民。

——由于联邦能源政策无法发挥效力，西雅图和费城等大都市正在整合它们的高效能源技术，而康涅狄格等州政府正尝试"绿色"银行政策帮助部署大规模清洁技术。

——由于联邦交通政策的不足，芝加哥和迈阿密等大都市区以及密歇根和佛罗里达等州正全面更新它们的航空、铁路和海上货运枢纽，以扩张全球贸易。

科罗拉多、内华达、纽约和田纳西等州也都通过各种财政资助手段和"自下而上"的经济发展计划，以提升自己大都市区的创造力。

二 大都市联邦主义：面向"新新经济"统一联邦立场

布鲁金斯学会认为，现阶段美国联邦政府的弱势和地方政府的发展需求结

合在一起，都敦促奥巴马政府以国民经济整体复苏为目标，同时认清这一过程将取决于联邦与各州和大都市等地方政府之间的互相合作。新一届政府的经济发展规划应该要考虑到以下三个要点。

第一，以大都市为中心的新联邦主义要求华盛顿政府为州和大都市的发展建立一个稳定健全的国家平台。

目前的地方政府无论是大都市地区还是州都不能"独立"制定游戏规则，例如预算、贸易、税收、州间贸易或者移民问题。同时，在研发水准、大规模基础设施融资、教育和技术发展等方面，州和城市也很难解决市场的根本问题。因此，必须要由联邦政府统一领导。在重要的基础问题上，联邦政府必须提供合理的投入和政策框架，来支持地方和私人企业。而要做到这一点，联邦政府必须主动而谨慎地处理其自身事务，同时为国家的经济和社会稳定提供坚实的基础。

第二，联邦政府必须用这样一种方式来解决问题：本身必须是有效的、现代的；从地方联邦主义同盟者的角度来看，必须是有利且有力的。

研究指出，目前的美国联邦政策仍然是墨守成规的，既极端分散又过于死板，对于注重实效的地方政府来说，这些政策阻碍了它们自身的政策创新。考虑到这一点，联邦政府必须放权给地方政府，以使它们选择政策时具有更大的灵活性和自由度。必须要简化目前冗余且分化的政府组织结构。同时，自上而下的计划和管理体系需要向权力下放型的"联邦"体系转变，给予处于政策一线的实施者们更大的反应、尝试和学习空间。总之，应方便地方政府灵活应对，使各州各大都市成为联邦政府制定政策时考虑的主要部分。

第三，联邦政府必须完善、优化现有的以联邦－州－都市为顺序的政策体制的运行效率。

考虑到美国联邦政府难以采取果断的行动，州和地方政府迎难而上，目前美国正朝着一种全新的由中央转向地方的，以大都市为主体的管理模式发展。然而，美国目前面临挑战之紧迫和复杂表明，必须要设计新的方案来提高新兴体系的影响力。并且，联邦政策制定机构必须时时处处考虑如何提高这种联合发展的、自下而上的问题解决机制的效率，并使其逐渐形成规模。

三 减少干预、下放权力：改革联邦管理体制适应未来发展需要

从可操作性角度来看，以加快形成美国"新新经济"模式为目的的联邦管理体制改革，要求联邦政府在以下三个方面减少干预、下放权力。

1. 削支以投资（Cut to Invest）

为了朝上述既定目标前进，美国政府须使其财政状况迅速走上正轨，同时在研发、先进行业创新部门、基础建设设施以及教育和培训等具有促进经济增长的战略方面落实相应的投资项目。如果没有这些投资，美国经济创造新价值、新财务以及全面繁荣的能力将持续降低。但是，在财政受限的情况下，这些投资资源从何而来呢？答案就是：联邦政府必须"削支以投资"，政府需要将数千亿美元从现有的开支和税收补贴项目上转移到其他一系列有战略意义的优先发展项目中去（与削减赤字同时进行）。在削减赤字的背景下，把对一揽子战略新投资的项目规划与对一揽子多余的、浪费的、低产出的联邦开支以及可自由支配开支项目的有计划削减结合起来。

2. 投资以改革（Invest but Inform）

美国联邦政府还须在削减开支、增加投资的同时进行改革。首要的是，随着自身能力的减弱和资源的不断减少，联邦政府必须另辟蹊径，提升其下属的州和地方政府在公共和私人部门的政策权限。联邦政府直接行动的管理模式须逐渐转变为从旁协助的管理模式——鼓励性的、合作性的联盟管理。这将在很大的程度上强化州、大都市以及私人部门的自主权，因此可以释放它们的创造力，以及提高解决问题的能力。因此，通过加强目的性或者给地方以及私人部门更大的空间及灵活性，使有限的投资效用最大化。

3. 强化联邦主义（Strengthen Federalism）

在国家管理上的灵活合作，使联邦主义体制效用最大化。州及大都市地区将在美国舞台上扮演越来越重要的角色，未来的美国经济政策的贯彻和实施与城市、郡县、大都市中的经济组织、州政府以及私人部门之间的联系将越来越紧密。这意味着，经济上的决策将变得更加复杂，网络化、实验性也将更加显

著。因此,需要引进新的机制来管理新联邦主义的秩序,使其发挥出最大的效益。确保能找到这样的机制是未来四年联邦政府的重要任务之一。

四 发展先进制造业:着眼未来的长效举措

第一,创建国家范围内的先进制造业创新中心网络(Create a Nationwide Network of Advanced Industries Innovation Hubs)。

大衰退后,美国应从集中于金融和消费的经济模式转为以创新、工程和生产为驱动的"新新经济"模式。这样的模式可以提高国家的生产力,驱动出口增长,提供好的就业机会。以充满活力的创新和工程密集型为特征的先进制造业是这个新趋势关注的焦点,包括汽车装配、新能源体系、IT 部门、医疗设备,还包括光通信、医疗诊断、半导体、光学成像和现在无处不在的全球定位系统(GPS)技术。光电子等技术与应用的创新往往波及整个经济,推动更广泛的生产力,对平衡外贸也是非常重要。

但是美国先进制造业应用研究领域存在很多问题,如私人企业缺乏动力投资于早期研究、应用研究或在多个行业广泛应用的技术;多年来联邦政府对于工业研究的投资是不平衡和不充分的;与美国相比,其他国家在研发上的投入占 GDP 的比例更高,对美国未来在先进制造业的领先地位提出挑战;联邦对研发投入的性质和形式不理想,大多数美国的研究投入到了学术的基础科学部分,或是孤立的国家实验室,与私人部门的需求和现实问题隔离。

为应对这些挑战,美国国会应授权建立一个基于先进的产业创新中心的全国性的网络,稳定地资助至少 5 个以上的能源创新中心,集中创新资源到一个有目的设置的、以协作为基础的区域应用研究中心,专注于与产业发展相关的产品和流程问题,加快技术进步,从而带来美国关键产业的市场份额增长。

第二,支持设立 20 家美国的制造专业大学(Support the Designation of 20 U.S. Manufacturing Universities)。

当前全美的州和大都市逐渐认识到培育强劲的生产、创新和贸易的区域经济的重要性。与过去债务驱动、消费推动的发展模式不同的是,这种新的增长模式重点在于创新和先进制造业能力,它们合在一起将提高美国在全球市场中的竞争力。作为最大的国际贸易部门,制造业对美国经济的健康发展是最重要的。作为一个成本相对较高的国家,美国恢复制造业竞争力的唯一途径是通过创新和提高生产力,这两者都是通过工程能力来带动,而工程能力的培养部分是通过国家的高等教育机构。大学作为基础的工程项目,在支持先进制造业的研究中发挥了关键作用,特别是与制造商相联系,可以帮助培养先进制造商所需要的高技能劳动力。

重建制造业其中一个关键步骤是重塑工程文化,要求以工程为基础的创新获取价值。只有通过工程的力量,企业才能在美国获得基础和应用研究,并转化为面向全球市场的创新产品。从全球看,促进技术创新的知识经济、工程能力对于获得经济竞争力和确保长期增长是非常必要的。通过在科学发现和实际应用中建立衔接,并把知识转化为有竞争力的产品和服务,工程有助于确保公司在成长的时候利用创新。但是美国的工程文化已远远落后于其他竞争者。

美国国会应主动指定 20 家高等教育机构作为美国"制造专业大学",成为加强美国在创新驱动越来越重要的全球经济中的地位力量的一部分。这种制造专业大学将和制造商建立联系,为工程专业学生提供真实工作的经验;修改它们的工程课程以更贴近制造工程,特别是与工业相关。通过企业 – 大学联合研究项目使学生有更多的实际经验;博士学位计划重点面向工程博士,他们将在企业工作。此外,商学院也将集中制造业相关的管理问题,如生产管理等。

第三,鼓励先进制造业强化市场竞争能力(Create a Race to the Shop Competition for Advanced Manufacturing)。

在经济大萧条之前,美国奉行的后工业经济增长模式优先考虑消费和房地产投机,较少投资于创新和生产,而后者才是美国经济竞争力和创造财富的真正"引擎"。从"大衰退"仅有的一些积极的事态发展是,美国经济正经历一个缓慢、痛苦的转型,朝着"新新经济"发展,更多的出口,更少的浪费,最重要的创新,发明更多的生产能力,并确保经济实际为工薪家庭工作。

振兴美国的先进制造业是建立更高效、可持续和包容性的经济一个重要组成部分。强大的制造业对美国在全球经济中竞争来说是必要的。美国先进制造业的优势并不统一,随着各州和大都市地区的地理位置有着很大的差异化。占主导地位的制造业产业集群在全国各地的州和大都市地区有多样性,因此在联邦一级的有效的生产政策，在制造业的投资方面必须是有区别的。美国仍缺乏一个连贯的、全面的制造业发展策略，其面临的挑战是：联邦政府没有一个统一的库存开支计划、资本准入倡议、支持制造业的税收支出；联邦政府与制造业有关的投资管理不属于一个单一的部门，而是跨越多个机构和项目；联邦政府投资项目直接援助制造业。

鉴于这些挑战，布鲁金斯学会都市政策项目提出了一个每年高达150万美元的"比赛进行到店"的竞争，去改革联邦在先进制造业员工的教育和技能培训方面的投资。比赛要求参赛者提出一个计划建议，包括在其先进制造业的特殊资产和优势的基础上，为各州和大都市阐明一个大胆的经济蓝图；确定主要的弱点或障碍，以成功实施各州或大都市的计划；设计实现计划的策略，通过切实的方案和投资，并包括制造业公司的深度和持久参与；利用其他联邦基金支持这些战略；改革各州和（或）地方政策和管理以支持这些战略；负责定期通过一套透明的绩效措施。

完成"比赛进行到店"竞争，将催化国家和大都市地区发展新的计划，帮助满足它们的主要生产部门的劳动力需求和集群；允许现有的联邦劳工和技能培训基金更有针对性，并为国家和大都市地区的具体融资需求量身定做；提供额外的、高度灵活的联邦资源，以支持先进的生产所需要的差别融资策略；联邦政府更现代化、更灵活，更好地满足多样化的需求、差异化经济；促进美国的先进制造业发展，以便进一步创造就业机会和创新。

五 美国"新新经济"方略对中国应对新产业革命的启示

布鲁金斯学会关于振兴制造业的系列报告对中国产业结构转型和应对新产业革命有着很好的启示。

1. 制造业发展和出口对于保持大国的竞争力至关重要

2008年金融危机以来，美国政界、学界、企业界都在反思，美国既往的发展模式，即将制造业外包，单纯以消费和金融投资带动国家发展的模式是否具有可持续性。中国正处于由工业化向后工业化发展的阶段，制造业尤其是以创新驱动和高技术含量为特征的生产仍是国家未来竞争力的核心要素，而发展制造业既包括新技术和新产业的发展，也包括对传统产业的技术改造和升级。

2. 从国家层面培育制造专业大学和先进制造业创新中心网络的措施可供中国借鉴

中国的大学教育成长迅速但是问题很多，其中一点就是大学教育与经济发展的需求不匹配，导致大学生就业难和高级技工缺乏的双重矛盾及失衡。近年高校对建设研究型大学和大学生博雅教育工作非常重视，但是对技术工程大学和课程的推动以及对技术和产业精神文化的建设有所缺失。美国对工程文化的再呼吁也是中国当前需要做的。

3. 借鉴美国以州和大都市区为发展动力的做法，调动各级政府的积极性

无论是"削支以投资"的具体建议还是美国联邦政府下放权力的思路，都提出了如何调动地方政府的活力和积极性来推动经济的复苏发展。1993年我国分税制改革后，地方政府获得了发展的动力，由此释放了我国改革和开放的活力。尽管地方政府之间的竞争也为经济发展带来一些不利因素，但是通过坚持向地方下放责权的基本思路，同时在中央层面辅以监督和约束，可以收获更大的改革红利。

附：布鲁金斯大都市政策项目组"重建联邦体制、恢复经济活力"系列报告目录

1. 设立"削支以投资"委员会，减少次要开支，合并重叠项目，增加重点投资
2. 研究适度碳税，降低税收，削减赤字，资助清洁能源部署
3. 免除私人活动债券（PABs）的替代性最低税（AMT）
4. 改革按揭利息扣除（MID），投资创新和先进制造业
5. 永久化研发和实验税收（R&E）抵免
6. 建设国家范围的先进制造业创新中心网络
7. 为先进制造业开展"比赛进行到店"的竞赛
8. 支持建立指定的20家"制造大学"

9. 创建新债券和税收抵免计划，以恢复美国陷入困境社区的市场活力

10. 恢复建设美国债券（BABs）来支持州和地方投资

11. 对清洁能源更明智地投资：支持有限合伙（MLPs）和房地产信托（REITs）对可再生能源投资

12. 合并主要贸易和商业机构，减少重复，更好地支持大都市地区出口促进和外商直接投资

13. 修改对联邦报告和程序性的要求，允许建立有影响力的非营利组织和扶贫项目的合作关系

14. 根据当地劳动力需求分配H-1B（工作）签证费收入

15. 详细审查第8款住房选择券方案

16. 建立国家级的公私合作伙伴（PPP）单位，支持自下而上的基础设施投资

17. 制定立法，支持住宅地产清洁能源融资（PACE）

18. 设立一个联邦机构，对州和大都市地区进行授权和快速追踪

参考文献

Bruce Katz and Mark Muro. *Remaking Federalism*, *Renewing the Economy*, Brookings Institute, 2012-10.

James Duderstadt, "Engineering for a Changing World: A Roadmap to the Future of Engineering Practice, Research, and Education." Ann Arbor: The Millennium Project, University of Michigan, 2008.

President's Council of Advisors on Science and Technology, "Report to the President on Capturing Domestic Competitive Advantage in Advanced Manufacturing." Washington: The White House, 2012.

Stephen Ezell and Robert Atkinson, "The Case for a National Manufacturing Strategy." Washington: Information Technology & Innovation Foundation, 2011.

John F. Sargent, "The Obama Administration's Proposal to Establish a National Network for Manufacturing Innovation." Washington: Congressional Research Service, 2012.

B.11 芝加哥重塑"先进制造业大都市"之策*

苏 宁

摘 要： 本文对芝加哥大都市区制造业发展的方向与主要特征进行分析，同时也探讨了芝加哥制造业产业集群的结构发展趋势，还归纳了芝加哥未来先进制造业发展的主要策略，并根据中国城市的制造业发展特征提出了启示与建议。由此，芝加哥大都市区先进制造业以"产品、过程、人力"为核心的评估体系得到了发展。

关键词： 芝加哥 制造业 创新

美国芝加哥大都市区规划署（CMAP）发布了最新报告《芝加哥大都市区制造业集群：创新、劳动力与基础设施的深度报告》（*Metropolital Chicago's Manufacturing Cluster: A Drill-Down Report on Innovation, Workforce, and Infrastructure*，以下简称《芝加哥报告》）。该报告是芝加哥《面向2040》（*Go to 2040*）首个区域长期综合规划的节点成果，对芝加哥大都市区乃至美国制造业发展的最新方向以及主要机遇进行了分析，并为芝加哥先进制造业集群发展的特征以及未来阶段的主要推动领域提出了主要策略。

---

* 本文主要基于美国芝加哥大都市区规划署的《芝加哥大都市区制造业集群：创新、劳动力与基础设施的深度报告》的介评，并进行了中国启示的研究分析，特此致谢。

国际城市蓝皮书

一 制造业对芝加哥大都市区发展的核心支撑作用

1. 制造业显著支撑区域经济

制造业长期担当芝加哥区域经济的"基石",即便在全球要素流动的时代,制造业依然是区域经济健康发展的关键性要素。芝加哥大都市区的制造业集群就业人数为58万人,是美国第二大制造业就业人群。制造业的年均产值达到650亿美元,也是区域经济的第二大组成部分。芝加哥制造业岗位的收入与产出比区域所有行业的平均值高出27%,为区域高质量生活做出贡献。

制造业的影响力是高度多样化的,其影响范围几乎涵盖所有相关领域。芝加哥的制造业是区域创新能力的主要动力,提供了85%的私人研发力量。制造业就业的连带效应也非常显著,远远超出其他行业。每创造一个新的制造业就业岗位,便会支撑至少2个区域经济中的其他就业岗位。其中,轨道装备制造业的就业乘数效应最为突出,其100个新增就业能够连带支撑区域的407个其他就业,其中124个在制造业集群内部,283个在制造业集群之外。在出口方面,制造业在区域货物出口总量中占据2/3。

2. 芝加哥大都市区制造业效率不断提升

21世纪的前10年,芝加哥的制造业就业下降了1/3,这与美国其他工业中心的情况相似。但芝加哥制造业集群的生产效率却大为提高,这是先进技术应用与高附加值产品生产两者间共同作用的结果。2001~2010年,芝加哥制造业就业人数从60.3万人下降为41.7万人,但制造业的产出却从511亿美元上升为640亿美元,此消彼长间,制造业效率提升的程度令人瞩目。

十年间芝加哥制造业向高技术产品转型的趋势,来自于该区域对自身经济特质的全面认识。芝加哥大都市区部门认为,区域的竞争优势并不在于低技能、劳动密集型生产活动,此类生产也非常容易受到海外竞争的影响。相反,大都市区的制造业优势在于先进技术、先进方法以及先进产品的制造能力。目前,芝加哥区域制造业者已经进入"高产出-少用工"的发展阶段。由于产业结构持续向高科技产品与制造能力转变,就业人数在不断下降的同时,产值持续上升。同时,部分就业萎缩是源自企业提高了对临时工的使用。

芝加哥重塑"先进制造业大都市"之策

二 芝加哥制造业产业集群的结构发展趋向

1. 制造业的综合化趋势

CMAP认为，对芝加哥的制造业发展状况不能单纯以核心生产活动来进行分析，而应将视角置于制造业供应者、合作者、投资者以及顾客方等多元主体构成的区域制造业网络。制造业集群包含了制造业价值链中所有的相关方。芝加哥制造业的核心企业共拥有37.5万名员工，其行业分布十分多样化，包括从计算机、电子直至食品、饮料行业共九大门类。与美国其他制造业中心相比，芝加哥大都市区的立足之本在于综合性的生产范围，其核心行业几乎涵盖了制造业的所有领域。而绝大多数大都市区均只能专精于有限的几个行业。

这种综合性的趋势也使得芝加哥制造业就业结构中，没有任何一个单一行业拥有超过19%的就业比例。由于全球化与自动化的影响，芝加哥制造业的九大行业均面临就业萎缩的困境。其中下降速度最快的是区域专业化程度较低的行业，包括计算机与电子、家具与服装以及初级制造等。而与之形成鲜明对照的是，区域专业化程度较高的生命科学、化学塑料、金属加工等行业就业下降压力较小。

2. 制造业支持体系的重要作用

芝加哥制造业在支持、供应与客户服务等相关行业取得了较快发展。其中，物流产业与制造环节的良性互动，成为芝加哥超越其他制造业中心的重要特征。芝加哥的物流支持产业在过去10年中成为发展最为迅猛的领域，其就业从2001年至2011年间增长了16%。芝加哥在供应链管理以及货运方面的快速发展，有效降低了物流成本，从而不断进入新的市场。2010年，芝加哥近2/3的出口货位为制造业产品，为全美最高比例。

3. 劳动力结构的升级

芝加哥制造业的劳动力结构在近10年中也发生了重要变化。为了应对全球化与快速技术进步的挑战，芝加哥大都市区的企业开始应用自动化机械取代人力，同时将劳动密集型部分转移到海外，这使得区域制造业劳动力数量缩水了1/3。这种状况使得制造业企业更加依赖于高技能工人以及先进技术，以与

国际城市蓝皮书

全球的廉价劳动力竞争,从而形成区域制造业劳动力中的"技能提升"(up-skilling)趋势,并使得对技能培训的需求迅速提高。未来芝加哥制造业就业趋势中,对于高技能制造以及程序管理的需求迅速提升,而对于低技能人工制造岗位的需求则持续下降。

三 芝加哥先进制造业的评估体系

《芝加哥报告》指出,由于当前美国制造业的主要机遇不佳、知识产权方面的问题以及不断提高的劳动力与能源价格,使得海外制造的优势已经不再明显。在这一方面,中国的情况特别突出。因此更多的制造业者将在美国国内扩大投资与运营,而这种情况将给芝加哥大都市区带来阶段的经济机遇。

1. 先进制造业评估指标的建立

面对发展先进制造业的巨大机遇,如何对其建立评估体系,对其发展进行客观的评价,并根据评估进行未来战略的指导尤为重要。尽管先进制造业的重要性已经得到各方公认,但如何定义与测度其内在的特征,目前仍属凤毛麟角。CMAP通过对全美、各州以及区域先进制造业发展状况的评估,提出了"3P方法"的评估体系,即产品(Product)、过程(Progress)与人力(People)。

其中,"产品"的内涵为:先进制造业生产的产品是复杂、创新且难以复制的。"过程"的内涵为:先进制造过程(不计最终产品)需要不断改进以取得更高效率以及更低成本。"人力"的内涵为:先进制造业工人拥有特殊技能,能够使其产品与过程的商业效应最大化。以上述"3P方法"的指标体系为核心,CMAP创建了一套先进制造业的计分卡(Scorecard)体系,对区域产业集群的核心行业进行评价。"产品"指标以五方面要素进行评估,涵盖了专利数量、研发投入强度等指标项。"过程"指标以"附加值"为核心概念,评估产品价值如何通过制造过程的优化,而非简单加工原材料而得到提升。"人力"指标以薪金水平作为核心要件,分析有哪些行业需要高技能工人。

2. 芝加哥先进制造业的评估结果

通过指标的评估,在行业层面,芝加哥大都市区领先的先进制造业领域包括生物制药－健康保障、化学－塑料与橡胶以及金属加工。在机械制造方面，芝加哥区域尽管在汽车制造与航空航天方面有所欠缺，但在电子与工业装备方面仍然执全美之牛耳。其中一个重要原因在于上述两个优势行业与货运集群关系紧密。

芝加哥先进制造业评估体系中，计算机－电子在"产品"指标组排名第一，生物医药－健康保障行业在"过程"与"人力"指标组均排名首位。计算机－电子产品的得分很高，但该区域在上述产业的专业化程度方面仍无法和硅谷等区域竞争。在这些新兴领域，芝加哥仍缺少优势集群力量，特别是区域良好的供应链体系，因此相关行业无法成为区域发挥的主要驱动力量。

四　芝加哥促进大都市区先进制造业发展的主要策略

芝加哥大都市区规划署（CMAP）将保持该区域长期以来的竞争力优势作为大都市区先进制造业下一步发展的核心原则，在此基础上提出了大都市区先进制造业发展的主要策略与方向。根据芝加哥的制造业特征，推进经济创新能力、基础设施条件以及高技能就业三个方面的水平提升为芝加哥促进先进制造业发展的主要策略。

1. 创新能力提升

第一，提高纳米科技等新兴制造技术的开发能力，以获取新一代先进产品与制造程序。生化制造、纳米技术以及添加制造等新兴技术将极大地提升现有先进制造业的产品线，并开辟新的市场。在这些领域强化专业性能力将扭转芝加哥在私人部门研发方面相较其他区域的劣势，同时也将使区域在全球经济中取得竞争优势。

第二，在区域的基础研发资源与私人市场之间建立联系，以提升技术的产业化水平。为使芝加哥成为新制造业技术的引领者，该大都市区应着力使既有公共性研发资源向技术倾斜。芝加哥拥有其他区域所缺乏的大学与国家实验室体系，区域内有西北大学、芝加哥大学、伊利诺伊大学芝加哥分校、伊利诺伊技术研究所以及其他世界级高校。这些机构都能够为制造业的发展提供重要动力。同时，芝加哥还拥有两所联邦研究机构，即著名的费米实验室和阿格尼国家实验室，这些实验室能吸引全球最顶尖的人才。区域的创新策略应将重点放在上述研究机构科研成果的商业化运用方面。

第三，注重、强化公共研发机构与私人部门之间的合作，这也是推进新技术产业化的重要条件。尽管对高校与实验室的基础研究进行投资会带来显而易见的经济和收益，但更需要对产业化加以关注以提升市场价值。当产业化前景明晰之时，私人部门也将有对于研发的巨大投资冲动。

第四，为最具有创新能力的制造业者提供早期融资机会。即便最有前景的技术也需要风险资本的投入，而区域的金融部门尽管与制造业部门保持着紧密的互动，但其主要的目标仍是扩大现有企业的规模。大都市区应帮助创新型制造业企业获得更多的融资，进而使新创意能够更快、更多地转化为产品。

第五，为中小企业主提供研发支持，以更好地提升集群主体成员与创新生态系统之间的联系。促进区域中小企业与区域体系的结构合理，对于建设制造业集群的研发基础有重要的作用。小企业往往资源有限，在面对制造业创新技术时往往力不从心。芝加哥大都市区84%的制造业企业雇员少于50人，研发资源被几家大企业垄断。区域应采取措施，通过促进中小企业应用先进制造能力以提升创新水平。

2. 劳动力水平提升

第一，增强产业、教育者以及培训部门之间的联系，提升科学、技术、工程与数学（STEM）人才培养，以满足产业对劳动力技能发展的要求。先进制造业需要新一代的技能工人，以适应不断变化的需求。这种新的技能不仅要求劳动者能够计算、阅读与思考，而且还需要对材料、物理、化学、电子工程以及计算机程序有深入了解。劳动者将面对更加复杂的劳动目标，他们需要制造精确度在几毫米的部件，或操作具有多功能的复杂机械。

在这种情况下，产业、培训者以及教育者必须共同努力以建立先进就业者的培养渠道。为达到这一目标，必须提高科学、技术、工程与数学课程的质量，同时将企业的需求加入到课程规划当中去。如芝加哥城市学院就以先进制造业行业需求为指向，设立了专业化的培训课程。

第二，改进就业与学徒制培训途径，为学生提供先进制造业就业的良好教育机会。区域的劳动力体系必须为已经进入产业集群或即将踏上工作岗位的劳动力提供引导。学徒制是许多国家与区域成功建立制造业培训体系的重要经验。德国采用理论培训与实地培训相结合的方式培养了众多高水平工人。因此，重建学徒制体系，为学生提供在先进制造业行业就业的教育机会，将为集群提供良好的劳动力保障。

第三，在次区域与地方层级提供定制性劳动力培训服务，以符合地方产业、机构与劳动力的特性。制造业企业各有差异。尽管绝大多数制造业者依赖精确制造等通用技能，但他们往往更需要掌握本企业定制机械与生产程序。若能为企业提供有针对性的劳动力与学徒服务，将有助于制造业者雇用最适合本企业的就业者。

3. 基础设施水平提升

第一，为区域交通基础设施提供战略性投资，推进拥挤费与融资创新，提升货运治理水平以保持芝加哥的区位优势。交通基础设施对于芝加哥大都市区的制造业发展至关重要。尽管受到全球化经济的影响，芝加哥制造业的大部分产品流向仍是区域性的。根据统计，美国的所有制造业产品有50%移动距离不到50英里。先进制造业的区域性供应链仍然发挥着主导作用。因此，芝加哥的制造业企业更关心交通基础设施是否能够满足复杂的区域性供应链流动、货物出口运输以及高技能员工的通勤。因此，芝加哥应进一步加强对交通体系的投资，这一投资将对制造业产业集群的竞争力优势乃至区域经济的发展产生巨大作用。区域应对艾琳-奥海尔西部通道等战略性交通枢纽增加投入。同时，通过金融领域创新手段解决投资来源问题，包括收取拥挤费等政策。此外，通过货运治理以引导投资有效流向交通体系。

第二，提高现存交通体系周边土地利用率。芝加哥应通过土地规划与土地用途规制等手段，使交通设施临近区域的空地能够为先进制造业所用。据估计，超过18.4万平方米临近交通基础设施的土地处于控制状态。这些土地由于具有良好的交通条件，应更好地用于制造业的发展。

第三，推广联合热力能源（CHP）系统应用，提高能源利用效率。制造业的耗能已成为伊利诺伊州最大的能源消耗领域。降低企业能源消耗，提高能

源利用效率,是芝加哥制造业发展的重要方向。CHP系统的应用,能够将系统产生的热量重新转化为能源,进而减少排放引起的能源消耗。目前伊利诺伊州的CHP发展仍有4倍于当前规模的广大空间,芝加哥制造业企业大规模应用CHP将有助于实现能源的高效利用与可靠。

五 主要启示

第一,大都市区制造业发展应效率为先。芝加哥大都市区的制造业发展面临全球化与国内经济问题的双重影响,但仍然保持了增长的趋势。其中提高制造业的生产效率,特别是大力发展先进制造业,以技术创新取代人力投入起了至关重要的作用。效率的提升,有效地增强了大都市区制造业的影响力与可持续发展能力,使芝加哥的制造业进入"高产出-少用工"的新阶段。中国部分城市区域的制造业当前也面临转移或劳动力供应下降的问题。当务之急并非进行更优惠政策的"比拼",或单纯提高职工工资,而是提高制造业的总体效率,特别是对先进制造业的引进与本土化。只有关注制造业的效率提升,才能真正实现大都市区的产业升级与可持续发展。

第二,适应先进制造业发展方向的高技能劳动力培养是当务之急。芝加哥的制造业发展经验说明,先进制造业的发展自然会"挤出"低技能劳动力,同时实现劳动力结构上的"技能提升"(up-skilling)趋势。但这种挤出与升级的趋势并非没有前提,其是建立在区域具备大量高技能工人的基础上。芝加哥未来的制造业发展策略中也将劳动力培养作为三大目标之一。反观中国城市,制造业发展对低技能劳动者已形成"路径依赖",从而才有"民工荒"之虞。因此,中国城市应在发展先进制造业的同时,重视对高技能劳动力的培养,特别是高水平技工的培养,如此才能使产业升级具有坚实的基础。

第三,增强企业、高校、学生之间的三方互动有助于形成先进制造业发展需要的劳动力基础。芝加哥的先进制造业发展战略中,特别提出企业、高校、学生三方之间的技能培训互动体系。该战略还提出恢复学徒制培训体系,为学生进入先进制造业就业提供良好机会。这些贴近制造业实际需要以及学生就业需求的主张，将有助形成产业－人力二者间的良性互动。中国城市的制造业人才培育体系大部分仍处在放任自流的阶段，制造业企业与人才培养机构之间的互动也处于自发阶段。因此，基于相关大都市为适应先进制造业的发展对人才的大量需求，有必要制定一套促进企业、教育机构、学生三者之间互动的规划与实施体系，从而具备适应先进制造业发展的人才基础。

参考文献

Chicago Metropolitan Agency for Planning, *Metropolitan Chicago's Manufacturing Cluster: A Drill-Down Report on Innovation, Workforce, and Infrastructure*, February 2013.

CMAP. *GO TO 2040 comprehensive regional plan*, 2010.

Illinois Government News Network, "National Governors Association Selects Illinois For Industrial Energy Efficiency Grant", September 13, 2012.

James Bradbury and Nate Aden, "Midwest Manufacturing Snapshot: Energy Use and Efficiency Policies," *World Resources Institute*, 2012.

Bradbury and Aden, "Midwest Manufacturing Snapshot: Illinois", *World Resources Institute*, 2012.

Bill Testa and Norman Wang, "Manufacturing as Midwest Destiny," *Federal Reserve Bank of Chicago*, February 3, 2012.

B.12 东京大田都市制造业常青的秘诀

春 燕

摘　要： 东京大田制造业集群经过多年发展，已成为日本工业的基础。本文基于大田区产业现状调查报告，分析该区域制造业发展的情况，并聚焦大田的产业支持体系，以及区域制造业发展策略，以期对国内探讨都市制造业发展问题提供参考。

关键词：
都市制造业　东京　大田

20世纪初日本政府开发了从川崎市延伸至横滨市的临海工业区，由此大量以机械制造和金属加工为特色的企业集聚到东京大田区内，使大田制造业得到了飞跃发展。经过多年的发展，大田区的制造业现已成为日本重要的工业基础。大田区的制造业以中小企业为特征，从业者为9人以下的企业占企业总规模的80%。这些企业多数都有属于自己擅长的领域，通过与其他企业的互补合作，相互间形成一个合作集群协调运作，进而创造了大田制造业的发展成就。

一　大田制造业的现状及区域发展定位

大田区位于东京都东南，紧邻东京湾，是东京中心城23区之一。自古以捕鱼为业的大田地区在日本临海工业区开发的带动下，与相邻的品川区及川崎市联合成为京滨工业地带的重要组成部分。大田区的工业聚集区大约占地60平方公里。根据2005年的东京工业统计调查，制造业在大田产业结构中的比例约为20%。大田区的制造业企业有4778家，从业人员3.76万人，产品销售额约7610亿日元。在大田制造业企业中，有34%的企业从事机械制造，21%的企业从事金属产品制造。尽管从大田的产业发展趋势看，制造业比例在逐年降低，但与东京的产业结构相比，大田的制造业比例明显高于东京9%的平均水平。从变化特点看，1983年是大田制造业规模发展的顶峰，生产额和附加价值也在1988年和1993年达到历史最高值。大田制造业中的一般机械制造的比例始终保持一定增加，以金属制品为核心的机械金属加工占制造业半数的局面没有发生变化。同时，随着企业生产部门外移，1~3人企业比例在不断增加。此外，从大田制造业角度看大田非制造业产业变化：信息通信业有较明显的增加，主要是集中在软件服务方面，与制造业相关的机械或者机械维修等服务业、运输业及信用金融业务高于东京都的平均值。

经过多年的发展，大田的产业已有了明确的发展目标，主要包括以下几方面。

目标1：以高技术、高技能为基础，用高附加值占据市场。据统计，大田制造业创造附加值比例为17.2%，仅次于商品销售业22%和服务业19.3%的比例，位居第三，远高于东京制造业平均附加值生产比例。将大田制造业规模与人均附加值生产对照可以看到，虽然企业规模有所变小，但从从业者人均附加值来看，自20世纪90年代中期起大田的人均附加值持续上升，之后一直维持在较高水平。在城市化和国际经济一体化的大环境下，大田制造业利用高精技术与高精技能追求创造高附加值生产，实现不断发展和市场扩张。

目标2：保持创新研发能力。2007年大田对区内制造业企业的经营状况开展调查。根据大田制造业企业经营情况调查，在以零部件加工为主的30人以上企业中，半数以上企业业务中包含产品与部件开发、产品与部件设计。30人以上企业能够进行产品及产品部件的开发与设计及其加工，30人以下企业也能够通过基础技术和技能，通过部件加工创造较高的附加价值。在设计、开发和制造当中，大田制造业以一个整合体形式积极应对和满足顾客需求。在大田制造业中，30人以上企业是研发设计的主力，而10人以下企业则以擅长各种基础技术和技能进行部件的加工而著称。

34.1%的一般机械制造、21.2%的金属制品和7.3%的电气机械共同组合,具备了成为全球金属加工核心的竞争实力。特别是提出建设性建议,创造产生新价值。精细的加工和知识性服务是大田制造业产生高附加值的基础。

目标3:积极开拓新领域。根据大田区制造业企业的经营状况调查,在企业业务拓展方面,希望保持现有经营状态的企业在半数以上,希望扩大业务的企业占6.5%,希望在扩大现有业务基础上开展新领域业务的企业约占大田制造业企业总数的一成。此外,考虑缩小业务规模的企业占16%,在这部分企业中,从业者为1~3人的企业所占比例较大。根据2001~2004年大田区制造业企业实际经营情况统计,缩小业务规模或转换业务内容的企业主要集中在3人及以下的企业中,10人以上企业以扩大业务和拓展新业务为主。可以看到,10人以上企业是大田制造业开拓新领域的主要力量。

目标4:多元布局的生产基地。根据大田产业情况调查,企业有2个或以上厂区的,有90.4%的企业定位区内厂区为本部或本部工厂,4.6%的企业定为分部工厂,1.6%的企业定为开发和设计基地。

目标5:形成不同的核心竞争力。大田制造业以机械加工和金属部件加工制造为主,还包括涂装、热处理、金属皮膜、雕塑业等。其中有一般产业用机械装置、特殊产业用机械装置的开发、设计组装和切削等关联部件加工。金属加工有金属加工机、金型部件加工制造,还有熔接、钣金等建筑用重装备金属制造。此外,还有发电用、送电用电气机械工具,工业用制品制造、铸造、铸锻等钢材型制造。大田制造业几乎包含了机械金属产业全产业链的工种。产业链的齐备是保证大田能够在竞争中获得成功的重要条件。根据大田产业调查,大田制造业的业务来源主要在大田之外。大田的业务来源广泛,即使是3个人的企业也能够接到外来订单,这是大田制造业集聚效应产生的效果,因为企业独有的技术与技能背后都有大田制造业作为团队力量的支撑。所以大田的外来业务大大高于内部产生的业务。大田制造业多层次的企业合作形成了大田制造业强大的对外竞争实力。大田制造业企业通过相互关联、相互支撑,在更广的范围内开展业务活动,促进大田产业不断发展。

二 大田制造产业的支持系统

公益法人大田区产业振兴协会成立于1995年，是大田区为促进大田高度技术集聚的制造业得到进一步发展成立的专业性的产业支援公益法人机构。它的主要任务是为企业在生产和交易中应对新的需求提供信息服务、交流场所等方面的支撑，同时也为产业劳动者争取更多的福利。主要支持项目包括以下方面。

1. 支持企业在本国扩展业务

（1）订单订货援助。为扩大业务，寻找新的客源，大田产业振兴协会常设专门业务相谈员。相谈员负责接受订货单位咨询，从技术和设备等方面为其介绍合适的企业。

（2）组织订货洽谈会。以大田区企业为核心，每年组织两次吸引全国众多制造业企业参加的订货洽谈会，为区内企业扩大业务、争取新的客源提供机会。

（3）组织和举办加工技术展示洽谈会。为配合洽谈会，每年召开一次形式和规模不同的加工技术展示会，聚焦具有卓越技术的大田企业，争取扩大业务范围。

（4）组织研究开发论坛。向大田企业介绍由企业或大学等研发者研发的作品或加工及制作技术，促进企业和大学开展联合研发等活动。

（5）大田研究开发展。每年一次，以大田企业为核心，展示区内外企业和大学的新技术和新产品。

（6）国内参展支援。组织区内企业参加包括东京工业展在内的大型工业展会，资助布置展示大田技术品牌的大田专场。每年大约有6次。

（7）与外单位和城市开展协作。促进大田企业与其他城市的产业集聚区和各类产业援助团体的联系，以企业交流的形式组织包括大企业在内的业务配对会，为企业争取和创造更多的交流机会。

（8）内务商谈。对于区内企业在进行少量制造或短期生产时遇到的人才需求等，机构通过发布征人信息等给予支持。

2. 促进企业与大学及研究机构的合作

（1）通过与研究开发机构的合作进行技术支持。为支持中小企业进行新技术与新产品开发，协会通过与研究开发的合作，向开展相关研究的企业介绍情况，以求获得技术支持。

（2）中小企业人才培育援助。利用东京都立产业专门学校等院校资源举办讲座，开展实习，为中小企业人才培训提供方便。与东京工业大学联合举办新技术交流讲座。通过举办与大学联合的讲座活动，提升区内企业的技术认识与交流能力。

（3）产学合作设施。以促进区内中小企业新产业和新技术实用化为目标，改造利用区内旧的校舍为产学合作设施，入住该设施的人员可以开展有关研发、咨询等服务。

3. 对大田中小创业企业的经营支持

主要体现在四个方面，一是商务性支援，二是创业者支援，三是新产品和新技术的支持，四是知识产权方面的支持。

（1）在商务性支援方面，对于进行经营改革和新市场开拓的企业，协会会派遣专业人士协助解决企业在经营、经理、法律、销售以及技术等方面问题。

（2）在创业支持方面，包括对于有创业想法的人，协会会在创业场所提供、事业计划、市场定位、经营战略等方面提供帮助和建议。

（3）在新产品和新技术支援方面，产业振兴协会积极征集新产品和新技术，并对征集到的优秀的新技术和新产品给予表彰，被表彰的新技术和新产品在展示会上有专门的展台给予特殊推介。

（4）对于用知识产权作为经营资源的企业，协会以促进相关知识产权保护和利用为目的，为企业提供免费专家建议咨询。在事业传承方面，协会也设有专人从法律角度指导企业如何处理技术转让等问题。

4. 支援大田企业的海外国际事务

产业振兴协会设立海外办事处开拓海外市场，支援企业海外事务，担当海外事务顾问角色。自1994年以来，大田区产业振兴协会在世界的13个城市举办大田产业展，产生了很好的效果。为鼓励企业参展，协会在展览设计、企业展品运送、说明、翻译等方面给予支持。

5. 促进信息交流

大田产业促进协会编制有《产业情报杂志》、《商业信息通讯》以及《协会运营》等资料，还定期发布企业表彰，编制《人才招聘信息手册》等。

6. 劳动者生活共济事业

组织大田制造业劳动者协会，会员在指定旅游区的旅游、娱乐等活动可以享受补助，包括协会组织的各类体育活动、竞赛活动等。

7. 提供交流设施

大田产业促进协会有自己经营的产业广场，能够为企业开展技术展示和技术发布会等提供设施援助。除业务活动外，产业广场也为企业的职工活动提供场所，企业根据情况可以进行租用或借用预定。

三　大田制造业发展经验的借鉴与启示

东京作为国际大都市，在20世纪中期后受到制造业发展带动，其服务业开始出现快速发展，产业结构中的第二产业比重开始逐步下降。为使制造企业保持核心竞争力，越来越多的制造企业利用各自的技术进行更为细化的专业分工。大田制造业发展便是这一环境背景下的产物。综上所述，大田作为日本机械工业基地给予我们的启示有以下五方面。

（1）制造业尤其以先进科学技术作为支撑的精细加工业是制造业高附加值生产的重要基础和必备条件。

（2）国际大都市制造业的发展与集聚，促进了科研以及研发等服务性产业的快速发展与集聚。都市制造业利用与大学科研机构近距离的便利，加强产、学、研协作，促进产业创新发展。

（3）技术创新与产品创新是制造业发展的动力。国际大都市的人才优势和高技术型制造业发展相互促进，缺一不可。国际大都市能够针对制造业发展需要，集中资金、人力等进行技术攻关。

（4）制造业的集群依赖于产业网络，但也依赖城市的经济、社会和人才集聚等基础条件。为此，要加大对制造业的扶持力度，应组织社会力量积极向企业提供好的专业性支持，使企业在技术与技能创新方面占据产业链的高端环节，为都市制造业集聚创造外部条件。

（5）在都市制造业的发展过程中，各大都市圈应加强同周边省市之间的区域经济协作，通过区域发展战略发挥大都市制造业在都市圈中的辐射和带动作用。

参考文献

大田产业振兴协会事业指南，http：//www. pio - ota. jp/。

大田区产业实况调查，http：//www. sangyo - rodo. metro. tokyo. jp/monthly/creative。

大田区产业介绍，http：//www. city. ota. tokyo. jp/shisetsu/pio/。

大田区産業の現状と課題，http：//www. city. ota. tokyo. jp/kuseijoho/ota_ plan/kobetsu_ plan/sangyou/kihonsenryaku. files/kdai。

傅钧文：《日本制造业国际竞争力的保持及其新的解释》，《世界经济研究》2006 年第 3 期。

B.13 纽约专业服务业集群成功之道

闫彦明

摘　要： 纽约市是全球最具创新活力的城市之一，其创新能力与产业结构联系密切。其中，专业服务业在最近几十年中逐渐演化，具有了集群发展的空间特征。这种发展模式对于推动产业创新具有积极作用。纽约市的有关经验可为我国城市发展专业服务业提供借鉴。

关键词： 纽约市　专业服务业　产业集群　创新

与制造业空间分布特征相似，各国现代服务业的发展也越来越呈现集群发展的趋势，但是其在集聚形态、集聚结构、集聚功能、区位分布等诸多方面都与制造业有显著差异。在各类服务业门类中，专业服务业（Professional and Business Services）占据重要地位，其根本特征是人力资本是企业最重要的投入要素，专业服务是企业最终的输出产品，而企业的发展则高度依赖于员工的技能与知识。纽约市作为全球服务业最发达的大都市，其专业服务业在长期发展中的集群发展态势不断强化，在集聚创新要素、推动区域创新方面也发挥了重要作用。

一　纽约市专业服务业发展的集群化进程

1. 纽约市专业服务业的蓬勃发展

纽约曾是美国重要的制造业中心，但随着"二战"之后美国逐渐完成工

业化进程，纽约经济发展动力快速地由制造业转向服务业，尤其是从20世纪70年代开始，各类服务业发展异军突起，并快速成为纽约市的重要支柱产业。纽约城市产业转型及服务业崛起，充分体现了城市在后工业化进程中产业转型的典型特征。

从竞争优势看，纽约市长期发展中不断强化的美国经济中心地位始终发挥着重要作用。这一方面为其积累了大量必要的人力资源、产业需求等关键要素；另一方面，依靠其经济转型的先发优势，快速集聚了大量的高端产业资源。

从发展历程来看，纽约服务业崛起与城市在后工业化阶段的产业结构调整、升级直接相关，尤其是在20世纪七八十年代，生产性服务业的主要领域都实现了持续而快速的增长。据统计，在1969~1989年期间，纽约生产性服务业就业人数从95万人增加至114万人，在总就业人口中的比重从25%升至31.6%。而随着市场分工的细化，大量专业服务业新业态逐渐脱颖而出，向专业化方向发展。例如，商务服务业中出现了专业服务、辅助服务、计算机服务和其他商务服务等共同发展的特点。据统计，1991~1999年，纽约商务服务业增加了25810个工作岗位，占纽约服务业就业增长的42.7%，其中专业服务业贡献率达到44%，这与现代服务业的高度化、精细化发展趋势是一致的。21世纪以来，服务业的分工更趋明显，并呈现更为突出的集群化发展特点，并与大都市区周边地区发展形成相互呼应、错位发展、互补协作的产业格局。大都市圈及其周围城市的多样化和综合性整体功能对纽约高端现代服务业的发展发挥着重要的支撑作用。

2. 纽约市专业服务业的集群优势

迈克尔·波特提出产业集群的概念后，大量的研究集中于制造业领域。然而在各国经济发展中，服务业的集群特点也非常鲜明。根据明尼苏达州大学一位学者提出的观点，产业集群简而言之是指具有竞争、互补关系或者独立的企业及产业通过空间集中进行共同生产，并具有相同的技能、技术、基础设施等方面的需求。根据美国产业分类代码系统（NAICS），专业服务业（Professional, Scientific, and Technical Services）在6位数代码层面主要包括法律服务、会计与税收服务、建筑工程及相关服务、专业设计服务、计算机系统设计及相关服务和其他专业性的科技服务等领域。结合纽约市情况，专业服务业集聚特点主要体现为以下几方面。

（1）专业服务业在纽约市各产业中的优势突出（见图 1）。纽约州劳动厅的一份报告对该州集聚特征显著的 16 个大的产业集群进行了全面、系统的分析，样本范围涵盖了全州 109400 个企业，总计 1351600 个就业岗位。从纽约州各地区的产业集群情况看，存在很大的差异，其中纽约市在金融、专业服务、旅游、通信等行业的集聚优势明显，从而与其他地区形成了互补发展格局。根据该报告，纽约市各大产业集群呈现以下三个方面特点。

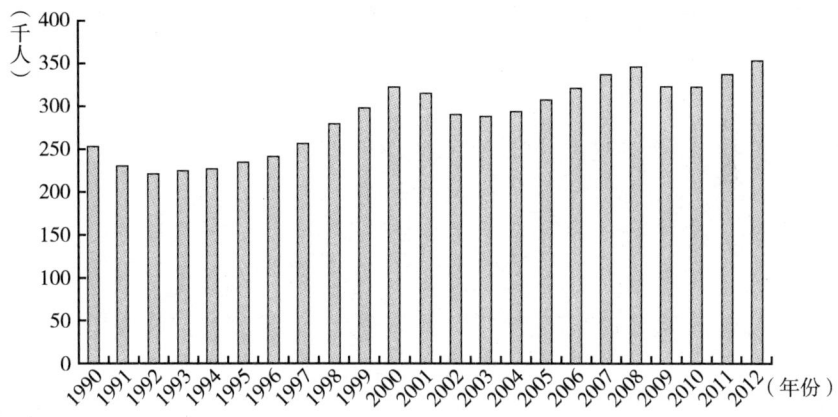

图 1　纽约市专业服务业年平均就业规模的增长态势

资料来源：根据 The New York State Department of Labor 的数据绘制而成。

- 按照就业规模排名，前 5 位的产业集群分别是：金融服务业（376800 人）、前台办公及生产者服务业（187800 人）、旅游业、通信软件及媒体服务（145900 人）和分发配送服务（81200 人）。

- 按照平均工资水平排名，前 5 位的产业集群分别是：金融服务业（＄230300）、信息技术服务业（＄126000）、前台办公及生产者服务业（＄125700）、通信软件及媒体服务（＄106800）和生物医药（＄81300）。

- 按照区位商 Location Quotient（based on private sector employment only 私营部门的就业）排名，前 5 位的产业集群分别是时尚、服装及纺织品（3.12）、金融服务业（2.32）、通信软件及媒体服务（2.08）、前台办公及生产者服务业（1.59）和旅游业（1.04）。

从该报告的集群分类看，其中前台办公及生产者服务业（Front Office & Producer Services）与国家统计体系中的专业服务业范畴较为接近，从而大体反映出其产业集群的优势与特征。

（2）空间上向曼哈顿区高度集聚。与制造业不同的是，专业服务业更多地体现为"前台"特征，即与客户面对面地进行交流和提供高品质服务，因此其对区位条件、办公场所等方面的要求更高。另外，由于专业服务业属于典型的知识密集型产业，需要投入的简单生产要素不多，但却需要更多的技术、技能、创新资源、管理和服务人员，同时也需要其他服务行业辅助经营。这决定了其必然具有高度的空间集聚特性。

从区位商水平来看，专业服务业在所有的产业中都处于比较高的水平，而在产业集聚程度很高的曼哈顿区，专业服务业的区位商达到了1.9，仅次于金融保险与房地产业（FIRE）2.3的水平（见表1）。

表1 纽约市各区不同产业的区位商对比（2005年）

地区 \ 产业项目	FIRE			专业服务业			制造业		
	人数(人)	比例(%)	区位商	人数(人)	比例(%)	区位商	人数(人)	比例(%)	区位商
美国	9905115	7.3	1.0	13457013	9.9	1.0	16273893	11.9	1.0
纽约市	391052	11.0	1.5	438864	12.4	1.3	175022	4.9	0.4
曼哈顿	132550	16.5	2.3	154476	19.2	1.9	35147	4.4	0.4
皇后	102336	10.0	1.4	102554	10.0	1.0	56437	5.5	0.5
布鲁克林	90371	8.9	1.2	115140	11.3	1.1	47810	4.7	0.4
布朗克斯	39973	8.0	1.1	44005	8.8	0.9	27665	5.6	0.5
里士满	25822	12.9	1.8	22689	11.3	1.1	7963	4.0	0.3

资料来源：数据来自于2005年美国人口普查局的社区调查，区位商值是笔者计算所得。

（3）集群推动产业高速发展。21世纪以来，随着纽约市专业服务业日趋集聚，产业环境与要素条件日趋完善，使得相关产业步入了快速增长的新阶段，从就业比重、产业增加值等指标看都高于全市平均水平。例如，专业服务业在纽约市的就业比重中呈现动态的调整、提升态势。这也是产业结构持续调整、升级的结果，如表2所示。

表2 2000~2008年纽约市专业服务业就业比重的调整提升

单位：%

产业\年份	2000	2005	2006	2007	2008
建筑业	4.3	5.4	5.4	5.5	5.4
制造业	6.6	4.9	4.6	4.6	4.4
零售业	9.0	9.4	9.5	9.3	9.6
FIRE	11.4	11.0	10.6	10.7	10.5
专业化服务	11.9	12.4	12.0	12.2	12.4
教育、医疗	23.4	24.7	24.9	24.7	25.2
娱乐业	8.3	8.8	9.5	9.7	9.3
其他服务业	5.7	5.5	5.7	5.6	5.5

资料来源：王乘鹏著《纽约市生产服务业的发展与其全球城市地位：二十世纪九十年代以来》，硕士论文，2010。

根据纽约州劳动厅的统计，即使在金融危机爆发前后的数年中，纽约市的专业服务业仍然保持了较好的发展态势，该产业的新增就业增长速度高于全市各产业的平均水平，当然也高于深受金融危机冲击的金融保险等现代服务业。另外，专业的科技服务业等领域的工资水平也比较高，在上述期间高于全市平均工资水平1600美元，这显示出该产业通过集群发展获得了更强的资源竞争力。

除了以上这些特点，专业服务业集群发展的另外一个特点就是，曼哈顿等重点区域吸引了越来越多全球领先的跨国公司。据统计，纽约市约有20万家企业从事专业服务业，大约集中了美国10家最大的咨询公司、35%的全美排名前100位法律事务所、多家世界顶级的会计师事务所等，这些企业总的增加值大约占全市的13%。

二 专业服务业集群发展对区域创新的关键作用

专业服务业投入的生产要素主要是具有高端专业技能的人力资源，通过专业领域的工艺流程，转化并输出成为各类贴近其他产业生产需求的专业化服务，其在区域创新过程中也发挥着重要的作用。长期以来，专业服务业的集群发展对纽约市产业创新的推动作用主要体现在以下几个方面。

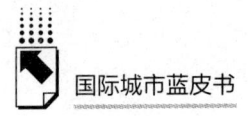

1. 高端人力资源集聚形成全球人才高地

与制造业及其他服务业相比,专业服务业对人才、技能的要求更为严格,同时也需要适合高端人才集聚的优良环境,包括办公环境、商业环境、文化环境、市场环境等。只有通过集群化发展,才能使产业发展的软环境"成气候"。对于这一方面,纽约市政府在产业规划、政策引导方面发挥了积极作用。2001年,针对"9·11"事件给纽约带来的负面影响,纽约市规划协会联合纽约市规划局共同推出了"下曼哈顿地区重建规划",并提出把创新与高科技产业等三类产业定位为支柱产业的战略,其相关举措有效提升了该区域对高端资源的吸引力,进一步强化了纽约市在整个纽约州、全美国乃至全球范围内的高端人才集聚优势。

例如,在2012年纽约州劳动厅统计的16大产业集群中,纽约市"前台办公及生产者服务业"领域占全州的就业比重达到31.99%,在各行业中处于较高的水平。进一步结合产业平均工资水平来看,纽约市该类行业的平均值为125700美元,高于同期纽约州104700美元的平均水平,从而间接体现了纽约市人才结构更为高端的特点。

2. 专业化分工为经济发展提供新的高效率服务

在专业服务业集群中,获得成功的一个重要因素就是区域内的企业具有"外向型"特征,即它们虽然集中在一定的区域内,但提供的服务和产品基本上都是面向区域外部的客户的。从集群内部的结构来看,产业发展是伴随着分工与专业化的不断深化而同步进行的。这与该部门名称所出现的"专业"一词联系密切。在产业发展过程中,不断涌现的新兴专业服务部门往往是在传统部门基础上衍生出来,它们贴近经济和市场发展的需求,为经济发展提供的服务日趋高效、专业,这就为经济创新与发展提供了源源不断的动能。

以专业设计服务行业为例,目前在美国产业分类代码系统(NAICS)中,至少包括了从541410至541490的四类不同子行业:室内设计服务、产业设计服务、平面设计服务,以及时尚、皮草、珠宝等其他类别的专业设计服务等。这些专业服务业不仅本身始终处于活跃的创新状态,其与其他行业更为紧密的结合则进一步激发了整体经济的创新活力。

3. 产业集群不断增强知识溢出效应

各国学者普遍关注了集群中知识溢出的作用，并将知识资源分为显性知识（explicit knowledge）和缄默知识（tacit knowledge），其中显性知识比较容易通过教育培训、书本等渠道获得。缄默知识在集群中也发挥重要作用。迈克尔·波兰尼（Mickael. Polanyi）、彼得·德鲁克（Peter F. Drucker）等都探讨过缄默知识的问题，其他学者也提出缄默知识包含认知和技能两种元素。认知的元素即所谓的"心智模式"（Mental Models），往往能够通过集中化的交流而获得。王缉慈等（2010）根据产业部门特征提出，基于创新的高端道路的"创新集群"大致可分为三个亚类，即传统的消费品产业的创新集群、高技术部门的创新集群和创意文化产业的创意集群。其中创意文化产业的创意集群与本文探讨的专业服务业集群在知识共享、创意激发等方面具有相似性，都强调集体创造力，即很多文化产品，尤其是数字技术的文化产品，都不是由个人灵感突发奇想而形成的，而是需要集体合作才能创造出来。在纽约市专业服务业发展过程中，正是不同类别的行业在空间上的集中，促进了企业和员工之间的知识共享，有效提升了产业创新能力。

三 发展专业服务业，推动中国区域产业创新

纽约市在全球高端服务业、专业服务业中长期保持了较强的竞争力和创新活力，其发展模式与经验对于我国一些大型城市逐步向服务经济转型具有重要的借鉴意义。

1. 推动都市圈多层级产业体系的发展，形成更为鲜明的产业梯度发展格局

纽约市及周边区域之间所形成的产业梯度化发展格局，符合典型的都市圈产业体系结构特征：外围城市与区域更多地发展一些商务成本低、知识与技能要求相对较低的制造业与传统服务业。这既符合不同行业"竞租原理"，也有利于在经济中心形成资源集聚与扩散的良性循环。在都市圈中，每个城市都不是孤立存在的，而是在区域资源禀赋条件下布局其产业结构。

我国拥有长三角、珠三角、环渤海等相对成熟的都市圈，根据国家有关规划，未来将形成更多不同层级、不同规模、不同类型的都市圈，从而构成

我国丰富多样的经济景观。单从目前各都市圈发展情况看，普遍存在两大突出的制约因素：一是都市圈之间的同构化，一些主导产业具有高度的相似性，未能充分体现资源禀赋的差异；二是在都市圈内部，各城市之间也未能形成有效的产业错位发展、功能互补格局，低水平重复现象严重。这就迫切需要借鉴纽约大都市圈的经验，尽快形成首位城市中现代服务业大发展的宏观环境。

2. 充分发挥政府的引导作用，有效弥补"市场失灵"的不足

虽然美国是全球市场经济体系最发达的国家，有着完备的市场机制、良好的市场条件，但是在推动重点产业发展过程中，政府部门也会通过宏观调控、产业规划、产业政策等手段综合加以推进。在前文中提到过，针对"9·11"事件后曼哈顿区域出现的企业流失、环境恶化等现象，政府部门协同行业协会共同推出了富有前瞻性、针对性的重振规划，其明确的产业导向和富有实效的措施，都对近些年来纽约市专业服务业等产业的振兴与繁荣发挥了重要作用。另外，纽约为了创造一个高效的产业发展环境，曾经提出建设"数字化纽约"的目标，并利用自身基础设施、文化创意资源和人才资源等优势，发展商业服务和文化创意等产业，取得了良好效果。

在我国社会主义市场经济发展过程中，政府功能过强的特点始终存在，在一定程度上制约了市场活力，同时也存在"该管的没管好"等现象。就专业服务业领域而言，北京、上海等国内城市起步晚、规模小、资源少，而几乎所有的城市中都普遍存在专业服务业发展不足的"短板"情况，这主要是政府部门长期重视不够、缺乏前瞻性规划、市场环境营造力度不够等诸多因素共同作用所致。目前迫切需要针对当地资源禀赋特征，出台更符合区域发展要求的产业发展规划。应尽快完善我国专业服务业的统计口径及分类体系，将专业服务业作为北京、上海等城市服务业崛起的支柱产业来培育。在推进过程中，既要避免政府过度干预经济的"顽症"，又要充分发挥政府职能，避免出现主导产业发展过程中的"市场失灵"现象。

3. 重视专业服务业集群在带动区域创新中的作用

在现代城市产业体系之中，以专业服务业为代表的现代服务业对于区域创新具有重要作用。从纽约市专业服务业发展情况看，其作用主要体现在：一是成为城市重要的支柱产业,依托行业自身强大的创新能力,提升区域整体创新能级;二是通过专业化服务,推动服务业与制造业的深度、高效率融合,为催生更多的技术创新、管理创新、产品创新提供条件;三是吸引高端创新资源的空间集聚,通过集群效应实现知识传播、信息共享,提高产业创新的可能性;四是为产、学、研更为紧密地结合提供多样化的方案选择。例如纽约市出现的各种专业设计、专业管理服务机构,能够按照业务流程、工艺流程,为不同企业提供"量身定做"的专业服务,并能够灵活、有效整合高校、企业及相关社会资源,使创新创意无处不在。

目前,由于国内城市专业服务业发展处于起步阶段,仍谈不上成规模的产业集群,在推动区域创新过程中的作用十分有限。应当积极借鉴纽约市专业服务业集群发展及在带动区域创新方面作用等经验,构筑新型区域创新体系。

4. 建立专业技术服务业行业协会,加快引进和培育高素质专业技术服务人才

发展专业服务业的灵魂在于吸引大量的高素质人才,形成有利于实现人才集聚、知识汇集的长效机制成为决定性因素。在集聚人才过程中,除了政府发布人才政策的传统手段之外,还可以借鉴纽约市的经验,建立专业技术服务业行业协会,加快引进和培育高素质专业技术服务人才。在纽约,目前有大量非营利性的NGO组织,其中众多行业性的协会组织是重要一类。以纽约软件服务行业为例,该产业迅速发展主要得益于风险资本、软件人才和创业精神三大因素,而在长期发展中行业协会也发挥了积极作用。

在我国各大城市发展专业服务业过程中,也可以考虑加快行业协会的组织建设,以社会化、市场化的内生动力来促进行业发展,因此在此方面就需要进一步转变政府职能,将一些可以放开的功能剥离给社会、市场来组织完成。在发展的初期,行业协会完全可以在集聚人才、培训人才、开发人才等领域发挥积极作用。

参考文献

David A. Paterson, Governor Colleen C. Gardner, Commissioner. *Significant Industries*:A

Report to the Workforce evelopment System. Report of New York State Department of Labor. 2010.

Peter M. Rivera, Commissioner Andrew M. Cuomo, Governor. *Industry Clusters in New York's Economy*: *A Statewide and Regional Analysis*. Report of New York State Department of Labor. 2012.

芮明杰:《现代服务业发展的国际借鉴及启示》,《研究报告》2011年5月。

屠启宇主编《国际城市发展报告(2012)》,社会科学文献出版社,2012。

王缉慈等著《超越集群:中国产业集群的理论探索》,科学出版社,2010。

城市社会篇

Urban Society

B.14
幸福城市的民众感受与政府责任

王红霞

摘　要：

本文梳理分析了当今全球对幸福城市的理论研究和实践比较，总结归纳了幸福城市的若干特点和度量标准，指出健康、教育和福利是一个幸福城市的核心元素，并根据国际上幸福城市建设经验，对我国的幸福城市建设提出了相关对策建议。

关键词：

幸福城市　幸福指数　民众感受

随着城市世纪的到来和越来越多的人生活在城市，人们更加关心城市生活是否比乡村生活更加幸福。伴随着经济发展和人类文明的不断进步，当今全球各国在追求经济增长的同时，更加关注社会的全面发展和人民幸福水平的不断提高。美国政府在2006年开始把幸福指数和GDP一起核算；英国政府在2009年提出，在GDP指标之外，开始开展全国范围的幸福调查来全面衡量国家发展的绩效；法国政府也在2010年提出把幸福纳入国民核算账户体系。我国当前也开始考虑把民众幸福感指标纳入国民经济考核指标体系之中。与此同时，美国、英国逐渐开展了幸福城市的比较研究，从理论和实践上探寻幸福城市的共性特点，努力建设幸福城市。本文研究和梳理了当今关于幸福城市的研究和建设经验，期望能够为我国的幸福城市建设提供些许有益借鉴。

一 幸福指数：民众幸福感 vs. 政府责任

　　幸福指数本身是源自幸福经济学的概念。从国际上常见的幸福度量来看，幸福指数不仅衡量人们的幸福感，而且还评价能给人们带来幸福的物质条件和社会、政治及自然环境水平。实际上，对幸福的度量须划分不同群体范围，一般来讲，常区分为国家（或者地区）幸福度、公众幸福度以及个人幸福度。而一套科学的幸福指数体系，也应针对不同群体有所区分。从社会和学界关注的热点来看，通常讲的幸福指数一般是对一个国家或地区幸福度或者公众幸福度的度量，其结果反映的是一个群体的平均状态水平。

　　值得注意的是，对幸福的度量是比较复杂的工作，而且，由于它主要反映的是民众对幸福的主观感知度，因此，更加增加了其对科学性和客观性的要求。综合国际上迄今为止对幸福感的度量，幸福指数一般是通过构建一整套全面反映人们对幸福的主观认知和客观体会等指标体系来完成的。在已有国家和地区的幸福评价中，幸福指数体系不仅包括民众对幸福感的主观评价，而且包括决定和影响人们幸福生活的经济社会发展条件等客观因素。也就是说，一套科学全面的民众幸福感评价体系不仅反映了民众自身的主观感受，而且还体现了政府在提高民众幸福感过程中所承担的社会责任。

　　根据世界卫生组织（WHO）的定义，幸福是一种状态，它不仅仅是指人们远离疾病，而且包括人们物理的、精神的、社会的、经济的、全面的生活幸

幸福城市的民众感受与政府责任

福状态①。对于幸福的度量，联合国在1990年提出了用HDI人类发展指数来衡量人类发展的经济社会绩效。这是一个相对比较成熟的幸福度量指标，但是，由于统计口径原因，这一指数尚无城市范围的数据统计。经合组织（OECD）在2011年5月发布幸福指数，包括收入、就业、住房、教育、环境、卫生、健康、社区生活、机构管理、安全、工作与家庭关系，以及对生活条件的整体满意度等11个因素。也有某些地区开始对本地区的幸福度进行评价，如大伦敦行政区，近几年推出了伦敦选区幸福评分制度，制定了一套幸福指标体系，包括健康、经济保障、安全、教育、孩子、家庭、交通、环境、社区等12组指标，根据选民对这些指标的打分高低，评价每个选区民众的幸福程度②。荷兰社会学家路德·魏荷文（Ruut Veenhoven）从1994年开始持续搜集大量关于幸福的经验性数据，涉及120个国家，8000多份调查，总结了各种可能影响幸福的客观因素，包括性格、年龄、外表、智力、教育、婚姻、工作、子女、社会、环境、气候等149项指标③。

总体来看，国际上常用的对民众幸福度的衡量，不仅包括充分考虑个人、社会的主观指标，而且也包括经济社会发展的客观指标，以综合反映人们的生活状态。但是，目前尚无形成获得公认的度量指标体系，许多指标仍然在不断探索和改进之中，而且相当部分的幸福度量是以主观评价为主（如民意问卷抽样调查、选民评价等）。

需要指出的是，由于对幸福评价的主观指标更多反映人们的心理和感受，所以很容易受到主观性偏差的影响而失公允；相比主观指标度量，客观指标体现了政府对公民福祉的责任、态度和努力。联合国与美国哥伦比亚大学地球研究所于2012年4月首次发布《全球幸福报告》，对世界各国的幸福发展的比较和评价，更多采用的就是客观指标。该报告指出，财富不是衡量幸福的唯一

---

① Preamble to the Constitution of the World Health Organization as adopted by the International Health Conference, Newyork, 19 - 22 June, 1946; signed on 22 July 1946 by the representatives of 61 States (Official Records of the World Health Organization, no. 2, p. 100).
② 具体参见 London Ward Well-Being Scores - 2012 edition, http://data.london.gov.uk/datastore/package/london-ward-well-being-scores。
③ 参见《世界幸福数据库》(World Database of Happiness), http://worlddatabaseofhappiness.eur.nl/hap_cor/src_fp.php。

指标,虽然从平均水平来看,富人比穷人要相对更幸福些;失业明显会降低幸福程度,这不仅仅是因为失去了工作收入来源,而且同时也失去了自尊和社会地位。较高的生活水准一般对应着较高的幸福度,但并不是所有国家和地区的人们都如此认为。总体来看,应该从社会层面和个人层面结合起来度量人们的幸福,《全球幸福报告2012》中的幸福指数体系包括社会层面的指标:经济收入、个人的自由度、社交网络、杜绝贪腐等因素;个人层面上的指标包括良好的精神状态及身体健康、稳定家庭和婚姻、工作保障等因素。

二 幸福城市:国际化的共性特点

美国《读者杂志》刊文指出,从欧洲到南美,幸福城市最重要的衡量指标是社会网络(Social networks)、健康(Healthy)和福利(Well-being)(Dan Buettner,2013)。美国《赫芬顿邮报》对全美幸福城市的最新(2013)比较排名研究中,也把健康、幸福感和福利作为幸福城市度量的核心指标和维度,并在这些维度中细分选择了48项指标评价了全美100个大城市,结果发现,便捷的绿色空间、经常去音乐厅欣赏音乐会和方便、新鲜、安全的农产品市场(每天可以吃到新鲜安全的水果和蔬菜),以及疾病发病率较低、生活压力小、失业率低、FBI犯罪率统计最低等细分指标值是全美最幸福的前十位城市的共同特点。例如,排名全美最幸福城市第一位的圣何塞(San Jose),其上榜的主要原因就是其拥有新鲜的有机食物。位居第二的盐湖城(Salt Lake City),则因其具有较低的癌症发病率和癌症病人较长的存活期而被评为全美第二大幸福的城市。明尼苏达州的明尼阿波利斯—圣保罗都会区和加州的安纳海姆,则分别以心脏健康和良好的健身设施被评为全美第三和第四最幸福的城市。

伦敦经济学院城市时代项目组也曾以大都市区为研究范围,客观度量了全球各大洲129个城市地区的幸福程度。根据伦敦经济学院城市时代项目组的研究,全球129个大都市区的幸福状况具有如下两个突出特点。

第一,绝大多数大都市区的健康和幸福状况明显好于所在国家和地区。根据研究,在129个大都市区样本中,绝大多数的大都市区都表现了健康和幸福的绝对优势。从健康指标来看,只有19个大都市区的状况低于所在国家的水平；从教育指标来看，只有10个大都市区低于所在国家水平；从财富指标来看，只有14个大都市区低于所在国家水平。

第二，教育、健康和财富是衡量一个城市居民幸福程度的核心指标。研究发现，可以从健康、教育和财富三个维度度量一个城市居民的幸福状况。以健康指标为例，该研究中的健康指标主要包括婴儿死亡率和预期寿命。高收入的亚洲和西欧地区，健康指标的得分最高。香港是129个大都市区中健康指标得分最高的地区。第2到第10位依次是大阪、东京、新加坡、斯德哥尔摩、罗马、马德里、巴黎、柏林、悉尼。伦敦排在第12位，纽约排在第15位，北京排在第37位，上海位列第40位。从教育指标来看，借助于6岁以上人口的识字率和市民的平均受教育年限等指标，得分较高的大都市区依次是悉尼、波士顿、旧金山、华盛顿、纽约、费城、柏林、多伦多、迈阿密、芝加哥和亚特兰大等。我国北京和上海的教育指标得分分别为0.54分和0.53分（满分为1分），尚未到及格水平。财富指标包括人均GDP水平、居住条件和最低生活保障水平等细分指标。综合得分排名显示，华盛顿是全球129个大都市区中财富指标得分最高的城市，其次依次是纽约、波士顿、费城、新加坡、斯德哥尔摩、巴黎、洛杉矶、芝加哥、亚特兰大、香港、伦敦等大都市地区。上海的财富指标得分略高于北京，在全球129个大都市区中位列中上水平。从教育、健康和财富指标的综合得分情况来看，悉尼、旧金山、斯德哥尔摩、波士顿和纽约（并列第4位）、东京位列前五。悉尼是129个大都市区中最幸福的城市。香港位列第10。我国的北京和上海并列排在第35位。

三 对我国幸福城市建设的启示与借鉴

1. 幸福指数体系中社会发展指标比经济增长指标更加重要

概括国际上对幸福指数的度量，无论是不丹王国的GNH（国民幸福总值）指数，还是美国的300余项指标，以及法国经济绩效与社会进步评估委员会所提出的测量幸福的要素，等等，它们都有一个共同特点，即首先覆盖收入、教育、医疗、环境、家庭等宏观层面。

幸福指数体系一般包括经济发展、社会发展、环境以及个人身心状况四个层面,具体包括财富(收入和就业)、健康、教育、社会、政治、自然环境等指标。一个国家的幸福度最重要的指标是财富、稳定的政治环境、公民自由以及社会安全;而对于公众幸福度来讲,财富、健康、教育、社会、安全等指标的状况是公众关注的重点。最近的关于幸福度量研究结果表明,无论是一个国家的幸福程度还是公众幸福程度评价,社会发展指标比经济增长指标更加重要——特别是随着人类文明的进步和人们需求层次的不断上升演进,经济增长是否能促进幸福感的提高,不仅受到收入水平的影响,而且越来越受到社会认可、社会参与和社会公正等因素的影响。

2. 我国城市要提高居民的幸福水平,必须加大对教育条件的改善力度

在社会指标体系中,根据国际经验和最新研究,健康和教育指标对民众幸福感的影响更加突出。从伦敦经济学院城市时代项目组的度量结果来看,北京、上海的总体幸福度处于129个大都市区的上游水平。但是,从分项指标来看,相比于健康和财富指标度量的幸福,教育指标度量的我国大部分城市的幸福度相对较差。这在一定程度上表明,对于我国政府来讲,要提高民众的幸福水平,首要任务之一就是必须加大对教育状况的改善力度。

实际上,来自美国盖洛普咨询公司的最新调研结果发现,教育不仅在客观上影响着人们的幸福水平,而且也影响着人们的幸福感。盖洛普咨询公司2012年3月发布的《美国幸福城市调查年度报告》则指出,拥有大学比较多的城市地区,也是人们幸福感评价较高的地区。实际上,许多对教育与幸福感之间的关系的研究发现,教育程度与民众的主观幸福感存在正相关性。我国央视财经频道《中国财经报道》栏目主办的"CCTV经济生活大调查"连续几年对全国8万民众的幸福感调查显示,文化程度越高的人群,其总体幸福感越强;在很不幸福的人群中,低学历的比重最高,高学历的比重最低[①]。根据央视调查的研究,教育之所以会对幸福感产生如此明显影响,是因为现实社会中,人们从较高的受教育程度中获得的实际收益明显平均高于从较低受教育程度中获得的实际收益。实践表明,人们的受教育程度与其在社会政治、经济生

---

① CCTV经济生活大调查,2006~2012年。

活中所能得到的各种待遇和发展机会密切相关。与此同时，一个不容忽视的事实是，教育也使人们获得了感受和追求幸福的能力。知识完善了人们的人格，开启和增加了人们的智慧，有助于提升人生的意义和价值，提升人们的世界观和价值观，因而拓展了人类的快乐和幸福的意义。从理论和实践来看，教育程度越高，则总体的生存条件越好、发展机会越多，所以就会有更多的人相对更为幸福。

3. 幸福城市建设可以多借鉴东京和香港经验

在幸福水平最高的大都市区中，同在东亚的东京和我国香港地区位居前列，香港的一个突出特点是，城市建设、城市管理和城市服务等皆围绕市民需求展开。尽管香港拥有较高的城市密度，但是其在教育、卫生、养老、交通、居民的社会发展、社会参与和政治参与等方面，都拥有较高的水平。我国城市需要更多学习东京和香港城市建设的经验，以提高城市居民的幸福水平。

最后，需要指出的是，度量城市的幸福水平不仅要看生理、健康、教育、经济收入等宏观经济发展层面和个体物理条件层面的客观指标，而且还必须更加关注社会层面的指标对人们的幸福感的影响。民众幸福感中的政府责任，更多的是关注经济收入、健康、教育和社会发展指标对人们的幸福感的影响。《全球幸福指数报告》作者之一美国哥伦比亚大学经济学家杰弗里·赛克斯教授特别强调指出："经济增长带来一些弊端，诸如饮食不合理，引发糖尿病、肥胖等健康问题；沉迷于购物、电视、赌博，往往养成不健康的生活习惯。最重要的是，经济发展带来一些社会问题如社会信任危机等。现在，人们更看重社会支援、社会的清廉度以及个人自由。对于人们的幸福感来讲，这些远比财富更加重要。"

参考文献

Dan Buettner, 2013, "The 4 Happiest Cities on Earth," Reader's Digest, http://www.rd.com/.

Huffingtonpost: "25 Happiest, Healthiest Cities In America," Posted: 09/03/2013 8: 44 am EDT | Updated: 09/06/2013 9: 57 am EDT.

Ricky Burdett and Myfanwy Taylor:"Can Cities be Good for you?" The conference of Cities, Health and Wellbeing, Urban Age Hongkong, 16 - 17. Nov. , 2011. pp. 5 - 8.

Ricky Burdett , Antoine Paccoud, " Measuring Metropolitan Well - being," http://lsecities.net.

"Top 10 U. S. Cities for Well - Being", http://www.gallup.com/poll/145913/City - Wellbeing - Tracking.aspx? ref = interactive.

London Ward Well - Being Scores - 2012 edition, http://data.london.gov.uk/datastore/package/london - ward - well - being - scores.

《世界幸福数据库》 (*World Database of Happiness*), http://worlddatabaseofhappiness.eur.nl/hap_ cor/src_ fp. php。

Official Records of the World Health Organization, No. 2, p. 100, signed on 22July 1946 by the representatives of 61 States .

盖洛普咨询公司:《美国幸福城市调查年度报告》,2012 年 3 月。

Xuejin ZUO, "Quality of Life in Chinese Cities," Presentation at The conference of Cities, Health and Wellbeing, Urban Age Hongkong, Held by LSE, 16 - 17. Nov. , 2011.

美国哥伦比亚大学地球研究所、联合国:*World Happiness Report*,2012 年 3 月。

中国中央电视台财经频道:2006~2012 年 CCTV 经济生活大调查。

B.15
面向全球化的新加坡人才开发利用

林 兰

摘 要: 随着新加坡老龄社会的加剧,其劳动力结构特别是人才结构发生变化,带来了一系列经济发展问题。为此,新加坡政府多管齐下,在维持经济结构多样性、培训服务产业转型的劳动力、提高本地居民就业、发展劳动力离岸市场方面做了一些有益的探索。

关键词: 新加坡 人才结构 产业转型 就业

新加坡是近 20 年来全球快速发展的地区之一。在这 20 年中,新加坡保持了较为强劲的竞争力,但始终是增长机会与发展挑战并存。在接下来的 20 年中,新加坡劳动力结构逐渐老龄化,劳动力人口规模开始收缩。同时,由于劳动力的技能水平持续提高,未来在一些低技能领域难以招到足够的雇员,从而影响了经济的可持续发展。新加坡贸易产业署发布的 *MTI occasional paper on population and economy* 指出,为了解决因人口、人才结构变化而带来的经济发展问题,新加坡政府采取了多管齐下的政策,包括产业重组和员工再教育、鼓励更多的居民就业并留在用工领域、保证海外居民移民率以及海外员工的流入率等。

一 维持经济结构的多样性

新加坡是一个面积狭小、资源有限的国家,其在发展过程中特别注重经济体系的完整性,以对抗各种可能出现的经济危机与动荡。与同样面积狭小但依托中国腹地的香港相比,新加坡的产业结构完整度与合理性都大大增加。新加坡的制造业比重为22%,远远高于香港2%的比重。此外,由于有着广阔的中国内地辐射,香港的服务业比重高达76%。两地在金融与建筑方面的比重相仿。

二 应对人口老龄化对就业带来的挑战

按照新加坡目前的发展规划和发展趋势,到2020年和2030年,其技术、管理等高级人才的比重将大大增加,而非技能、管理型人才的比重将大大降低。这使得新加坡面临两个严峻的挑战,一是必须创造更多的PME职位,以适应人才结构优化的就业需求;二是由于本国居民就业岗位的提升,需要更多来自国外的低技能劳动力。新加坡的这一困境是由人口老龄化造成的,而这也是目前世界上许多发达国家和地区,甚至中国这样的发展中大国都普遍面临的问题。为此,新加坡采取了多管齐下的措施,来应对人口老龄化带来的就业挑战。

1. 产业转型和劳动力再培训

首先是要持续提高劳动生产率,保证经济在未来的20年内实现每年2%～3%的递增速度。为了推进这一目标,新加坡政府成立了代表政府、商界、劳工等多方面声音的国家生产力与继续教育理事会(National Productivity and Continuing Education Council,NPCEC)。2011年,这一机构就认定了16个产业技术路线图中的11个,成立了3个推进机构,保证产业技术路线的实施。为了保证产业转型,新加坡政府还追加投资了20亿新加坡元成立国家产业基金,其中有很大一部分用于中小企业的创新投资信贷以及劳动力的再就业和再培训。

2. 提高本地居民就业

新加坡政府在过去的10年中大幅提高了本地居民的就业率。2001～2011年,25～64岁年龄段人口的就业率由76.2%提高到了80.7%,女性同年龄段人口就业率由60.6%提高到69.9%。

为了鼓励本地居民就业，新加坡政府于2004年启动实施了"新加坡劳动力技能资格（WSQ）体系"，其中就业必备技能体系（ESS）是一套通用的就业必备技能。这些基本技能可以有效地提高工人的工作效率，改善其工作能力，通用于各个行业，使各个层次的工人适应于更具挑战和复杂多变的环境。新加坡就业必备技能体系（ESS）包括10项具体的基本技能①：①工作读写和计算能力；②信息与通信技术；③解决问题与做出决策；④积极进取与创业精神；⑤沟通和人际关系管理；⑥终身学习；⑦全球化意识；⑧自我管理；⑨与工作相关的生活技能；⑩健康与工作环境的安全。

此外，新加坡政府还于2012年1月颁布了《退休和再就业法》，鼓励有良好工作业绩的劳动力在到达退休年龄后继续工作，将退休年龄由62岁提高到65岁。同时，制定资金资助计划，帮助公司雇佣和培训老雇员，培育一些能充分发挥老雇员经验和特长的新工作岗位。

3. 补充外国工人劳动力

在过去的10年，新加坡政府大力引进外籍员工，以满足国内的用工需求。例如，2010～2011年，新加坡就从国外引进了10万人才来支持正在成长中的行业。较为低端的领域一般都是新加坡经济发展中重要的行业部门或支柱产业，如旅游业、建筑业等；高端的领域则与新加坡的战略性发展产业密切相关，主要包括电子、金融、数字媒体等；另外，还有一些社会文化领域的重要工种，如老年人护理和医疗保健等。总体而言，新加坡外来劳动力的就业结构从产业分布来看呈现较为低端的特点，第二产业比重达到56%（其中制造业占27%，建筑业占29%），第三产业的能级也不高。新加坡发展面临的挑战之一还在于，对于一些新兴产业来说，人才的供给有一个滞后期，即人才供给往往滞后于人才培训3～4年时间。在这种情况下，新加坡要保持经济发展的步伐，必须及时大量引进外籍劳工。外籍劳动力对新加坡的税收做出了很大的贡献。有调查表明，外籍劳动力对新加坡的税收贡献占其创造GDP的25%，而其消耗的比例则只有20%。

---

① 李光宇、王鹏：《试析新加坡就业必备技能体系》，《中国冶金教育》2007年第5期。

4. 发展离岸人力市场

既是适应高服务业比重经济格局的需要，也是局限于新加坡的自身禀赋，新加坡为了保持经济的高增长一直十分注意抓住一些稍纵即逝的重要商业机会，积极拓展其在海外的制造业与服务业领地，并在此基础上发展了依托海外人力资源的离岸人力市场。

例如，在2007~2011年的4年间，吉宝和胜科海事等船舶和海洋工程（M&O）部门成功地获得了全球订单的70%左右，业务主要集中在插孔钻井平台、浮式生产储油和卸油转换等方面。在此期间，相关的25个部门共计增加22000名工人，年增长率达7.8%，高于制造业平均水平0.9个百分点。

5. 重视本国劳动力的后继补充

随着新加坡本国人力资源水平的大幅提升，外籍劳动力的比重在一些领域逐渐增加，本国人才就业的领域越来越狭窄。这引起了新加坡政府的充分重视，其也采取了一些相应的做法，使本国劳动力回归到哪怕是一些较为低端的行业之中。

在物流业中，低技能的外国人才充斥了较多的工作岗位。例如，泛亚物流专门从事货运代理和第三方物流服务，在其海外扩张时期，外籍劳动力发挥了很大作用，解决了大部分的地面处理工作。但新加坡政府十分注重为本土雇员开拓在物流业高端环节的就业机会，雇佣了大量的本国雇员从事区域管理、分销经营、结算分析、商务拓展等领域的工作。

在以国内经营为导向的行业，如零售、食品服务、医疗保健等，低收入和熟练的外国工人一般都从事新加坡人避而远之的一些工作，这往往是由于这些行业的低利润率造成的。例如，在食品服务和零售领域，利润率通常只有7%和6%，这就在门槛上限制了新加坡本国劳动力的补充，为此新加坡政府提高了这些行业的工资水平。

6. 培养高素质、多元化的本土人力资源队伍

为了应对全球化的经济特征和业务需求，新加坡十分注重劳动力队伍的多元化发展。一是每年拨出重金发展教育事业。例如，早在1998年就投入57.2亿新元的教育经费，占财政支出的21%和国民生产总值的4%。二是在全国实行奖学金制度，每年有250万新元的政府、海外、企业不同项目的奖学金重点资助优秀学生的学习。三是实施"持续培训"、"终生教育"政策,不管是公务员还是企业员工每年都有 12.5 天的培训,培训时间占年工作时间的 5%。并且这种培训依据工作需要和个人兴趣而组织,能够有效地开发人才的"潜能",提高人才的岗位能力和服务素质。四是国家推行双语教育,便于国民学习发达国家科技知识与技能,参与国际竞争与交流。新加坡有 60% 左右的学生受到高等教育,有 60% 的学生输送到国外培养。

7. 塑造多元文化社会吸引各方人才

为了吸引包括精英和草根都在内的各方人才,新加坡政府还十分注重多元文化社会的塑造。一是提供稳定的经济发展环境和丰富的职业发展机会,塑造跨国的多元文化环境,吸引全球的专业人才将新加坡作为国际职业生涯的起点。二是维持较高的生活水平,保持政治稳定、基础设施全面以及气候和治安环境良好,使新加坡成为世界上最宜居的城市之一。三是把握新加坡城市国家的地理优势,依托空港和海港建设,便捷城市与外域的经济文化交流。四是通过教育来巩固多元文化的社会根基,这也是新加坡在塑造多元文化社会过程中最具特色和最有成效的做法。①提出了"理想的新加坡人"的形象,主张将中西文化与现代化结合,以"爱国、孝道、责任、容忍"为思想基础。②提出道德教育目标,并十分强调教会学生对道德价值的哲学理解。③提出多元道德思维,吸收西方与其他民族的优秀文化。保持多元种族、多元宗教间的容忍和节制;以协商而不是争议的方式解决问题;把社会需要置于个人利益之上;将家庭作为社会的核心单位。

8. 降低就业总增长速度

即使保留有大量的制造业实体经济,但为了应对人口老龄化对经济和就业的挑战,新加坡政府进行了经济结构性重组,拟将未来每年就业人数的增幅减少一半,每年不超过 2%。新加坡过去 10 年引进大量外籍员工,平均每年的就业人数增幅达到 4%。

新加坡这一做法的理由是:就业的高增长速度无法长期持续,从经济角度看,如果继续用增加劳动力来推动经济,新加坡最终会失去竞争力;从社会角度而言,新加坡会变得过度拥挤,按照过去不到 10 年劳动力增长 50% 的速度,不久的将来新加坡的劳动队伍将达到近 500 万人,本地员工没有增长而外籍员工越来越多，构成了对经济稳定性和可持续性的挑战。因此，新加坡必须"换挡"，设法将就业增长速度调整到可持续水平。

参考文献

Singapore ministry of trade and Industry, *MTI occasional paper on population and economy*, 2012.
李光宇、王鹏：《试析新加坡就业必备技能体系》，《中国冶金教育》2007 年第 5 期。

B.16 聚焦台北城市救助服务体系

李 健

摘　要： 社会经济转型带动台北市社会结构发生巨大变化，在这个进程中，社会福利受到社会广泛关注。台北市政府出台了《社会救助法》，不断完善城市社会救助体系建设。本文着重通过台北市社会局近些年的主要施政政策，总结台北市城市社会救助体系的具体建构，以期望为大陆地区城市救助体系的建设重点提供参考。

关键词： 城市救助　台北

自20世纪90年代制造业快速向大陆转移之后，台湾社会经济逐渐进入后工业化发展的时代。产业结构的变化相应引导社会阶层、城市空间结构以及人口结构等发生巨大变化。其中，在人口结构方面，老龄化社会快速形成，根据台湾最新统计，在近10年中，台湾的老龄化指数[①]增长25.65个百分点；社会结构方面，由于知识鸿沟的存在，后工业化社会中各社会阶层收入差异开始拉大。这样的社会现状引起社会对救助体系的广泛关注，并迅速从聚焦老人福利、社会差异等扩至智障人士、儿童、妇女、家庭、社会救助、社区救助等诸多领域。

台北市社会局提出，城市社会救助体系未来发展的目标是："维护市民的基本生活、保障弱势群体基本人权及生命尊严"，最终要"创造温馨、安全、公平、互助、尊严且优质的福利社会"。基于以上发展目标，近些年台北市社会局

---

① 老龄化指数由65岁以上老年人口数除以14岁以下人口数计算得出。

施政政策主要集聚于以下 10 个发展领域，从中我们可以总结目前台北市城市社会救助体系的具体建构，以期望为大陆地区城市救助体系的建设重点提供参考。

一 培育社会救助服务团体，强化团体功能

面对全球化与在地化互动发展的潮流，人与人之间积极互动并参与团体活动都会形成社会团体和城市社区。社会团体的成立主要基于共同兴趣、职业、信仰、地缘或血缘，采用"教育救助为本，监督为辅"的基本原则，以提升团体功能、社会责任，建设互动平台以及加强资源整合等。社会团体的主要任务应着重社区发展，以推动"福利社区"为主轴，以"社区人服务社区人"精神推动老人照顾、妇女关怀、新移民救助及少儿保护等任务的完善。

当前工作聚焦：①培育社会团体，定期办理研习及训练，发挥自治、自律的精神，推动参与社会救助工作，进而参与社会救助服务。②委托会计师事务所推进基金会、募捐团体、社区发展协会及合作社财务审核，辅导各类社会团体健全财务体系，提升财务透明化，建立团体责任与信任制度。③举办各类社会团体、基金会及合作社学习活动，提升团体能力，鼓励多元发展。④成立社区发展管理协会，提升社区组织能力及社区人才培训、评鉴、表扬、观摩以及资源联系，建立社区互助系统，达到分享、互助与社会广泛参与的目标。

二 推动积极的社会家庭救助措施

本条目主要是提供方案服务及社会工作专业服务，协助台北市弱势家庭重建功能，增强自立自助能力。2011 年 7 月台北市政府发布《社会救助法（修法）》，为积极的社会救助提供更为细致的法律依据。依据《社会救助法（修法）》，台北市政府为低收入家庭提供各项生活扶助及津贴，维持其基本经济安全，并提供医疗、居住、教育、就业、急难救助、灾害救助等协助，积极开办各类脱贫方案，协助其自立。

当前工作聚焦：①办理低收入户及中低收入户申请、审核，依法核发低收入户相关生活扶助费。②结合劳动局正在办理的"低收入户就业救助计划"

以及"台北市代赈工就业转衔服务方案",将有工作能力及工作意愿的弱势市民及低收入户介绍至劳动局,提供后续就业与职业培训服务,以提升其就业能力,回归就业市场。③配合《社会救助法》修正案施行,积极推动相关脱贫自立方案。④办理市民医疗补助、临时看护补助、低收入户及中低收入户生育补助、丧葬补助、市民急难救助等措施。⑤适应低收入户的居住需求,提供优质的平价住宅福利服务,创造活泼有生气的社区意象。⑥推动平价社区改造方案,改善基础公共设施,加强环境绿化、美化,整修公共服务场所,并配合政府住宅政策整建计划,提升居民居住质量。

三 建设残障者需求评估制度和社区服务体系

秉持普及化、人性化、社区化及效率化施政原则,以"社会融合、机会均等"为目标,根据残障者需求进行资源整合,建立分类、分层服务体系,给予残障者安心的生活保障及充分的发展机会。在已经取得的成就中,包括建设区域性残障者早期医疗服务,为残障者提供语言治疗、生活培训、心理咨询等家庭支持服务,支持公立乃至民营医疗机构建设,为残障者提供活动空间等。

当前工作聚焦:①以残障者的健康状况与生活需求作为评估依据,结合所有民间机构、团体,展开新的团队服务模式,针对每一位需要被服务者的实际情况,定制个性救助服务计划。②办理残障福利机构筹设、救助、管理与联系会报。依据实际需求办理专业训练、项目辅导以提升残障福利机构工作人员服务质量。③成立残障人权益保障推动小组,整合规划、研究、咨询,协调推动促进残障者权益保障及受理残障者权益受损的申诉相关事宜。④办理早期医疗通报中介中心,并委托民间团体办理早期医疗社区资源中心,为发展迟缓儿童及其家庭提供就近、多元、完整与适当性的服务,同时补助发展迟缓儿童医疗费用,促进身心、社会功能健全发展。⑤为视障者及残障者提供生活重建及家庭支持服务方案,提供多元化的福利服务。⑥为残障者提供自立生活支持服务及家庭托顾服务,为残障者提供社区居住的协助及其他社会资源的联系。

四 建构全面且普及化的老人服务策略

本措施主要是适应高龄化、少子化现象,推动有效的社会救助措施与服务,为市民提供生活保障及公平发展的机会。2012年,台北市65岁以上老人人口占总人口的比例达13.0%,高龄化社会成为台北市政府及民间关注的焦点。因此,制定老人救助服务的政策及规划,以保障老人安定、安全、安心、快乐的优质晚年生活,就成为当前台北市政府的工作重点。

当前工作聚焦:①积极与民间团体建立协作伙伴关系,共同办理各项服务老人的措施、活动,以增进老人社会参与机会,延缓老化,达到成功老化与活跃老化的目标。②不断提升老人救助机构照顾服务的质量,推动各类老人救助专业人员培训,提升专业服务品质。③针对活动不便老人提供日间照顾、居家服务、送餐服务等各类专业及互助照顾措施,还可通过专业合作及资源整合,为社区老人提供整体服务,落实社区照顾普及化目标。④推动社区互助,建构邻里资源网络并持续受理申报,提供独居及失能老人照顾服务,落实社区的目标。⑤鼓励民间团体推进社区老人照顾服务、文康休闲服务及权益倡导等。⑥设置老人活动的各类据点,开展健康长者文康休闲及健康促进活动。

五 建构妇女支持性服务网络

本条款主要是为了使台北市成为性别平等的城市,保障弱势妇女群体权益。根据《特殊情况家庭扶助条例》中各项扶助措施,已经进行的重点工作包括设置服务中心,提供妇女救助活动的场所;设置妇女中途之家,为单亲妈妈及其未成年的子女提供居住服务及社工专业服务;为遭受家庭暴力的妇女及其子女设置保护性场所。

当前工作聚焦:①要推动女性支持计划,设置妇女及家庭服务中心,提供妇女社区支持性服务,如个人情况应对及提升方案。②借助性别平等政策纲领的通过及行政院性别平等处的成立,积极倡导并推动政府各机关性别平等化工作。政府共有15个一级机关已于2012年成立性别平等项目工作小组,计划于

2013 年全面成立，务实推动性别平等工作。③设置性骚扰防治委员会，推动性骚扰防治政策以及相关措施的实施。④成立台北市女性权益促进委员会及工作小组会议，提供政府各部门相关咨询。⑤设置台北妇女中心，协助妇女组织发展及建设妇女福利资源交流平台。

六 落实儿童及少年救助权益保障业务

通过宣传及倡导福利观念、支持家庭功能等工作，使儿童及少年快乐成长。"助你好孕"项目育儿津贴、幼儿学费补助、建置亲子馆、拓展育儿友善园、扩增社区保姆系统服务、幼托整合及提升托育服务质量等都是工作重点。

当前工作聚焦：①建立家庭式儿童托育服务管理制度，加强与民间团体合作，落实服务督导及管理，包括办理公办、民营少儿安置庇护家园、团体家庭，委托私立育幼院、少年中途之家等安置机构与寄养家庭安置弱势或无依的儿童、少年，创造多元形态及优质安置环境。②创造有利生养的育儿环境，推动优生优育政策，发放育儿津贴，补助民间团体及机构设置育儿友善园、婴幼中心等。③落实儿童及少年救助与权益保障，整合特殊需求儿童及少年救助服务措施，新设儿童及少年收养和出养服务措施，增加罕见疾病弱势儿童与少年医疗补助，并积极与民间团体合作举办各项社区少儿活动，培育和支持少儿公共参与及志愿服务学习。④实施自立生活少年追踪救助方案，协助弱势少年培养独立生活的能力，促进其生涯正向发展。⑤委托民间团体设立台北市儿童及少年收出养服务资源中心，提供收出养服务咨询、转介、倡导及合作等服务。⑥办理弱势家庭儿童及少年紧急生活扶助、低收入户及弱势儿童及少年医疗补助，协助弱势家庭儿童及少年生活稳定与安全。⑦委托民间团体设立儿童及少年福利服务中心，运用专业工作方法，提供多元化福利服务，以拓展其支持系统，并主动对需要高关怀（含中辍学生）的儿童及少年提供预防性、支持性救助服务。

七 提高高风险家庭的预防服务效能

台北市政府社会局结合公私部门积极建构社区网络，推动"以家庭为中

心"、"以社区为基础"的服务模式,为弱势危机家庭提供最合适服务,包括经济扶助、安置照顾、就业就学、社会支持等。此外,积极推行家庭高风险防治倡导,特别要破除贫穷循环,利用"伴我童行——儿童希望发展账户项目"鼓励低收入户家长为子女储蓄教育基金,通过教育培训,协助脱贫。

当前工作聚焦:①委托民间单位办理"家庭综合服务——台北市高风险家庭服务方案",通过社区合作机制及联系网络的建立,提前介入高风险家庭,提供家庭就学、就业辅导、就医协助、经济支持、家务指导、亲职咨询、资源联系与中介等服务。②各个社区救助中心针对社区中危机及弱势家庭提供咨询、访视、评估、帮助等个案服务,并依据其区域的人口特质、地方特色与社区资源,主动与社区联系、交流和合作;借助网络资源及联席会议、个案研讨或创新活动方案,合理推动开发及倡导新的福利服务资源网络;催化当地居民或团体关怀社会,发挥社区互助精神,整合社区的资源,提供个案家庭所需服务。

八　强化家庭暴力及性侵害防治网络合作机制

结合社政、警政、医疗、教育、司法等单位,为遭受家庭暴力以及性侵害的市民提供求助窗口、紧急救援、安置、医疗以及法律等协助,包括24小时热线保护服务、结合公私部门建构防治网络、推动教育及宣传等在内都是重要工作路径。

当前工作聚焦:①强化跨部门、跨专业合作,并结合公私部门,持续推动家庭暴力安全防护网计划及性侵害案件整合性团队服务方案。②深化社区服务能力提升方案、家庭暴力及性侵害防治倡导教育,提升网络成员进一步合作密度,提供家庭在地化关怀,提升支持的能力。③为受家庭暴力者及其未成年子女、性侵害受害者提供心理康复、医疗、法律扶助、居住、生活、教育等关怀和支持服务的费用补助。④提供家庭暴力及性侵害加害人身心治疗及救助中介。

九　推动跨部门共同参与流浪人员救助

台北市街头流浪人员估计有500~600人之多。收容机构安置、成立游民专责小组帮助流浪人员都是重要工作，涵盖提供医疗帮助、盥洗服务、紧急救助以及租屋辅助、保护劳动服务、结合台北市政府劳工局辅导就业等重要内容。

当前工作聚焦：借助政府跨部门合作，提供流浪人员安置、就业机会及协助租屋等服务，以协助流浪人员维持基本生活，并通过精神病患者追踪护理、传染病筛检及防治、社区卫生清洁服务，帮助流浪人员脱离街头并自立，回归正常生活。最终有效处理流浪人员问题，降低流浪人员对城市社区造成的冲击。

十 经验及借鉴

从目前台北市城市社会救助体系的建设看，有如下经验值得学习借鉴：第一，救助体系不仅仅是政府的事情，通过私立部门、社会团体介入城市社会救助体系建设，公私合作推进相关工作。第二，以社区为基本的组织平台，构建社会救助服务网络，在继续提升社会福利机构能力的基础上，更加重视社区自组织的力量。第三，社会救助服务的目标和行动策略更加细化，已深入到家庭及个人的问题和实际需求。第四，注重社会救助的预防性救助服务，通过相关机构与社区合作，对社区家庭进行定期评估，提前介入高风险家庭和个人的事务。第五，努力推进社会救助机构的转型发展，特别是扩大其服务领域，向社会提供更多元化的服务，建设社会救助服务网络的重要节点。

参考文献

台北市社会局：《台北市社会局2013年度施政目标及重点报告》。
台北市政府：《社会救助法》。
台北市统计局：《2011年及2012年台北年鉴》。

B.17 穿越金融危机的波士顿人口与就业

张剑涛

摘　要： 波士顿的人口和就业显示了城市发展的轨迹。波士顿的人口在最近10年中持续增长，变得更多元化、年轻化，教育程度更高。同时，波士顿在金融危机之后复苏，就业增长强劲，特别是在高端服务业、科研、卫生医疗、教育、休闲娱乐等行业。

关键词： 波士顿　人口　就业

波士顿和美国其他大都市一样，经历了国际金融危机之后重新复苏。从波士顿市政府发布人口和就业发展报告可以看出，这是美国大都市金融危机之后复苏的一个缩影，显示出了增长、发展、实力。波士顿的经济经受住了金融危机的冲击，就业开始强劲增长，特别是在高端服务业、科研、卫生医疗、教育、休闲娱乐等行业。就业岗位预测显示本地经济的增长态势将会持续稳定发展，这很大程度上得益于波士顿产业的高知识含量所带来的高附加值和持续创新能力。同时，本地房地产市场重现活跃。根据美国人口统计和社区调查（U. S. Census and the American Community Survey），波士顿人口近10年内种族更加多元化，青少年人口比例和受教育程度逐步提高。这些变化趋势在近30年内持续稳定。

一 波士顿的人口

1. 变动趋势

波士顿的人口在 1950 年达到高峰,超过了 80 万人。之后,如同其他美国大城市一样,人口总量持续下降,至 1980 年人口不足 56 万 3000 人。从 20 世纪 80 年代开始,波士顿的人口开始持续稳步增长。2010 年,波士顿的人口自 70 年代以来首次超过 60 万人,相比 2000 年增长了将近 5%(见图 1)。

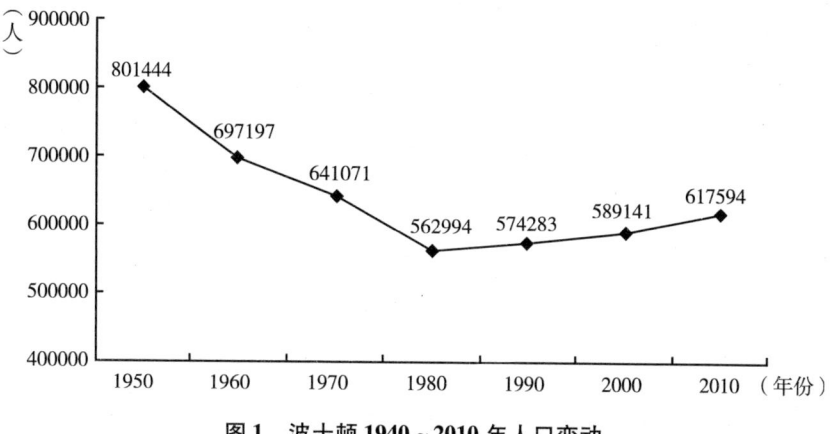

图 1 波士顿 1940~2010 年人口变动

资料来源:U. S. Census Bureau,BRA Research Division Analysis。

2. 多元化

过去几十年中,波士顿的人口构成和其总量一样,发生了显著的变化。1980 年时,波士顿 70% 的人口是白种人;而到 2000 年,波士顿人口的 50% 是各少数种族。2010 年,53% 的波士顿人口由少数种族构成。事实上,从 20 世纪 80 年代开始,波士顿的非洲裔人口比例十分稳定,少数人口比例的变化主要是因为拉丁裔和亚裔人口的快速增长。从 90 年代开始至今,波士顿的拉丁裔人口增长了 74%,亚裔增长了 85%。波士顿少数种族人口的迅速增长很大程度上是因为大量移民的进入。1970 年,波士顿人口的 15% 是国外出生,而现在约 27% 的波士顿人口出生在国外。这个比例在美国 25 个大城市中排名第 6 位(见表 1)。

表 1 25个美国大城市的国外出生人口比例统计

单位：%

城 市	国外出生人口排名	国外出生人口比例	总人口排名
圣何塞	1	39.2	10
洛杉矶	2	39.0	2
纽约	3	37.2	1
旧金山	4	37.0	14
休斯敦	5	27.7	4
波士顿	6	26.5	21
圣地亚哥	7	26.4	8
达拉斯	8	25.4	9
埃尔帕索	9	25.4	19
芝加哥	10	21.4	3
凤凰城	11	20.2	6
西雅图	12	19.2	22
奥斯汀	13	18.9	13
沃思堡	14	16.7	16
夏洛特	15	14.5	17
圣安东尼奥	16	14.0	7
华盛顿	17	13.5	24
费城	18	12.5	5
纳什维尔	19	12.2	25
哥伦布	20	10.0	15
杰克逊维尔	21	9.7	11
印第安纳波利斯	22	8.2	12
巴尔的摩	23	7.4	20
孟菲斯	24	6.6	20
底特律	25	5.0	18
美国平均	—	12.9	—

资料来源：2011 American Community Survey，US Census Bureau，BRA Research Division Analysis。

波士顿的外籍移民国家前10位如表2所示。

表 2 波士顿的外籍移民国家前10位

单位：%

国 家	占外籍移民人口比例	排名	国 家	占外籍移民人口比例	排名
多米尼加	10.5	1	危地马拉	4.5	6
中 国	8.8	2	佛得角	4.2	7
海 地	8.8	3	牙买加	4.0	8
越 南	7.3	4	哥伦比亚	2.6	9
萨尔瓦多	5.1	5	爱尔兰	2.5	10

资料来源：2011 American Community Survey，US Census Bureau，BRA Research Division Analysis。

3. 年轻化

波士顿人口近年的另一项显著特征就是人口年轻化。2010年，波士顿人口中20~34岁人群所占比例达到35%，是全美国25个大城市中最高的（见表3）。这很大程度上是因为波士顿有大量的在读大学生和毕业不久在此工作的学生。

表3 25个美国大城市的20~34岁人口比例统计

城 市	20~34岁人口数量（人）	占总人口比例（%）	排名
美国全国	62649947	20	—
马萨诸塞州	1320809	20	—
波士顿	216213	35	1
奥斯汀	251064	32	2
华盛顿	188855	31	3
西雅图	181501	30	4
哥伦布	233163	30	5
旧金山	228738	28	6
圣地亚哥	358234	27	7
芝加哥	738578	27	8
纳什维尔	163793	27	9
达拉斯	314728	26	10
休斯敦	545071	26	11
巴尔的摩	160024	26	12
费 城	392779	26	13
洛杉矶	953443	25	14
夏洛特	182607	25	15
纽 约	2035030	25	16
印第安纳波利斯	196610	24	17
沃思堡	175750	24	18
孟菲斯	151402	23	19
圣安东尼奥	304784	23	20
凤凰城	330885	23	21
杰克逊维尔	185018	23	22
圣何塞	209696	22	23
埃尔帕索	134640	21	24
底特律	140457	20	25

资料来源：2010 Census，BRA Research Division Analysis。

4. 高学历

波士顿人口受教育程度在过去几十年提升显著。1980年,波士顿25岁及以上人群中大学教育程度的比例刚超过20%。2000年这个比例上升到35%。2011年这个比例上升到43%,在全美25个大城市中排名第5位(见表4)。人口受教育程度高有助于波士顿在现今的知识经济中取得竞争优势。

表4 25个美国大城市的人口受教育程度

单位:%

城 市	本科学位人口比例	研究生学位人口比例	本科及以上学位人口比例	排名
美国全国	17.7	10.4	28.1	—
西雅图	33.4	22.8	56.2	1
华盛顿	23.3	29.2	52.5	2
旧金山	32.1	20.0	52.1	3
奥斯汀	27.7	16.8	44.5	4
波士顿	23.4	19.3	42.7	5
圣地亚哥	24.9	16.2	41.1	6
夏洛特	28.4	11.8	40.2	7
圣何塞	23.7	12.9	36.6	8
纳什维尔	22.4	11.7	34.1	9
纽 约	20.1	14.0	34.1	10
芝加哥	20.6	12.9	33.5	11
哥伦布	20.7	10.6	31.3	12
洛杉矶	20.4	10.4	30.8	13
休斯敦	17.9	10.8	28.7	14
达拉斯	17.6	10.6	28.2	15
巴尔的摩	14.9	12.6	27.5	16
沃思堡	18.2	8.0	26.2	17
凤凰城	17.4	8.6	26.0	18
印第安纳波利斯	17.0	8.8	25.8	19
圣安东尼奥	16.4	8.6	25.0	20
杰克逊维尔	16.8	7.7	24.5	21
孟菲斯	16.5	8.0	24.5	22
费 城	13.9	9.7	23.6	23
埃尔帕索	14.9	7.6	22.5	24
底特律	7.9	5.1	13.0	25

资料来源:2011 American Community Survey, US Census Bureau, BRA Research Division Analysis。

二 波士顿的就业

金融危机后，波士顿的失业率从2010年夏季开始持续下降。同时，波士顿的平均工资明显高于马萨诸塞州和美国的平均水平。本地的建筑工程数量也持续上升，而且公共机构、商业、住宅等各种类建筑项目的数量都在增长。相比绝大多数美国城市，波士顿受到这次金融危机的影响要小得多。这次金融危机造成的失业也远少于1990～1991年和2001年的危机。波士顿经济在这次金融危机中表现良好的主要原因就是城市长期以来关注高知识产业的发展。

1. 就业率和经济

波士顿2011年的失业率是7.1%，低于美国全国8.9%和马萨诸塞州7.4%的水平。2012年第3季度波士顿的失业率为6.6%，比2011年同期的7.5%大幅下降。2011年波士顿的平均年薪为80080美元，高出全美平均水平（48043美元）2/3，高出马萨诸塞州平均水平（59671美元）1/3①。波士顿的高工资水平也从一个侧面反映出本地就业岗位的专业性要求更高。

波士顿的经济复苏不仅反映在就业率和工资水平上，也反映在城市开发上。波士顿近10年的建设工程统计（见表5）显示，2012年的建设工程总量已经恢复到金融危机之前的水准。在受到金融危机严重影响的2010年、2011年，建筑市场下滑严重。特别是2010年的建筑市场总值不足金融危机前2008年的50%。

2. 2010～2012年就业复苏②

波士顿2010～2011年增加了近14500个就业岗位，其中专业、科研和技术行业的岗位增加最多，近4600个，年均增长率达到6.3%。这些行业增加的就业岗位占波士顿这两年间每年净增岗位的31.6%。餐饮行业增加的就业岗位近4000个，排第2位。医疗保健行业增加了2678个就业岗位，教育行业增加了1938个就业岗位，分别位居第3、第4位。

---

① Massachusetts Department of Workforce Development, http://lmi2.detma.org/lmi/lmi_es_a.asp 和 US Bureau of Labor Statistics http://www.bls.gov/cew/data.htm。
② Massachusetts Department of Workforce Development, US Bureau of Economic Analysis, New England Economic Partnership, BRA Research Division Analysis。

表5 波士顿2002~2012财政年度*的建筑市场统计

单位：美元

财政年度	建筑许可证金额	当时价	可比价
2002	19055144	2241781647	2853628266
2003	20145888	2370104471	2959303899
2004	22724810	2673507019	3235636991
2005	23213600	2731011765	3223327040
2006	26253029	3088591647	3499046805
2007	27861224	3277791059	3616018782
2008	31007327	3647920824	3834921427
2009	26966242	3172499105	3377465262
2010	14764792	1737034301	1828298057
2011	23461018	2760119766	2806535671
2012	32565249	3831205732	3831205732
合计	268018323	31531567336	35065387932
年均	24365302	2866506121	3187762539

* 前一年7月1日到后一年6月30日。

资料来源：City of Boston, Auditing Department, City of Boston Annual Reports。

会计、计算机和相关行业以及管理和咨询行业在这两年间各自增加了超过800个就业岗位。其中计算机和相关行业的发展迅速，带动了就业岗位的迅速增长，年均增长率达到18.5%，远远高于同期马萨诸塞州7.4%的就业岗位增长率。2010~2011年间，波士顿的计算机和相关行业的就业岗位只占马萨诸塞州本行业就业岗位的10%，但是产值占马萨诸塞州本行业的25%。

同期，金融和保险行业减少了1.4%的就业岗位，超过1000个，是就业岗位减少最多的行业。信息行业减少了5.1%的就业岗位，超过800个，主要集中在无线通信行业。

相比于高知识和高科技行业发展所带动的就业岗位增长，波士顿的餐饮行业在此期间带动的就业增长也十分明显。2010~2011年，波士顿的餐饮行业就业岗位增加了10.1%，税收也相应增加了9.6%。而同期马萨诸塞州的餐饮行业整体就业岗位是减少的，因此波士顿餐饮行业在马萨诸塞州的份额（就业岗位和经济规模）得到增加。

根据美国劳动力统计局（U. S. Bureau of Labor Statistics，BLS）对全美主

要大都市区的月度预测数据,大波士顿都市区的核心,波士顿-坎布里奇-昆西地区的就业岗位占到马萨诸塞州的50%以上。特别是从2011年第4季度开始,波士顿的就业增长率明显高于马萨诸塞州和全美[①]。

3. 就业增长预期

2011年波士顿就业岗位比上一年度增加了14000个,仅比2008~2010年间减少的15000个工作岗位少了1000个。2010~2011年,就业岗位增加了2.2%,就业增长强劲。而2008~2009年,就业岗位减少了2.2%,是金融危机影响下就业形势最严峻的时期。根据美国新英格兰地区经济合作组织(New England Economic Partnership,NEEP)的预测[②],受到马萨诸塞州经济整体复苏的影响,波士顿2012年的就业岗位预期将会超过2008年676000个就业岗位的历史高峰,达到682100个;而2016年波士顿的预期就业岗位将达到728500个。波士顿2011~2016年就业岗位累计增长率预期将达到7.9%,超过马萨诸塞州整体7.4%的水平(见图2)。这主要归功于波士顿的高端服务业、科研、卫生医疗、教育、休闲娱乐等行业的强劲发展。

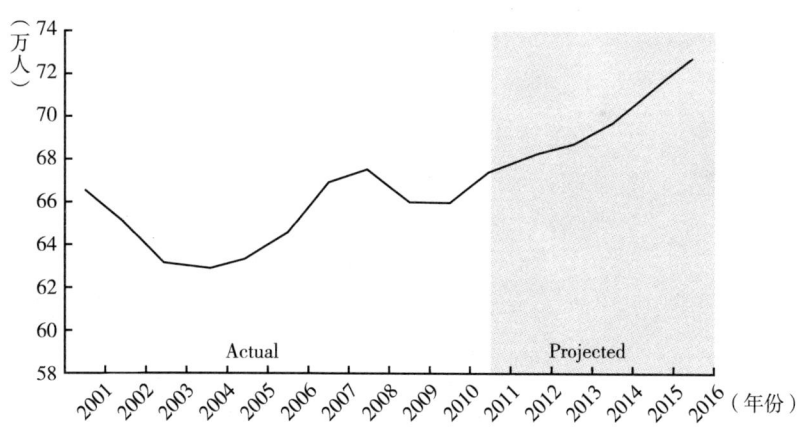

图2 波士顿2001~2016年就业岗位变动

注:灰色区域为预测值。

资料来源:Massachusetts Department of Workforce Development, US Bureau of Economic Analysis, New England Economic Partnership, BRA Research Division Analysis。

---

① U. S. Bureau of Labor Statistics, Current Employment Statistics (CES)。

② December 2012 NEEP projections。

4. 2016年就业形势展望

根据新英格兰地区经济合作组织预测，2011～2016年，马萨诸塞州的就业岗位累计增长率可以达到7.4%，年均增长率1.4%。同期，波士顿的就业岗位累计增长率可以达到7.9%，年均增长率1.5%。专业、科研和技术行业的就业岗位数量即将超过金融和保险行业，成为波士顿最大的"办公室产业"。2001年，科研和技术行业的就业岗位数量比金融和保险行业少15%，预计2013年前者的就业岗位数量就会超过后者，到2016年前者的就业岗位数量将会比后者多8%。

波士顿的科研和技术行业的就业岗位在2001年、2008～2009年受到经济衰退的影响而减少，但是都在短时期内迅速恢复，并超过了衰退之前。2011年，波士顿的科研和技术行业的就业岗位比2001年高出7.5%，多了5434个。这些就业岗位直接造就了140万平方英尺的办公空间需求。如果波士顿的科研和技术行业的就业岗位2011～2016年的增长速度能够达到新英格兰地区经济合作组织的预测水平，则2016年该行业的就业岗位将比现在多12000个（见图3），办公空间需求比现在多300万平方英尺。

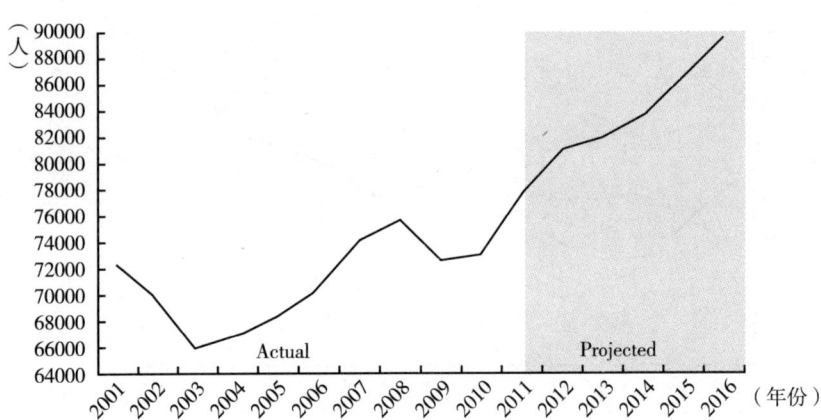

图3 波士顿科研和技术行业2001～2016年就业岗位变动

注：灰色区域为预测值。
资料来源：Massachusetts Department of Workforce Development，US Bureau of Economic Analysis，New England Economic Partnership，BRA Research Division Analysis。

相比科研和技术行业，波士顿的金融和保险行业受到最近两次经济衰退的影响后一直未见起色。2011年波士顿的金融和保险行业的就业岗位比

2001 年减少了 5.8%，即近 5000 个，相应减少了 120 万平方英尺的办公空间需求。波士顿的金融和保险行业的衰退基本抵消了同期科研和技术行业发展所创造的就业岗位和办公建筑需求。根据新英格兰地区经济合作组织预测，波士顿的金融和保险行业 2011～2016 年的发展仍难现景气，其间新增就业岗位累计约 3450 个（见图 4），只有 4.3%，远低于波士顿全市同期 7.9% 的新增就业岗位比例。虽然金融和保险行业在波士顿经济中的地位已减弱，但是它仍有相当重要的作用。2011 年金融和保险行业的就业岗位占波士顿所有就业岗位的 12.1%，但是薪酬占波士顿薪酬总额的 26.8%。

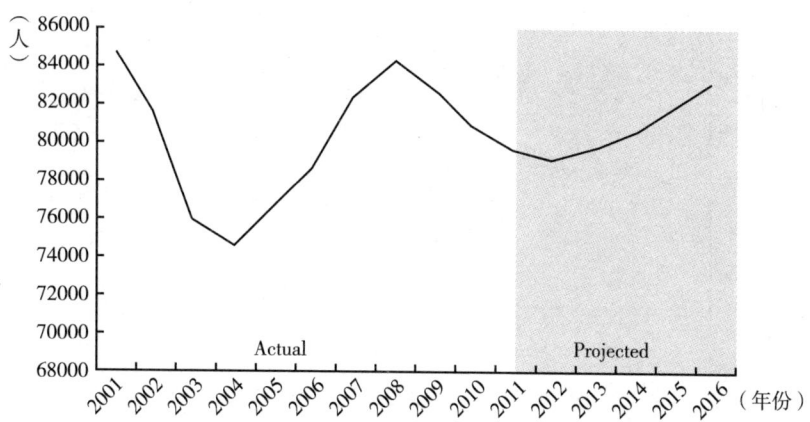

图 4　波士顿金融和保险行业 2001～2016 年就业岗位变动

注：灰色区域为预测值。
资料来源：Massachusetts Department of Workforce Development，US Bureau of Economic Analysis，New England Economic Partnership，BRA Research Division Analysis。

总体而言，2011～2016 年波士顿的"办公室产业"包括科研和技术行业、金融和保险行业、教育和卫生医疗行业、商业服务行业、信息业等，预计可以增加 24500 个就业岗位和 610 万平方英尺的办公空间需求。

教育和卫生医疗行业作为波士顿经济的蓝筹股，经历了最近的两次经济衰退后仍保持增长。教育行业在 2004～2006 年遭遇过不景气，减少了 2.3% 的就业岗位，但是之后迅速恢复了增长。2010～2011 年教育行业增加了 3.7%

（近2000个）的就业岗位。截至2011年末，教育行业的就业岗位占波士顿全市就业岗位的8%，主要集中在各高校和大学。

波士顿的卫生医疗行业的就业岗位自从2001年开始每年都有所增加，在2010～2011年两年中保持了2.2%的年均增长率和占波士顿全市就业岗位的18.6%的比例。其中，医院行业的就业岗位占波士顿全市就业岗位的12.7%，社会保障行业包括儿童和家庭保健等占波士顿全市就业岗位的2.0%。根据新英格兰地区经济合作组织预测，教育和卫生医疗行业整体的就业岗位在2011～2016年的累计增长率可以达到9.7%，超过同期波士顿整体就业岗位累计7.9%的增长率（见图5）。

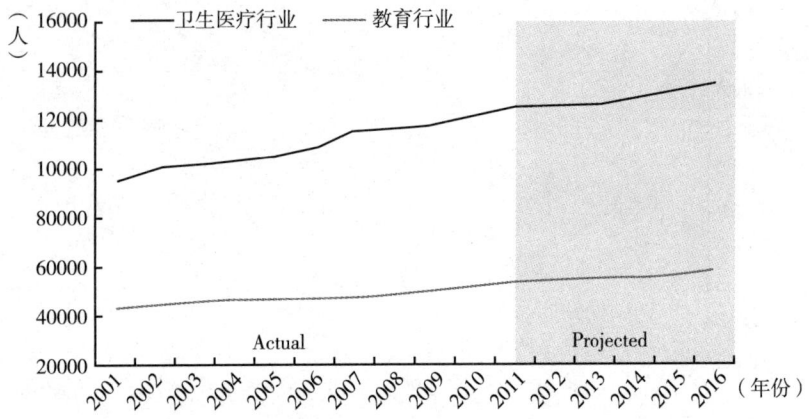

图5 波士顿教育和医疗卫生行业2001～2016年就业岗位变动

注：灰色区域为预测值。
资料来源：Massachusetts Department of Workforce Development，US Bureau of Economic Analysis，New England Economic Partnership，BRA Research Division Analysis。

休闲娱乐行业是波士顿经济的另一个亮点，包括多个细分行业。2011年，文化艺术、娱乐和休闲行业有14765个就业岗位，宾馆酒店行业有11060个就业岗位，餐饮行业有42643个就业岗位。餐饮行业2011年增加了近4000个就业岗位，是波士顿当年就业岗位增长的主要行业。根据新英格兰地区经济合作组织预测，2011～2016年休闲娱乐行业可以累计增加6300个就业岗位，累计增长率达到9.2%。

三 波士顿人口和就业对经济复苏的启示

1. 人口年轻化和高学历支撑高知识产业发展,带动经济快速复苏

波士顿 20~34 岁人群占总人口比例达到 35%,是全美国 25 个大城市中最高的。同时波士顿人口受教育程度在过去几十年提升显著。1980 年,波士顿 25 岁及以上人群中大学教育程度的比例刚超过 20%。2011 年这个比例上升到 43%,在全美 25 个大城市中排名第 5 位。这很大程度上是因为波士顿有大量的在读大学生和毕业不久在工作的学生。哈佛大学、麻省理工学院等全球著名高等学府都在波士顿,大量受教育程度高的年轻人口有助于波士顿在现今的知识经济中取得持久的竞争优势。而波士顿经济在金融危机之后的快速和强劲复苏,也说明了人口年轻化和高学历对城市产业和经济的支撑作用。

2. 高科技行业持续发展,增强城市抗经济风险能力

相比绝大多数美国城市,波士顿受到这次金融危机的影响要小得多。这次金融危机造成的失业也远少于 1990~1991 年和 2001 年的危机。波士顿的经济 2011 年开始强劲复苏,特别是在高端服务业、科研、卫生医疗、教育、休闲娱乐等行业。波士顿经济在这次金融危机中表现良好的主要原因就是城市长期以来关注高知识产业的发展。相关组织预测显示,本地经济的增长态势将会持续稳定发展,这很大程度上得益于波士顿产业的高知识含量所带来的高附加值和持续创新能力。波士顿的科研和技术行业的就业岗位在 2001 年、2008~2009 年受到经济衰退的影响而减少,但是都在短时期内迅速恢复,并超过了衰退之前。2011 年波士顿的科研和技术行业的就业岗位比 2001 年高出 7.5%,多了 5434 个,并直接造就了 140 万平方英尺的办公空间需求。专业、科研和技术行业的就业岗位数量即将超过金融和保险行业,成为波士顿最大的"办公室产业"。

3. 传统服务行业对大都市经济的贡献

波士顿作为美国主要的大都市区,聚集着大量人口,传统服务行业因此发展稳定,为经济的可持续发展和减少波动提供了基础。如教育和卫生医疗行业经历了最近的两次经济衰退后仍保持增长。教育行业在 2004~2006 年期间遭

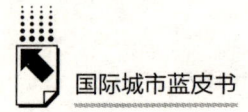

遇过不景气，减少了2.3%的就业岗位，但是之后迅速恢复了增长。2010～2011年教育行业增加了3.7%（近2000个）的就业岗位。卫生医疗行业的就业岗位自从2001年开始每年都有所增加，在2010～2011年两年中保持了2.2%的年均增长率和占波士顿全市就业岗位18.6%的比例。休闲娱乐行业是波士顿经济的另一个亮点，包括多个细分行业。2011年，文化艺术、娱乐和休闲行业有14765个就业岗位，宾馆酒店行业有11060个就业岗位，餐饮行业有42643个就业岗位。2010～2011年，波士顿的餐饮行业就业岗位增加了10.1%，税收也相应增加了9.6%。相关组织预测，2011～2016年休闲娱乐行业可以累计增加6300个就业岗位，累计增长率达到9.2%。

参考文献

U. S. Census Bureau, BRA Research Division Analysis.

2011 American Community Survey, US Census Bureau, BRA Research Division Analysis.

2010 Census, BRA Research Division Analysis.

Massachusetts Department of Workforce Development, http：//lmi2. detma. org/lmi/lmi_ es_ a. asp, 2013年1月27日。

US Bureau of Labor Statistics http：//www. bls. gov/cew/data. htm, 2013年1月27日。

City of Boston, Auditing Department, City of Boston Annual Reports.

Massachusetts Department of Workforce Development, US Bureau of Economic Analysis, New England Economic Partnership, BRA Research Division Analysis.

U. S. Bureau of Labor Statistics, Current Employment Statistics (CES).

December 2012 NEEP projections.

城市文化篇

Urban Culture

B.18 文化评价体系：国际文化大都市的判断要素

苏 宁

摘　要： 通过对联合国教科文组织、经合组织、欧盟、美国等重要国际行为体，以及伦敦等高等级世界城市各类国际文化评价体系的比较和梳理，分析国际各界对于文化的视角解读，并撷取文化发展的要素与特征。文中提出国际主体对文化有经济产业视角与体系视角的差异，并指出国际文化指标体系中的核心、基础、个性指标群。

关键词： 文化　产业　指标体系

文化评价体系的建构是国际文化大都市建设的要件，也日益成为从国际组织到世界城市各类行为主体关注的重要课题。近期，联合国教科文组织、经合组织、欧盟、美国等重要国际行为体，以及伦敦等高等级世界城市对于文化都构建了各具特色的国际文化体系。对上述各类国际文化评价体系的比较和梳理，有助于深入了解国际各界对文化的解读视角，也能明确城市文化建设需要关注的领域和要素。

一 文化的经济与产业视角

进入21世纪以后，文化的经济作用便得到多层次的关注。特别是全球金融危机后，各主要经济体以及国际组织对创新的关注度高度提升，而文化因与创新紧密相关，愈发被视为推动经济发展的重要力量。因此，以经济与产业视角解析文化的内在要素与发展趋势，分析文化的经济结构、经济要素间的互动关系，便成为诸多国家与国际组织解析文化的重要方法。其中，以产业角度分析文化的特质与组成结构，以产业分类、产业发展的阶段性对文化要素进行归纳，是国际主体研究文化经济意义的重要手段。

1. 联合国教科文组织的文化经济视角

作为关注文化发展的重要全球性组织，联合国教科文组织（UNESCO）对文化的经济含义保持了持续的关注。2012年该组织的《文化统计框架手册》对文化的经济影响力进行了三个层面的分析。

第一层面为文化的经济规模与结构分析，即对文化经济行为的总量进行分析。主要指标项包括增加值、就业以及商业行为。其中，增加值主要以文化产业的GDP以及增加值的绝对量与相对比例为基础。就业指标以文化产业就业在总就业量中的比例、文化产业的劳动生产力等数据为基础。商业行为以经营规模、企业创立－关闭数等数据为基础。

第二层面为文化外延统计（Culture Satellite Accounts，CSA），这一体系主要针对文化产业自身的特性对其产生的经济贡献进行分析，而有别于一般的国民经济产业部类统计。CSA的重要特色在于将社会、人口、经济、金融与文化等一系列统计数据进行整合后的系统分析，从而使CSA不仅能够测度文化产业的经济贡献，而且能够分析更广泛领域的文化现象。

第三层面是乘数效应分析（Multiplier analysis），即以投入-产生表为核心，分析文化的乘数效应，包括文化对经济的直接影响、间接影响以及诱发影响。UNESCO将文化产业的乘数效应模型分为四个部分，即产出乘数、就业乘数、增加值乘数以及税收乘数。

根据UNESCO的研究框架，文化统计需要关注四个主要领域，分别为：①文化领域的创造，即传统概念文化的经济与社会活动体系。②文化领域的分类，即核心文化领域（文化与自然遗产、表演与节庆、视觉艺术与手工艺、书籍与出版、影音与互动媒体、设计与创意服务）、相关领域（旅游、体育与娱乐）和横向相关领域（教育与培训、档案与保存、装备与支持性资料）。③文化领域的分层，即目的性（产业概念、就业概念、产品概念）、实用性（国际标准产业分类、中心产品分类、国际标准分类）。④文化循环概念，即文化创意、制造与传播的链条部分。

2. 经合组织的文化经济视角

经合组织（OECD）也高度重视文化的作用。该组织在2005年的《文化与地方发展》报告中指出，文化是发展地方产业的催化力量，并发现地方政府对文化不断增加重视。2009年，OECD发布了《文化对旅游的影响报告》（*Impact of Culture on Tourism 2009*），对文化旅游、文化区与文化社区的概念进行进一步阐述，并强调文化与地方发展的关系。除此之外，OECD对文化的影响力进行了较为深入的研究。2006年，OECD组建了文化的经济社会影响国际测度研究组（International Measurement of the Economic and Social Importance of Culture），对文化的影响力进行指标分析。2007年，该研究组的研究成果形成了"文化分支统计框架"，进而对文化的经济影响构建了测度的模型体系。该框架以"供应-需求"为主要分析视角，采取宏观-信息模块、资金流-规模产出模块、特性模块、目标分析模块、文献模块5个模块的分析结构对文化的经济作用进行分析。

3. 欧盟的文化产业视角

欧盟是国际多元文化要素集聚的区域，该区域从21世纪初开始就对文化产业的发展给予了高度的重视。欧洲议会在2002年就提出了面向2017年的《文化产业解决方案》（*European Parliament Resolution on Cultural Industries*（2002/

2017），其中将文化产业定义为涵盖文化遗产到视听产业等广泛领域的多维度体系。2004年，欧洲经济社会理事会进一步明确文化创意产业的内在结构，具体包括表演艺术、造型艺术、文化手工业、图书出版、音乐出版、视听媒体、剧场、通信媒体、文化与建筑遗产保护、旅游、博物馆等。2011年，欧盟委员会在《释放文化与创意产业潜力解决方案（2011）》中明确将文化与创意产业作为经济发展的主要推动力量。欧洲统计系统（ESS）将文化与创意产业定义为10个领域：历史遗产、文献档案、图书馆、图书与出版、视觉艺术、表演艺术、视听与多媒体、建筑、广告、艺术与手工艺。上述定义主要基于文化的经济功能，包括文化的原创、制造、出版、发行、贸易、保护、教育、管理与规范等。

4. 国际知识产权组织的文化产业链视角

国际知识产权组织（WIPO）的《知识产权工业的经济贡献统计》提出了对于不同国家的创意与信息产业的测度方法。该方法以产权为核心，将文化的产业链划分为四个部分，其中，版权产业链体系包括核心版权产业、相互依赖版权产业、部分产权产业、非专业支持性产业。对于版权产业链体系的经济贡献测度主要以三个方面的数据加以对比：①版权产业在GDP中的比重，主要以两种方法进行数据分析，其一为产品比较法，主要对比产值与中间品消耗量得出。其二为收入比较法，主要考察产业雇员的薪金水平以及运营收入去除税收之后的部分。②就业，该数据由59个知识产权产业的就业数据类别组成。③对外贸易份额，主要分析各国知识产权产业的贸易数据。

二 文化体系视角

文化经济视角容易量化，具有较强的测度可能性，但却容易将文化与其他相关要素之间的互动简化为市场行为。因此，近期部分世界城市以及文化发展处于引领地位的国家，开始对文化的测度方法进行反思与创新。上述行为体在对文化要素进行评估时，采取了"体系化"的视角，即将文化视为一个具有整体性、具备外部影响力的系统与体系，从宏观角度分析文化的创造、投入、运行、产出、影响等综合性行为。这一文化的体系化视角,在测度体系的建构过程中,注重以文化系统的功能模块作为文化要素归类的标准。

1. 伦敦金融城的文化"供-需"体系

伦敦金融城(City of London)发表的《世界城市文化报告2012》,是近期世界城市对于国际文化大都市竞争力的较为典型的比较性报告。该报告以UNESCO的文化定义为基础,以"领域"(domains)与"功能"(functions)作为思考文化的两大视角。主要指标的设定原则指向两个主要方面。其一为文化的供给方,包括城市文化的"基础设施"以及这些基础体系的主要文化供应;其二为文化的消费与参与方,主要指主要城市文化活动观众与参与者的规模、特点与价值。

选取柏林、伊斯坦布尔、约翰内斯堡、伦敦、孟买、纽约、巴黎、圣保罗、上海、新加坡、悉尼、东京12个城市作为不同区域的典型文化大都市,将各城市文化60类指标分为六大领域进行比较。

(1)文化遗产:国家博物馆数、其他博物馆数、画廊数、参观博物馆与画廊比例、最受欢迎5个博物馆与画廊参观人数、最受欢迎5个博物馆与画廊人均参观次数、世界遗产数、其他遗产与历史遗迹数、公共绿地比例。

(2)文学文化:公共图书馆数、每10万人公共图书馆数、图书馆借阅量、人均图书馆借阅量、书店数量、每10万人书店数量、古旧书店数量、出版图书种类。

(3)表演艺术:剧院数、剧院表演场次、剧院观众数、每10万人剧院观众人次、音乐演唱会场次、大型音乐会数量、音乐表演场次、戏剧表演场次、舞蹈表演场次、非专业型舞蹈学校数量。

(4)电影与游戏:影院数、影院银幕数、每百万人影院银幕数、影院观众数、影院平均观众数、电影制作量、国外电影放映量、电影节数量、最著名电影节观众、游戏厅数量。

(5)民众与人才:公立高等文化专业教育机构数、私立高等文化专业教育机构数、公立艺术与设计专业院校学生数、综合性大学艺术与设计学位课程学生数。

(6)文化活力与多样性:夜总会-舞厅数量、酒吧数、每10万人酒吧数、餐馆数量、每10万人餐馆数、节庆庆典数、最著名节庆参加人数、国际学生数、国际游客数、国际游客与本地居民数量比例、国外出生人口数。

2. 美国文化人组织的文化体系视角

美国文化人组织近期发表的《美国艺术指数2012》，体现了美国文化研究者研究文化的体系化视角。该系统以指数建构的4个基础指标群为核心，分析艺术与文化核心体系。该指数的4个基础群对83个指标进行了划分，形成相互联系的指标体系，并以此解构文化系统的运行过程。

（1）资金流：音乐作者版权收入，艺术行业收入，艺术与文化投资，出版业收入，图书码洋，乐器销售额，音像产业增加值，唱片销售额，音乐会票务销售，艺术与文化非营利组织收入，艺术与文化企业资金数，艺术与文化基金会资金，文化艺术私人捐赠额，艺术文化募捐场次等18个指标。

（2）容量规模：创意产业就业规模，艺术工会人数，CD与唱片商店数，独立艺术家、作家与表演者数量，创意产业企业创业数，艺术文化组织数，艺术支持组织数，文化艺术产业资本投资，非营利组织资本投资，个人艺术创意活动经历，版权申请数等14个指标。

（3）艺术参与：个人艺术文化支出，音乐、舞蹈、戏剧、艺术书籍出版量，四年中高等教育考试艺术音乐考生质量，大学艺术专业学生数，视觉艺术与表演艺术学位数，非商业电台听众数，公共电视台收视率，文化艺术活动国际游客参与数，流行音乐演唱会观众，音乐会、舞蹈、歌剧、戏剧观众数，博物馆参观人数，非营利性剧场观众人数，艺术与文化的文献引用率等23个指标。

（4）竞争力：个人创意行为群体数，艺术文化在私人捐助中所占比重，艺术文化支出在个人支出中所占比重，艺术文化学位在总学位数中比例，文化艺术考生在高等教育考生中的比例，文化艺术企业在总企业创建数中比重，文化艺术在总基金资助中的比重，文化艺术在总企业资助中的比重，人均联邦政府文化艺术资助量，流行音乐演唱会观众与总人口比例，音乐会、舞蹈、歌剧、戏剧观众数与总人口比例，博物馆参观数与总人口比例，非营利性剧场观众人数与总人口比例，艺术企业赢利情况等28个指标。

文化评价体系：国际文化大都市的判断要素

三 国际文化测度的特点

从以上对国际各类主体文化测度体系的比较与分析中不难看出，国际组织、国家与城市对于文化的特征、结构、作用形成了诸多不同的评价体系，而评价的角度与方法也因外部环境变化而不断调整。值得注意的是，在诸多指标体系与评价框架中，仍有部分指标与要素反复出现，且在各评价体系中均居于核心地位。在横向比较多种文化框架的基础上，撷取这些多次出现的要素并进行分类，无疑有助于我们了解国际文化测度的核心要件。

1. 文化指标体系的结构特征

在全球各国、各组织、各城市纷繁复杂的众多文化指标中，对于指标性质与重要性的认定，是理解文化测度原则的核心要件。在对 UNESCO、欧盟、OECD、WIPO、英国、法国、意大利、芬兰、美国、澳大利亚、伦敦、香港、新加坡等众多国际组织、主要国家以及文化大都市的评价指标与定义进行横向与综合对比分析之后，我们认为，文化影响力的测度主要可分为以下三类指标群。

（1）核心指标，即多方主体共同用于测度文化影响力与规模的指标群。主要包括：文化产业 GDP 增加值、文化产业 GDP、文化产业就业占总就业比重、文化产业就业量、文化企业数量、文化产品/服务国际贸易量。

（2）基础指标，是各类主体较为一致认定用于分析文化基础与结构的指标群。主要包括：文化产业 GDP 占总产业比例、政府文化产业支出、文化就业结构、文化产业劳动生产率、文化企业创建率（万人）、文化企业衰亡率（万人）、产出乘数、就业乘数、增加值乘数、税收乘数。

（3）个性指标，指国际组织、国家、城市根据自身发展特点与未来文化发展路径设定的特定指标群。主要包括：志愿者数量、剧院数、剧院观众数、影院数、影院银幕数、公立艺术与设计专业院校学生数等。

2. 文化产业结构的核心要素

对于文化产业结构的界定，各国与主要世界城市的视角虽各有不同，但对于部分产业却有共同的认同。综合对法国、德国、英国、西班牙、意大利、芬

兰、香港、新加坡、澳大利亚、加拿大等国家与城市关于文化产业的统计定义的综合分析，从文化产业发展的作用来看，可将文化产业涵盖的各部门分为三个领域。

其一，文化核心产业。该部分为多方所共同关注并置于文化基础地位的产业，主要包括建筑、电影与视频、广播、表演艺术（歌剧、舞蹈、节庆）、设计（产品、时尚、平面）、视觉艺术与艺术市场、出版、音乐产业、软件、电脑游戏、多媒体、广告等。

其二，文化支撑产业。该部分为各国、各城市较为重视，且对文化发展起到支撑作用的产业群，主要包括档案馆、图书馆、博物馆、历史遗产与文化空间。

其三，文化外延潜力产业。该部分为对文化发展具有环境塑造作用或潜力推动作用的产业。这些产业包括教育、培训与咨询、文化教育、娱乐与其他文化活动、园艺与动物园、酒吧、夜店、酒业与食品产业、广播装备产业、体育产业、旅游、玩具与消遣、其他辅助活动、网络咖啡、互联网服务、珠宝与相关产业。

四 启发与借鉴

第一，文化发展战略需要从经济导向向体系导向转变。从近期国际主体特别是伦敦等国际文化大都市文化评价框架的变化趋势看，单纯以经济角度解构文化的思路受到了挑战。以体系视角看待、评估、谋划文化发展，是促进城市、区域、国家文化发展的重要方向。中国的大都市在规划、制定文化发展战略时，往往以产业规划的方式进行框架谋划与指标体系建构。这种倾向有可能使文化发展偏离其应有的多样性、系统性特征，而成为单纯的"文化圈钱工程"。因此，以文化功能为基础，形成体系性的城市文化战略与发展路径，值得中国城市借鉴。

第二，构建多层次、有重点的文化评估指标体系势在必行。从横向比较国际多种文化指标的结果来看，文化的评估体系应包含核心指标、基础指标、个性指标等不同层次的指标群组。在构建文化评价体系时，应保证共性的评价要素不遗漏，个性评价条件不缺席。评价体系的多层次与重点性、个性化是文化评价有效的重要保证。反观中国诸多大都市的城市文化评估体系，常常千篇一律，将众多指标项简单铺排，未能凸显通行指标与区域特色指标间的关系，更无法完整、深入地反映城市文化的发展特征与趋势。

第三，注重文化基础要素的积累与培育。国际文化大都市与文化强国在构建文化评估体系时，往往将图书馆、博物馆、历史文化遗迹等基础性要素作为重要的评价指标，甚至将档案馆、动物园等传统上不列入文化范畴的机构纳入评估体系。这充分说明了上述在经济上无法盈利的文化基础设施在文化建设方面的重要作用。中国的文化大都市建设往往更关注能带来收益的文化产业部类，以及场馆等基础性设施的硬件建设，而对于文化基础要素，特别是文化"软财富"的积累缺乏长远规划。综合国际经验，文化基础要素的积累任重道远，应当更多地进行系统规划。

参考文献

UNESCO, *2009 Framework for Cultural Statistics Handbook No. 1*, UNESCO Institute for Statistics, 2012.

UNESCO – UIS, *The 2009 UNESCO Framework for Cultural Statistics* (FCS 2009), Montreal, 2009.

ESS Net Culture, *Project ESS Net Culture – Final Report* (final draft). 2011 – 10 – 13.

WIPO, *Guide on Surveying the Economic Contribution of the Copyright – Based Industries*. Geneva：WIPO. 2003.

Mayor of London, *World Cities Culture Report 2012*, 2012 – 8 – 1.

United Nations General Assembly, *Resolution on Culture and Development*. A/C. 2/65/L. 50, New York：UN. 2010.

Statistics Canada, *Classification Guide for the Canadian Framework for Culture Statistics 2011*, Ottawa：Statistics Canada, 2011.

B.19 文化复兴与城市更新：
欧洲文化之都的动向

张剑涛

摘　要：

"欧洲文化之都"是欧盟授予中选城市的一个荣誉称号，即通过文化活动，推动城市发展文化，树立形象，加强交流沟通，带动经济发展，促进欧洲的多元化和一体化。当选"欧洲文化之都"的城市需要按照严格的程序，经过激烈竞争而产生。2013年的欧洲文化之都是法国的马赛和斯洛伐克的科希策。前者的当选是因为文化与经济的平衡，后者的当选是凭借工业城市的文化复兴。"欧洲文化之都"有着复兴城市文化、提升文化设施、吸引国际游客、推动社会交流等多方面的积极借鉴意义。

关键词：

欧洲文化之都　城市　文化

欧洲文化之都（European Capital of Culture）是欧盟授予中选的欧洲城市的一个荣誉称号，用以激励这些城市通过开发和推广文化活动，达到加强文化设施建设、提升城市文化、树立城市文化形象目标，并通过文化带动旅游业，吸引投资，推动经济发展和增加就业。获得年度"欧洲文化之都"称号的城市不仅可以充分展现自身的文化风采、遗产、创新和亮点，还可以通过国际和地区交流，展示文化的多元性和丰富性，显示欧洲的整体、多元和团结。因此评选"欧洲文化之都"已经成为广受欧洲国家和民众欢迎的活动。

文化复兴与城市更新：欧洲文化之都的动向

一 欧洲文化之都的历史

1. 欧洲文化之都的演变

1985年，欧共体决议举办"欧洲文化城市"。1999年"欧洲文化城市"更名为"欧洲文化之都"。目前每年从东、西欧的两个国家中各选出一个城市来共同举办。其中2000年有9座城市被选为欧洲文化之都（见表1）。

表1　历年的欧洲文化之都

年份	国　家	城　市	年份	国　家	城　市
1985	希腊	雅典	2004	意大利、法国	热那亚、里尔
1986	意大利	佛罗伦萨	2005	爱尔兰	科克
1987	荷兰	阿姆斯特丹	2006	希腊	帕特雷
1988	西德	西柏林	2007	卢森堡、罗马尼亚	卢森堡、锡比乌
1989	法国	巴黎			
1990	英国	格拉斯哥	2008	英国、挪威	利物浦、斯塔万格
1991	爱尔兰	都柏林	2009	立陶宛、奥地利	维尔纽斯、林茨
1992	西班牙	马德里	2010	德国、匈牙利、土耳其	埃森、佩奇、伊斯坦布尔
1993	比利时	安特卫普			
1994	葡萄牙	里斯本	2011	芬兰、爱沙尼亚	图尔库、塔林
1995	卢森堡	卢森堡	2012	葡萄牙、斯洛文尼亚	吉马良斯、马里博尔
1996	丹麦	哥本哈根			
1997	希腊	萨洛尼卡	2013	法国、斯洛伐克	马赛、科希策
1998	瑞典	斯德哥尔摩	2014	瑞典、拉脱维亚	于默奥、里加
1999	德国	魏玛	2015	比利时、捷克	蒙斯、比尔森
2000	冰岛、挪威、芬兰、比利时、捷克、波兰、西班牙、法国、意大利	雷克雅未克、卑尔根、赫尔辛基、布鲁塞尔、布拉格、克拉科夫、圣地亚哥 - 德孔波斯特拉、阿维侬、博洛尼亚	2016	西班牙、波兰	圣塞瓦斯蒂安、弗罗茨瓦夫
			2017	丹麦、塞浦路斯	奥胡斯、帕福斯
			2018	荷兰、马耳他	莱瓦顿、瓦莱塔
			2019	意大利、保加利亚	—
2001	荷兰、葡萄牙	鹿特丹、波尔图			
2002	比利时、西班牙	布鲁日、萨拉曼卡	2020	罗马尼亚、塞尔维亚、爱尔兰	
2003	奥地利	格拉茨			

资料来源：http：//ec. europa. eu/culture/our - programmes - and - actions/capitals/european - capitals - of - culture_ en. htm。

199

2. 欧洲文化之都的选拔程序

2004年之前由各成员国提名推荐"欧洲文化城市"（包括1999年之后的"欧洲文化之都"），最后获得一致同意的城市被选为"欧洲文化城市"，并获得欧盟委员会的活动经费。2005～2009年，"欧洲文化之都"的候选国家和城市由欧盟委员会推荐，评选委员会评议，然后由欧盟理事会决定。2009年开始，"欧洲文化之都"由举办国的城市通过自由竞选产生。通过专家评选委员会和明确的竞选标准，"欧洲文化之都"的竞争体现公正、明确、严格。当选的标准是充分体现欧洲文化的整体性和多样性，同时突出欧洲文化的交流和合作，以及城市文化的可持续发展。

二 2013欧洲文化之都

1. 马赛——文化与经济的平衡

马赛是法国最古老的城市、第二大城市和最大海港，普罗旺斯大区首府，城市人口123万。马赛港年货运量1亿吨，是法国对外贸易最大门户。欧洲文化之都2013年的节目表以三部曲形式呈现："马赛－普罗旺斯欢迎全世界"——"天空下的马赛－普罗旺斯"——"千面马赛－普罗旺斯"。"马赛－普罗旺斯2013"上演400多场戏剧、音乐、舞蹈、电影和街头表演以及80多场展览，其中60多个活动在马赛新开放的文化场所举办。首部曲"欢迎全世界"在建于20世纪90年代的欧洲地中海街区集中向世界展示地中海城市的文化理念和创造精神；第二部曲"天空下的马赛"跨越整个普罗旺斯区展示法国南部多彩的文化遗产；第三部曲"千面马赛"则展示马赛前卫多样的文化特色。整个节目表的安排都旨在支持当代创作，通过在街区、学校举办的活动和大量免费活动鼓励更多观众的参与。组织者期望集中而广泛的文化活动为该地区带来的活力和诸多正面效应能得以扩展和持续。

"马赛－普罗旺斯欢迎全世界"

"马赛－普罗旺斯2013"的目标是提高20%的游客数量。得益于20世纪90年代大型建筑群"欧洲地中海街区"的建成，马赛成为普罗旺斯地区文化活动的据点。这个部分主要集中展示地中海城市文化、创造精神和分享理念。

2013年1月中旬的开幕周为近一年的文化活动、节日和探索发现搭建了平台，为让人们更好地了解这个地区的文化积淀打开了通道。普罗旺斯是很多马戏团的据点，如Archaos马戏团，每年都会有很多演出在剧场或露天场地上演。2013年有超过200场来自各地马戏团的演出与观众见面。"城市艺术"板块突出展示新兴城市文化的独特魅力，无论是街头艺术还是说唱音乐，都以其独特的方式吸引游客的目光。"旅程和停留"板块以英雄人物和港口城市为线索，通过现代和古典艺术形式讲述地中海的故事。"GR 2013"板块带领人们体验一种全新的远足方式，在穿越城市和城郊的同时欣赏文化艺术。

"天空下的马赛-普罗旺斯"

2013年夏季，各种不同的文化活动交相辉映，构成一个融合露天音乐节、电影和舞蹈的独特活动——"不走寻常路"。借力本地区业已知名的普罗旺斯歌剧节、马赛南部艺术节等，一些原本默默无闻的艺术节，如五洲爵士乐节、阿莱城南部艺术节等也为更多人所知。活动主办方还策划了游牧般的奇异冒险线路，让人们可以与动物一同漫步，跨越两个大洲、3个国家的数个城市，边体验自然美景边旅游。马赛-普罗旺斯希望能够创建一个充满创造力的平台，用于地中海沿岸与欧洲的文化交流。这种交流是本年度活动的核心，也是潜在的另一主题——"南部的分享"。"两岸的梦想"展览因此应运而生，展示这一特殊地区多彩的文化遗产。作为第二部曲与第三部曲的衔接，一个盛大的夏季舞会欢迎所有人一起狂欢。

"千面马赛-普罗旺斯"

进入秋季，"千面马赛-普罗旺斯"尽可能多地把这里的一切展现在大众面前。"地中海印象"板块中，人们可以了解到地中海地区的伟大艺术家。数字技术作为新的艺术媒介在"数字景象"板块中展现。此外，除了人人皆知的普罗旺斯鱼汤外，更多创新菜品出现在"剧场厨房"板块。新的剧目和音乐创作登上"秋的舞台"板块。年轻作家不同形式的文学作品在"真实的写照"板块中展示文学创新，"游记"则为孩子们和家长提供便利，通过文化艺术的视角去观察世界。马赛-普罗旺斯是一片就有深厚历史底蕴同时不断散发活力的地区。在此人们不仅能看到辉煌的历史文化古迹，还能捕捉到现代文化艺术的光芒，这不仅得益于很多伟大艺术家的创造，也得益于马赛市自1995

年以来执行的文化政策。目前马赛的人均文化支出在欧洲城市中仅次于柏林。这种在文化产业领域的投资今后还会加大，对历史文化的保护和现代文化的发展将产生更大的影响。

建设新马赛

建设新马赛是马赛市政府近年的目标之一，包括旧城复修和新城建设两部分。复修包括改善基础设施、公共空间、交通路线等。新建主要是为迎接"马赛-普罗旺斯2013"的到来。为此，各级政府合力投入了约7亿欧元新建和改造各类文化设施建设，包括博物馆、展馆、纪念碑、图书馆、演艺设施等。在此基础之上，马赛市政府的文化投入仅次于教育，超过市政总投入的10%。与此同时，马赛还计划通过新建，连接港口周围的多个文化设施，使游客可以通过游船进入城市中心，充分领略马赛新老交映的城市风貌。这些崭新的文化设施将逐渐转化成文化影响力与旅游吸引力。

2. 科希策——工业城市的文化复兴

科希策位于斯洛伐克东部，是斯洛伐克第二大城市。科希策建于9世纪，是欧洲著名的历史名城，中世纪以手工艺品著称。城市以文艺复兴时期的巴洛克建筑闻名，保存有诸多14~15世纪的建筑古迹。"二战"之后，成为捷克斯洛伐克的铁路枢纽和大型工业基地。该市以及附近建有大型冶金联合企业，生产多种钢材，同时还有重型机械制造、采矿、食品加工、服装、木材加工等工业。科希策作为2013年欧洲文化之都，焦点是从工业城市向文化创意之都的转型。科希策2013年欧洲文化之都具有多元内容的文化旅游项目贯穿全年，包括音乐会、研讨会、讲座、演出、影视和展览等活动，共300多个文化盛典。

工业城市的文化复兴

科希策是中欧的文艺中心之一。城市中心有一个主广场，附近有很多私人艺术画廊、铺着白色桌布的餐馆和备有酒窖的高档旅馆，这是城市中最繁华的区域。圣伊丽莎白大教堂建于14世纪，是斯洛伐克最大的教堂。教堂内部非常精美，有后哥特式的装饰及雕塑，如圣母的木质雕像和很多《圣经》人物的石刻、壁画等。教堂外面也有着独特的风格，钟楼可以俯瞰全市，教堂的地下则是一处墓地。中世纪的圣欧本钟楼矗立在大教堂的边上，钟楼内的大厅是科希策蜡像馆，展示当地的历史人物。

城市中废弃的矿井和军营被重新装修,变为艺术家的地下工作室。山顶上闲置的仓库则成了户外节庆活动、电子音乐集会和激光表演的场所。市中心的绿地兴建了一个全新的文化公园。一个永久性的互动展示,"钢铁,我的心"(Steel My Heart)带领游客体验将钢铁制成汽车的生产线全过程。新建的艺术馆的主题是演绎水和光线,而它原先是一座公园废弃的游泳池。另外,城市的剧场也进行了重建。一系列歌剧、话剧和其他类别艺术的演出在露天街道、各大剧院和艺术中心等不同的场所上演。

古堡之国的丰富世界文化遗产

斯洛伐克是世界上城堡数量最多的国家,有记载的城堡就达180个。科希策附近的斯皮思城堡是中欧中世纪最大的城堡,也是列名于联合国教科文组织的世界文化遗产,其历史可追溯到公元1113年。城堡最大的特色是保存完善的罗马式建筑,并兼具哥特式风格和文艺复兴风格,特别是城堡中在一座宏伟的三层罗马式宫殿。

附近的班斯卡·什佳夫尼察是一个古老的矿区,位于喀尔巴阡山麓,同样是世界文化遗产,这里是13~18世纪最重要的贵重金属采矿中心。

自然环境和美食

科希策及周边自然风光优美,特别是温泉区,云集了世界各地的游客,约2000年前已有居民在这里享受温泉。16世纪末,这里还发现了能治疗坐骨神经痛的黑泥。温泉疗养公园面积巨大,没有边界,与周围的森林融为一体。水疗中心提供热疗、矿泥和康复项目,以及美体减肥等健身项目。

斯洛伐克极具代表性的白葡萄酒、红葡萄酒和冰葡萄酒,均用产自小喀尔巴阡山地区的优质葡萄酿制而成,其中一些品种的葡萄酒品质可以跟法国等著名葡萄酒产区的葡萄酒相媲美。小喀尔巴阡山地区作为斯洛伐克最大的葡萄酒产区已有3000年的历史。目前该地区出产的葡萄酒已经闻名世界。

三 欧洲文化之都对中国的经验借鉴

1. 复兴城市文化,重塑城市品牌

利物浦通过2008年"欧洲文化之都",重新树立城市形象,吸引投资更新和改造了大量的公共文化设施，举行了7000多场活动。利物浦也借此从"工业城市"转型为"文化典范"。绝大部分居民因此提升了对城市的满意度。

格拉斯哥在1990年获得"欧洲文化之都"的称号，通过文化推广和建设，使城市走出了由于工业衰退而陷入经济危机的泥沼。通过文化和其他公共设施的建设和改造，更新了城市环境和基础设施，使城市重现活力。良好的旅游和投资环境吸引了大量游客和商业，带动经济复苏。

2. 提升文化设施，推动文化发展

"欧洲文化之都"活动中最令人瞩目的关键点就是大力推动公共文化设施建设。2011年"欧洲文化之都"芬兰古城图尔库，规划改建了自然和人文景观集中的特色地带，把约9000平方米的废旧厂房改建成为洛戈莫展览中心。2001年"欧洲文化之都"鹿特丹，成立了大量的文化组织机构，至今仍运作顺畅。2004年的"欧洲文化之都"里尔是法国近代的工业重镇。城市对年久失修的名胜古迹总投入2000多万欧元进行修缮，改建的文化设施为当地居民提供了大量的社区活动场所。

3. 吸引国际游客，带动产业发展

城市当选"欧洲文化之都"后，由欧盟、举办过城市和当选城市共同制定的活动方案会充分凸显地方文化特色和欧洲文化多元性。一年中会举行数以千计的文化活动，包括几十个国家艺术家和著名艺术团体，以及各种视听演艺活动，集中展现欧洲和世界的文化精粹。城市知名度大幅提高，吸引大量游客到来。通常获得"欧洲文化之都"的城市当年的旅游业以及相关产业都会大幅提升。

4. 促进文化交流，推进社会和谐

文化交流、融合与新思维，对于人口和文化构成复杂的欧洲尤为重要。人们开始拥有更具创造性的思考力，这对于任何城市的文化发展都至关重要，因为它为文化带来了新的基因。这也是"欧洲文化之都"活动的目的。如2001年"欧洲文化之都"鹿特丹、2011年"欧洲文化之都"塔林，都通过文化活动增进了文化交流和沟通，促进了社会融合和团结。

参考文献

European Communities. *European Capitals of Culture：The Road to Success – From 1985 to 2010*, 2009.

http：//ec. europa. eu/culture/index_ en. htm, 2013 年 10 月 6 日。

http：//ec. europa. eu/culture/our – programmes – and – actions/doc413_ en. htm, 2013 年 10 月 6 日。

B.20 "酷城市"与"富城市":美国大都市区人群流向趋势分析[*]

苏 宁

摘 要: 本文以相关美国青年人口的大都市区流向以及高收入人群集聚趋势的研究为基础,对比研究相关"酷城市"与"富城市"之间的吻合性。研究指出美国青年人所青睐的"酷城市"与特高收入家庭集聚的大都市区的重合性,并提出具有创新能力的年轻阶层在经济波动情况下的空间选择。

关键词: 美国 大都市区 青年阶层 高收入家庭

美国大都市区的人口迁移方向,一直是美国经济社会变化趋势的"风向标"。而青年人口以及富裕人口的主要流向,更鲜明地反映出美国大都市在吸引创新、财富要素方面的新方向。近期的相关研究表明,美国青年人口逐渐向文化、创新环境的"酷城市"集聚。而将高收入人群集聚的"富城市"与前述"酷城市"进行比较,无疑将为我们提供一个了解美国城市发展趋势的新视角。

一 危机后集聚美国青年人口流向的"酷城市"

在"占领华尔街"运动的过程中,所谓"占领者"们关注的更多是就业

---

[*] 本文主要基于布鲁金斯学会研究报告"American Young Adults Choose 'Cool Cities' During Recession"和"USA Cities: Where the 1% Live"的介评,并进行了中国启示的研究分析,特此致谢。

"酷城市"与"富城市"：美国大都市区人群流向趋势分析

形势的恶劣以及大企业的贪婪等具有理想主义色彩的问题。但在这些对当前美国社会状况不满的背后，显现的是家庭数量的下降、结婚行为的推迟以及双职工家庭增加等问题，这些问题都使得美国青年群体的生活状况更为艰难，而这些问题都已经为2010年之后的美国人口统计所证明。在这种社会情况的影响下，近期的美国国内移民数据显示，一些固有状态正在被打破。在迁移目的地问题上，美国青年人正趋向于前往具有一些特定"氛围"（vibe）——包括大学城、高科技中心的大都市区，这些都市被称为"酷城市"（cool cities）。①

而仅在前一个阶段，人口增长的区域还与当前大相径庭。2005~2007年，25~34岁人口增加最多的大都市区基本上位于经济发达的热点区域，里弗塞德（Riverside）、菲尼克斯、亚特兰大3个大都市区在上述人口的增长量方面分列前3位，其上述年龄段人口年均增长分别达到23000人、14000人和12000人。而在随后的大萧条时期，里弗赛德从第1位下降到第8位，其青年人口的增长数量不及前一阶段的1/4。菲尼克斯从第2位下降到第17位，亚特兰大从第3位下降到第23位，二者的青年人口增长寥寥。这些大都市区不仅是就业的热点区域，而且是具有大量可承受住房的区域，因而成为青年人创业及组成家庭的首选之地。

但在住房抵押贷款崩盘及失业率剧增的夹击之中，情况急转直下。尽管青年人的迁移较危机前规模更小，但这一群体仍在流动，但流动的目的地却发生了较大的变化。在2008~2010年的25~34岁阶段人口流入排名中，位居前列的分别是丹佛、休斯敦、达拉斯、西雅图、奥斯汀、华盛顿以及波特兰（见表1）。从经济角度看，或许是缘于榜单前3位的大都市区以及华盛顿在危机中均有相对较好的经济表现。但从更深的层面看，前7位大都市区的一个共同属性是青年人能够在该地区与大学或学院有所接触和联系，并与较高教育程度的居民为伍。与所有年龄段的流动目的地相比，青年人的流动目的地有着很大差异，前者涵盖的城市中菲尼克斯和里弗赛德仍然位居前3之列，仅在流动数量方面有所下降。

---

① William H. Frey, *American Young Adults Choose "Cool Cities" During Recession*, The Brookings Institution, 2011-10-28.

在 21 世纪前 10 年中，一些大都市区尽管并非美国流动人口的主要流向城市，但在吸引青年人方面却表现出色。这些城市的排位上升，部分原因是其他曾经风光无限的城市地位迅速下降。有两个城市青年人流入的排位变化令人瞩目：丹佛从原本的第 12 位提升到第 1 位，华盛顿从第 44 位提升到第 6 位。

表 1　2008～2010 年美国大都市区 25～34 岁年龄段年均国内移民趋势

单位：人

最多流入大都市区		最多流出大都市区	
丹佛	10429	洛杉矶	-24470
休斯敦	9336	纽约	-22325
达拉斯	8721	芝加哥	-9645
西雅图	7451	底特律	-7501
奥斯汀	7099	迈阿密	-5724
华盛顿	7044	圣迭戈	-5364
波特兰	6656	弗吉尼亚比奇	-3855

资料来源：William H. Frey, *American Young Adults Choose "Cool Cities" During Recession*, The Brookings Institution, 2011-10-28。

青年人迁移目的地的另一个视角聚焦在 2005 年前后的一些 "魅力" 大都市区上。这些城市通过就业及可承受住房的优势条件吸引青年群体从加利福尼亚向东部迁移，从东北部大都市区向南部迁移。但在经济危机发生之后，包括纽约、洛杉矶、旧金山、波士顿等在内的大都市区的青年群体数量大为下降。一些可能的移民也保持观望，等待下一轮经济上行趋势。

美国经济的低潮期使得许多年轻人处于尴尬境地，他们只能在城市中等待就业和住房的机会，这些人中的一部分成为 "占领华尔街" 运动过程中的支持者。当经济重新走上正轨，他们将会随着就业机会而流向新的城市。但同时也应注意到，有一部分大都市区具有相对稳健的经济增长力，同时在青年人当中有很高的声誉，这些城市无疑成为年轻群体在外部环境低迷时的向往之地。

二　美国高收入人群集聚的大都市区

"占领华尔街" 运动将目标直指 "1% 的人群"，而这些群体集聚的大都市区则更值得深入分析。美国国内收入服务（IRS）数据显示，所谓特高收入的1%人群主要为企业高管、经理，以及金融专业人士，同时还包括一小部分医生和律师。2008年，其年收入的最低限是380354美元。若从人群分布的角度看，则应将特高收入人群的收入标准划定为20万美元，大致占美国总人口的3%。①

从空间上看，特高收入家庭（very high-income households）在大都市区的分布并不均衡。尽管这些人群85%的税收文件上标注的是大都市区地址，约93%的特高收入者居住在大都市区，但财富前3%的人均高度集聚在更有限的一些大型大都市区中。在人数的比例上，只有20个大都市区拥有特高收入家庭的1%以上份额，它们分别是：纽约、洛杉矶、芝加哥、华盛顿、旧金山、波士顿、休斯敦、费城、达拉斯、迈阿密、亚特兰大、圣何塞、西雅图、明尼阿波利斯、圣迭戈、底特律、菲尼克斯、巴尔的摩、布里奇波特和丹佛。这些大都市区拥有56%的最高收入家庭，但其家庭总数仅占全美的37%。

纽约大都市区拥有最多的特高收入家庭。全美12%的特高收入家庭集聚在这一区域，但其家庭总数仅占全美7%。位居第2的是洛杉矶，拥有5%的富裕家庭，家庭总数占全美4%。从总体上看，有54个大都市区的特高收入家庭比例超过其家庭总数占全美比例。其中包括18个拥有全美最高收入家庭的大都市区，还有若干美国100大都市区成员（如哈特福德、奥斯汀、夏洛特、纽黑文、里奇蒙德等），也有一些较小的大学城（特雷顿、圣克鲁斯、夏洛特维尔等），另有一些较小规模的大都市区（佛罗里达州的那不勒斯、新墨西哥州的圣菲、明尼苏达州的罗切斯特等）。

从邮政编码的数据分布来看，特高收入家庭最为集中的号码为10023，即纽约曼哈顿的上西区，该区域集中了7621个此类家庭。这一号码与上西区另一号码、曼哈顿上东区，以及华盛顿波托马克郊区的一个号码一道，分别占美国特高收入家庭数0.2%的比例。在特高收入家庭的邮政编码分布方面，前20个邮政编码中，有数个在纽约曼哈顿区，其他的编码分布在纽约郊区斯卡斯戴尔、芝加哥林肯公园、硅谷库伯提诺、休斯敦郊区苏格兰德、休斯敦西区、圣

---

① Howard Wial. *USA Cities. Where the 1% Live*, The Brookings Institution, 2011 - 10 - 31.

迭戈郊区普林斯顿、华盛顿郊区贝斯达等地。华尔街并不在列，因为当地几乎无人居住。

三 文化与经济的城市选择

危机后美国青年人流向的大都市区群体变化，以及受"占领华尔街"运动所指责的美国特高收入群体都市区集聚状况，代表着美国不同阶层民众在新挑战、新变化状况下的空间选择。对比上述"酷城市"与"富城市"之间的异同，无疑有助于我们了解美国文化、创新与财富之间的空间流动趋势，以及大都市区特质对于不同阶层人群的影响作用。

从吻合度上看，美国青年人所青睐的"酷城市"与特高收入家庭集聚的大都市区有部分重合，主要为休斯敦、达拉斯、西雅图、华盛顿等城市。这些城市是青年人口流入最多的区域，同时在特高收入家庭的集聚程度上也居于前10位。从区域角度看，有3个城市位于美国西部，是美国区域经济体系中近期新崛起的大都市区。同时，一个引人注目的情况是，这些兼具"酷城市"与"富城市"特点的大都市区，均具有优质的高等教育资源，且具备较为丰富的文化基础。

这种情况发生在经济危机之后，从一个侧面反映了城市文化在经济发生较大波动时，成为流动人口在选择迁移目的地时的重要依据。从抵御经济危机的角度上看，特大型大都市区尽管能够提供众多的就业机会及住房保障，但其经济波动带来的影响规模往往也更大。在这一时期，具有创新能力的年轻阶层往往趋向于回归具有创新包容性的中等规模"文化型"城市，即所谓"酷城市"。这种城市的规模以及经济结构使其在经济危机中具有更强的适应性，同时，城市的文化特质使得其在后危机时期能够具有更强的创新要素吸引力。有学者认为，规模庞大的世界城市的文化活动份额并非增长最为迅速，反而一些规模较小的城市或集镇具有更快的增长速度，这是由于这些城市能承担得起"专门经营"文化的任务。①

---

① 罗伯特·保罗·欧文斯等著《世界城市文化报告2012》，同济大学出版社，2013。

另外，纽约、洛杉矶、芝加哥等大都市区尽管成为青年人逃离的城市，但仍应看到上述城市在集聚特高收入家庭方面仍位列前三位。这表明，经济要素及财富高度优先配置于特大型大都市区的规律仍然有效。同时，上述高等级大都市区也是文化的高度集聚区，其在危机后对青年的挤出效应主要体现在生活成本上，而非城市的内在吸引力上。美国青年阶层向较低规模大都市区的流动，其内在动因在相当程度上仍表现为心理上的观望。但无论如何，具有文化、创新要素及氛围的新兴"酷城市"对高度集聚财富的"富城市"已经形成挑战。

四 美国大都市区人口流动趋势对中国城市发展的启示

美国人口在"酷城市"与"富城市"的分布趋势，对于中国的城市化建设，特别是创新型城市建设有着重要的参照作用。如何规划、建设中国的"酷城市"和"富城市"，无疑将成为中国城市"利益相关方"（stakeholder）们需要认真考虑的重要议题。

第一，文化要素是吸引创新集聚的重要依托。后危机时期，美国的青年人群流动趋势表明，具有教育、文化资源的城市成为相关年轻群体的青睐之处。在经济要素之外，文化环境成为影响创新能力人群选址的重要依据。当前中国众多城市在吸引外部创新人才时，更多关注经济的吸引力，而较少关注人文环境。美国的经验表明，集聚高等级的文化要素，形成具有识别性的人文环境，将能够更有效地吸引有创造力的人群。

第二，构筑适应青年人特点的住房与就业保障体系。美国特大型城市青年人群外流的主要原因在于住房保障和就业机会的流失。在相关的"富城市"中，青年人群无力承担过高的生活就业成本，因而向较低层级城市流动。中国的城市住房与就业保障体系中，对于青年阶层的设计仍有所欠缺。这种情况往往造成大量具有创新、创业能力的青年人群无力在大城市中获得较好的发展前景。吸取美国大都市发展的教训，未雨绸缪，为青年人提供更有力的住房与就业保障体系势在必行。

第三，提高二线城市的文化"识别度"。美国青年人所青睐的"酷城市"，

尽管规模不一定巨大,但却因其文化、教育、创新环境的发展,而具有较高的"声望"。这种声望,就是一座城市的"识别特质"。在经济发生波动之际,相关群体往往更趋向于集聚在此类具有识别性的城市之中。反观中国的二线城市,往往呈现"千城一面"的特点,在城市文化的"识别性"方面有所欠缺。根据美国的经验,以文化建设为先导,提升城市的识别度,是相关城市脱颖而出的重要策略。

参考文献

William H. Frey, *American Young Adults Choose "Cool Cities" During Recession*, The Brookings Institution, 2011 – 10 – 28.

Howard Wial. *USA Cities*: *Where the 1% Live*, The Brookings Institution, 2011 – 10 – 31.

Brookings Institution. *The State of Metropolitan America*: *On the Front Lines of Demographic Transformation*, The Brookings Institution, 2010.

U. S. Census Bureau Population Estimates Program, "Intercensal Population Estimates, 2000 – 2010" (Washington D. C., U. S. Census Bureau, Sept. 2011), online at http://www.census.gov/popest/data/intercensal/index.html.

Alan Berube, Audrey Singer, Jill H. Wilson and William H. Frey, "Finding Exurbia, America's Fast Growing Communities at the Metropolitan Fringe," The Brookings Institution, 2006.

Elwood Carlson, *The Lucky Few*: *Between the Greatest Generation and the Baby Boom*, New York: Springer, 2008.

B.21 大小皆有机遇：欧洲文化创意产业集群的发育规律*

屠启宇

摘　要：

　　欧洲是全球公认的文化创意和科技创新的领先区域。欧洲30国的文化创意产业的就业规模达640万人。主要的文化创意产业集聚区拥有欧洲最高的繁荣水平。大的城市区和首都城市基本主宰了文化创意产业，超级集群有伦敦和巴黎，米兰、马德里、巴塞罗那和罗马紧随其后形成25个关键文化创意产业集群地区。同时，中小地区基于追赶效应，拥有最高的产业增长率。

关键词：

　　欧洲　文化创意产业　集群

在欧盟统计中，文化产业和创意产业合称文化创意产业，主要涵盖广告、建筑、广播媒体、设计、游戏软件和新媒体、电影、经典艺术（文字、视觉和表演艺术）、图书馆博物馆和文化遗产、音乐、摄影、纸质媒体和工艺品生产。欧盟30国的文化创意产业的就业岗位规模达640万人[①]。

---

* 本文主要基于欧盟报告 Dominic Power. *The European Cluster Observatory Priority Sector Report: Creative and Cultural Industries*. Europa Innova Paper N 16. 2011 的介评，并进行了中国启示的研究分析，特此致谢。

① 遗憾的是，目前欧盟研究统计还没有覆盖独立文化创意工作者的情况，而此类人员在文化创意产业中恰恰是一个相当普遍的情况。比如在瑞典，9.2万个文化创意主体中有超过82%是个人独立经营，而在瑞典整个经济中，个人独立经营的比例要高9个百分点。

一 欧洲文化创意产业发展依托繁荣大都市

欧盟的文化创意产业和地区繁荣之间有着高度的相关性。在欧盟，文化创意产业集聚度高出平均水平的多是属于经济繁荣程度最高的地区（见图1）。这不仅意味着文化创意企业和人才为繁荣地区的市场所吸引，而且文化创意企业和人才本身也是欧洲最富裕地区经济的重要组成部分。

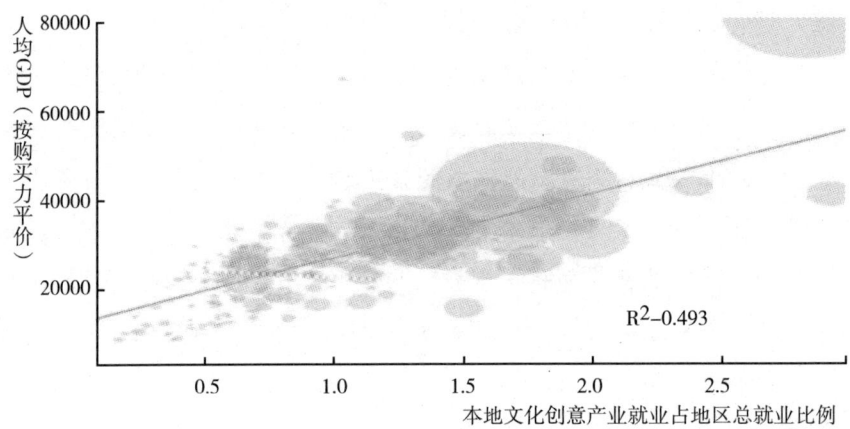

图1 文化创意产业与经济繁荣关系

资料来源：Dominic Power. *The European Cluster Observatory Priority Sector Report: Creative and Cultural Industries*. Europa Innova Paper N 16. 2011。

在欧洲，文化创意产业就业最集中的区域都属于主要的城市化地区。当文化创意产业化后，它的基本规律是既被动吸引也主动集中于城市化地区，而且具体文化领域的产业化程度越高，就越倾向于集中在大城市地区（见表1）。

但是，文化创意产业并非城市发展必然的副产品，其就业和整体竞争力同城市的（人口和市场）规模并不简单相关。文化创意产业属于知识驱动行业，因此主要为特殊人力资源市场和集群所吸引。当然，大城市所拥有的劳动力市场和各类产业集群的整体规模，有利于支撑文化创意产业上规模。

文化创意产业为本地就业市场第一大产业的城市有斯德哥尔摩、布拉格、伦敦和罗马。文化创意产业在本地就业占比特别突出的欧洲上规模城

大小皆有机遇：欧洲文化创意产业集群的发育规律

表 1 欧洲 30 国文化创意产业集群前 25 位

单位：万人

集群地区	核心城市	文化创意产业集群排名	文化创意产业就业
巴黎大区,法国	巴黎	1	27.9
伦敦内城,英国	伦敦	2	24.0
伦巴底地区,意大利	米兰	3	17.6
马德里,西班牙	马德里	4	16.4
加泰罗尼亚省,西班牙	巴塞罗那	5	13.9
拉齐奥地区,意大利	罗马	6	11.4
丹麦统计区,丹麦	哥本哈根	7	9.9
拜仁州,德国	慕尼黑	8	9.4
阿提克地区,希腊	雅典	9	8.8
伦敦外城,英国	伦敦	10	8.7
佩斯州,匈牙利	布达佩斯	11	7.9
南荷兰省,荷兰	鹿特丹	12	7.8
贝克群-白金汉郡-牛津郡,英国	牛津	133	7.6
北荷兰省,荷兰	阿姆斯特丹	14	7.5
安达卢西亚,西班牙	塞维利亚	15	7.1
科隆,德国	科隆	16	6.9
斯德哥尔摩,瑞典	斯德哥尔摩	17	6.8
里斯本,葡萄牙	里斯本	18	6.8
柏林,德国	柏林	19	6.6
威尼托,意大利	威尼托	20	6.1
下萨克森州,德国	汉诺威	21	5.9
达姆施塔特市,德国	达姆施塔特	22	5.9
皮埃蒙特,意大利	皮埃蒙特	23	5.8
艾米利亚-罗马涅大区,意大利	博洛尼亚	24	5.8
萨里-东西苏塞克斯,英国	布莱顿	25	5.8

来源：Dominic Power. *The European Cluster Observatory Priority Sector Report: Creative and Cultural Industries*. Europa Innova Paper N 16. 2011。

市①还有阿姆斯特丹、柏林、法兰克福、英国苏塞克斯的布莱顿、布达佩斯、海牙、里斯本、牛津。尽管大城市地区趋于主导文化创意产业，但是以巴拉迪

---

① 指总人口或文化创意产业就业规模排名欧盟前 25 位的城市。

斯拉瓦为代表（欧盟内按人口排仅为第 223 位，按文化创意产业就业占比排第 12 位），反映了欧洲的一些小地区也能在文化创意产业领域表现高活力。

二 欧洲文化创意产业的个性化增长

文化创意产业不像出口导向产业那样具有独立运行规律，而是与本地区的经济具有根植性和相互依存性，但其增长节奏也并不必然同本地整体经济周期完全吻合。2003～2008 年，11 个欧洲国家的文化创意产业数据反映，其增长甚至同整体经济增长具有类似放大器的特点，即整体经济发展好，则文化创意产业发展更快；整体经济发展停滞，则文化创意产业发展收缩得更严重。但同时，13 个欧洲国家的文化创意产业则呈现同整体经济反周期或无相关的运行情况，提示文化创意产业也可能同整体经济没有必然的相关性。甚至意大利在同一时期（2008 年），不同地区的文化创意产业增长情况也迥异，既有 4 个地区的文化创意产业经历高度增长，同样也有 4 个地区的文化创意产业经历收缩。

1. 文化创意产业在欧洲各国的产业地位

欧洲小国比大国趋向于有更高的文化创意产业就业占比，体现了在本国更高的产业地位。欧洲 10 个文化创意产业占比最高的国家中，只有荷兰和英国两个国家的人口超过 1000 万。大国文化创意产业就业占比普遍较小的原因可能是大国能够在文化创意产品供应方面更好地达到规模经济，也可能是由于小国独特的语言和文化传统很难通过进口文化创意产品或服务来满足，以及需要花更多的人力资源来供应符合当地需求的产品或服务。总之，无论国家大小，都需要有一个文化和传媒机构基础，以确保能够提供无法通过外部引进来得到满足的原生性文化产品和服务的基本供应。

文化创意产业的就业增长数据也支持欧洲小国以及相对小规模地区。整个欧洲范围内有数据可查的 129 个地区中，2003～2008 年，有 59 个地区的文化创意产业呈现增长，有 70 个地区的文化创意产业呈现收缩。在以文化创意产业就业增长率衡量的前 25 个地区中，有 19 个地区的文化创意产业增长率超过本地区产业增长的平均水平，其中塞浦路斯呈现 25.8% 的最高年均（2003～

2008年）文化创意产业增长率；奥地利、比利时和意大利进入前25位的地区分别达到6个、5个和4个；波罗的海沿海国家爱沙尼亚、拉脱维亚、立陶宛也整体进入前25位。当然需要指出的是，25个高增长地区中的大多数是中小规模地区，就业增长率最高的是塞浦路斯（25.8%）、斯洛伐克（25.6%）、立陶宛（11.5%）和拉脱维亚（9.8%）。这些地区往往文化创意产业的平均发展基础较低，高增长更多是追赶效应的呈现。

2. 欧洲文化创意产业集群的地区分布情况

文化创意产业是个笼统的概括。决定文化创意产业内不同细分行业竞争力的知识需求、工作方式、商业和组织模式以及消费界面可能都有巨大差异，这也导致了每个行业的竞争力既分享一些共通之处，又表现各行业独特的集群动态。

整体而言，巴黎、伦敦、米兰、马德里、巴塞罗那和罗马是欧洲最重要的文化创意产业就业中心。其中，伦敦和巴黎又是遥遥领先。

纸质传媒业是在就业意义上欧洲最大的文化创意产业，总就业人口超过207万人，占整个文化创意产业就业的32.3%。前20位的集群就业都超过2万人，伦敦内城、巴黎大区、伦巴的地区（首府罗马）都聚集了超过5万个岗位。

广播电视业集群从业规模普遍较大，超万人的地区有伦敦内城（超过3万个从业人员）、马德里、巴黎大区、拉齐奥、加泰罗尼亚、科隆和布加勒斯特市及郊区县。

广告集群主要位于巴黎大区、伦敦内城、马德里、伦巴的地区、加泰罗尼亚地区和丹麦、杜塞尔多夫和汉堡，从业者都超过1万人。

软件业，巴黎大区以超过2.8万个从业人员远远领先于其他地区集群。从业人员超过5000人的地区有南荷兰省（首位城市鹿特丹）、斯德哥尔摩、爱尔兰、法国罗纳-阿尔卑斯大区（首府里昂）和马德里。

艺术和文学创作集群主要是位于巴黎大区和伦敦内城，其从业者都超过万人。此外，里斯本大区、伦巴底地区、拉齐奥地区、加泰罗尼亚地区（首府巴塞罗那）和匈牙利布达佩斯地区，其就业数也在5000人以上，都超过全欧洲该行业总就业的2%。

设计行业排名前10的集群中,有半数在意大利,分别是伦巴底地区、艾米利亚-罗马涅大区(首府博洛尼亚)、威尼托大区(威尼斯城所在区)、皮埃蒙特区和托斯卡纳地区;有4个在英国,分别是伦敦内、外城、贝克群-白金汉郡-牛津郡、萨里县-东西苏塞克斯;还有1个是西班牙的马德里。除伦巴底地区超过万人外,其他地区平均就业都在几千人。

游戏出版行业是就业规模相对小的行业,就业超过千人的两大集群分别是巴黎大区和斯德哥尔摩,其他进入前10的地区集群从业人数多在150~350人,分布在多个国家。

3. 文化创意产业集聚的"价值链位置决定"规律

文化创意产业价值链的不同位置上呈现不同的集群趋势。文化创意产业中的生产和制造活动趋向于地区集中,最为集中的文化创意产业是专业化制造或出版行业,如游戏、录音、影视。类似的还发生在软件和音乐出版、新闻社和乐器制造行业。这些产业的发展因制造环节特别是特殊制造需要而都得益于集聚。文化遗产、教育、图书馆和文献行业的机构和组织也呈现高水平的集中。根据对欧洲17国的129个地区的考察,极端高度集聚集群(行业基尼系数高于0.5)依次是电脑游戏出版、磁带光盘制造、数据记录媒介的复制、影视录像产品分销、影视录像产品后期制作、历史建筑场所和观光点的运行、门户网站、新闻社、电视节目制作与播出、文化教育、图书馆及文献活动、录音和音乐出版、其他软件出版、乐器制造、广播、报纸印刷、博物馆、艺术场所运作、影视录像产品制作。此外还有22个行业的基尼系数为0.2~0.5,也属于高度集聚行业。

在价值链上更接近于消费者的活动表现最小的集聚度。消费者和最终用户导向的文化创意活动少有地区集中的,如书店、影院和展览空间。需要随时随地提供服务或投入的行业也是如此,如印刷、编程、拍照、出版或媒体的前端服务。这些行业在欧盟尺度上可能呈现有限的集聚态势,但在所在的地区内部具体位置上则出现明显的集中,即集中于购物区和剧院区。

4. 文化创意产业内部行业间的协同共生关系

7大文化创意次级行业中,巴黎大区有6个行业进入前10,伦敦内城有5个行业进入前10,罗马所在伦巴底地区有4个行业进入前10。这种文化创意产业的次级行业之间呈现比邻而设或密切协同的趋向是比较显著的。根据对欧洲266个地区设计、广告、艺术、游戏和广播电视5个行业的共生关系研究发现，广告和游戏出版行业比邻度最高（集群位置相关度达0.34），广告行业和广播电视行业也具有高比邻度（集群位置相关度达0.29），艺术家和文学家与广播电视比邻（集群位置相关度达0.17），设计行业趋向于同广告行业比邻（集群位置相关度达0.15）。这种关系提示了不同细分行业间的企业正向协同性。比邻而设有利于提高商业竞争力和雇员劳动生产率，这对于地方政府设计相应的集群政策具有启示。

5. 文化创意与科技创新的协同可能

一般认为，知识和创新会从文化创意产业向其他经济领域溢出，文化创意有可能与科技创新呈现协同发展关系。以科技创新领域测度创新能力的通行指标"创新记分牌"来分析，在欧洲创新记分牌得分最高的10个创新地区里，其文化创意产业的占比的确都高出平均水平。这提示了高能级科技创新地区对于文化创意产业有更大吸引力，或是文化创意产业对于地区科技创新形成实际贡献。另一项数据（专利数）也的确反映了文化创意产业和传统创新间存在关联。但此类文化创意和科技创新的关联并非是绝对的或是直接的。创新记分牌排名前10的地区中，只有巴黎大区和慕尼黑两个地区同时进入文化创意产业集群就业排名前10位，有7个科技创新前10地区甚至没有进入文化创意就业排名的前25位。

同时，在标准的创新表现测度同文化创意产业增长之间则没有发现直接的联系。比如西北欧各地区在知识创新方面非常突出，几乎占据了欧洲区域创新记分牌（RIS）得分最高的前10位，但这些地区各自文化创意产业经历的就业增长和收缩正好各占半数，是同处一国（瑞典、德国）的几个地区也是增长与收缩兼有。因此，具体地区的代表知识创新能力的创新记分牌得分并不能有效指示该地区文化创意产业就业增长与否（见表2）。同样，专利数也非文化创意产业发展的适当指示性指标，原因是大量的文化创意产业产出的知识、商品、服务和商业模式无法简单化为专利保护。其他类型的知识产权保护和开发机制，如版权，对于文化创意产业更显重要性。

表2 地区创新记分牌前10位地区及其文化创意产业年均增长

地　区	创新记分牌得分（RIS得分） （反映科技创新能力）	文化创意产业就业年增长率（%） （反映文化创意产业增长）
斯德哥尔摩,瑞典	0.90	2.2
哥德堡,瑞典	0.83	-1.4
慕尼黑,德国	0.79	0.8
赫尔辛基,芬兰	0.78	2.7
卡尔斯鲁厄,德国	0.77	-0.4
斯图加特,德国	0.77	-1.4
马尔默,瑞典	0.76	0.2
巴黎大区,法国	0.75	-1.3
乌普萨拉,瑞典	0.74	-3.0
柏林,德国	0.74	1.9

资料来源：Dominic Power. *The European Cluster Observatory Priority Sector Report*：*Creative and Cultural Industries*. Europa Innova Paper N 16. 2011 表7。

总之，当前的区域创新评价都趋向于强调地区的高科技水平，但各地区的文化创意产业是否也依赖于此类创新系统来保持自身的创造力，其实并无定论。文化创意产业趋向于在大都市或各国首都集群，而这些大都市或首都城市在科技创新能力方面却少有突出表现。

三　对中国文化创意产业发展以及集群培育的启示

中国当前非常关注文化创意产业的发展，特别强调以园区为载体塑造文化创意产业集群。欧洲的文化创意产业及其集群经验，尤其是其中的规律性线索特别值得我们借鉴。

第一，文化创意产业对于地区发展具有重大战略价值，需要得到高度重视。欧洲的实践反映，不仅是在一些中小地区或城市，文化创意产业在经济增长和就业促进方面发挥重大作用，而且在一些大都市（伦敦和罗马），文化创意产业同样可以担当起本地就业市场第一大产业的责任。但是，文化创意产业作为一项对于产业发展规律的新认识，还存在不同的行业范畴认识（见表3）。但是文化创意产业绝不是简单对既有行业的重新"排列组合"，而是基于对一组行业运行规律的新的深刻认识。

表3　主要国家文化创意产业（事业）构成分析

产业	法国	德国	英国	西班牙	意大利	芬兰	香港	新加坡	澳大利亚	加拿大	出现频次	产业类型
建筑	无	有	有	有	有	有	有	有	有	有	8	核心产业
电影与视频	有	有	有	有	有	有	有	有	有	有	10	
广播	有	有	有	有	有	有	有	有	有	有	10	
表演艺术（歌剧、舞蹈、节庆）	无	有	有	有	有	有	有	有	有	有	9	
设计（产品、时尚、平面）	无	有	有	无	有	有	有	有	有	有	8	
视觉艺术与艺术市场	无	有	有	有	有	无	有	有	有	有	8	
出版	有	有	有	有	有	有	有	有	有	有	10	
音乐产业	有	有	有	有	有	有	有	有	有	有	10	
软件、电脑游戏、多媒体	无	有	有	有	有	有	有	有	有	有	8	
广告	无	有	有	有	有	有	有	有	有	有	8	
档案	无	无	无	有	有	有	无	无	无	有	4	支撑产业
图书馆	无	无	无	有	有	有	无	有	无	有	5	
博物馆	无	无	无	有	有	有	有	有	有	有	6	
历史遗产与空间	无	无	无	有	有	有	无	有	无	有	5	
教育、培训与咨询	无	无	无	无	无	无	无	有	有	有	3	外延潜力产业
文化教育	无	无	无	无	无	无	无	无	无	无	0	
娱乐与其他文化活动	无	无	无	无	无	无	无	无	无	有	1	
园艺与动物园	无	无	无	无	无	无	有	无	无	有	2	
酒吧、夜店	无	无	无	无	无	无	无	无	无	有	1	
酒业与食品产业	无	无	无	无	无	无	无	无	无	有	1	
广播装备产业	无	无	无	无	有	无	无	无	无	有	2	
体育产业	无	无	无	无	无	无	有	无	无	有	2	
旅游	无	无	无	无	无	无	无	无	无	有	1	
玩具与消遣	无	无	无	无	无	无	无	无	无	有	1	
其他辅助活动	无	无	无	无	无	有	无	无	无	有	2	
网络咖啡，互联网服务	无	无	无	无	无	有	有	无	无	无	2	
珠宝与相关产业	无	无	无	无	无	无	无	无	无	无	1	

资料来源：作者整理。

第二，文化创意产业的"价值链位置决定"规律提示了我们在集群设计、筛选中的策略。位于价值链前端和中段的文化创意活动相对更有条件使用集聚方式达成规模经济，而接近于消费者的终端环节则不具备集聚的条件。这一规律一方面展示了文化创意集群建立的可能性，另一方面提示了文化创意产业并非赢家通吃，各级地区、城市都有机会取得某种程度的发展。而且欧洲的经验显示，中小地区或城市考虑到其文化创意产品和服务需求可能的独特性，同时需求市场又偏小达不成规模经济，无法通过外部引入来满足，反而获得了超常

的本地文化创意产业发展机遇。总之，大、小城市在文化创意领域都存在大发展、大繁荣的机遇，但其发展策略一定是不同的。

第三，文化创意产业内部不同细分行业间的共生关系已得到欧洲文化创意集群数据分析的充分肯定。目前，我国各城市在文化创意集群部署中比较强调各个园区之间的特色化、差异化，企图推动每个园区都彰显不同的集群特色，这未免太过机械。基于文化创意行业间共生规律，这一策略甚至可能不利于具体行业发挥共生协同效应。

第四，文化创意与科技创新协同关系的复杂性特别值得关注。一般意义上，文化创意和科技创新的相关性已得到欧洲经验的肯定，但是这一对"硬创新"和"软创新"之间是否直接相互影响，相互影响的具体通道机制并无定论。这一差别在有关知识产权方面的情况特别突出。文化创意和科技创新都是关键的知识产品生产活动，因此都适用于知识产权保护。但是，文化创意主要的获利方式是版权，而科技创新主要的获利方式是专利，这样两者的具体促进与保护方式实际上是有相当差异的。目前在中国的实践中，注意到了推动文化创意与科技创新的协同，特别提出科技文化融合发展战略思路。尽管这在基本理念上没有问题，但是应防止在操作中将"硬创新"的管理推动模式"硬"套在"软创新"活动上，特别是在设计、游戏软件和新媒体等体现文化创意与科技创新高度嫁接的新兴文化创新行业，需要文化管理部门和产业、科技管理部门认真探索合理的管理与扶持策略。

参考文献

Dominic Power. *The European Cluster Observatory Priority Sector Report*：*Creative and Cultural Industries*. Europa Innova Paper N 16. 2011.

Americans For The Arts. *National Arts Index 2010*.

UNESCO Institute of Statistics. Measuring The Economic Contribution Of Cultural Industries. *Framework For Cultural Statistics Handbook*. No. 1. 2009.

城市生态篇
Urban Ecology

B.22
绿色发展引领下一代城市经济的政策与实践[*]

汤 伟

摘　要：

城市已毋庸置疑地成为绿色经济"实验室"。伦敦经济政治学院城市项目（LSE）、地方政府可持续小组（ICLEI）、全球绿色增长研究院（GGGI）对全球90个城市的城市挑战、构建绿色经济进行了广泛调研和科学分析，获得许多重要发现。并从土地利用、交通、建筑、能源、垃圾、水六个领域的绿色经济进展进行评估和比较分析。紧凑型城市成为主要城市不约而同的选择。哥本哈根通过多种政策鼓励公共交通提升土地利用效率，香港则注重对公共交通和服务的广泛投资与土地利用管制结合。

---

[*] 本文主要基于伦敦经济政治学院城市项目（LSE）、地方政府可持续小组（ICLEI）、全球绿色增长研究院（GGGI）的《走向绿色：城市如何引领下一代经济》的介评，并进行了相关的分析，特此感谢。

关键词：

绿色经济　城市　紧凑型城市　土地利用　公共交通

1992年里约峰会以后，全球各国对绿色政策的兴趣急剧增长。城市占据着地球表面面积的2%，却集聚着全球70亿人口的一半和世界GDP的70%。同时，作为能源需求和工业生产中心的城市还释放出80%的温室气体，理所当然成为可持续发展创新性政策的自然单位。城市发展绿色经济案例主要在节能建筑、可再生能源、清洁水和垃圾有效率的分配、绿色交通计划、交通拥挤收费和清洁空气区域等方面。城市发展绿色经济还可提升效率、减少污染、降低成本、推动创新、累积知识和经验、降低技术创新成本，譬如一体化的循环网络、甲烷捕获、热电联产等。城市规模经济还可以使绿色投资资本化，譬如公共交通、下水道和水系统、拥挤费、智能电网、智能建筑和分布式能源网络等，城市已成绿色经济"实验室"。

一　城市引领下一代经济报告背景

《走向绿色：城市如何引领下一代经济》是2013年伦敦经济政治学院城市项目（LSE）、地方政府可持续小组（ICLEI）、全球绿色增长研究院（GGGI）联合发布的报告。该报告综述了全球90个城市走向绿色经济的经验。报告分为两部分。A部分是由LSE、ICLEI和GGGI实施的对城市的全球调研，旨在为里约+20会议和2012年哥本哈根全球绿色增长论坛造势，更好地明确城市在全球绿色转型中的优缺点，使城市意识到绿色和经济增长的机会、进步和障碍，进而揭示城市采取绿色政策的动机、将经济和环境目标整合一体化的协调机制以及绿色政策制定过程中利益攸关者的洞见。调研覆盖了绿色政策和绿色经济的主要障碍、智慧城市技术、绿色政策评估和城市治理。B部分从细节角度探讨8个促进绿色增长的主要案例。考虑到实现绿色增长过程中政策一体化的重要性，这8个相互嵌入交叉的议题包括土地利用、交通、生态区域、建筑、垃圾和循环、能源、电力、可再生能源。每个议题都选择了2个案例，

绿色发展引领下一代城市经济的政策与实践

通过比较分析不同发展背景下相似的政策工具是如何实现的。ICLEI 大约走访 320 个城市，其中 107 个城市参与这项调查。这项调查涵盖了与绿色经济有关的广泛议题，其中 17 个城市因为给出的答案不完整而被排除在外，由此调查样本为 90 个城市，包括了 26 个北美城市、25 个欧洲城市、21 个亚洲城市、9 个中南美洲城市、6 个非洲城市和 3 个大洋洲城市。按照人口规模是否超过百万而分为两类，其中，53 个城市居民总数超百万，而 37 个城市未超百万。需指出的是，考虑世界人口比例，北美和欧洲城市（特别是美国）被过度代表。亚洲城市具有异常的多元化和异质性特点，譬如艾哈迈达巴德、东京和香港。调查对象主要为地方政府官员，也包括了城市政府以外的咨询专家。调查问卷聚焦更详细的绿色经济，包括土地使用、交通、建筑、能源、垃圾和水等政策领域。每个政策领域都包括使每个部门绿化的战略途径，实现政策目标的政策工具，以及源自于政策路径的经济影响。

　　报告将绿色城市分为"绿色"、"转型中的绿色"、"期望成为绿色"三类。80% 的城市将他们定义为"绿色城市"和"转型中的绿色"。高收入国家更倾向将自身定义为绿色，几乎所有城市都希望被看成绿色或者转型中的绿色。相比之下，中低收入城市只有 2/5 开始绿色转型。在确认哪些属于城市绿色资产时，绿地、公园和自然景观被经常提及，紧接着是城市的交通系统、能源系统、水和垃圾管理系统。过去 20 年绿色目标被广泛纳入到政治议程，在何时将绿色目标提升到议事日程上，65% 的城市认为自 1992 年里约峰会起，35% 的城市认为 1992 年峰会之前就已开始，甚至一小群领先城市的绿色议程甚至已超过 40 年。调查还显示，城市采纳绿色政治议程的动力更多源自社会和政治变迁而不是环境上的拐点。大多数城市（66%）将公共舆论和意识觉醒作为触发机制，包括地方政治领导变化、利益相关者的压力。中低收入国家城市与高收入国家城市相比还有着其他一系列动机，包括公共舆论/社会意识、具体环境危机事件，以及国家、超国家政府的压力等。其实，各个城市具体情境不同，具体表现在交通、就业、人口增长、住房、金融领域。90 个城市中的 70% 确认空气污染是对城市和地区最重要的环境挑战，紧接着是暴风雨和洪水、暴雨积水和固体垃圾处理。大多数城市也认为向街上乱倒垃圾废物、水污染、缺乏绿色空间也很重要。在被问及城市面临的更严峻挑战的时候，2/3

225

的城市选择道路拥堵、缺乏可负担的住房，59%的城市选择无序蔓延，3/4的中低收入国家包括固体垃圾、污泥、家庭垃圾、土壤恶化。城市发展方面的挑战主要是人口过多、土地非正式开发、基础设施匮乏、不充足的公共服务、传染病等。中低收入国家尤为常见，但不同地理位置又有所不同。亚洲和北美城市的暴风雨要比欧洲严重，亚洲城市的人口拥挤和土地非正式开发尤为明显。欧洲城市认为社会排斥和噪音污染严峻，譬如 25 个欧洲城市有 18 个确认噪音是重要挑战，而目前只有 3 个北美城市确认。城市规模看起来很少与环境挑战有关，道路阻塞、非正式土地发展可能更多地存在于百万人口城市之中，而粮食匮乏主要发生在小城市。为了评估绿色政策的具体进展，城市还使用一系列广泛指标，包括地方环境质量（空气和水污染、绿地水平）、温室气体排放和能源消费指标，70%的城市还使用了空气污染指标。尽管绿色政策对经济存在直接影响，但只有 20%的城市意识到这一点。超过一半城市认为他们在垃圾、土地利用、水资源管理方面有着良好规划。多数城市认为其在绿色空地、循环/肥料（58%）、污水减排（52%）方面取得成功，但减少资源消耗、增强能源安全方面进展有限，只有 1/5 城市在上述方面取得成功。由此看出，收入水平和政策进展无显著联系。高收入国家城市在减少水污染、提高能源效率、提升循环/堆肥方面取得成功，但人口规模少于百万的城市更容易在循环和堆肥方面取得成功。高收入国家城市在实现绿色结果方面更为成功，且倾向于使用环境指标测试这种进步。这些城市比中低收入国家城市更容易监测温室气体排放和能源消费。中低收入国家城市只有 40%在监测温室气体排放，而 85%的高收入城市使用这项指标。更有甚者，监测温室气体也有着明显的地理差异。25 个欧洲城市中有 23 个使用，26 个北美城市中有 21 个使用，而 21 个亚洲城市中仅有 11 个使用。相比较转型城市，29 个绿色城市中 19 个认为应经常性地使用绿色目标评估发展进程。

二 城市引领下一代经济报告主要发现

绿色经济分为绿色经济目标、机遇和障碍、技术变革、政府协调和发展潜力。

绿色经济目标方面，93%的城市政府期望绿色政策能产生正面经济效应，但只有24%的城市已制定绿色增长的协调战略。城市政府有三种目标：经济发展、交通改善和应对气候变化。对于大多数城市来说，绿色经济增长是整个政治议程核心。65%的城市都将经济增长作为绿色政策首要目标。绝大多数城市仍期望绿色政策存在经济效应，从增长就业岗位、内向投资、创新、企业家到吸引技术人才等。然而，22%的城市意识到需对绿色政策进行经济评估。

机遇和障碍方面，城市交通、建筑和能源是绿色经济增长主要部门，其障碍是公共资金缺乏以及国民、政府并不足够的支持。建筑领域主要是新建设和旧有建筑的改造；能源部门，可再生能源生产和分配潜力巨大。中低收入国家城市面临的障碍主要包括缺乏公众和其他层级政府的支持，缺乏相关技能，以及难以从双边、多边基金获取资金。

技术变革方面，74%的城市有意愿投资绿色技术以推进变革，但2/3的城市存在预防约束。绿色交通、能源生产和运输、绿色建筑、水和垃圾管理部门都准备或者规划使用技术。交通部门有着良好前景，可以大量使用的新技术包括低排放机动车、一体化多模式交通系统、智能交通管理和电动车。建筑和能源技术同样如此，但信息技术经常被认为是推进工具而不是绿色城市议程的核心部分。大多数亚洲城市认为垃圾和污水的智慧管理非常重要。

政府协调方面，51%的城市认为国家政策框架中并无城市绿色议程提供充足有效支持，特别是北美和欧洲；55%的案例中，城市经济部门没有深入参与绿色经济战略的执行和规划。就政策框架对城市绿色议程的支持度而言，地区或者州（state level）最关键，国家（nation level）次之，而超国家（super nation）最后。诸多政策领域，如能源生产和效率、气候变化、交通和空气污染受到上级政策框架的支持最多。然而，也有其他报告认为国家和州政策会削弱城市绿色交通和能源目标。整体绿色战略制定执行过程中，环境部门、规划和交通部门积极参与，相比之下，财政部门、经济发展和技术部门却相隔较远。

发展潜力方面，城市特别是来自中低收入国家的城市有能力实现绿色经济，建立在创新基础上的经济发展技术可被有效提升。超过80%的城市被认为在城市规划和政策方面是卓越和优秀的，74%在立法方面卓越。相比之下，

只有42%的城市被认为在创新基础之上的经济发展能力有限或者温和。另外，监测和政策执行也是可被强加的领域。

绿色经济的主要领域分为土地利用、交通效率、建筑改造、能源消费、垃圾处理、水资源利用、政府成效等。

1. 土地利用

土地利用主要指智慧增长（15/23）①、建成区密度的增长。大约一半城市将限制现有建成区开发作为重要手段。调研结果还显示，生态城市的土地利用战略远非那么重要，尽管中低收入国家城市认为依然重要。大多数城市推进步行友好型战略（20/23），追求紧凑、高密度、混合利用以减少城市无序扩张。无车社会、保存农业土地、推进城市农业并不显得那么突出。尽管大多数城市在推进智慧增长方面取得成功，包括紧凑、友好、混合土地利用等，但高收入国家减少城市无序蔓延方面的确要比中低收入国家更有成效。城市土地利用政策主要在城市管理层面（66%）而非国家政府（18%）或者地区层面，包括支持高密度发展的管制、混合土地利用、大都市整合一体化的交通、土地利用规划和独立、小范围的零售。

2. 交通效率

当被问及可持续交通的战略路径时，更多的城市认为是转换到更绿的模式（24/27），或者提升现有模式效率（22/27）。一半样本城市认为避免战略或者减少交通流量是重要的。模式转换和效率提升政策包括鼓励公共交通（26/27）、减少交通有关的公共政策（25/27）、鼓励步行（24/27）。很少有城市认为私人汽车拥有率重要（9/27）。那些与模式转换有关的政策目标更容易实现，包括公共交通使用（19/27）、步行（14/27）、自行车出行（14/27），然而降低私人汽车拥有率（6/27）和道路交通（8/27）政策很少成功，6个降低汽车拥有率的政府都是富裕的欧洲、北美和东亚城市。类似的，增加公共交通使用的大多数城市也是高收入国家。城市交通部门政策工具主要由城市政府执行，这一比例高达63%。广泛使用的政策工具包括提升道路安全的政策、自行车和步行道路的提供、提升密度的政策工具以及快速交通的引进。国家层

---

① 数字代表给出积极答案的城市数量/回应的城市数量。

次的政策工具还包括燃油税的征收、对轨道交通基础设施提供资助。

3. 建筑改造

建筑领域效率提升主要指的是减少建筑领域内部能源需求（20/23）。替代战略是更宽泛的能源系统供给建筑以提升环境绩效，或者转换至可再生能源（16/23），或者提升化石燃料的供应（15/23）。建筑领域最经常提及的政策目标包括使用冷热控制系统（20/23）、增加建筑保温（18/23）、利用信息减少能源消费（18/23）。不到一半城市实现相当程度成功，但只有7个城市通过信息控制减少能源消费。建筑领域有大量政策领域工具，最经常使用的工具包括减少能源消费的信息控制、低碳建筑管理、采购政策以及对可再生热能装置的资助。在建筑领域，城市使用的政策工具，42%由城市层面和更高层次特别是国家层次的政府所管理。

4. 能源消费

能源领域绿化主要是通过效率措施（22/23）或者行为调整（19/23）减少能源需求。使能源生产向可再生能源转换也经常被大多数城市认为是重要的。很少有城市能真正改革能源分布网络或者提升化石燃料的环境绩效（譬如碳捕获或者存储），由此大多数城市并不将碳捕获作为重要政策工具。对大多数城市来说城市要做的就是减少能源消费，提升分布式可再生能源的生产（举例来说，屋顶太阳能）（19/23）。大约一半的城市认为地区性加热系统、集中式的可再生能源、智能电网非常重要，这导致的结果就是能源领域发展程度要比垃圾、土地利用和交通部门成功得多。大多数实践在于减少能源消费（10/23），以集中化（7/23）或者分散化系统（6/23）增加可再生能源系统，增加地区性加热系统（7/23）。目前很少有城市在发展智能电网方面取得成功。能源领域的政策工具包括贷款、能源效率措施、对建筑太阳能生产的资助、大规模风能的资助、可再生能源事业机制。一些城市政府已制定相关政策领域，而州、国家的能源政策更完备。

5. 垃圾处理

大多数城市在垃圾治理方面制定了一系列政策，譬如降低垃圾总量、提升垃圾收集能力、增加循环和燃料生产能力，以及一体化的垃圾管理。然而，另外一些政策目标却很少见，包括减少垃圾填埋、增加垃圾－能源的废弃物转

换。大多数城市在提升垃圾收集和处理能力方面都取得了成功，譬如提升循环/堆肥能力、源头上垃圾分离。调研也发现，有很多城市付出了艰辛努力，但很少有城市在减少垃圾总量或者垃圾填埋方面获得成功。国家在管制有毒垃圾、垃圾向能源的转换方面扮演重要角色，同时，62%的垃圾政策主要由城市直接执行，反映了城市在垃圾处理方面也是重要角色。

6. 水资源利用

城市非常强调水资源，譬如饮用水质量（28/30）。中低收入城市也非常注重废水处理，包括提升减少废水排放效率（12/13）、提高废水处理设施的能力。大多数城市还将水资源保护和基础设施建设作为重要政策目标（28/30），同时认为提升饮用水质量也异常重要（24/30）。大多数城市在这两方面取得了成功。减少水资源消费被证明非常困难，只有12个城市实现有限成功。调研进程中发现，城市中最广泛享有的政策工具包括限制工业提水的数量、为保护水道免受污染而设置标准、给水定价、为水的使用设置标准。

7. 政府成效

绿色政策取决于多级政府领导的提议，城市政府扮演重要角色，但经常取决于政策框架和地区、国家和国民政府支持的具体管制。不同领域政府部门卷入程度是不一样的。在土地使用、交通、水资源领域，超过60%的政策工具由城市执行，反映了地方政府传统责任。另外，能源领域政策工具超过50%在城市层面，少于20%的政策由地方政府领导，由此，城市能源政策很大程度取决于城市和高层次政府之间的合作。在建筑和水资源领域，国家和州省扮演重要角色。尽管国际组织在城市绿色项目中的地位并不十分重要，但在能源和建筑领域也可以扮演次要角色，譬如资助可再生能源生产、构建能源标准。能产生积极影响的绿色政策主要在垃圾处理方面，超过60%的城市认为垃圾处理可产生就业创造、创新、经济增长和减少失业。超过80%的城市认为垃圾政策可以创造就业，而少于一半城市报告水政策能产生类似的经济效应。能源、建筑和土地使用规划政策的经济影响同样广泛存在，特别是与城市内部的创新、就业、投资激励相关。举例来说，土地使用和交通政策经常被认为比绿色建筑和能源政策更能对城市财政产生积极影响。

三 案例分析：哥本哈根和香港的土地利用和交通规划

紧凑型城市作为城市发展理念和策略被普及，并被写入城市发展政策。紧凑型城市要求促进密度与多样性、节约时间与能源，以及完美结合社会功能与经济功能，并恢复历史遗留下来的丰富的建筑样式，因此成为城市发展绿色经济重要表现形式之一。其实紧凑型城市不仅仅是城市密度的提升（譬如增加建筑面积和提高居住人口密度，加大城市经济、社会和文化活动的强度），还与交通规划密切相关。交通规划一直是城市扩张最关键的单个因素，与土地利用一起成为城市空间规划最有力的政策框架。正因为此，紧凑型城市在要求高密度同时，一般也侧重邻近性基础上的城市可达性，尽可能依靠步行、自行车和公共交通，靠近公共交通枢纽位置配置大交通量土地功能。空间规划和投资战略涉及三个高层次的政策目标：更高的城市密度、混合使用率和城市设计质量。考虑到城市的不同规模、不同层次以及超越政治行政周期的规划长期性，就应该将土地利用和交通政策整合起来，聚焦于城市公共交通、提升步行和自行车的使用。哥本哈根和香港就是两个案例，说明紧凑型城市在不同的制度背景、地理条件下是如何实现的。

哥本哈根 S-train 铁路网络形成了 Finger Plan 的直线走廊，再加上过去 10 年建成的小型轨道系统和城市核心日益提升的公共交通服务，为哥本哈根奠定了完整公共交通架构的基础。站点邻近原则在 Finger Plan 居于重要地位，要求超过 1500 平方米的新办公区必须在距离地铁 600 米之内，零售业选址须在核心区域内，推进的主要政策手段包括控制商店规模，并详细列出允许发展零售业的核心区域。其实哥本哈根大都市区域超过 56% 的居住人口和 61% 的工作岗位都位于地铁站点的 1 公里以内，25% 的居住人口和 29% 的工作岗位位于站点的 500 米以内。此外，土地利用规划还激励站点附近土地混合利用、高密度发展、限制停车服务。哥本哈根轨道交通路线资金主要源自附属线路土地的增加值，大约 123 亿丹麦克朗（210 亿美元）。哥本哈根不仅积极建设轨道交通，自 1980 年来还一直鼓励自行车出行，目前全城已有 370 公里的附属自行车车道。它还期望通过数十年的基础设施投资和一体化土地利用规划使自身成为全球最大的自行车城市。在上述多种因素作用下，哥本哈根汽车通勤比例持续下降，从1996年的42%降到2004年的26%（伦敦37%、斯德哥尔摩33%），自行车通勤比例持续高涨，大概36%（伦敦2%、斯德哥尔摩7%）。由此交通平均碳排放量从1991年到2011年持续降低，从0.82吨二氧化碳降到0.76吨。哥本哈根真正实现了城市发展和公共交通基础设施高水平融合的目标。据估计，到2025年，75%的出行都依靠步行、自行车和公共交通，就可减少13.5万吨碳或者11%的碳排放，交通系统成为绿色增长最主要的贡献者。

哥本哈根高效的交通体系和紧凑的城市形式使其获取了多种经济收益。相对较短的旅途和自行车等不昂贵的城市交通工具的广泛使用节省大量成本。举例来说，哥本哈根交通成本仅占GDP的8%，仅自行车每年就直接节省大约4300万美元，与占GDP的14%且螺旋式上升的汽车依赖城市休斯敦形成鲜明对比。此外，自行车的大量使用还减少交通阻塞、事故、噪音和基础设施成本。更重要的是，一体化的土地利用和交通还衍生出大量商机，持续的轨道交通为本地和国际商务提供获利机会。新发展的选址包括Orestad、Nordhavnen等，与内城相连接打开房地产市场。通过公共空间提升、内城聚焦，为地方技能和创新创造巨大收益，一些公司譬如Gehl Architects还向全世界输出城市设计模式。轨道系统极大程度提升城市的可通达性，城市设计以及与之相关的高质量生活对公司和高技能工人构成了强大吸引力。当然，更宽泛的经济收益还需更多的研究。

哥本哈根究竟如何做到土地利用和交通基础设施一体化的？丹麦政府无疑是大都市区域战略性土地利用和公共交通基础设施投资最重要的行为主体。自从2007年规划法案将地区规划任务赋予国家以来，国家政府变得日益重要。国家交通投资、对政策的监管主要通过交通部，交通部也是实际交通基础设施建设DSB轨道公司的主要掌控者。尽管如此，大都市区域30个城市政府对一些具体性的土地利用依然拥有控制权，譬如停车场、建筑密度、地方道路的投资和自行车基础设施。尽管哥本哈根内城建设与国家规划政策有很好衔接，譬如国家空间规划方案与哥本哈根当下的发展一致，但严格约束土地利用规划与一些郊区城市政府的期望相悖。大都市区域两层政府体系对中央政府以及大都市区域空间发展和交通的多机构监管提出挑战。道路、铁路、地铁、公共交通、自行车基础设施的责任和管理归责于不同机制,由此,为整合土地利用和交通发展就需要新的机构。例如,从1993年到2007年运营的Orestad公共发展公司为轨道交通和周边土地负责。有些专家还强调了非政府组织行为体的作用,以及商业利益集团和地方住房的高度参与性。尽管存在正式咨询过程,但与关键伙伴对话仍然重要,区域规划只有商业利益集团、土地拥有者和房地产开发商充分对话达成共识才会被执行。一个来自斯堪的纳维亚最大地产公司的受访者承认,只有当目标一致的时候商业规划才可能被发掘。

尽管香港政府对绿色增长并无明确目的,却始终坚持公共交通导向,导致结果就是高效公共交通、高密度的城市发展带来较低的人均碳排放和汽车拥有率。尽管最近几年香港经济增长迅猛,但平均每人公路石油消费和碳排放从1993年到2010年仍有所降低,这表明经济增长和环境影响可以脱钩。香港把公共交通和服务广泛投资与土地利用管制结合起来,使城市沿着高密度公共交通节点和线性道路扩展。这里有一个制度背景异常重要,即政府拥有大多数土地所有权。城市扩张以公共交通为核心,目前香港的战略规划的关键概念包括轨道交通模式、以较少土地承担更多功能、优先开发现有城市土地而不是扩张至新的绿地,这样城市扩张就被限定在严格的区域内。香港土地开发一般遵循地面-面积、最大密度建筑以及邻近轨道站点原则。自1970年起,香港政府就积极投资轨道交通、轨道网络,达到210公里和84个站点。政府控制的大流量轨道公司有一种独特的商业运行模式,这种模式抓住了新的轨道交通引起资产升值的机会,进而推进铁路的建设和运营。聚焦于轨道站点的高质量、高密度开发,加上昂贵的车辆使用成本(包括登记税、牌照税、年度牌照费和有限的停车可获得性),一起促进了公共交通的成功。将交通和土地利用规划一体化的政策路径,使香港43%的人口,约300万人生活在地铁站点500米以内,75%的人生活在1000米以内,这样人口的90%都倾向于使用公共交通。56‰的汽车拥有率(OECD国家的平均水平是404‰)更远远低于同样收入水平城市。更重要的是,香港住宅区高度密集,建成区域每平方千米达到平均21900人,最大值达到123300人,使其成为世界上最能依靠步行的城市之一。并不奇怪的是,香港45%的出行都依靠步行,再加上公共交通,保守估计乘客每年每人交通碳排放仅为378千克，这与欧洲城市人均1000千克，休斯敦5000千克形成强烈反差。

香港有效的交通网络为城市创造了大量经济收益，包括节省成本、聚集效应和竞争力。交通成本仅仅超过GDP的5%，这与墨尔本和休斯敦等城市的12%～14%形成鲜明对比。聚集效应还使企业能在较短的通勤距离获取技术工人，而内城高密集企业也能有效提升网络技术和面对面地互动频率，而后者对服务业发展尤为重要，有助于保持香港的全球金融港地位。香港一体化的轨道+地产模式还进一步允许MTRC以纯粹市场方式运营，为纳税人节省成本。

参考文献

LSE Cities，ICLEI Local Governments for sustainability，Global Green Growth Institute，*Going Green How Cities are Leading the Next Economy*，2013.

吴正红、冯长春、杨子江：《紧凑型城市发展中的土地利用理念》，《城市问题》2012年第1期。

B.23 新加坡维护"世界花园城市"的环境策略

张剑涛

摘　要：

新加坡作为世界环境最佳的城市之一，其政府的环境策略具有特色，强调全面性、可操作性和可持续性。新加坡环境策略的三大目标是保持新加坡环境的高水准、推动新加坡成为绿色运动的先锋和创造可持续的环境文化。其环境策略的效果在多部门合作、区域合作、全社会参与、详细可行、形成文化等方面对中国的环境保护有借鉴意义。

关键词：

新加坡　环境保护　能源效率

作为世界闻名的"花园国家"，新加坡城市环境的洁净、绿色已成为国家的形象，同时也是核心竞争力之一。新加坡的环境策略有其独到之处，充分针对本国实际情况，强调全面性、可操作性、可持续性。负责环境和能源的主要政府部门和相关机构包括环境和水资源部（Ministry of the Environment and Water Resources）、国家环境署（National Environment Agency，NEA）和环境研究院（Singapore Environment Institute）。

一　保持新加坡环境的高水准

1. 新加坡环境保护的目标

新加坡自建国至今一直在努力寻求经济发展与洁净环境之间的平衡，也因此成为闻名于世的经济强国和"花园之国"。在此基础之上,新加坡政府今后进一步的目标是为社会经济的可持续发展维护一个良好的环境,应对日益增长的环境挑战,包括气候、资源、基础设施等。这不仅是政府的责任,也是全社会的共同责任。新加坡国家环境政策的三大目标是保护(Safeguard)、培养(Nurture)和珍惜(Cherish),即保护洁净和健康的环境,培养形成爱护环境的文化,珍惜良好的环境并传承给后代。

2. 提升应对气候变化的能力

为了提升新加坡应对气候变化的能力,首先需要加强相关的科研能力。政府通过与国内国际的科研机构的广泛合作和联系,打下了坚实的基础。2011年,新加坡国家环境署与全球领先的气候科研机构英国国家气象局签署了一份为期三年的合作协议,合作范围包括新加坡及周边地区的气候趋势变化,气候预测及相关数据模型,学者和科研人员的交流互访。2012年,新加坡环境和水资源部与国家环境署启动了"气候科学专家网络"项目,以推动气候学者的合作以及新加坡的气候科学研究。为了应对全球气候变暖对新加坡的影响,新加坡国家环境署联合国内外的专家学者,研究降雨、台风、洪水以及相应的灾害应对措施。

新加坡国家环境署在气候科学研究之外,还建立了一套全新的完整的气象自动预报系统,包括覆盖全国的64个气象探测站点,用以为公众提供准确、连续、实时的气象预报。预报的主要内容包括降雨(事件、雨量、强度)、风速和风向、气温、湿度等要素。公众可以通过电视、广播、网络等多种渠道了解预报内容。精确化的天气预报使公众能够更好地了解气候变化,并对此有充分准备。

3. 提升环境监测能力

新加坡国家环境署建立了综合环境系统(The Integrated Environment System, IES)以提高环境监测和分析能力。这套系统包含了众多的环境和气候传感网络,如天气监测网络、地震监测网络、气象雷达网络、烟尘监测系统、空气质量监测系统和湿度监测系统。这些监测网络为政府和公众提供了完整的环境和气象实时数据,同时为环境管理、天气预报、气候预判、灾害预防提供了依据和基础。凭借综合环境系统,相关机构可以及时有效地应对环境污染、灾害天气、公众健康等问题。

4. 增强对传染疾病的防控能力

新加坡地处热带，需要注意防控多种传染疾病。以对新加坡公共健康威胁较大的登革热为例，新加坡国家环境署通过以下措施预防其暴发：①监控登革热病例、病毒和蚊子的流行；②病毒血清分析；③强化病源消减；④加强不同机构之间合作；⑤有效扩大在公众中的防控范围。

新加坡国家环境署对各种常见传染病病毒的血清和基因进行监测，确保能够在疾病暴发前做出预判，预防和控制疾病暴发对公众造成影响。通过与居民社区的密切合作，国家环境署努力推动公众对各种传染疾病的认知和预防意识，同时普及各种传染疾病的预防常识。

5. 提升公众健康和食品卫生水准

新加坡国家环境署通过多种措施努力推进公众健康，其中公共场合的卫生状况是其努力的重点。2010年，国家环境署邀请7家主要的连锁餐饮企业一起制定了公厕卫生计划（Happy Toilet Programme），为新加坡的公厕卫生条件建立了标准和约束规范。同时，根据《公共卫生条例》（*Code of Practice for Public Health*），国家环境署会同公共组织、非政府机构、专业团体一起成立了一个专门委员会，通过对公厕的设计、维护、管理进行监督，促进公共卫生。

2012年开始，新加坡国家环境署要求所有食品供应商必须在食品上注明各项时间期限，以明确告知消费者食品的生产时间、推荐食用时间。研究发现，食品中的病原体在5℃～60℃繁殖速度最快。加工过的食品，特别是烧制过的食品，在新加坡的高温环境下放置超过4小时，就可能已经不再安全。因此，在实施新的食品安全规定的同时，国家环境署还加强了对食品供应商和公众的宣传，普及食品卫生安全知识。并且，国家环境署大力加强了对食品供应商的培训。所有食品供应商每3年必须参加食品安全培训和审核。每家餐饮企业至少必须有一名专门负责食品安全卫生的人员接受定期的例行培训。

6. 提升能源利用效率

新加坡2013年开始实行新的节约能源法案，对节约能源做出了详细的规定。这些规定对已有的节能计划和措施进行了进一步的补充和强化。大型能源消耗企业和机构必须实行能源管理。工业和交通业中，年消耗能源1500万千

瓦时（度）以上的企业，需要任命一位能源管理经理来监控和报告能源的具体使用情况以及温室气体排放的情况，同时还需要做出提升能源使用效率的计划。

在减少能源消耗的同时，减少能源浪费也是一个重点，这需要政府、企业、社会组织和公众一起行动。2011年9月，新加坡开始实行家用空调和冰箱的节能标准，使用未达标或超标的家用空调和冰箱将会导致高额的费用。同时，政府鼓励企业和商家大力推广低能耗标准的电器，进一步降低全国的能源消耗水平。

7. 保持空气的洁净

为了有效地应对东南亚地区的烟雾污染，特别是森林火灾引起的烟雾，2006年，新加坡政府倡议并成立了区域性的部长级指导委员会。2011年，在新加坡政府的提议下，这个指导委员会对自身的程序、项目和运行机制进行了战略性评估，以更好地提升工作的有效性。评估改善的几个重点领域包括：早期监控和预警、共享工作经验、有效的合作机制。此外，委员会各成员的相关科研机构，如印度尼西亚环境管理中心（Indonesia Environmental Management Centre）、马来西亚环境研究院（Environment Institute of Malaysia）、新加坡环境研究院，一起组成了区域烟雾培训网络（Regional Haze Training Network），以更好地协调和提高相关项目和技能，以防范和应对区域烟雾灾害。

8. 减少汽车尾气污染

保持空气洁净的一个关键方面就是减少污染来源。汽车尾气污染是空气污染的一个重要方面。新加坡政府定期评估和改进成品油标准，以逐步改善汽车尾气对空气污染的影响。通过提升成品油标准，可以减少空气中PM2.5和二氧化氮、臭氧等含量。新加坡国家环境署从2010年开始，同汽车和油品企业密切合作，以改善汽车尾气的排放。同时还需要考虑提升油品标准对于车主、企业在经济上的可行性，以及减少尾气排放之外的益处。汽车之外，挖掘机、铲车、起重机等燃油机械也是PM2.5的来源。成品油标准的提升对于减少这些机械的尾气排放也有促进作用。

9. 减少吸烟对空气的污染

吸烟是世界可预防的死因中排名第一位的，也是全部死亡原因中排名第二位的。它是导致癌症、心脏疾病、中风、慢性肺病的主要病因,也是新加坡死亡病例的首要病因。主动吸烟和被动吸烟(二手烟)对人的影响是相似的。新加坡成年人口中86%是不吸烟人口,因此十分有必要减少被动吸烟对大部分不吸烟人群的影响。新加坡控烟政策的目标是在所有公众场合禁止吸烟,吸烟只能在指定场所。为此,新加坡政府制定并执行了国家控烟计划(National Tobacco Control Programme),由健康促进委员会(Health Promotion Board)主导减少吸烟对新加坡公众的不良影响。

为了进一步推进控烟效果,2011年新加坡开始了新一轮的控烟行动。通过网络、电视、电台、报纸等公共媒体征求公众意见,同时与其他政府机构、社会组织协商。健康促进委员会和国家环境署制定了进一步禁止吸烟的公共场所名单,包括居民住宅的公共部位,室外公共步行系统如天桥、连廊等,车站周围的5米范围以内,以及医院的室外场所。

10. 保护洁净的水资源

新加坡国家环境署根据世界卫生组织的指导标准,对多处海滩的水质进行长期监控,并在水质下降时及时采取措施恢复水质的洁净,以保证人们在水上运动时不受不良水质的影响,同时人们的运动也不对水质造成影响。对水质的监控和改善得益于不同政府部门之间的合作。国家环境署监控水质变化的情况,同时分析出水质改变的主要原因,市政部门根据分析数据,对排水系统和相关市政设施进行修复、改进和完善,确保水质不受到污染。

11. 保持土地不受污染

每年新加坡和马来西亚之间的货运物品中有约11万吨的危险化学物品,包括苯酚、甲醛、氰酸酯、液氨、酸和碱等。为了确保这些危险品在运输过程中一旦有紧急情况发生,两国政府的相关部门能采取及时有效的行动,新加坡国家环境署和马来西亚柔佛州的环境部联手制定了紧急应对计划,并定期举行针对化学危险品运输事故的联合演练。

新加坡近年乱扔垃圾的案例增多,对环境造成的污染危害也随之增加。新加坡大部分住宅是高层建筑,高层丢弃垃圾不仅会造成环境污染,还会对公众安全造成危害。绝大部分丢弃垃圾事件发生在夜晚,而且高层丢弃垃圾难以精确辨认。对此,国家环境署研究部署了一套系统,利用监控探头和录像、计算

机分析系统对丢弃垃圾的行为进行定位，以打击和减少这种对环境和公共安全造成危害的行为。

12. 控制噪声污染

新加坡噪声污染的一大来源是建筑工地。由于新加坡国土狭小，同时城市开发和改造过程持续不断，建设工地对公众造成了显著影响。为了减少噪声对公众的影响，新加坡国家环境署规定，除了日常休息时间之外，在周末以及公众节假日，建设工地也必须停工。停工范围在居民住宅的150米范围之内。

从2008年开始，国家环境署要求所有金额超过1000万新元的建设工程项目必须安装实时噪声监控系统，监控施工现场的噪声。2011年开始，这个规定提升为针对所有金额超过300万新元的建设工程项目，以及所有打桩和拆除工程。国家环境署可以根据现场的仪器，随时监测施工现场的噪声水准。这样可以大幅提高监测的准确度、范围和效率。噪声监控系统还会在噪声超过规定水准时自动发出警报，并会同时发送短信给工程现场监理人员，以便他们立即采取整改措施。

二　推动新加坡成为绿色运动的先锋

1. 保持新加坡的洁净和卫生

2011年，新加坡成立了公共卫生委员会（Public Hygiene Council），以推动公共卫生建设。这个委员会的成员来自普通民众、公共机构和私人机构。委员会的目标是推动社会和企业努力维护和完善新加坡的洁净和卫生。这需要通过提升公众和全社会的环境保护意识，培养形成特定的文化氛围，促使公众以一种主人翁的态度主动参与和维护新加坡的环境和卫生。公共卫生委员会发现新加坡全国的卫生和环境有问题的热点区域，规定这些地点的整改。公共卫生委员会同时会指出全国的卫生和环境的模范区域，作为榜样加以表彰和宣传，以推动其他地区的改进和完善。

公共卫生委员会还与科研机构、学校一起，在公众中推广普及环境和卫生知识，特别是通过社区、论坛和其他公共平台，提升社区的卫生和清洁水准。这些方式可以使居民、社会组织和积极个人团结在一起，讨论和推动公共卫生和环境建设。

2. 迈向节能高效国家

新加坡国家环境署、能源市场署（Energy Market Authority）和经济发展署（Economic Development Board）推动成立了"国家能源效率合作机制"（Energy Efficiency National Partnership），其重点是提升企业节能。2011年底已有102家企业加入这项计划。该计划鼓励企业采用能源管理系统，同时帮助企业了解掌握节能方法、技术、实践、标准和实用案例。此外，多个政府机构和社会组织还一起成立了"提升能源效率帮助计划"（Energy Efficiency Improvement Assistance Scheme），以激励制造业和建筑业的企业具体分析自身的能源消耗模式和细节，从中发现改善能源消耗的地方。国家环境署是这项计划的执行机构。这项计划可以为企业聘请能源咨询顾问，提供最多50%的经费。至今已有235家企业接受了这项计划的资助，资助总金额累计达到660万新元。这项计划的效果也十分显著，受资助企业年均节省能源消耗3670万新元，或等同于14.2万吨的二氧化碳减排量。

能源高效技术基金（The Grant for Energy Efficiency Technologies）是新加坡政府成立的用于鼓励企业应用节能或高能效设备的基金。截至2012年，新加坡政府已经批准了31项申请，发放金额2020万新元。这些项目预计一共可以节省能源消耗价值16900万新元。

3. 推广与环境相关的宣传、培训和科研

针对新加坡地处热带，蚊虫以及热带传染病多的问题，新加坡国家环境署发起了一系列活动来普及相关知识和应对方法。如2011年，国家环境署主办了一个区域性的蚊虫研讨会，会议在南洋理工大学举办。来自几十个国家的专家学者参加了这次会议，对东南亚地区的蚊虫及其传播相关疾病进行了研讨。此外，新加坡还积极参与和推动了东南亚国家地区对登革热的防治。2011年6月15日是第一个东南亚登革热日，这是全体东盟成员国卫生部长一致同意的，用以推动各国民众对登革热的认识，以及各国政府对防治登革热的责任。这项活动是东盟与世界卫生组织紧密合作的结果。

新加坡政府还大力推动专家学者对公众普及相关环境和卫生知识。如国家环境署和新加坡环境研究院（Singapore Environmental Institute）联合举办

的针对大众的系列性"专家讲坛"(The Professional Sharing Series of Public Lectures),对普及环境和卫生知识,提升环保意识,维护新加坡的洁净环境和卫生水准起到了相当大的作用。又如,"环境创新"(The Innovation for the Environmental Series)是另一个公共交流的知识平台,主要为了发现环境领域的新概念、新技术,论证技术设计与管理应用之间的关联,推广环境领域的科技创新。

三 创造可持续的环境文化

1. 形成珍惜环境的文化

新加坡政府和全社会大力推动珍惜环境、注重卫生形成一种文化,以保证国家的环境得到可持续的保护。为此,新加坡政府推出了一系列的活动和项目,"青年环境日"(The Youth for the Environment Day)就是其中之一。这是新加坡第一个面对青年的环境主题日,旨在推动青年认识到他们肩负的环境重任。这个主题日与每年的世界地球日结合在一起,提示新加坡青年,环境保护是一种重要的社会意识和责任,环境保护不仅是一种意识,也是一种生活方式,能够保持新加坡的活力、洁净和竞争力。

"生态音乐节"(Eco Music Challenge)是新加坡政府于 2010 年创立的一项活动,旨在提供一个激励新加坡青年珍惜和保护环境的公共平台。这个项目为吸引和鼓励青年参与环境保护提供了一个具有创意的方式,同时也为年轻的艺术家提供了一个展示自身能力的平台。

除了固定性的环境活动和项目,新加坡政府还组织了许多大型环境活动。如 2012 年的"清洁和绿色新加坡"(Clean & Green Singapore)活动,其主题是"让我们创造不同"(Let's Make A Difference)。活动主要包括一个为期 2 天的大型嘉年华,以及对模范社区和个人的表彰。类似的活动还有 2011 年的"环境之友奖"(EcoFriend Awards)和"循环利用周"(Recycling Week)。

2. 充分回应社区的环境需求

新加坡政府在环境保护方面充分考虑到民众的具体需求,特别是居民社区的实际需求,并在此基础上推出了一系列的环境保护活动和项目。霍克中心

新加坡维护"世界花园城市"的环境策略

(Hawker Centres)改造计划即是其中之一。这其中包括破旧建筑的翻新改造,使社区建筑有了崭新的外貌和更舒适的内部环境,为社区活动、商业和餐饮提供了整洁的环境和更宽敞的公共空间。同时,改造后的社区中心充分考虑到了不同人群的需求,如儿童、老年人、残障人等。政府计划在下一步的改造计划中,增加公共空间,为社区居民的生活、休憩、购物等活动提供更为宽敞和功能完善的空间。

3. 创意性地提升环境意识

新加坡政府提出了一系列创意性举措来吸引和提升公众的环境保护意识。2010年国家环境署推出了一本名为《气候变化如何影响你》(Climate Change: How It Affects You)书籍,意在推广和教育公众对全球气候变化知识的认识。在此基础之上,国家环境署进一步推出了录像,详细介绍全球气候变化的案例以及对新加坡的长期影响,政府正在积极采取的应对之策和措施,公众在这方面能够采取什么行动。

新加坡政府2012年出版了一本名为《新加坡的天气与气候》的书。这是第一本详尽介绍新加坡天气和气候的科普书籍,主要针对学生、教师和公众。书中内容以科学原理为基础,深入浅出,通过照片、插图、图表等多种形式吸引公众了解自身所处国家长期的气候变化趋势以及国家和社会对此的应对准备。

新加坡政府把信息公开、全民讨论视为发现和选择正确的环境保护政策和措施的重要前提。为此,国家环境署出版了名为《展望》(Envision)的杂志,目的是帮助企业家和政治家提升环境保护的意识和决策力。

四 新加坡环境保护对中国的启示

1. 多部门合作

新加坡政府肩负环境保护责任的部门有多个,包括环境和水资源部、国家环境署和环境研究院等。它们分别从政策法规制定和执行,具体措施和项目的策划和推进,科学研究等多个不同方面负责新加坡的环境保护事业。这些部门之间分工细致、合作紧密,保证了政府可以对整个环境保护做到详尽周全的安排和落实。

2. 区域性合作

新加坡政府充分认识到环境保护不仅仅是新加坡自身的责任和利益，因此主导和推动了东南亚的多边合作，针对环境、气候、疾病等一系列区域内的环境热点问题。如区域长期气候变化，包括降雨、洪水、台风等，森林火灾等引起的烟雾问题，蚊虫以及登革热等热带传染疾病。这种合作不仅在东盟国家内部，还包括与其他国家的合作，如与英国国家气象局的长期气候趋势追踪和分析合作项目。

3. 全社会参与

新加坡政府充分意识到环境保护不仅是政府的责任，为此政府大力推动企业、社区和公众全面参与环境保护事业。如政府鼓励企业采取能源节约和环境保护措施，并设立基金承担企业的相关费用中的一部分。而企业在此推动下，节能和环保所产生的经济效益远远高出政府提供的财政补助。另外，政府充分了解社区和民众的实际环境和能源需求，并推出了针对性强的政策和措施，如社区中心改造、环境监控系统等，推动了社会环境、能源、卫生状况的改善。

4. 详细可行

新加坡政府环境政策的一个特色是详细周全、切实可行。如新加坡国家环境署建立的综合环境系统中包含了众多的环境和气候传感网络，天气监测网络、地震监测网络、气象雷达网络、烟尘监测系统、空气质量监测系统和食品监测系统。这些监测网络为政府和公众提供了完整的环境和气象的实时数据，同时为环境管理、天气预报、气候预判、灾害预防提供了依据和基础。又如国家环境署研究部署了一套系统，利用监控探头和录像、计算机分析系统对丢弃垃圾的行为进行定位，以打击和减少这种对环境和公共安全造成危害的行为。

5. 形成文化

为了确保新加坡的环境得到可持续的保护，政府和社会的共识是将环境保护形成一种代表国家的文化，延续和传承。为此，首先是对环境保护的宣传和推广，如《气候变化如何影响你》、《新加坡的天气与气候》、《展望》等书籍、杂志和出版物，以及"清洁和绿色新加坡"、"环境之友奖"和"循环利用周"等活动。其次是吸引和培养青年的环境意识，使他们能够传承环境保护的文化。为此政府针对青年的爱好，举办了"青年环境日"、"生态音乐节"等大型公益活动。

参考文献

Jessica Cheam (2012). *Forging a Greener Tomorrow-Singapore's Environmental Journey from Slum to Eco-city*, Ministry of the Environment and Water Resources. Straits Times Press Pte Ltd.

Ministry of the Environment and Water Resources (2013). *Key Environmental Statistics 2013*.

Ministry of the Environment and Water Resources (2013). *Partners' Forum Slides*.

National Environmental Agency (2012). *Future Ready-Transforming Singapore into a Clean, Green and Liveable City*, National Environmental Agency Annual Report 2011/12. Singapore.

B.24 香港大气治理与废物处置的举措

林 兰

摘　要： 空气雾霾与废弃物处理是长期困扰我国大城市的两个重要环境问题。本文对香港近10年特别近3年减轻都市雾霾和废弃物处理方面的方法进行了回顾与总结，以期对京沪深等面临同样困境的内地大城市有所启迪。

关键词： 香港　空气污染　废物处置

在消除都市空气雾霾与废弃物处理方面，发达国家和地区城市积累了丰富的经验。本文以香港为例，综合了香港环境保护署、香港环境保护协会、香港环境保护总会、香港特别行政区等官方网站的资料，对近年来大气与固体废弃物污染的监测网络建设、防控计划、治理框架、法规设立等进行总结与回顾。

一　控制都市空气污染举措

与世界上很多国际大都市类似，香港的空气污染主要来自汽车尾气排放，产生了严重的路边空气污染和区域性雾霾。路边空气污染主要来自货车、巴士及小巴等柴油车辆的废气，而区域性的雾霾问题则是由香港和珠江三角洲地区的车辆、工厂及发电厂排放的污染物引起。1999年香港政府推行了减少车辆废气排放的全面计划。经过12年时间，路边悬浮粒子及氮氧化物平均含量分别减少了33%及28%。最近，香港政府宣布采纳新的空气质量指标，按公众咨询的结果制定空气质素改善措施，并拟与广东省合作，减少整个珠江三角洲地区的废气排放。新的空气质量指标将在充分调查和征求各方意见的基础上，于 2014 年施行。

1. 细致监测

香港环境保护署在覆盖不同土地用途的区域设立监测站，所有监测站的设计和运作均符合最高的国际标准，规定监测站装设于四至六层高的大厦顶层；而路边监测站则设于中心区的道路旁边，以确保能有效地测量精确的空气污染数据。每小时公布从每个一般及路边监测站监测到的空气污染指数，让市民全日都可即时知道最新的空气污染情况。

公布的数据除有现时空气污染指数外，还有空气污染指数预报（指数形式，非状态形式）、过去 24 小时空气污染指数、过去 24 小时污染物浓度、每月空气污染指数摘要（按月的每小时空气污染指数记录载有更详尽资料，并可追溯至 1999 年）、过去空气污染指数记录（个人可通过网上资源或环境保护署空气污染指数热线随时获取）。

2. 重点控制路边污染

（1）推行一系列减税和资助计划

一是环保汽油私家车税务宽减计划。早在 2007 年，香港政府就规定，环保汽油私家车的排放须较现行法定排放标准低 75%，以及符合更严格的燃料效率目标。为鼓励市民购买废气排放量少而燃料效率高的环保汽油私家车，由 2007 年 4 月 1 日起，新登记的环保汽油私家车可享有汽车首次登记税减免。2013 年，香港政府推行计划，鼓励市民使用废气排放量少而燃料效率高的环保汽油私家车，减免新登记环保汽油私家车的汽车首次登记税 45%，减免上限为每辆港元 75000 元。

二是提早更换欧盟Ⅱ期柴油商业车辆为新车的资助计划。规定自 2010 年 7 月始，如果车主更换欧盟Ⅱ期柴油商业车辆并符合法定或更严谨排放标准，即可申请一笔资助。这项资助计划中的"商业车辆"包括轻型货车、中型货车、重型货车、公共小巴、私家小巴、非专利公共巴士及私家巴士。计划直至 2013 年 6 月底。

（2）严格做好环保汽油私家车认证

一是对制造商的认证。对于在港使用的每一步新车，车辆制造商都必须对

这些车辆型号向环境保护署提供足够资料,证明其能符合环保汽油私家车的认可标准。环境保护署也需向这些车辆型号发出《环保私家车证明书》,以确认每一部经由车辆制造商授权的代理商进口的相同型号私家车均属于环保汽油私家车。

二是对个人的认证。车辆的规格,包括废气排放标准、设备等都会因生产地、生产日期及出口目的地不同而有差异,故同一型号私家车的废气排放、设计规格都可能会不同。由平行进口商或个人进口的环保汽油私家车须向环境保护署提供资料,证明该私家车符合环保汽油私家车的认可标准。由于这些车辆都是个别进口,环境保护署必须向每一部环保汽油私家车签发《环保私家车证明书》,每一个证明书都对应唯一的引擎编号、车辆底盘号码、车辆型号及该证明书的有效日期。

3. 鼓励试验绿色和低碳运输技术

为鼓励运输业试验绿色创新运输技术,香港政府已设立3亿港元"绿色运输试验基金",由2011年3月30日起接受公共运输业界及货车车主申请。

(1) 资助对象

基金一般会资助的绿色创新技术可以是新的车辆类型,或与运输业务相关的设备或机器,或是可令现有型号车辆排放表现大为提升的新加装系统,资助拟作试验的绿色创新技术产品硬件的资本费用(如安装费),以及相关支援系统(如充电或燃料补充设施)的费用。

(2) 资助额度

车辆的资助金额是该类燃料车辆与传统车辆价格的差额或该类燃料车辆价格的一半,以较高者为准;如果为传统车辆或渡轮加装的后处理减排装置或节省燃料装置,资助金额将提高到相关装置费用及安装费的75%。一个运输营运商可以为试验不同的绿色创新技术产品(如混合动力车辆和电动车辆)提出申请。每件申请的资助金额可高达900万港元,而其所有申请的总资助金额的上限则为1200万港元。

4. 实行黑烟管制计划训练检举员,禁止汽车引擎空转

香港环境保护署实施车辆黑烟管制计划,以便署方更迅速发现并处理排出过量黑烟的车辆。接受过训练的被认可的检举员可检举排放过量黑烟的车辆。

环境保护署根据检举员提供的资料会要求车主在指定限期内将车辆送交指定的车辆废气测试中心接受黑烟排放检测。对于不把车辆送交检验或多次未能通过测试的车主,其汽车牌照将被吊销。近5年,香港黑烟管制的成效已稳步巩固(见图1)。

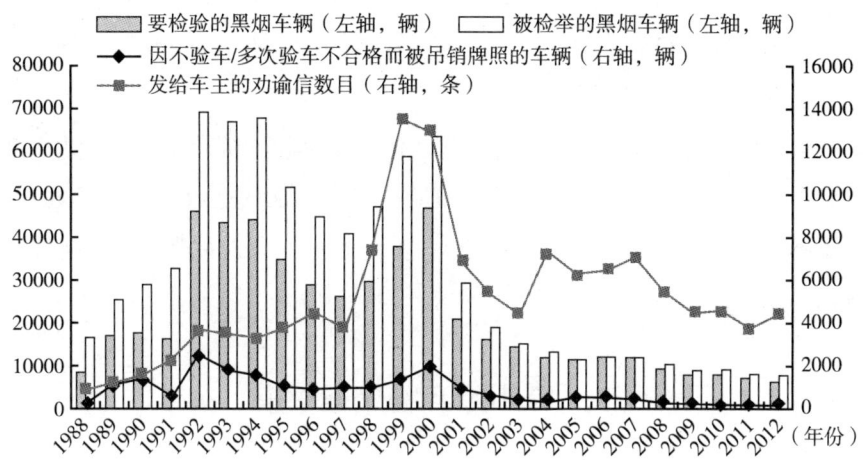

图1 1988～2012年香港黑烟管制成效

资料来源:香港环境保护署网站(www.epd.gov.hk)。

除此之外,为解决车辆空转引擎造成空气污染、热气和噪音滋扰,香港政府制定《汽车引擎空转(定额罚款)条例》。从2011年12月15日起,司机不得于任何60分钟时段内,空转车辆引擎超过3分钟。交通督导员和环境保护督察可向违反规定的司机发出定额罚款通知书,罚款320港元。

5. 将区域污染监测和防控纳入治理框架

近年来,香港特区政府与广东省政府携手合作,确保珠江三角洲地区的污染水平受到控制。其中,区域空气监控网络成为粤港跨境合作的工作重点。

(1)建立区域空气监控网络

香港特别行政区环境保护署与广东省环境监测中心于2005年共同建立粤港珠江三角洲区域空气监控网络,在珠江三角洲设有16个空气质量自动监测子站,其中10个由广东省个别城市的环境保护监测中心管理,3个由广东省环境监测中心管理,其余3个则位于香港,并由环境保护署操作。该监测网络为广东省与香港特区政府提供准确数据,并评估整个珠江三角洲的空气质量和污染问题。通过长期的监测来评估空气污染管制的成效,并制定下一步的管制措施。所有监测结果均会以区域空气污染指数显示,并进行每日通报。

(2) 管制措施

香港采取的措施:车辆废气管制,包括鼓励私家车加装污染控制装置及使用天然气小巴取代柴油小巴;发电厂排放管制,包括使用烟气减排装置及为每家发电厂设定排放总量上限。

广东省采取的措施:车辆尾气管制,包括继续收紧机动车尾气排放标准和车用油标准,以及在储油库、油罐车和加油站进行油气回收;其他排放管制,包括优化能源结构、火力发电厂加装烟气脱硫设施,以及加强对工业排放源的控制。

二 城市废弃物处理举措

香港与许多世界上的国际大都市一样,时刻面临着废物处理问题。近年来,一些东亚城市(如台北、首尔、东京等)不断致力于避免产生及减少废物,成绩斐然(图2)。

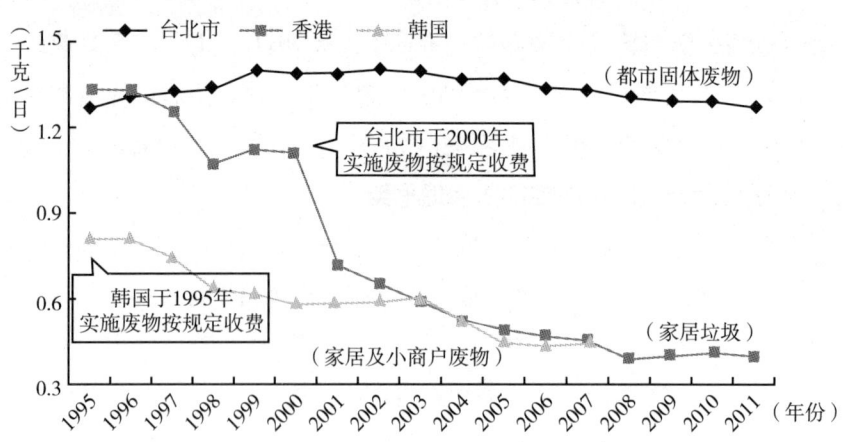

图2 香港、台北市及韩国的废物处理量(人均)

资料来源:香港环境保护署网站(www.epd.gov.hk)。

香港大气治理与废物处置的举措

香港为改善城市废物处理落后的局面,在近 10 年(特别是近 5 年内)密集实施了一系列举措,并制定了《香港资源循环蓝图 2013～2022》,明确了改进方向。

1. 稳步推进、执行各类政策法规

1998 起,政府拨出合适的短期租约用地,为回收业界提供租金相宜的土地资源。

2008 年,修改了《建筑物(垃圾及物料回收房及垃圾槽)规例》,要求所有新建住用建筑物及综合用途建筑物的住用部分,须在每一楼层设置垃圾及物料回收室(面积不少于 1.5 米 × 1.5 米),以提供足够地方摆放回收设施,配合废物源头分类的实施。

2009 年,塑胶购物袋环保征费计划首阶段正式实施,推动"自备购物袋"的生活模式,应对过度使用塑胶购物袋的问题。

2013 年,实施"绿建环评"(BEAM Plus)项目(是一个全面的楼宇环保评估计划),研究如何推广楼宇在建筑和使用阶段减少废物。

2013 年,继续推行"环保采购计划",定期检视环保采购名单上政府部门常用产品的环保规格,并继续推广政府的环保采购政策。

2. 将社会动员作为城市废物处理的最重要手段

2005 年,在全港推行"家居废物源头分类计划",目标是在楼宇每层或屋苑范围内增设废物分类设施,方便居民在源头将废物分类,以及增加可回收物料的种类,包括废纸、金属、塑胶、旧衣服、旧计算机及电器等,并在 2007 年把计划扩展至工商业楼宇。

2010 年,推出厨余(即厨房副产品)循环再造合作计划,推动工商业界减少和回收厨余。

2010 年,成立环保园家电再生中心,以加强循环再用及再造本地的废电器电子产品。

2010 年,成立塑胶资源再生中心,加强部分在本地收集的塑胶废料进行循环再造。

2011 年,连同基层政府部门及社会各界,合作在香港开展建立"社区回收网络",在各区设立了 530 个回收点,定期在各回收点举办推广减废回收活

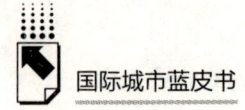

动,用"以物易物"等方式收集废塑料及废电器电子产品等市场价值较低的回收物料。

2011年,通过环境及自然保育基金,资助私人住房举办厨余减废及源头分类的教育和推广工作,以及将不能避免产生的厨余就地处理为有用的资源。在政府部门管理的设施推行就地厨余处理试验计划。

2012年,向区议会提供拨款及协助,在地区推行环保教育推广活动,以提高社区对减废回收等议题的环保意识。

2013年,成立惜食香港运动委员会,拟以家庭、企业和学校等为对象,帮助其避免产生及减少厨余;支援餐饮及相关业界、妇女及其他团体减少厨余;鼓励餐饮和相关业界进行食物捐赠。

2013年,政府以先导方式设立5个社区环保站,由非政府机构运营,把绿色生活融入社区,在此示范及实践废物避免产生、减少及重用。自2013年底起,将分阶段启用环保站,经营期为3年。

3. 注重处理设施建设

20世纪90年代中期,在策略性地点设立3个堆填区,采用合乎环保标准的方法处置废物,以取代过时的废物处理设施。

2007年,设立专门的环保园,以可负担的租金为回收业发展提供长期土地。

2006~2008年,建造九龙湾厨余试验处理设施。

应对城市新废产生变化。2008年,以堆肥方式处理因举行奥运会及残疾人奥运会马术项目所产生的马厩废物。除马厩废物外,该设施现时也处理小量其他有机废物,如禽畜废物、厨余及"绿色"废物等。生产的堆肥适合作耕种用途。

2013年,实施"处理净化海港计划"(HATS),于2013年底启动,净化区域污水处理工程产生的所有污泥。

4. 提高市民素质与市民自律

对城市废物的有效利用和处置已深入香港居民的生活各个方面。

例如,香港特区政府规定,装修期间,可通过以下方法减少废物:重复使用围板、板模、棚架等物料,并且把金属等物料循环再用;在需要的时候才订购适当数量的原料;以合适的容器贮存较小的物料,以便寻找——此举不但可减少废物,又可节省金钱;预留地方贮存已分类的物料,如金属、混凝土、木料、塑胶、玻璃、弃土、砖头和瓷砖等;清楚指示装修工程承包商有关建筑废物分类及清理的要求;将旧电器及家私等二手物品送交回收地点。

再如,无论市民打算自行处置装修废物还是找承包商代劳,均须根据建筑废物处置收费计划缴交费用。市民或承包商在使用政府的废物处置设施前,须先向环境保护署开立账户。如需处置石棉,根据法例,市民必须聘请一名注册石棉顾问及承包商负责处置,并于施工前最少28天向环保署呈交书面通知。

三 中国城市的借鉴

1. 注重建设污染治理的区域合作网络

目前我国许多区域的污染治理合作还局限在水体污染跨界治理方面,在大气污染、固体废弃物污染的跨行政界限治理合作方面还十分薄弱。应注重建设污染治理的区域合作网络。一是加强大区域联合监测(如长三角地区的PM2.5监测、上海周边城市汽车尾气排放监测等),建设大合作区域内的分级合理监控布点;二是建设区域环境污染数据的信息网络,真正实现区内不同行政单位环境监测数据的即时共享,一旦发生跨界突发环境事件,能尽快各自采取遏制措施和驰援互助。

2. 将减少废物作为污染治理的重要环节

必须正视减少废物的方法,以改善市民的生活质量。应做到不过度生产和消费,如防治频繁拆建、房屋短期重复装修、购买过多不必要的消费品;进一步发展废物管理设施,以缩减大型废物的体积,并回收一些目前被忽略的资源;扩展现有的垃圾堆填区,注重垃圾堆填区的土地资源再利用和规划改造。

参考文献

香港环境保护署网站(www.epd.gov.hk)。

香港环境保护协会网站（http://www.hkepa.org）。
香港环境保护总会网站（http://www.hkfep.com/）。
香港特别行政区网站（www.gov.hk）。
姚茵:《香港能够公布 PM2.5 指数　上海环保局为何动作迟缓?》（http://blog.sina.com.cn/s/blog_6d52d42401013fjr.html）。

B.25
慕尼黑低碳建筑的先进技术开发与应用

倪 外

摘 要：
> 德国低碳城市建设技术世界闻名。本文阐述了德国慕尼黑市碳减排的背景、目标和方案，分析了慕尼黑的房屋整修、高效系统开发与应用、热电联产生产、多样发电方式的联动等低碳城市建筑技术的特点和效果，并论述了慕尼黑市低碳建筑技术开发和应用经验对中国发展低碳城市的启示。

关键词：
> 低碳城市 慕尼黑 低碳建筑

为应对全球变暖和能源危机，保持国家竞争力，达到国际环保要求以及实现成本收益合理等多重目标，德国积极实施各类措施来促进低碳化发展。德国环境部的战略性文件强调，低碳技术是当前德国发展经济的"稳定器"，也是未来德国振兴经济的关键所在。随着德国的世界最大太阳能船"星球太阳能号"、低碳时代可"变形"的多用途电动汽车、撒哈拉沙漠世界规模最大的太阳能电厂等大型项目的投产和完工，德国在低碳经济的探索发展中已走在世界前列。这一切都离不开技术的支撑。

慕尼黑市是德国低碳发展的一个代表。该市分析了面向未来50年低碳城市发展的背景，制定了方案和目标，特别具体分析了城市建筑的热能、电能如何在技术支持的情况下实现低碳化。

一 慕尼黑"低碳城市"建设的背景、目标和方案

面对欧盟环境总署提出到21世纪中期，全球至少减少50%的温室气体排

放量,即人均排放量至少要低于 2 吨的目标,慕尼黑 2008 年人均 CO_2 消耗量 6.5 吨的状况令该市十分担忧。由于慕尼黑市大量的 CO_2 是由基础设施产生,其中建筑热能占 50%,因此要想实现慕尼黑城市低碳化,必须要对建筑等基础设施实施减少碳排放的措施。在此基础上,由德国伍珀塔尔气候、环境、资源研究所和西门子公司,以 2008~2058 年 50 年间为跨度,联合制定了慕尼黑低碳城市发展规划。

该规划制定了两种减排方案,分别称为"目标"和"桥梁"。"目标"提出到 2058 年实现近于零碳的理想。为达到理想状态,该方案对城市基础设施建设、市民生活习惯和未来科技作了积极假设,指出广泛、持续地应用高效措施,50 年后碳排放量可以减少 90%,即一个中等城市年人均碳排放 750 千克。该方案中,能源效率及碳捕获和封存能力大幅提高。"桥梁"是较保守的减排研究方案,它对未来低碳发展的预期程度较"目标"方案更低,主要从市民生活习惯的交通和热、电需求出发,指出化石燃料将继续用来满足人们日益增长的电、热需求。尽管如此,"桥梁"方案也预测,因为碳捕获和封存技术的发展,未来用煤发电也会减少大量 CO_2 排放。50 年后,慕尼黑年人均碳排放量大约 1.3 吨,已低于 2007 年气候变化第四次评估报告发表中的 2050 年人均 CO_2 排放量 2 吨。

尽管两种方案预期结果不同,但无论积极还是保守,都能证明到 2050 年,工业化国家温室气体在 1990 年的标准上减少 80% 的目标是可行的。同时,实现碳减排的指导原则是相同的:高效的能源装置;热力、电力和交通设备的整修要适应需求;对可再生能源和低碳能源大规模的转换;不期待所有能源需求都自给自足,慕尼黑将从市外进口能量,但要确保这些能量的生产方式对气候无害。

二 基于先进技术支撑的慕尼黑"低碳建筑"发展规划

城市基础设施是 CO_2 最主要的生产者,在基础设施上采用低碳减排的技术对减少 CO_2 最有可能性。慕尼黑低碳城市发展规划主要涉及了基础设施中建筑热能和综合电能。

1. 大力整修房屋，减少建筑热能需求

现今，慕尼黑近一半的 CO_2 由建筑热能产生。因此，通过房屋整修提高能效，特别是在被动式房屋标准（passive house standard）下执行整修，非常有利于减排。据"目标"和"桥梁"方案预测，2058年，慕尼黑对建筑采暖的热能需求比现今至少降低80%。

"目标"和"桥梁"方案都基于两个转变，即到2058年这些转变发生后能供应大量的零碳热能。第一个转变是能源的优化，这将使建筑从能源使用者转化为生产者。它假设建筑能满足房屋本身的大部分热能需求。通过建筑外部优化来改变能源的来源，使用太阳能、光电能甚至是微型热电循环系统，都能满足热能需求。在居民和公共机构房屋的整修中，假设被动式房屋的标准可以被实施到非常细微的环节，为确保未来50年所有的建筑都是高效的，由热量造成的整修幅度将要从每年0.5%上升到2%，这意味着许多建筑商被要求对现在的建筑整修4次。整修后建筑的采暖需求从现在年均200度/平方米减少到25~35度。新建筑对采暖的需求可能会更低，因为大部分建筑是根据"加能"（plus energy）标准修建。整修措施实施到21世纪中期，慕尼黑居民住宅平均热需求将比现在减少80%~90%。规划要求大部分建筑（85%的新建筑、80%的旧建筑）都要遵循严格的标准，只有小部分因为与建筑特殊的要求冲突（比如溜冰场）或违背历史保存的常规等原因不能满足。第二个转变与采暖设施有关，低碳建筑中剩余的热需求将不再直接靠常规的采暖设备、化石燃料燃烧，而是通过地区内供热系统和可再生能源来满足。

满足被动式房屋标准的隔热设备、建筑整修和"加能"建筑等都要求额外的投入。据经济效益评估显示，21世纪中，在低碳慕尼黑理念的引导下，居民将捐出大概130多亿欧元，这些投资有助于房屋提高能源利用效率的翻修，使建筑达到被动式房屋标准和成为新的"加能"建筑。与慕尼黑的人口相对应，这意味着每人每年200欧元的额外花费。这些额外的投入产生的效益是，到2058年，最终节省100亿度能源，而直接用户的热能花费是在16分每度（低价）~26分每度（高价）之间。基于上述标准，每年在建筑能源花费上节省的数额是16亿~26亿欧元。这意味着每人节省1200~2000欧元。总之，到2058年节省的能源费用将超过300亿欧元。

2. 建设高效系统，减少建筑电能需求

2008年，由家庭、商业、工业、贸易、服务和交通用电产生的CO_2排放大约占整个慕尼黑市总排放的39%。

"目标"方案中，假设未来建筑中电能会被更高效利用，工作和家庭电量消耗比现在低大约40%。"桥梁"方案预测建筑节电不会特别显著，大部分节省的电能会被新增电器抵消。因此，尽管利用效率提高，但每位居民的用电需求量保持不变。节电和提高电器能效的可能性与出现多种用电方式的概率一样大。对于节电，下列措施最有效：优化建筑的管理系统和空调系统；使用更高效率的家用和办公电器；使用高效的照明系统。

建筑充分使用智能管理系统能节省30%的电能。这种系统关键在于传感器的使用。基于传感器，电能只有在需要时才会被应用和消耗。办公室里，CO_2传感器会测出空气新鲜程度，并指示通风设备循环运转，控制需要的新鲜空气数量。房间恒温调节器允许每间办公室有不同的温度。通过合适的计划、综合的建筑设计和新技术，能耗可以明显减少，以便房屋尽可能少地采暖。通过使用高效能、运转时散热非常少的电气设备、服务器和灯来减少制冷的需求。这对于高效制冷而言，也非常有意义。在另外一些建筑中，房间通过水管来制冷。冰水在天花板上流动，随着水的冷却，同一栋建筑的温度都能轻易、有效地调节。通常，建筑顶层的地板是温暖的，底层的地板却很凉爽。这种情况下，用水冷却顶层的地板，水会变热，当它流回底层较凉的房间，会放出储存的热。这一系列独特的建筑管理系统操作着大量的参数，协调所有子系统，在未来肯定可行。

尽管提高能效的办法多种多样，但各类方法都受同一条件约束——经济上可行。因此，以两个具体案例来分析经济效益，而这两个案例都是基于当前市场可行的技术。

更高效的家用和办公电器中，选取私人家庭中的高效能冰箱。冰箱大约要消耗私人家庭中10%的电量，因此，冰箱使用高效能技术是合理的。一台没有冷藏室的A++（An EU Efficiency Class A++）高效能冰箱每年大约耗电80度，有冷藏室的A++级冰箱大约耗电180度。相比较，没有冷藏室的A级冰箱每年大约用电160度，有冷藏室的A级冰箱大约是320度。与A级电器相比，有冷藏室的 A++ 级高效能冰箱估计贵大约 250 欧元。A++ 级高效能电器使用寿命是 15 年，平均每年多花 26 欧元。按第一年电价计算，每年节省电费约 28 欧元。随着每年电费的涨价，A++ 级高效能冰箱的多余花费在使用寿命内就可以被抵消。

照明系统则选取了写字楼的高效系统。它包括很多组成，不仅是节能灯。当规划适当的照明系统时，首先决定亮度或者预期亮度，其次决定哪种灯能满足预期的亮度，最后必须把日光因素算进照明的概念中。对一间 60 平方米的办公室进行经济效益分析，办公室的照明主要是靠无反射的 12 个棱镜灯管，这些灯管被一种有高效电子镇流器的荧光灯替代，能减少 75% 的电能消耗量。此外，传感器能感应日光，靠日光数量、房间使用时间段，一年能节省几百小时的用电时间。最初，投资在高效照明系统的额外花费已远远被抵消。

3. 推动热电联产，实现热能低碳供给

未来最重要的热能供给来自本地和该区域内高效的热电联产工厂。在"目标"、"桥梁"两种方案中，地区热能的供给份额都将从现在的 20% 增长到 60%。大型传统的热电联产工厂和公共街区的热电工厂能源利用率高达 90%，这个效率远高于德国化石燃料现在 41% 的平均能效水平。

在城市中，更低一级地区与城市整体的热能网络并没有连接，它们由低一级、分散的本地网络系统来供应，这些网络系统是由街区热电工厂燃烧高效的天然气和沼气形成，即所谓"微型热电联产"（micro-CHP）工厂。在有小型多户家庭的地区，甚至是单个家庭中，微型热电联产都可以通过天然气和沼气来高效发电、产热。

对于技术，专家提出了"低火用"的概念。一般而言，燃烧燃料达到几百摄氏度来获取提供 20℃ 室温的能量是极其低效的。现今，房屋内热水器中的热水通常保持 70℃ 左右。为补充隔热良好的被动式房屋剩余的热能需求，大约 30℃ 的低温就已足够。此需要用低温的来源就可以实现，比如工业废热、太阳热能工厂或地热。另外，传统的本地或地区热网不可能随着热能需求的减少而继续保持成本效应。事实上，对于供应商，管线和连接必须经济可行。未来，可支付的扩张和合算的低温网络的运转是有可能的。在有新建筑的地区，管线可以直接铺设在建筑底部或房顶上，这排除了从街上每个单独的建筑上连接新管线的需求。地方或地区热能管道直接铺设在建筑底部,热能损耗比铺设在街道下面时更少。这种节能在低温概念中是重要的。

4. 鼓励多样发电,实现电能低碳供给

将慕尼黑市区内的发电厂、市区外的水力发电厂和核能发电厂的小部分联合,公共事业公司可以满足慕尼黑市大部分的用电需求。

到21世纪中期,"目标"和"桥梁"方案预计的电能消费数量不同,但两者都假设了相同的模式转变。与现在相比,大型发电中心将生产更少的电能,它会以一种分散的方式增加产量和储量。结果,电网的要求改变了,即各个方向都要有不同的电流;电能不再主要靠化石燃料生产而是靠可再生能源;未来有一整套技术来共同发电。一方面,家庭住宅将通过微型CHP或燃料电池来高效供电;另一方面,其他分散的产能技术也会进行增补,比如光电能、风能、大型热电联产工厂燃烧的天然气、地热能、生物能或固体生物质,因此需要一个所谓的智能电网或产能工厂来协调各种能量。各种高效工具都是这个网络的组成成分,比如"智能电表"。这种电表不仅能确保精确的耗电量账单,同样能集中控制重要的仪器,使其避开电能消耗的高峰,控制消费者的使用习惯。

现在,慕尼黑市消耗的电能是一年7.02吨,在"目标"和"桥梁"方案中则依据不同的消费水平预计了2058年的详细情况。"目标"方案中,2058年电能需求量年均不足5吨,其中,大约3吨由当地热电联产工厂、燃烧天然气和沼气的公共电站生产,小部分靠当地的可再生能源,比如光伏电厂来供应,其余的电能则靠进口不含碳的电能。"目标"方案假定要实现该目标,公共事业公司将主要投资大型工厂中可再生资源的生产,包括投资风能公园和太阳能热电厂,这在可再生能源生产的大型网络框架中有可能实现。"桥梁"方案假设电能消耗将会超过7吨。本地区的发电量较低,大约是40%。总体而言,它假设可再生资源的发电量与"目标"方案一致。但是,可再生资源的发电量并不能满足电能需求,它主要由化石燃料发电厂来解决。该研究假设到2020年,这种技术在市场上已成熟。

尽管"桥梁"方案假设电能消耗量比"目标"方案多,但CO_2排放在该方案中也是大幅减少。到2058年,"目标"方案中,CO_2排放量与现在相比将减少95%;"桥梁"方案中,减少83%。"目标"方案最重要的行动是可再生能源生产的扩张,它大约能降低48%的排放量。其次的措施是提高电能的使用效率,这在能量供给的过程中大约减少了36%的CO_2排放。"桥梁"方案中,可再生能源同样是最重要的措施,其次是使用有碳捕获和封存能力的化石燃料来发电,这大约减少了24%的CO_2排放,热电联产进一步发展能减少16%的CO_2排放。

基于2008年德国环境总署引导方案,假设到2020年,市场上有可能提供价格合理的可再生能源生产的新技术,就可再生能源的技术而言,它有递减效应,特别是在减少花费方面。在技术方面,主要是智能电网和负荷管理。智能电网是使用比今天更成熟的方式来控制电能,它会将很多小型的可再生资源发电厂联系在一起,比如光电厂、风能场、生物能发电厂,以便它们能一起平衡波动和发电。在规定的时间内,当电能不足或出现过剩的现象,设备可以被自动打开或者关闭。大量的家电在智能电网负荷管理中意义重大。

三 慕尼黑经验对中国发展低碳城市的启示

低碳经济对中国发展是机遇与挑战并存。一方面,哥本哈根气候大会对中国碳减排提出具体要求,这对当前中国工业化的发展造成一定阻碍;另一方面,低碳经济为中国创造了节约型城市发展新契机、产业结构调整的新机会等。倪外指出,基于低碳视角的城市发展路径研究是我国城市低碳经济发展的主要方向。随着经济的快速发展,中国城乡居民发展需求已从"生存型"向"生活型"转变,特别是对建筑面积、室内环境舒适度等居住条件的要求逐渐提高,这将导致建筑能耗迅速增长,预期将成为未来能耗和排放的主要增长点。

德国慕尼黑经验对中国建设低碳城市最主要的启示是要加强基础设施建设中的低碳化。慕尼黑的低碳城市发展规划以建筑这种基础设施为载体,充分假设和考虑了未来50年内低碳技术对节能减排、实现低碳城市目标的作用。结合我国当前城市发展的新需求——打造生态宜居为特色的人文社区环境,政府部门要积极从低碳经济领先的国家引进人才、技术,考虑在大城市开展低碳技术的科技攻关，制定长远的低碳发展规划。各城市可选择若干具体的社区、校区和园区开展低碳经济试点，吸引各类社会资本参与，进行低碳技术研发，实现低碳技术产业化。一方面，中国现有许多城市正在实施完善的基础设施体系建设，试图以此来加快城市功能塑造，以期增强基础设施对地区经济、社会发展的支撑及承载能力；另一方面，中国正在大力推进城镇化建设，基础设施是重要的组成成分和表现形式。因此，作为基础设施中 CO_2 排放最多的建筑，更是低碳技术发挥的重要领域。对于减少建筑热能需求而言，一方面，按照被动式房屋标准和"加能"标准修建房屋的，使用良好的隔热技术；另一方面，各地区结合优越的地理位置、完备的能源供给来促进可再生能源、清洁能源的高效应用，建设太阳能集中供暖、地源热泵等。在实现热能的低碳供给方面，可以引进"低火用"概念，开发慕尼黑规划中的热电联产系统。在减少建筑电能需求方面，城市建筑修建中要积极应用高效的建筑管理系统、空调系统、高效的办公和家用电器、照明系统。实现电能的低碳供给，主要靠多样的发电方式。以上海为例，其"十二五"规划纲要中已明确提出要建立太阳能光伏发电系统、风力发电系统等，目前已经建有热电、核电、风电等设备制造，但还可以在太阳能、潮汐能设备制造方面作进一步延伸。同时，面对多样的电能来源，智能电网和负荷管理是发展低碳过程中亟待需要的技术。

事实上，正如德国慕尼黑低碳技术的研发和推广一样，低碳技术的前期资本投入远远少于未来电能、热能使用量减少所节约的成本，经济上的可行会推动低碳技术在中国的大力发展。总之，在我国城市建设发展中，面对生态宜居的要求，要争取做到加强可再生能源的利用、传统能源的清洁利用和能源的高效利用三个环节，在以建筑为主的基础设施建设中充分研究、推广和利用经济可行的低碳技术，鼓励开发商、投资者、市民等团体主动接受低碳技术，打造出真正的低碳城市。

参考文献

廖建凯：《德国的气候保护政策及其动因分析》，《气候变化研究进展》2010 年第 6 期。

徐琪:《德国发展低碳经济的经验》,《世界农业》2010年第11期。

张庆阳:《德国低碳经济走在世界前列》,中国天气,http://www.weather.com.cn/climate/qhbhyw/06/573469.shtml。

Wuppertal Institute for Climate, Environment and Energy GmbH, Siemens AG. Sustainable Urban Infrastructure. Munich: Siemens AG Corporate Communications and Government Affairs Wittelsbacherplatz 2, 80333 München. 2008.3 – 2009.3.

袁晓玲、仲云云:《中国低碳城市的实践与体系构建》,《城市发展研究》2010年第5期。

倪外、曾刚:《低碳经济视角下的城市发展新路径研究》,《经济问题探索》2010年第5期。

王瑢:《我国低碳建筑的发展现状与对策》,《现代经济信息》2010年第10期。

城市治理篇
Urban Management

B.26
政府间协作治理：美国切萨皮克湾综合治理体系的构建

陆雯　薛晓辰

摘　要： 作为美国最大的海湾，切萨皮克湾的综合治理是美国本土范围内乃至世界的海湾综合治理典范。切萨皮克湾的生态环境治理不仅仅依靠美国政府的关注和支持，更重要的是依靠地方政府和联邦政府之间、各州政府之间的同心协作。本文详细剖析了切萨皮克湾项目进行过程中的组织结构发展和各地方政府间的合作方式，并对我国区域政府协作提出了建议。

关键词： 切萨皮克湾　政府间协作　综合治理

近年来，区域性事件不断发生，如 2005 年美国"卡特里娜"飓风灾难、

政府间协作治理：美国切萨皮克湾综合治理体系的构建

2008 年中国南方雪灾导致多省市交通瘫痪、2011 年中国船员在湄公河流域遭枪杀、2013 年上海黄浦江漂浮大量死猪。地方政府合作处理区域性公共事务成为常态。地方政府之间如何开展合作成为一个亟须解决的现实性问题。国内各地方政府的应对方式秉承了我国处理环境事件的一致方式，各地方政府分别处理各自区域所产生的问题，各自为战，缺乏有效的沟通合作，问题发生后处理不及时，事件的影响程度不断扩大，造成了难以挽回的后果。美国切萨皮克湾对生态环境和海湾流域综合治理的成功案例在此时此刻更加值得我们认真研究，并从中发现对我国政府间协作综合治理的启示。

一　切萨皮克湾生态治理的需求状况

切萨皮克湾（Chesapeake Bay）是美国最大的海湾，整个海湾长约 300 公里，最宽处 50 公里，最窄处 4.5 公里，流域面积 166534 平方公里。整个海湾拥有超过 150 条支流，流经哥伦比亚特区、纽约州、宾夕法尼亚州、特拉华州、马里兰州、弗吉尼亚州和西弗吉尼亚州。

在 20 世纪 70 年代初，人们越来越注意到切萨皮克湾的环境资源问题，特别是水质下降。虽然科学家们研究切萨皮克湾超过 100 年，但是直到 20 世纪 70 年代，仍很少有研究将生态系统作为一个整体进行评估。因此，海湾的整体环境状况信息是不明确的。

1965 年，在河流和港口法案的支持下，陆军工程兵部队（ACE）开始第一个研究。该研究在 1973 年形成了一个 7 页的报告，对切萨皮克湾的资源、现存状况进行评估。在 1971 年，美国国家科学基金会也完成了一个研究报告，认为有必要形成一个海湾研究项目和协调机构以便于进行更广泛的生态研究。

1975 年，美国国会拨出 2700 万美元专款。依赖此专款，美国环保局（EPA）开始了一个 5 年研究，证实生态系统遭受了极大的破坏，海湾污染严重，藻类繁殖，赤潮频发，生态恶化。确定了切萨皮克湾环境污染中，亟须解决水质富营养化、水生动植物减少等问题。1981 年，一个科学小组总结了 40 个个人研究，并在 1983 年形成最终报告。报告指出，氮和磷是藻类大量繁殖的原因，阻碍了生态系统的氧供给。尽管这个研究没有提供具体的解决方案，但是它指出了形成这些问题的复杂原因，包括污水处理、农业化肥和生物废物、有毒物质。如在70年代和80年代，主要商业鱼类种群急剧下降，尤其是鲈鱼、大黄鱼。

1966年成立的切萨皮克湾基金会是最早成立的旨在恢复切萨皮克湾生态环境的组织。该基金会是一个非营利的私人环保组织，由渔民、猎人、水手成立。基金会的口号是"拯救海湾"。他们通过印发保险杆贴纸，宣传保护环境，提高了公众的环保意识和政府对该项目的支持。此外，州政府开始了立法工作，联邦政府也建立组织，促成了切萨皮克湾项目（CBP）的建立。1978年，马里兰州和弗吉尼亚州州长创立了切萨皮克湾立法咨询委员会（the Chesapeake Bay Legislative Advisory Commission）。该委员会成立的目的是评估现有的和拟议的管理资源结构，建议加强州际间的联系，以便更好地协调海湾的管理。

二 切萨皮克湾治理项目中的政府协作

1. 主要协议与规划

1983年，切萨皮克湾项目启动，马里兰州、弗吉尼亚州、宾夕法尼亚州、华盛顿市和美国环境保护局（EPA）共同签署了一份3页的《切萨皮克湾协议》，目标是保护和改善切萨皮克湾的水质和现有自然资源。该协议在1987年和2000年进行了修正，扩展了这个项目的目标。

《切萨皮克2000协议》（the Chesapeake 2000 agreement）的制定花费了3年的时间，大量的利益相关者参与其中，包括超过300名科学家、资源管理者、决策者和海湾所有流域地区的居民。生态恢复的目的确定为"帮助恢复一个已经退化损伤的生态系统的项目"。其中包含了一些具体的目标：改善水质、保护和恢复生物资源。

1998年，切萨皮克湾内20个联邦机构和部门签署了《联邦机构的切萨皮克湾生态系统综合规划》（the Federal Agencies' Chesapeake Ecosystem Unified Plan）。这一规划扩大了切萨皮克湾项目的生态恢复目标。

2003年，执行理事会指令（03-02）。在养分和泥沙的目标会议中，5个州(不包括纽约州)、华盛顿市、环境保护局共同签署的指令中写道:"为了履行这一承诺,协议成员增加了特拉华州、纽约州和西弗吉尼亚州。通过谅解备忘录,这是我们第一次形成了包含所有(流域中)7个司法管辖区的切萨皮克湾水质项目的合作伙伴关系。"

2005年,切萨皮克湾项目执行理事会指令(04-02):"为达成减少养分和泥沙目标的会议中,所有6个州、华盛顿、EΠA和XBX签署了协议,包含这样的段落:协议重申了,上游的州可能会签署关于切萨皮克湾项目的全部协议,并因此成为地方会议成员。与此同时,作为全面合作伙伴,这些州将会继续和签署协议的司法区共同执行此决议和所有一切旨在恢复切萨皮克湾水质的举措。"

从1983年至今,切萨皮克湾流域所涉及的州政府、美国环保局等联邦机构部门不断完善项目协议与目标,促进更加广泛的交流,加强合作伙伴关系。

2. 治理组织机构架构

美国国会议员波尔·萨波内斯曾经在国会会议上说:"在切萨皮克湾项目中,联邦和州之间的合作协调的组织结构是治理项目的领导基础,为美国和世界其他海湾地区治理提供了一个典范。"

1983年,马里兰州和弗吉尼亚州联合成立了切萨皮克湾委员会(CBC)。宾夕法尼亚州于1985年加入。CBC成立后,联邦政府开始讨论建立一个更加全面的决策组织来治理海湾地区。国会确定美国环境保护局(EPA)为管理海湾项目绩效的机构。

切萨皮克湾项目的最高权力决策机构由切萨皮克执行会议委托委员会管理,由各成员州政府和华盛顿市市长、美国环境保护局局长、切萨皮克湾委员会(CBC)主席组成。由于地方政府方面的各州州长(市长)是当地政府的最高行政负责人,而美国环保局局长全权代表联邦政府的最终决策,因此执行会议决策的权威性可以得到有效保障。执委会的主要工作是制定整治工作的战略政策,签署各个州、市间的合作协议,领导实际的工作,主持召开执委会年度会议,监督审查项目进展,总结工作经验,以及确定之后工作方向。

执委会下设立3个专门委员会。

一是公民咨询委员会,主要工作是协助执委会、协调会实施各项决议,支

持并资助民间环保公益组织参与到 CBP 治理过程中,有效地沟通政府和公众的不同意见。对企业和公众进行宣传教育,使社会各利益群体相互理解,共同合作。

二是地方政府咨询委员会,由来自马里兰州、弗吉尼亚州、宾夕法尼亚州和哥伦比亚特区的各相关地方政府代表组成。这个委员会负责商讨各地方政府参与切萨皮克湾项目的相关事宜,在涉及当地政府利益的问题上为执行会议、委托委员会和实施委员会提供建议。

三是科学技术委员会,由科研机构的代表组成,主要负责研发具有经济效用的科学技术,监测海湾的生物资源,为 CBP 资源保护提供相应的技术指导,协助执委会制定技术方面措施,将最新的科研成果应用到产业生产、宣传教育工作中。

这 3 个咨询委员会的主席也是实施委员会的成员。除此之外,实施委员会下辖的 9 个次级委员会,负责空气污染、交流和教育、信息管理等具体工作。

在实施委员会下设立联邦机构委员会和预算指导委员会两个顾问机构,为执委会处理联邦政府和地方政府间的协作、财政预算提供政策咨询。

联邦机构委员会是由与海湾湿地、水域、生物资源有密切关系的相关联邦机构所派代表组成。在其努力下,联邦机构和部门的高级官员起草并签署了《有关切萨皮克湾生态系统管理的联邦机构协议》(1994 年)、《联邦机构切萨皮克湾生态系统统一计划》(1998 年)。协议涉及联邦机构的目标和职责、保护和整治切萨皮克湾的具体措施、联邦机构之间进一步协调的相关事宜。到 2000 年为止,已经有 15 个联邦机构与环保局签署了正式协议,成为切萨皮克湾项目的合作者。

预算指导委员会为资金的管理和使用制定了一系列规定,包括资金申请、资金配套、资格审查、质量保证、资金使用报告等,保证了环境整治资金的合理、有效利用[①]。CBP 治理是由国会议员提出议案,得到国会批准后,将项目列入联邦政府的财政预算中。2000~2005 年,财政共拨款 120 亿美元,占总

---

① 刘向辉:《美国国土综合整治的典型——切萨皮克湾综合整治的成功经验》,《国土与自然资源研究》1995 年第 2 期。

政府间协作治理：美国切萨皮克湾综合治理体系的构建

资金的80%，其他6个州、市共拨款30亿美元，占20%。为了调动地方政府的积极性，美国环境保护局（EPA）主要将资金投入到各个州、市。同时，根据规定，对环境保护局的拨款，各州、市必须根据不同情况投放5%~50%配套资金。

3. 组织结构的调整

从2006年8月开始，为了面对未来生态恢复、政策实施过程中的挑战，CBP开始探索如何进行组织结构重组。2006年8~10月，对超过50名利益相关者进行访谈和大约60种民意测验，为准备重组做好了初步规划。接受采访和调查的关键利益相关者包括国家机构、学者、非营利组织、联邦合作伙伴、小组委员会和咨询委员会、承包商和其他人。还有一项工作是由基思·坎贝尔基金会领导。该基金会从2006年9月到2007年1月召开了一系列会议。会议的参与者与各级政府共享了丰富的经验和在政策、科学、通信、主张、慈善方面的知识。会议的结果是提出了一份报告，概述了旨在加速实施切萨皮克湾项目的操作原则和概念框架。

2007年5月23日，在负责人参谋委员会（PSC）会议上，主席格里芬秘书考虑到先前的工作成果，提出直接建立一个特设重组工作组来为CBP提供新的组织决策。此后，一个由弗兰克·道森和戴安娜·伊舍领导的，由联邦、各州的成员、咨询委员会和其他利益相关者组成的工作组，回顾了先前的工作成果并讨论了重组选项和程序。在2008年9月22日的会议中，工作组将CBP组织结构图和各结构的角色、功能、成员等内容提供给了PSC。

4. 治理协调工作

州政府是切萨皮克湾项目的主导和初始倡议者，联邦政府在切萨皮克湾项目中起到监督、指导的作用。

在联邦政府层面上，环境保护局和12个相关机构共同组成的联邦机构委员会，负责政府和CBP项目执委会之间的协调和沟通，交流整治工作信息，落实联邦政府关于海湾治理的决议。

从修复生态系统看，切萨皮克湾治理的目标主要是保护生态资源多样性、降低水质富营养化、治理水土流失和水质污染，最大限度平衡人口发展和湖泊生态。但是各个州政府、联邦政府的利益需求有所不同，州政府期望供水保证率，

而联邦政府更加注重水质量和生态环境。切萨皮克湾执行委员会运用分类管理模式，针对不同的治理目标设定团队，形成不同的项目分工，并通过工作协调团队进行协调管理、综合决策。

在恢复切萨皮克湾生态系统的过程中，种植水生植物需要花费大量的成本。为了开发高效率的种植方法，减少修复成本，在2003年，美国陆军工程兵部队（USACE）、工程师研究与发展中心（ERDC）、美国国家海洋和大气管理局（NOAA）和切萨皮克湾办公室（NCBO）开始了各自的项目研究，创新工具和技术以提高种子成活率和种植成功率。这个项目是第一次跨部门合作开发、评估和改进科学报告计划。在恢复海湾生态这一问题上，多个研究和示范项目在协调切萨皮克湾区域的联邦、州、地方、私人合作伙伴、利益相关者时，发挥了重要的作用。

三　切萨皮克湾的治理成效

如今，切萨皮克湾的生态系统已经大大改善，有各种鱼类348种，鸟173种，水生植物2200余种。海湾湿地也得到了恢复、改善。海湾沿岸遍种了树木，建立了绿化带[①]。

约翰·霍普金斯大学及马里兰州州立大学环境科学中心的研究人员在分析了60年来的水质数据之后发现，为恢复切萨皮克湾生态所做的工作现在已经逐渐收到了成效。证据表明，减少富营养物向这里的排放卓有成效，这个美国最大的河口其死水区已经缩小了规模。虽然现在每年夏初也会产生死水区域，但这是因为受到了气候压力的影响，而并非污染物的输入。另外，美国政府鼓励农民种植绿色隔离带、养殖牡蛎等方法有效地使切萨皮克湾生态得到恢复。

切萨皮克湾通过10年的整治，取得的显著成效主要表现在：①野生生物栖息繁衍地得到一定程度的恢复；②保护生物资源；③治理富营养化状况；④防治污染；⑤土地利用依法行事[②]。

---

① 张忠祥：《国内外水污染治理典型案例分析研究》，《第三届中国城镇水务发展国际研讨会论文集》。
② 刘向辉：《美国国土综合整治的典型——切萨皮克湾综合整治的成功经验》，《国土与自然资源研究》1995年第2期。

四 切萨皮克湾治理体系对中国区域协作的启示

中国的区域协作开始较晚，尚处在发展的初期。1983年，国务院批准成立上海经济区规划办公室，成为了长三角地区协调的领导机构，但是该机构于1988年被撤销。在1992年，长三角地区的地方政府建立了长三角城市协作办（委）主任联席会议，以协调区域的经济发展和合作。之后，长三角地区的区域协作开始不断发展。珠三角地区的11个省级行政单位在2004年签署了《泛珠三角区域合作框架协议》，形成了区域协作机制。环渤海区域合作的起始也是在2004年，7个省级行政单位达成了《环渤海区域合作框架协议》。

同切萨皮克湾项目相比，中国的区域协作机制存在着许多的问题：中央政府的管理监督机制不健全；协作内容仅涉及经济产业项目，缺乏关于社会、环境等方面的合作；协作项目缺乏有效的监督和绩效评估；财政投入较少；等等。借鉴切萨皮克湾项目的成功做法，中国政府间的协作还应在以下几方面不断地发展完善。

1. 制定详细的目标和规划

中国地方政府间的协作主要是根据国家制定的经济政策方针制定各种的地方规划，由于存在一定的行政壁垒现象，缺乏区域性的整体战略规划。综合解决关于环保、信息、交通等问题时，目的性不强，没有明确的战略目标。因此，导致了统筹时的执行不力。而CBP项目在成立之初，通过大量的科学调研，给予了CBP明确的定位，"一个帮助恢复已经退化损伤的生态系统的项目"。在此后的几年间，不断补充完善最初签署的协议和规划，为项目的实施提供制度性保障。

2. 丰富协作内容与方式

在CBP案例中，实施委员会下成立了保护水质、生物、土地、空气等多个部门，侧重流域内生态环境的不同方面，综合治理。而中国地方政府的区域协作主要集中在规划、旅游、科技、信息、产权、港口、交通等经济发展、基础设施规划方面，对于河流污染的治理、垃圾废物的处理和低碳环保等环境社会性事务缺乏足够的重视。因此，各省、市政府间应针对经济、交通、科技、环保、信息等多领域展开更加广泛的合作。

3. 完善组织结构

中国的地方政府间的协作，仅设立领导决策机构，缺乏综合的管理执行机构,没有明晰的组织管理体系,缺少执行力度。例如1996年,长三角地区成立了长三角城市经济协调会,成员由上海、江苏省8个地级市、浙江省7个地级市,总共16个城市政府组成,上海市为协调会常任主席方,执行主席由成员城市轮值。在组织结构方面,可以借鉴切萨皮克湾项目的组织构架。如在CBP的组织结构中,设立了决策、执行、绩效、咨询、协调、预算部门,在改革过程中,通过明确领导、执行机构的职责,完善和精炼组织架构,使项目的规划目标能够更好地贯彻实施。

4. 增大中央和地方的财政支出

在CBP项目中,联邦政府拨款占总资金的80%,6个州政府拨款占20%。通过法规调动地方政府的积极性,促使地方政府投入大量的配套资金,确保项目的财政支出。中国地方政府的小额拨款使得协作仅限于制度规划层面,无法形成有效的管理执行。在长三角、珠三角等区域形成了横向的转移支付,但财政投入较少,导致公共服务投入产生地区差异。因此,中央政府和地方政府应设立专项资金,扩大区域合作,保证组织决议的有效执行。成立社会性基金项目,扩大资金的筹措来源,鼓励社会组织、企业参与区域发展。

5. 增强政府间的沟通与协调

地方政府间的信息沟通交流较少,地方政府的电子政务平台的共享信息很少,专门用于地方区域合作的政务网站更是凤毛麟角。在CBP项目中,为了合理地处理不同利益群体的需求,委员会建立了不同的项目工作组,将这些小组联合到切萨皮克湾执行委员会的治理规划下,从而形成不同利益群体围绕目标的综合治理决策过程。因此,可以考虑在地方合作治理事务执行机构下,专门设立地方政府的信息沟通机构,保证合作信息能够及时交换,建立共享信息交流平台,实现信息公开。

参考文献

张忠祥:《国内外水污染治理典型案例分析研究》,《第三届中国城镇水务发展国际研讨会论文集》,2008。

刘向辉：《美国国土综合整治的典型——切萨皮克湾综合整治的成功经验》，《国土与自然资源研究》1995 年第 2 期。

刘健：《美国切萨皮克湾的综合治理》，《世界农业》1999 年第 3 期。

耿春女、董蕾译：《一项为期 15 年的切萨皮克湾清理工作计划》，《中国环境科学》2009 年第 5 期。

周申蓓、曲建和、张双安：《中美湖泊污染综合治理制度比较研究——以太湖与切萨皮克湾流域为例》，《首届中国湖泊论坛论文集》，2011。

余敏江、黄建洪：《生态区域治理中中央与地方府际间协调研究》，广东人民出版社，2011。

陈家海、王晓娟：《泛长三角区域合作中的政府间协调机制研究》，《上海经济研究》2008 年第 11 期。

赵峰、姜德波：《长三角区域合作机制的经验借鉴与进一步发展思路》，《中国行政管理》2011 年第 2 期。

Deborah Shafer, Peter Bergstrom. *An Introduction to a Special Issue on Large – Scale Submerged Aquatic Vegetation Restoration Research in the Chesapeake Bay*: 2003 – 2008. Restoration Ecology, 2010 (18): 481 –489.

Final CGP. *Chesapeake Bay Program Governance*: Managing the Partnership for a Restored and Protected Watershed and Bay. 2009.

Tanya Heikkila, Andrea K. Gerlak. *The Formation of Large – scale Collaborative Resource Management Institutions*: Clarifying the Roles of Stakeholders, Science, and Institutions. The Policy Studies Journal, 2005 (4).

B.27 公私合作伙伴：西方城市治理模式的新选择

陶希东

摘　要： 政府、社会、民众多元参与的城市治理已经成为国内外城市管理的新理念，而构筑政府、市场和社会之间的新型合作伙伴关系，是当今西方城市公共管理的新模式。本文分析了西方城市合作伙伴治理的基本理论内涵，并对其进行了客观的评价，最后提出了促进我国城市治理的几点启示。

关键词： 城市公共管理　公私合作伙伴　模式

一　公私合作伙伴治理的内涵与特征

1. 公私合作伙伴治理的主要内涵

公私合作伙伴治理最初产生于欧洲，主要是由地方城市政府发起的实现重振城镇计划，有效解决城市住房、治安、环境等问题的一种治理手段。在西方城市治理研究中，不同学者对"合作伙伴治理"进行了不同的定义。总体来看，当前的欧美城市研究经验，公私合作伙伴治理主要包括两个层面的内涵。

首先，是指为了有效解决城市问题和推进城镇规划和建设，在城市公共政策的制定中，对城市政治权力进行再分配，鼓励市民社会参与公共领域和公共政策的制定过程，打破传统的公共与私有领域界限，推动单个城市政府与企业、基金会、学术研究机构、非政府组织、居民群体之间形成新型的合作伙伴关系，共同提供公共产品，提高公共服务效率的过程，也是政府组织和非政府组织共同构成的开放互动系统和公众参与系统。

其次，就是不同地域或城市之间，在政府、非政府领域构筑横向多边合作伙伴关系，实现区域资源的整合与共享，解决共同面临的重大区际问题和社会问题，减少矛盾，增加共识，并形成一种长期的区域化决策与管理新体制，其中包括跨国界的全球伙伴合作治理。

2. 公私合作伙伴治理的主要特征

公私合作伙伴治理具有五个特征：第一，合作伙伴治理涉及两个或多个成员，而至少一方为公共机构，但那些极具自治性（如美国特别区政府）、市场化角色突出、准政府的公共成员，在合作伙伴治理中可以按照私人领域发挥功能。第二，在合作伙伴治理中，每个参与者就是一个权利主体，也就是说每个参与者都可以按照自己利益进行协商，而不必求助于一定的权力资源。第三，合作伙伴成员之间存在一种持久性的关系，存在一些连续性的相互作用，但这种持久性相互关系主要是外部多个成员协调的结果。第四，每个参与方对维持合作伙伴制有非常重要的作用，相互之间存在着物质和非物质资源的相互交换与转移。在当今强调政府效率的时代，私有领域的有效参与显得更加重要。第五，合作伙伴治理强调多方参与者可以通过谈判做出具有可行性的决定，并对活动结果负有共同责任。

二 国际城市合作伙伴治理实践：动因、效应与趋势

1. 合作伙伴治理是欧洲地方城市政府主动寻求体制创新的结果

当今盛行于西方的城市合作伙伴治理，是经济全球化背景下政治体制改革与创新的产物。20世纪90年代以来，欧洲国家由于中央政府减少财政支出，地方政府的日常管理更倾向于服务型，分解原有政府责任并转移给不同组织和机构。整体而言，城市政府面临的是分权化和多元化的趋势。在此背景下，城市当局为最大限度地扩大权力和最大限度地利用资源，需要寻求新的体制变革。在此过程中，城市政府寻求与社会、其他城市进行合作的城市合作伙伴治理模式，逐渐成为大多城市寻求发展的主要路径选择。

2. 合作伙伴治理可以有效发挥协同、转换、扩大预算和整合四个明显效应

一是协同效应，就是参与者可以围绕同一个目标，步调一致地采取行动，增强了工作的有机协同性，有效克服各自为政、利益部门化的问题，实现了 1+1>2 的效应。二是转换效应，就是在合作进程中，不同参与者不断调试各自原有的理念、方式和方法，特别是从价值观念上，相互影响、协商谈判、相互学习，最终达成相对统一的价值理念和工作思路，为有效开展合作提供了坚实的思想基础和价值认同。三是扩大预算效应，就是通过合作，把分散在不同部门的相关资金进行整合，更重要的是，各方可以围绕合作开展的一些大型公共服务设施和基础设施建设项目，进行资金的联合筹集和预算申报，使得更加容易地从社会、政府、企业等方面获得资金支持，为顺利完成合作提供了更有力的资金保障。四是整合效应，即在构筑合作伙伴的过程中，可以有效整合不同组织的各种资源，实现互补互通、互惠互利、共享共赢的目标，尤其在城市间横向伙伴构建中，更有可能实现更大区域范围的资源整合，消除城际矛盾，增强区域意识，为区域广大市民提供多样化的公共服务。

3. 合作伙伴治理是城市政府与社会交界处的一种城市治理方法，但与真正的民主责任制存在一定的距离

一般认为，城市合作伙伴治理是公共机构、企业、社会团体、基金会、学术机构等多元机构在平等基础上的互动协商与资源交换过程，应充分体现民主与责任原则。但西方国家关于合作伙伴治理的实证研究表明，大多数合作伙伴治理关心的主要是与效率有关的问题，而不是与民主有关的问题，这主要是因为，在整个合作伙伴制运行的过程中，一般民众在制度中所处的位置和参与性问题值得怀疑，特别是一般民众，面对政府或官僚控制的合作事宜时，很难拥有提出建议、参与决策、交流思想的机会，有可能处于边缘化的地位，整体上缺乏应有、必要的参与权和建议权。除此之外，合作伙伴治理还面临着责任的落实问题。因此，当今欧美城市治理中的合作伙伴治理，实质上是城市政府与社会交界处的一种城市治理方法，在实践中与真正的民主责任制还有一段距离。

4. 地方/城市政府层面的合作伙伴治理容易形成发育，合作效果也更加明显

在实践当中，合作伙伴治理广泛存在于不同层次的政府治理中，既有联合国层面的伙伴治理，又有国家层面的伙伴治理。但从合作伙伴治理的效果来看，以城市政府为主的地方政府层面的合作伙伴治理更容易形成并发挥作用。根据美国学者乔恩·皮埃尔的观点，这主要是因为：一是与其他高层政府相比，地方政府相对较为"软弱"，财力资源有限，也是政策的主要制定者和执行者，具有构筑合作伙伴的内在动力。二是地方政府更接近于政策目标者，能够满足广大群体不同的政治和社会需求，也比高层政府更容易发挥民主政治的作用，促进社区本土化发展和新价值理念的形成。三是与地方政府的职能和角色紧密相关。在当今民主政治时代，地方政府不仅是公共服务的生产者和提供者，更重要的是一个旨在促进地方民主化进程和公众参与的政治舞台和工具，而合作伙伴治理的实行正体现了地方政府的这一功能。

5. 在城市区域构筑城市间横向合作伙伴关系，成为西方城市合作伙伴治理的新趋势

近年来，在欧美城市治理实践中，除了单个城市政府不断强化与非政府之间的合作之外，也特别重视城市地区相邻政府之间的横向合作，跨界合作网络已经成为城市空间发展政策的主要内容和新趋势。这是因为边界城市基于共同的利益（如振兴工业、地区利益、改善城市经济结构等），开展广泛的跨界横向合作，相互交流知识和信息、共同开发资源，同时执行公共政策，提高了城市政府之间的相互依赖性，促进城市区域的资源整合与共同发展。这种城镇间的合作伙伴治理，在欧美和非洲等地得到了极大发展，如美国许多大都市区的地方政府协会，通过横向合作来提供一些共同服务。从总体趋势看，随着西方发达国家大都市区经济社会的全面融合发展和公共服务的一体化需求，组建各种正式和非正式的城际跨界合作组织、签订公共服务协议，跨界整合和共享公共服务，越来越成为公私合作伙伴治理的一个重要类型和趋势。

三 公私合作伙伴模式对我国城市治理的若干启示

当前我国正在进行以"大部制"为主的行政体制改革，对整合职能、克服多头管理等具有重要的作用和意义。但我们认为，对多元化、复杂化的城市治理来说，大部制改革并不能消除政府部门所固有的权力边界，在

促进相关职能整合的基础上,更重要的是尽快架构一套政府与市场、政府与社会之间的伙伴治理机制,公私协同治理,才是真正解决诸多城市和区域问题的一剂良方。西方国家公私合作伙伴治理的经验,带给我们如下几个重要启示。

第一,顺应后现代社会发展潮流,尽快树立现代治理新理念,促进城市"封闭-单向式"政府向"开放-参与式"政府转变。

随着市场经济、法治理念在现代社会的进一步扩展,政治资源的配置方式开始由传统的"累积-集中"模式转变为现代的"弥散-辐射"模式。与此相适应,政府公共权力的边界发生了明显的变化,传统的"封闭"、"孤立"、"自上而下"的城市治理模式也会被"开放"、"参与"、"合作"、"自下而上"的新治理模式替代,而欧美国家的城市合作伙伴治理正是顺应时代要求而产生的现代城市管理新模式。根据城市合作伙伴治理的内涵,我国城市管理体制改革中,各级城市政府应树立平等、协商、合作的现代治理理念,从观念、体制、机制等方面继续深化政府改革,促使传统的"封闭-单向式"城市政府向"开放-参与式"政府转变。

第二,大力培育城市非政府组织,夯实全面构筑合作伙伴治理的组织基础。

大力培育非政府组织体系,是城市合作伙伴治理的组织基础。为此,要针对城市政府不能有效管理和暂时无法管理的领域,积极鼓励和优先发展非政府组织,发挥非政府组织应有的功能,在社会权利的范围内,政府不必越俎代庖。特别是针对当前我国的许多非政府组织实为"第二政府"现象,加快非政府组织经费自理、领导自选、活动自主的自治建设,使广大的非政府组织真正能够代表社会利益参与政府决策,加快民主政治进程。

第三,建立健全城市公众参与机制、民主化决策机制和民主责任制,保障合作伙伴治理的有效运行。

建立健全城市公众参与机制和民主化决策机制,将更多的社会成员纳入合作伙伴的范畴,以制定合理有效的城市公共政策,是城市合作伙伴治理有效运行的重要保证。首先建立健全由专家学者、年轻人(以学校为主)、外来投资者、宗教或公益组织、市场组织、社区组织等在内的合作伙伴体系和公众参与机制，全面反映不同的利益需求。其次，严格遵守民主公开的原则，对合作项目的实施、产生结果等问题，实行责任主体相对明确的共同负责制，避免出现像西方城市合作伙伴治理中无法落实责任的弊端。

第四，鼓励大都市区构筑现代城际合作伙伴关系，组建相应的跨界组织与管理机构，实现跨界区域治理。

强化城市间跨界合作伙伴治理是欧美城市地区合作伙伴治理的最新趋势。当前我国的"行政区经济"严重阻碍着长江三角洲、珠江三角洲和京津唐等大都市区经济的整合发展。首先，可以采取多种形式，构筑现代城际战略伙伴关系或利益联合体，如大都市区的市、县、城镇之间结成"友好城市"、"友好城区"、"姊妹城市"、"城镇联合会"等伙伴关系，进行横向交流与合作，实现资源整合与共享。其次，建立具有跨界职能的大都市区协调机构（大都市联盟或大都市区委员会等），协调各城市政府之间在基础设施、空间开发、环境保护、公共服务、政策法规等方面发生的利益冲突，从而构筑城市之间新型的合作与协商机制。但需要指出的是，在实行大都市区跨界合作伙伴治理过程中，应遵循因地制宜的原则，不可搞"一刀切"，如苏（州）（无）锡常（州）都市圈先进行试点，成熟后再推广，无疑是一种切实可行的好方法。

参考文献

Bailey. N. Barke. R. &Macdonald. K. *Partnership Agencies In British Urban Policy.* London Press. 1995.

B. Guy Peters. *With A Little Help From Our Friends*: *Public – Private Partnerships As Institutions And Instruments. in Jon Pierre.* Partnerships In Urban Governance. ST. MARTIN'S PRESS, INC. New York. 1998. pp. 12 – 13.

Jon Pierre. *Partnerships In Urban Governance.* St. Martin'S Press, Inc. New York. 1998.

Local Government Information Bureau. 1992. *International Local Authority Networks Linking to the UK.* London: LGIB.

白晨曦：《发展中的城市伙伴制》，《国外城市规划》2004年第4期。

陶希东：《公私合作伙伴：中国城市治理的新模式》，《城市发展研究》2005年第5期。

艾尔·哈吉·姆博吉：《非洲城市间伙伴制的前景》，《国际社会科学杂志（中文版）》2003年第2期。

萝伯特·达尔：《现代政治分析》，王沪宁等译，上海译文出版社，1987。

刘君德、周克瑜：《中国行政区划的理论与实践》，华东师范大学出版社，1996。

陶希东：《跨省区域治理：中国跨省都市圈整合的新思路》，《地理科学》2005年第5期。

B.28 深度城市化与参与式城市治理制度创新的国际实践

陈铭萱 汤蕴懿

摘　要：

全球金融危机发生后，西方国家通过城市治理制度创新来推动经济发展，缓解社会矛盾。新一轮城市治理制度变革的聚焦点主要包括通过行政机构改革以提高行政效率、政府工作重心转向完善社会服务、政府主导与多元参与相结合等治理模式创新。这对于中国城市治理在响应民众需求、提高行政效率、构建媒介体系、实现多元参与等方面有着积极的借鉴意义。

关键词：

城市治理　行政效率　社会服务　多元参与

全球金融危机爆发以来，各国内部诸多经济问题和社会矛盾日益凸显，西方政府在寻找金融危机后经济发展新增长点以及维持良好社会秩序方面，都不约而同把目标聚焦到城市治理制度创新。国际管理咨询公司麦肯锡近期公布了"全球城市600"研究框架，明确指出全球经济复苏实际上依靠近600个城市的表现。[1] 其中，国际大都市更需要在全球经济贡献率、经济复苏进程和就业改善等方面做出表率。由此，西方国家掀起了新一轮城市治理变革，意图通过改革政府行政机构、完善社会服务、创新治理机制等手段，正确处理大都市的社会矛盾，进一步发挥城市功能，转变治理方式，做出积极探索。

---

[1] Mckinsey Global Institute. "Urban World: Mapping the Economic Power of Cities." March 2011.

一 精简政府机构、提高行政效率已成为国际趋势

近年来,发达国家持续"双高"——"高债务"和"高赤字",并已成为影响发达国家经济复苏的障碍。据经济合作与发展组织(OECD)统计数据显示,2011年OECD整体财政赤字占GDP比重为6.3%,比2010年降低1.2个百分点。其中,美国和欧元区财政赤字占GDP比重分别为9.7%和4.1%,比2010年分别降低1个和2.1个百分点。日本财政赤字占GDP比重为9.5%,比2010年提高1.1个百分点,且有持续扩大的趋势。预计2012年OECD整体公共债务将达GDP的107.6%,其中,美国和欧元区分别达108.6%和99.1%,日本的债务将达到惊人的214.1%。在公共债务持续扩大的趋势下,政府财政负担日益加重,必然会把突破口放在"精简存量、优化增量"上。在实践中,政府将对内精简政府机构、裁减公务员和削减公务员工资作为减负的重要方式,将提高公共服务效率、发挥市场机制作用作为优化政府公共职能的重要手段。

精简政府机构在内在含义上不仅仅指减少机构数和公务员数量,更重要的是合理划分部门,对其职能进行明确界定。金融危机后,发达国家大都市的公务员规模一般都控制在占就业人口5%左右,且呈现持续精简的趋势。① 当然各国根据自身实际情况分别采取不同的做法。

英国政府主要裁减公务员,撤销合并一些政府部门;西班牙政府压缩公务员的平均工资,以往其公务员待遇优厚,一年通常领取相当于14个月的工资,而在2010年的第一轮紧缩中,其公务员工资平均被削减5%。2012年7月,西班牙政府宣布了总额650亿欧元的新一轮紧缩措施,包括将公务员工资削减约7%,并计划取消他们的圣诞奖金。日本众议院2012年2月通过了由执政党民主党与在野党自民党和公明党联合提交的《国家公务员减薪临时特例法案》。在该法案实施以后,从4月开始持续到2014年3月的近两年时间里,所有国家公务员将平均减薪7.8%。这项法案使日本政府将能够节省总共5800亿日元的财政

---

① 屠启宇:《金字塔尖的城市》,上海人民出版社,2007。

支出,大约合人民币456亿元,这部分财政资金此后将被用于"3·11"东日本大地震的重建工作。希腊承诺在2012年年底以前裁减1.5万余名公务员,整个精简计划涉及200个机构。2012年7月,希腊政府行政改革部发表声明称,将被关闭或合并的政府机构的职员总数为5256人,21个机构将削减至9个新机构,冗员将被转至其他政府公共部门。①

从以上这些情况可以看出,许多国家为了平稳度过"后危机",加速政府精简步伐。这也从客观上要求政府提高行政效率,加快改革和转型。

二 完善社会服务成为政府的重点工作方向

长期以来,城市主要被视为经济活动的载体,社会功能往往扮演辅助角色。而前一段时间,社会群体性事件大范围、激烈地在一些发达国家的世界城市中发生,比如2011年开始发起的"占领华尔街"运动,反映了金融腐败、产业困境和民众对金融危机后政府行为的不满等多种经济和社会问题,也体现了"包容性问题"成为城市社会运行成功与否的关键。

其实城市财政税收规模同城市治理的基本模式息息相关,发达国家大都市基本以社会服务开支为主。未来一个阶段,随着城市中产阶层规模不断扩大,高水平医疗、教育等社会服务资源的广泛覆盖与均衡配置,以及社会服务的均等化将逐步成为完善社会服务体系的核心,这对新兴经济体迅速崛起中的大都市尤为重要。主要国际大都市公共财政开支状况如表1所示。

表1 主要国际大都市公共财政开支状况

城 市	年份	支出方向
纽 约	2002~2011	教育25%,公路桥梁19%,环境保护17%,住房与开发12%
洛杉矶	2004	警务47%,消防18.9%,公共事业14.6%,图书馆、公园和文化事业9.7%
悉 尼	—	公共设施管理34%,城市治理20%,社区和社会平等46%
台 北	2004	教科文39%,经济发展服务16%,社会福利13%,警察10%,管理成本7%
首 尔	2000	投资41%,教育20%,自治区交付金20%,管理成本7%

资料来源:屠启宇著《金字塔尖的城市》,上海人民出版社,2007。

---

① 《希腊计划精简部分政府机构,仍需进一步债务重组》,《中国证券报》2012年7月26日。

随着社会服务机制的完善，西方政府中出现了新的服务合同模式——从合作伙伴的 PPP 模式（Public-Private-Partnership）到 PIPP（Public-Intermediary-Private-Partner）模式，后来又推行"购买公共服务"制度。PPP 模式是指政府与私人组织合作建设城市基础设施项目。持续金融危机后，公共财政压力进一步增大。在 PPP 模式基础上做适度扩展，在政府与私人部门的合作中融入中间组织 PIPP 这一概念，作为政府与私人部门的协调者和对话者，中间组织既承担起某些政府不应该或管不了的职能，也弥补了政府和私人均失灵的领域。政府购买公共服务是指将原来由政府直接提供的为社会公共服务的事项交给有资质的社会组织或市场机构来完成，并根据社会组织或市场机构提供服务的数量和质量，按照一定的标准进行评估后支付服务费用。

三 政府主导与多元参与相结合的治理模式成为国际城市的重要选择

金融危机后，全球城市的布局和功能结构发生很大变化，城市发展模式从经济发展逐渐向多元发展转型，参与式治理成为大城市治理的基本方式和基本趋势。总体而言，参与式治理具有以下五个特征：第一，不是由单一政府或正式组织来管理，而是重视各种非正式组织的作用。第二，不是政府对权力的一元化掌控或垄断，而是管理过程中权力中心具有多元性，各种公私团体、组织和个人均参与管理过程。第三，否定社会管理及权力运用的自上而下的单向性，强调政府与社会各种权力的互动性。第四，不否认政府权力的命令与强制，同时也强调权力与非正式组织之间协商与合作。第五，承认政府管理的必要性和必然性，但同时更强调社会的自主和自治（见表2）。[①] 与传统的城市社区建设不同，参与式治理强调社会组织和公众个人在社会和社区管理中的作用，发展政府、企业、社会组织及公民各主体的合作、协商和伙伴关系，建立政府主导，社会、企业、公众多元主体参与的现代城市基层管理体制。

参与式网络化治理模式正是这样来整合行政体制、市场机制、社会参

---

① 罗西瑙：《未来政府的治理模式》，三联出版社，2003。

与机制,并综合应用经济、法律和行政手段来管理城市公共事务。因此多元参与式城市治理模式是基于城市治理空间、主体和权力向度上的多中心治理模式。①

表2 参与式城市治理与传统城市管理模式的区别

模式 类别	传统城市管理模式	参与式城市治理模式
管理目标	主要是经济增长和物质扩张	强调城市经济、社会、环境复合系统的可持续发展
管理领域	全部城市公共事务	有限性、适合性和能为性
管理主体	政府	政府、企业、社区组织等
管理组织	科层体制	网络组织
管理机制	单一行政体制	整合行政、市场、公民三种机制

资料来源:黎明起著《参与式治理视角下的国际化城市和谐社区建设研究》,广西民族大学出版社,2009。

在新的参与治理模式下,政府虽然同样是城市治理核心主体,但企业、民间组织和公民同样可以成为城市治理重要组成部分。显然,多元参与中,各方共同搭建的媒介体系至关重要,这个媒介可以是一个机构,也可以是一个平台,还可以是一个组织。

以美国为例,张晓锐在《参与式治理:美国地方政府的咨询委员会》中,把地方政府咨询委员会作为公民直接参与政治决策制定和评估的途径。他介绍道:"美国地方政府咨询委员会是由议会组织成立,在地方宪章中拥有法定地位是有一定裁量权的组织。议会根据市民申请任命委员会成员,赋予他们一定的政策制定和咨询权力。同联邦层次的咨询委员会相比,市政府咨询委员会没有强烈的精英和党派特点。这种咨询委员会由当地居民、有组织的公民团体代表、议会议员组成,就特定的政策议题有组织地参与政策制定过程。政策制定者咨询和听取各方代表的观点、意见和建议,共同商讨政策制定及实施的目标和必要性,取得政策的基本价值取向和合意导向,构建共识,最终形成政策方案。委员会有权就具体政策问题进行实地考察和调查,促进成员之间、成员同

---

① 路阳、庄虔友:《参与式治理视角下的地方政府制度创新》,《云南社会科学》2011年第3期。

社区居民之间进行充分沟通与互动,增进他们对政策的理解和认知,进而最大范围地代表公众声音。这种制度化的组织具有专业性、参与性与规范性特点,是促进公民政治参与、促进政府与公民沟通的重要渠道。"①

除组织外,网络平台也是重要的新载体之一。韩国首尔在参与城市发展及各种城市治理问题方面的成功可以归功于首尔的"网上社区"建设。首尔市政府在官方网站专门设置了"网上社区"一项。市民可以在网上社区获得首尔生活的各种生活信息和就业信息,同时还可以随时向市政府提出意见。这种方式把服务市民与了解市民需求和意见结合起来,使市民更方便地参与到城市建设中来。

多元参与中,第三方组织的独立作用也不可忽视。第三方组织成为公共产品和准公共物品的提供主体,向公众提供服务,向公众收取服务费,降低政府投入的总成本,减少政府的成本分摊,提高效率。第三方组织更贴近社会,了解需求,能在政府发挥作用不周全的方面,以其灵活性和多样性,根据不同情况满足各种需求。此外,私人也能通过各种方式提供公共产品,比如美国的航空、能源、银行、电信、教育等服务的提供都已全面向私人开放②。这样不仅能缓解资金压力,而且能提高社会效率。同时,政府角色也发生了转变,政府成为了公共产品生产和分配的中间节点,并通过宏观调节、市场运作,鼓励其他多元治理主体在其优势领域参与公共物品的提供。

典型案例是美国西雅图市中心协会。作为一个第三方组织,协会是社会治理利益相关者,具有很强的社会责任感。为了推动城市交通运输、低碳环境等改善,美国西雅图市中心协会出资承担了市中心公交运输事业,让市中心公交车一律免费搭乘。由于协会大部分员工都在市中心工作,免费搭乘不仅方便了自己、也改善了环境。同时,协会将由此带来的碳排放量减少等成果进行定量指标分析并将分析结果对外公布,回报社会的同时也有利于实现自己的价值。③

---

① 张晓锐:《参与式治理:美国地方政府的咨询委员会——以美国伊利诺伊州内博维尔市咨询委员会为例》,华中师范大学硕士学位论文,2010年。
② 马健:《试论公共产品私人提供的理论与实践》,《重庆行政》2004年第3期。
③ 《上海"政府主导+多元参与"城市治理模式》,《上海最新动态》第66期。

四 国际城市参与式治理模式的启示与借鉴

正如潘小娟等在《中国地方政府社会管理创新的理论思考》中所评述的,对于社会的管理,特别是在事关民生的社会管理领域,政府绝对不能放弃自己的职责,同时还需要借助政府掌握的权力、权威和信息、资源,调动社会的积极性,充分动员社会各方面的力量,解决社会问题。随着社会的发展和公众需求的增长,行政管理的需求也在日益增长。但由于成本的限制,政府不可能无限扩张。只有动员社会积极、广泛、持续参与协作,才能真正在政府职能转变的基础上建构一种新的政府与社会良性互动的关系。① 特别是在区域间,必须关注地方政府执政边界和预算约束。

从西方发达国家的经验看,要形成有效的公民参与区域合作治理文化,必须要重视如下几个方面。

第一,城市治理要"以人为本",主动适应城市化进程中民众对公共管理和服务的动态需求。近年来,由于中国的经济转型,城市化发展中引发重大社会新变化,包括阶层结构变化、城乡结构变化、收入分配结构变化、人口结构和家庭结构变化、社会组织方式变化、社会规范和价值观念变化等。中国的城市化建设应把关注民生、保障民生、发展民生,以及促进人的全面发展和社会进步作为城市政府管理工作的根本出发点和落脚点。

第二,城市治理要提高行政效率。西方发达国家的经验表明,通过精简政府机构提高行政效率是政府改革的必然方向。中国的精简政府机构经历了"精简-膨胀-再精简-再膨胀"的循环,归根到底是由于中国地方政府定位没有实现从"权力政府"向"权利政府"的转变。前者是无限政府,政府拥有绝对的资源配置权力,也不得不承担起所有的责任;后者是一个有限政府,在法律框架内行使部分权力,具有自身的责任边界,当然就有了精简的可能。在完善社会服务机制上,西方政府从"合同服务-PPP-PIPP"的一系列制度创新路径值得我们研究和借鉴。

---

① 潘小娟、白少飞:《中国地方政府社会管理创新的理论思考》,《政治学研究》2009年第2期。

第三，城市治理要构建媒介体系。城市中存在着多方利益主体，要科学决策，通畅的表达途径是关键环节。邓小平在其著名的讲话《党和国家领导制度的改革》中强调，中国的官僚主义是一种长期存在的、复杂的历史现象，是政治生活中广泛存在的一个大问题。官僚主义有思想作风的原因，但是制度问题才是根本。从西方的治理经验看，当前社会问题的多发凸显受诸多因素影响，但从管理体制来看，其中一个重要原因就是现有的社会管理体制是单向、单一的，没有一个多方利益主体参与的媒介体系，因而民众的社会需求和公民诉求无法得到传递。

第四，城市治理要组织多元参与。第三方组织在 PIPP 模式中的出现，为政府、市场和社会共同参与社会公共服务提供了又一成功案例。政府和市场均存在着各自失灵的领域，如果能充分认识到第三方组织的作用，在职能上扶持、在管理上加强，那么将在政府、社会和市场间形成巨大合力。

参考文献

Mckinsey Global Institute, "Urban World: Mapping the Economic Power of Cities." March 2011.

屠启宇：《金字塔尖的城市》，上海人民出版社，2007。

陈听雨：《希腊计划精简部分政府机构，仍需进一步债务重组》，《中国证券报》2012年7月26日。

路阳、庄虔友：《参与式治理视角下的地方政府制度创新》，《云南社会科学》2011年第3期。

潘小娟、白少飞：《中国地方政府社会管理创新的理论思考》，《政治学研究》2009年第2期。

张晓锐：《参与式治理：美国地方政府的咨询委员会——以美国伊利诺伊州内博维尔市咨询委员会为例》，华中师范大学2010年硕士学位论文。

马健：《试论公共产品私人提供的理论与实践》，《重庆行政》2004年第3期。

B.29
拉美快速城市化中的陷阱与应对*

林 兰

摘 要: 快速城市化进程必然产生一些经济、生态、管理问题。本文通过分析拉美城市的案例,在经济、生态、管理等方面提出解决之道。

关键词: 拉美 城市化 拉美陷阱

拉丁美洲是全球高城市化率区域,城市人口比重占 80% 以上,许多城市的城市化水平都超过了发达国家。1940~1990 年是拉美快速城市化时期,城市人口占地区总人口比重在 50 年时间内由 40% 迅速增长到 70%,从而出现了"城市人口爆炸",而巨大的城市人口数量也为推动拉美国家经济增长和社会进步做出了贡献。目前,拉美绝大多数的制造企业和服务业都集中在城市,城市经济占拉美国内生产总值的 2/3 以上,最大的 40 个城市每年产值超过 8420 亿美元。

一 拉美城市化产生的"拉美陷阱"

从 20 世纪 70 年代开始,拉美国家的贫富不均、两极分化、城市化失衡的问题日趋严重,出现环境恶化、失业人口较多、公共服务不足现象,产生

---

* 本文主要基于对联合国人居署发布的《拉美城市发展报告》和麦肯锡发布的《建设全球竞争力城市:拉丁美洲增长的关键》的介评,并进行了中国启示的研究分析,特此致谢!

"过度城市化"。不仅没有推动拉美经济持续发展和解决其农村农业问题,反而使拉美各国都陷入了难以自拔的陷阱。这主要表现在以下几个方面。

1. 巨大的社会贫富差距

20世纪70年代以来,拉美地区人均收入增长了3倍,但贫富差距也进一步扩大,成为世界上收入差距最大的地区。不到20%的富人占有的财富相当于20%的最贫困人口的20倍;一些贫富差距严重的国家,基尼系数长期维持在0.5以上,尤以巴西、危地马拉、洪都拉斯和哥伦比亚最为严重,2009年其基尼系数达到0.56。目前,拉美城市贫困人口仍然有1.24亿,几乎占该地区城市总人口的25%。

过快的城市化进程导致农村人口在短时间内快速流入城市。在拉美国家的城市移民中,来自农村的移民占40%。城市因缺乏事先规划而陷入了快速城市化带来的陷阱,表现为为迅速增加的外来人口解决住房和医疗卫生、文化教育、电力供应、给排水等基本生活服务问题的能力低下,进而产生城市化过程的混乱。

2. 社会保障体系缺失

快速城市化导致拉美地区城市社会治安差、环境污染严重、市政建设滞后。虽然从1990年到2010年,拉美居住在城市危房中的居民人口占城市总人口的比重从33%下降到24%,但保障市民住房仍然是拉美城市发展所面临的最大挑战。由于居住在贫民窟的城市居民并不在市政和有关部门规划之中,2011年,拉美城市住房缺口为4200万~5100万套,其中苏里南和巴西缺房户比例约分别为5%和30%,而海地则高达70%。政府很少对贫困人口居住区内进行基本建设投资,致使这些住宅区基础设施更加缺乏,陷入了恶性循环。

此外,由于拉美走的是外向型经济道路,其在传统农业占很大比重的情况下采取了进口替代的工业化战略,优先发展重工业,这导致了拉美中小企业数量过少而产生了过多剩余劳动力,中等收入人口比例少,失业人口增多,城市贫困和绝对贫困人口日渐增加,居民看病难等社会保障问题也逐渐凸显。

3. 自然和社会环境恶化

生存环境恶化表现在自然、生活、社会环境恶化三方面。由于长期贫困和低就业率,贫困人口通常被迫选择自然环境较差的地方建立住所,这就加重了原本就已十分严重的环境问题。同时，城市无限扩张导致贫民窟蔓延，大量贫民窟的产生伴随着居住条件恶劣、医疗服务落后、社会福利设施短缺等一系列弊病，贫民窟聚居区社会治安状况差、犯罪行为猖獗。

由于长期处在恶劣的自然、社会和经济环境中，公民个人的行为可能会发生变异，从而对社会公德、传统价值、公共设施产生怀疑和抵触，社会治安状况差、犯罪行为猖獗成为拉美国家大城市普遍存在但又长期得不到解决的问题。

4. 城市发展格局演变

进入21世纪后，拉美城市化结束了快速发展阶段，向城市人口相对稳定、城市发展重心向内地迁移的新时期过渡。进入21世纪以来，拉美人口年均增长率下降了50%以上，预计到2030年将下降到1%以下。同时，拉美国家也出现了生育率下降的趋势，1950~2010年的60年间，拉美国家生育率由5.8%下降到2.09%，人口增长率回落到自然替代率水平，加快了"人口红利"的减弱。

由于"人口红利"的减弱，一些拉美大城市（如墨西哥城、圣保罗和布宜诺斯艾利斯等）在本国经济中的比重下降。而一些中小城市则显现出更强劲的发展活力，许多经济中心由沿海地区向内地城市转移。

二 拉美城市应对"拉美陷阱"的举措

1. 加强城市经济基础建设

（1）建立透明完善的土地制度

其中一项重要的措施就是限制所有权不明晰的土地和不规整的地块享有长期投资（特别是海外投资）使用的权利。例如，墨西哥城规定，土地的规整程度和使用者易手的次数都决定了一些地块是否有资格被用来作长期的投资项目，如果要做长期项目，必须对"不合格"的地块进行土地性质转性或规整。

（2）加强城市基础设施建设

为了解决城市基础设施不完善导致的城市公共服务效率低、价格高的问题，拉丁美洲主要国家的大城市都加大了城市交通、住房、电力、水和废物管

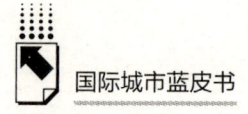

理的投入。例如,阿根廷除加强电力建设外,冬天在许多城市还使用专业的分析师,制定科学的能源消费费率表,使其用电价格明显低于周边的拉美国家。

(3) 加强城际交通的建设

由于全球生产链在亚洲和拉丁美洲的战略性布局,拉美各国普遍重视对海外资本的引进和利用,并由此产生加强城际交通建设和城市之间联系的现实需要,以便使每个城市都能受益于大都市区的集体规模经济和更多机会互补的专业化分工效应。

(4) 私人部门之间密切联系

在拉丁美洲,包括麦德林、蒙特雷和圣地亚哥等在内的一些城市不断发现新的渠道,促进城市内部企业(特别是私营企业)间的紧密合作,以建立起稳固的本地化经济基础。这种企业之间的联系建立在城市生产网络的无线联通基础之上,并形成一个具有竞争力的"无线联通集群"。

2. 提升居民生活品质

(1) 建立防御性公共安全体系

公共安全一直是困扰许多拉美国家城市的重要问题。布宜诺斯艾利斯市政府为此建立了以预防为主的公共安全防控体系:建设了一支15000人的城市警察部队,重点建设中央控制中心,更广泛地安装摄像头,培训专业人员更深入地分析犯罪模式。

(2) 规划更高效合理的城市空间

对现有的生活和工作空间进行重新规划。例如,在墨西哥城,城市规划要求会议场所由原来的水平建筑格局改变为垂直建筑格局。此外,对应于先前的城市人口分散化,拉美的许多城市重新实施高密度化的建设方案,将人口由郊区重新导入市中心,以实现城市能源和资源的高效利用。

(3) 建设高效的城市交通系统

为了解决严重交通拥塞带来的城市运行高成本问题,提倡公共交通出行方式。例如,在库里蒂巴这个城市,在每天有240万人通勤的情况下,有54%的城市居民依靠公共交通。库里蒂巴的人均 GDP 比巴西全国平均水平高出40%,失业率远低于国内其他城市。通过发展公共交通这种有利于土地集约利用的出行方式,库里蒂巴人均拥有55平方米的城市绿地,远高于世界卫生组织提倡的城市人均绿地达到 16 平方米的标准。

（4）提供高质量的教育

基于经济和社会福利差距巨大的问题，拉美城市还致力于提高各类教育的质量。圣地亚哥在比萨等城市都成立了一支推进教育系统建设和改革的志愿者队伍。智利的优质教师都需要经过政府组织的考试。当然，这种准入门槛形式的考试能够保证优质教师在今后的一段时期内保证稳定的高收入。低技能的教师则可以加入各种免费专业培训计划，以缩小与现实需求之间的技能差距。

（5）建立公私部门之间的联系

当公共管理能力和政府财力开始下降的时候，就有必要建立公立－私立部门之间的联系。哥伦比亚城市在这方面的做法是：①允许私立部门参与基础设施的建设，并提供更多的服务；②在项目方面优先支持为大众服务的电子服务；③消除国家和城市之间的固有政策边界；④将私立部门的资金优先用于城市建设项目，而不是区域和国家。

3. 建立资源高效利用的城市可持续发展环境

（1）加大能源生产率

为了推进节能性产品的利用，拉美的许多城市都加大了能源生产设施的投入。一方面，提高能源的利用率；另一方面，加大涉及能源利用的城市各个部门之间的衔接和联系，以确保能源在各个方面被最大限度地利用。

（2）制定"绿色标准"

如果城市购买传统能源的能力有限，则必须加大新能源技术的开发或是发现新的解决之道。"绿色标准"往往通过大型的实物化设施或大型生活类项目来实现。例如，库里蒂巴的城市运输系统就是一个很好的案例。墨西哥城制定了一个"绿色生活计划"，通过降低汽油硫化物代谢，升级换代包括出租车在内的城市公共交通工具，从 2008 年至今已经节约了 10% 的年能源消耗。

（3）规划合理的城市化分区

麦肯锡公司的研究报告指出，规模在 100 万～200 万人口的城市，其货物交通基础设施的投入大致需要 500 万美元。这些基础设施主要用于城市不同区域的货物接驳。拉美国家的许多城市，其专用货运基础设施的利用率往往只有40%。因此，很多城市都从城市规划的角度出发，提前合理布局城市的各个功能区，以减少由城际和城市内部货物运输带来的"环境不经济"。

（4）废物管理收益化

墨西哥城建立了一个"综合废物管理系统"（"5R 计划"），对城市生产和生活垃圾进行有效管理，并产生了巨大的经济效益（见表1）。

表1 墨西哥城综合废物管理系统架构

减少	再利用	回收	再循环	再获得
1. 减少聚乙烯材料瓶子的使用； 2. 降低报纸的重量	3. 禁止生产和销售轻塑料包装袋，推广使用重的可重复使用方便袋； 4. 在国家机关中首先使用可循环再生纸； 5. 通过教育计划，宣传资源的再利用	6. 发展废弃物的自动检测和回收技术； 7. 实现私人部门的有机物废物分离； 8. 对所有废弃物追根溯源； 9. 规划集中收集路径； 10. 改进收集系统； 11. 调控建筑废物的最终处理	12. 对废物进行有机和无机的源头分类； 13. 提高废物分类工厂的效率； 14. 建立一个所有废弃瓶子、塑料、玻璃的可降解处理系统	15. 对有机废物进行堆肥，以实现其经济价值； 16. 对无机废物进行回收和气化，以实现其经济价值； 17. 为垃圾填埋场提供高效的机械设施； 18. 对垃圾填埋场的渗滤液和残留物进行再回填； 19. 优化垃圾填埋场的土地利用； 20. 充分利用垃圾填埋场产生的甲烷气体

资料来源：United Nations Human Settlements Program, *Latin American City Development Report*, 2012, UN – HABITAT, 2012。

三 "拉美陷阱"对中国城市的启示

1. 城市化必须建立在农业发展的基础上

农业基础是城市化模式和道路的关键决定因素之一。农业现代化与城市化之间应该是一种相互促进的良性互动关系，而不是厚此薄彼。拉美的农业现代化模式导致大批农民被过早挤出农村而无序地流入城市，在缺乏充足城市就业的情况下，导致城市人口爆炸、贫困加剧、保障不力、国民购买力低下。中国的城市化应十分重视农业、农民、农村的作用，避免农村人口过度向城市集中导致农村、农业空心化,防止农村在城市化道路中日益陷入贫困,并最终导致城市的贫困和危机。

2. 需要遏制低效益的传统第三产业的过度膨胀

与发达国家的第三产业不同,发展中国家要特别警惕低效益服务业的过度膨胀,应重视对进城农民工的技能培训,使其不再只能进入低端的餐饮、批发零售、家政等简单的生活服务业,与城市就业人口形成恶性竞争关系;同时,加快城市构建以现代交通、通讯、金融、信息等为核心的现代生产性服务业产业结构,避免由低端服务业不成比例地膨胀所推动的城市化。

3. 避免以大城市急剧扩张为中心的城市化道路

拉美城市化道路始终是以大城市急剧扩张为中心的。过度集聚化的城市发展,使得人口、投资向大城市集聚。为了应对大城市人口无节制地增长,政府只能加大对大城市的投资,于是城乡差距进一步拉大,又引发新一轮的人口迁移,这与中国目前的现状十分相似。我国的城市化建设应该适当放缓节奏,采取适当分散、有序开发的策略。

参考文献

McKinsey Global Institute, *Building Global Competitive Cities:The Key to Latin American Growth*, McKinsey & Company, 2011.

United Nations Human Settlements Program, *Latin American City Development Report*, 2012, UN – HABITAT, 2012.

吴志华:《拉美城市化发展教训值得关注》,人民网(http://yn.people.com.cn/news/world/n/2012/0823/c228495 – 17391386. html),2012 年 8 月 23 日。

徐世澄:《拉美过快城市化负面效应待解》,《人民论坛》2013 年第 4 期。

张惟英:《拉美过度城市化的教训与北京人口调控》,《人口研究》2006 年第 7 期。

城市空间篇
Urban Space

B.30
荷兰兰斯塔德多中心城市群的发展历程

邓智团

摘　要： 在城市的聚集程度和效能方面，荷兰的兰斯塔德（Randstad Holland）与英国伦敦、法国巴黎和德国鲁尔齐名。伦敦和巴黎是典型的单一中心都市，兰斯塔德则以多中心的都市组成结构和"绿心"为特征，分散和缓解单中心城市所面临的压力，同时又通过多中心环绕而成的空地和绿地而具备了极好的生态环境，一直备受瞩目。本文借兰斯塔德跨省协调机构成立20周年之际，阐述和分析了兰斯塔德多中心结构形成的过程、发展现状与趋势，揭示多中心城市群的优缺点与发展面临的挑战。

关键词： 兰斯塔德　城市群　多中心　功能分工

荷兰兰斯塔德多中心城市群的发展历程

兰斯塔德是由阿姆斯特丹、鹿特丹、海牙、乌得勒支4个大城市和20多个中小城市组成的城市群。兰斯塔德区域性规划始于20世纪50年代,但直到1993年才形成了松散管理的跨区域治理机构——兰斯塔德区域联盟(Randstad Region),并在欧盟总部布鲁塞尔常设办事处,至2013年正好20周年。兰斯塔德区域联盟驻欧盟的办事机构代表北荷兰省(Noord-Holland)、南荷兰省(Zuid-Holland)、乌得勒支省(Utrecht)和弗列佛兰省(Flevoland)的共同利益。本文借兰斯塔德跨省协调机构成立20周年之际,概括兰斯塔德多中心城市群的发展现状与特点、问题与趋势,揭示多中心城市群的优缺点以及对中国城市群发展的启示意义。

一 兰斯塔德发展的现状与特点

2012年,兰斯塔德的人口达到780万人,占荷兰总人口1673万人的46.6%。在世界都市中,从国家人口在一个都市区的高度集聚程度来看,兰斯塔德仅次于韩国的首尔。兰斯塔德共有工作人口430万。在基础设施方面,包括3个机场,2个海港。12个外围中小城市居住了600万人口,在其外围乡村地区居住了67万人。从平均人口密度来看,城市地区为每平方公里1680人,绿色核心地区为每平方公里470人。

1. 多中心结构,多功能中心城市

荷兰4个主要城市和其他8个城镇分布在兰斯塔德区域的周边,空间格局呈多中心状态,但并没有一个城市能成为这个区域集政治、经济和社会于一体的核心。4个大城市间的距离均在100公里以内,最远距离是阿姆斯特丹与鹿特丹之间,为75公里;最短距离的海牙与鹿特丹距离仅为25公里;8个中等规模城市相邻距离几乎都在25公里左右(见表1)。

兰斯塔德内并不只有一个功能中心,没有所谓的首位城市。这些城市间形成明显的功能分工,4个主要城市均形成了自己的特色。阿姆斯特丹被看作是荷兰的首都,但并非政治中心,而是一个金融、贸易和文化中心;政治中心在海牙,为荷兰中央政府驻地,外交机构及众多国际组织驻地;鹿特丹是对外航运中心,为世界第一大港;乌得勒支市是荷兰国内的交通枢纽,是全国的会议和贸易展览中心。

表1 兰斯塔德4个主要城市间里程表

单位：公里

阿姆斯特丹	阿姆斯特丹		
鹿 特 丹	60	鹿特丹	
海　　牙	55	25	海牙
乌得勒支	40	50	60	乌得勒支

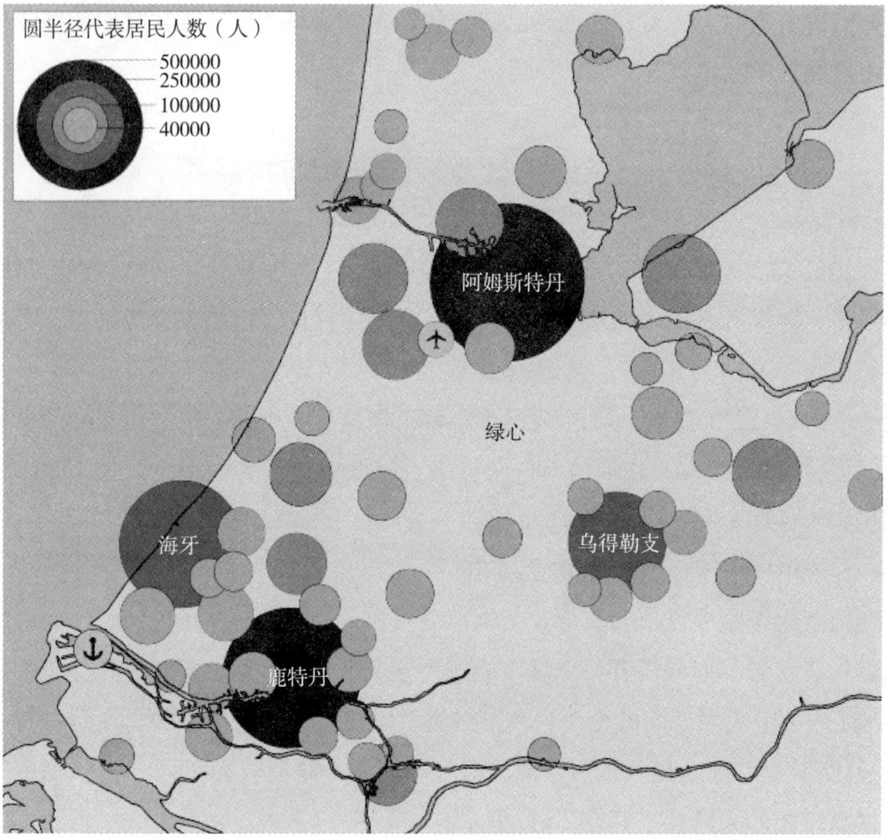

图1 多中心城市群：荷兰兰斯塔德

2. 12个城市围绕一个巨型"绿心"

兰斯塔德与伦敦、巴黎是完全不一样的发展路径，杰拉尔德·伯克在1966年出版的《绿心大都市》（Green Heart Metropolis）一书，为兰斯塔德赢得了世界级声誉。

兰斯塔德建成区用地仅占26%，而农业用地和自然保护区用地分别为64%和10%，合计超过总面积的3/4。在这个城市圈中间留下一个接近3000平方公里的绿色核心区。这片绿色核心区成为四大城市共享的一个共同的郊区。

3. 城市扩张缓慢，通勤格局相对稳定

多中心格局下的兰斯塔德地区相较传统单中心都市区来说，其劳动力的分布也同样呈现多极化的状况，每一个城镇的劳动力都相对稳定，其郊区规模也不会太大。目前，兰斯塔德地区的12个城市，其城市空间半径都不可能超过10公里，甚至相互间的距离都约为25公里。这样的结论可以从兰斯塔德地区居民上下班的通勤时间上得到佐证。到2003年为止，兰斯塔德居民中，73%的人工作和居住是在同一座城市；有18%的人在兰斯塔德地区内居住和工作在不同的城市；仅有9%的人居住在兰斯塔德地区，但在兰斯塔德地区之外工作。

二 兰斯塔德城市群发展面临的挑战与问题

1. 概念和边界模糊

兰斯塔德的概念最早出现于20世纪50年代，在此后的20余年里，兰斯塔德频繁出现在荷兰空间政策文件中。当时荷兰西部的一些地区，如阿姆斯特丹、鹿特丹和海牙以及其周边地区的就业率和人口增长都极为迅速。从1958年开始荷兰中央政府就已经使用了这个概念，但是，在中央政府各类政策报告中，兰斯塔德并非是一个一致的概念。而对荷兰人而言，比较一致的观点认为兰斯塔德由4个省的建成区组成，而不包括它们共同拥有的绿色核心。正如前欧洲经济共同体报告的观点指出，兰斯塔德只是一个抽象概念。

2. 缺乏统一协调管理机构

负责兰斯塔德地区规划事务的机构主要有两个，即中央政府和"兰斯塔德地区"（Regio Randstad）组织。在1990年代以前，兰斯塔德地区的政府公共管理部门至少涉及国家层面的5个部、4个省和200个城市政府（包括荷兰

4个主要城市），以及12个水务管理委员会。而且，公共交通则由城市政府、私人和国有交通公司、基础设施供应商混合组成的部门管理。由于管理显得过于复杂，管理机构运行迟缓甚至导致自相矛盾。因此，1990年代初，荷兰中央政府试图在兰斯塔德地区成立新的区域性机构，但在1995年，该建议被阿姆斯特丹和鹿特丹的地方公投否决。随后，兰斯塔德地区还是出现过其他众多的非正式协商机构，但是一直保留了单个城市的独立性。所以，尽管兰斯塔德在欧盟总部布鲁塞尔从1993年开始设有兰斯塔德地区联盟代表处，但事实上，兰斯塔德并不存在一个区域层次的行政管理体制。

城市群的发展的确是个让人头痛的难题。彼得·霍尔就曾说，即使在兰斯塔德这个被看成区域发展典范的地方，空间协调与功能互补也没有真正成功过。根据2006年POLYNET（多中心城市群）项目分析比较西欧八大城市群节点之间的联系的结论，在兰斯塔德这个看起来多中心程度最高的地区，城市群内部并没有形成关键的功能性关联（Halbert, Convery 和 Thierstein, 2006）。

三 兰斯塔德城市群推进多中心化发展的新举措

1. 整体营销：世界城市兰斯塔德

1966年，彼得·霍尔的《世界城市》（World Cities）一书将兰斯塔德列为全球大都市中的一员。不过，在荷兰国内，对于这一说法在此后的20余年里一直争论不断，而且兰斯塔德一直被认为缺乏足够的力量在世界竞争中创建富有活力的城市区域。随着荷兰全国呼唤要一个有足够活力参与全球竞争的城市区域的增强，兰斯塔德参与区域经济竞争的作用得到荷兰各个阶层的认同。2006年前后，荷兰第四次国土规划提出"世界城市兰斯塔德"（Randstad Wereldstad）的口号。

根据50多年来的发展经验，为推进将兰斯塔德打造成一个世界城市，新的战略规划提出不以社会和文化为代价取得经济发展。根据"世界城市兰斯塔德"的发展战略，兰斯塔德多中心都市区域结构有助于适应未来网状的通信和交通体系，并具有发展智能化城市结构的空间优势；"绿心"的存在有利于创造一流的居住环境；鼓励该都市区域在竞争中求发展，而不需要像以往那样过于强调全国的均衡。

2. 多中心化、个性化发展，强化合作

对荷兰政府而言，构建兰斯塔德的主要目的就是要拿兰斯塔德与伦敦、纽约、巴黎、东京等国际大都市相抗衡，提高荷兰在国际竞争中的地位和影响力，同时避免单中心城市空间结构的弊病，创造生产、生活和生态"三生融合"的发展环境。在兰斯塔德内部，分工明确，并以快速交通网络有机连接。城市之间是"绿心"和绿色走廊。阿姆斯特丹是经济中心，海牙是行政中心，鹿特丹为欧洲第一大港，而乌得勒支为全国的交通运输和物流中心。

3. 减少低级别管理机构

从20世纪90年代初期开始，荷兰开始对兰斯塔德地区政府公共部门进行重组，减少了正规机构，同时建立了一批区域管理机构，如成立"城市-省"（city-provinces）。2006年，一个颇有声望的国家委员会试图成立一个兰斯塔德省（这次尝试并没有成功，失败的原因是现有的政府认为大多数目前需要解决的问题是较小尺度上的问题）。

四 对我国城市群建设的启示

荷兰兰斯塔德城市群的多中心发展规律与经验，对推动我国大都市区建设以及更大范围内的城市群发展具有重要借鉴意义。

1. 强化组织的协调管理作用

城市群是典型的跨行政区规划，单靠本级政府各行政主体自觉执行是不够的。兰斯塔德特别重视跨行政区的协调组织或者都市区政府的作用，出现了大量区域协调组织，既有政府支持的组织，也有民间成立的非营利组织。我国城市群发展可仿效欧美的做法，建立起形式多样的协调组织或者城市群区域政府。

2. 个性化发展、多中心化发展

城市群内各城市都具有相互吸引、分工协作的趋势。我国城市群的规划发展也面临同样的选择。各个城市的功能定位要从整个城市群的特点和发展入手，充分考虑群内不同城市的核心优势功能，使得这些优势功能成为有机的整体。如我国的长三角城市群应充分利用上海、南京、杭州和宁波的优势，发挥协调作用，提升整个长江三角洲城市群的综合竞争力。

3. 加强区域内分工与合作

城市群的精髓是联合，优势在整体，分工协作是本质。我国城市群在发展过程中要以产业分工协作为核心，应注意城市之间进行合理的产业分工，形成城市群的产业价值链，采取错位发展，实现合作共赢，推动城市群的发展。

参考文献

Randstad Region. *Randstad Region Monitor 2013*. http：//www.randstadregion.eu/.

兰斯塔德官方网站，http：//www.randstadregion.eu/。

叶齐茂：《发达国家郊区发展系列谈之四荷兰的郊区：以兰斯塔德为例》，《小城镇建设》2008年第8期。

阿金·J.凡德、伯格巴特·L.宾：《面向2040年的兰斯塔德地区——荷兰政府远景规划》，《国际城市规划》2009年第2期。

巴特·兰布雷特：《多中心化对提升大都市区竞争力的利与弊》，《国际城市规划》2008年第1期。

华晨：《兰斯塔德的城市发展和规划》，《城市规划汇刊》1996年第6期。

徐江：《多中心城市群：POLYNET引发的思考》，《国际城市规划》2008年第2期。

刘友金、王玮：《世界典型城市群发展经验及对我国的启示》，《湖南科技大学学报（社会科学版）》2009年第1期。

B.31 伦敦以人为尺度的后奥运大都市区发展*

苏宁

摘　要：

本文探讨了未来10年，即面向2020年的后奥运阶段，伦敦大都市区的整体战略规划方向。伦敦以未来人口与就业增长前景作为战略设定的点，提出人才、交通、环境、生活质量、住房、土地等多重目标架构，并提出19个"机遇区域"的构想。规划特别强调绿色交通与高水平城市生活质量在国际性城市发展中的重要性，这对中国国际性大都市中长期建设具有重要的借鉴意义。

关键词：

伦敦　大都市区　后奥运

伦敦大都市政府（GLA）发布的大伦敦《2020远景规划》（*2020 Vision：The Greatest City on Earth*）对伦敦奥运会后该大都市的未来发展方向做出预测，并提出主要实施路径。规划中提出后奥运时期伦敦的主要发展契机是保持全球金融、商业、文化、艺术、媒体、教育、科学与创新之都的地位。规划还提出机遇区域（Opportunity Areas）的概念，作为伦敦未来发展的重点空间依托。

---

* 本文主要基于大伦敦都市区政府《2020远景规划》的介评，并进行了中国启示的研究分析，特此致谢。

一 基于人口与就业增长的机遇

大伦敦《2020远景规划》设定将人口与就业作为重要的参考依据。根据预测,至2026年,伦敦区域将经历该市有史以来人口最为密集、活动最为频繁的阶段。从2008年至今,伦敦人口增长已超过33万人。预计到2016年,大伦敦人口将达到870万人。其中,2011~2021年,伦敦人口将增长超过100万人,这将是有史以来最高的增长率。到2030年,大伦敦的人口将达到900万人。①

造成伦敦人口增长的原因不仅有移民因素,还有该市人口预期寿命的极大延长。在伦敦引领下,预计到2050年英国人口将达到7800万人,2060年将达到8100万人,届时将超过俄罗斯成为欧洲人口最多的国家。

未来人口的高增长将为伦敦带来经济增长的动力和竞争力,同时也带来对就业的需求。预计在未来10年,伦敦需要为市民提供45万个新增就业岗位。大量的新增就业相应带来对于交通的新要求,以连接就业区域与家庭居住区。同时,规划也指出,人口的快速增长也带来失业的挑战,预计将有10万16~24岁年轻人难以找到工作,同时他们还将面对欧盟新加盟国家劳动力的竞争。

二 充分发挥人才和劳动力优势

《2020远景规划》十分强调对于未来该市人才的利用和培育。规划中认为,伦敦是全球最大的学术中心之一,该市拥有6所全球100强大学,超过世界其他任何城市。因此,伦敦在未来应保持人才和劳动力的优势,成为"全球经济的雅典"。为此,伦敦在面向2020年的规划中,特别提出将青少年教育作为人才建设的优先领域。规划中提出,优质的初中级教育水平、有效的技能培训,以及广泛覆盖的学徒实习体系是伦敦青年人适应全球化经济的重要保障。

强化小学教育。在小学教育上,伦敦的一大优势在于对世界各国语言和文

---

① Greater London Authority. *2020 Vision: The Greatest City on Earth*, June 2013.

化的多样性与高质量教学。为此，伦敦大都市政府提出"文化冠军"计划，为3~5周岁的儿童提供阅读帮助。在校园优秀基金的支持下，推动英语与数学的夏季学校建设，并通过"黄金俱乐部"发现在科学、技术、工程、数学方面的潜在人才。同时，通过领导力俱乐部、拉丁俱乐部、音乐基金为8%以上的小学生提供乐器辅助教育。到2020年，伦敦需要新开4000个初级教育班级。

推动技能教育。伦敦市政当局认为，技能教育不仅具有重要性，更具有战略性。伦敦大都市政府与企业应共同将技能教育作为教育的重点领域加以推进。技能教育有助于将经济发展真正需要的课程与伦敦青年寻求新生活机遇的需求更好地结合起来。为此，伦敦企业合作会（LEP）需要发挥重要作用。伦敦市政府当局也应为就业与技能培训构建战略性规划。

扩大学徒制实习。学徒制实习是年轻人适应工作环境、顺利就业的捷径之一。在过去的两年半中，伦敦提供了约10万个学徒实习岗位。到2016年，这一目标为25万个实习岗位。学徒制的价值在于，不仅降低了青年人的失业率，更重要的是为伦敦企业提供具有高素质的基层就业者。

三 建设高效、环保的交通运输体系

交通运输是促进人才集聚的重要保障，也是城市顺利运行的基础，因此需要以高效的通勤网络确保就业者从家庭到工作地点的交通便利。面向2020年的交通体系，需要在制度和基础设施两方面都得到重视。

（1）将轨道招标权利划归市长，以建设一套高效率的郊区地铁轨道服务体系。

（2）引入"市长自行车远景规划"计划，通过在伦敦东、南、西、北4个方向上延伸"巴克莱"自行车租用网络计划等手段，使伦敦内城中自行车至少承担15%的交通量。

（3）到2020年，伦敦地铁自动化率达到75%，40%的网络体系拥有空调。

（4）使地铁服务达到世界领先的主干线路每小时40列列车运营量水平。

到2018年,伦敦都市区从东部到西部的轨道运输能力应达到每小时24列列车、运输20万人的水平。

(5)通过公共与私人资本的高效率合作运营,建设第二期交叉轨道体系,以及1座新的机场枢纽区域。

(6)新建一座拥有4条跑道的环境友好型机场。

四 以高水平基础设施建设提升城市生活质量

大伦敦政府认为,未来新增的家庭数量与交通网络体系将对城市基础设施水平提出更高的要求。原水、排水、能源、环境等方面的基础设施建设与伦敦城市的生活品质息息相关。为此,伦敦在未来10年中将在一系列与城市生活质量相关的基础设施方面加大建设力度。

(1)创造新的伦敦城市吸引力亮点,如"空中村落"或"花园桥梁"等。

(2)通过对《伦敦设计指南》原则的强化执行,提升住房质量,扩大房间面积。

(3)通过泰晤士河防汛隧道的连接,确保城市可持续排水能力,进而减缓可能发生的表层水体洪汛,减少雨水直接进入城市排水系统。

(4)引入全新废水循环体系,以适应城市对原水供应量更高的需求。

(5)到2025年,将伦敦森林覆盖率提高5%,到2050年再提高5%。

(6)在2020年,建立超低排放城区(Ultra Low Emission Zone)。

(7)降低路面交通事故率。

(8)在伦敦城区提供新型的零排放出租车,同时使伦敦的新公交车成为全球最清洁的公交车辆。

(9)提高伦敦空气质量,以达到严格的二氧化碳、氮氧化物以及PM10的排放标准要求。

五 为城市发展提供充足住房与土地空间

针对城市中可承受住房紧缺以及高房价的问题,大伦敦政府提出以多种形式在未来10年中解决住房与居住所需土地空间的问题，主要的目标和措施包括如下几个方面。

（1）为大伦敦区域提供长期稳定的住房保障，以确保城市所有的住户拥有持续的住房供应。

（2）取消地方政府的借贷能力上限，使其能够建设更多的可承受住房。为适应未来人口的增长，到21世纪30年代中期，伦敦需要新建100万所住房。

（3）针对开发商设立"非利用即取消"性质的规划许可制度，提高土地利用效率。

（4）到2016年，以伦敦退休金管理局以及其他养老基金为基础，建设伦敦住房银行，优化私人房屋租赁模式。

（5）通过住房协议计划的扩展，使更多的伦敦中产收入阶层能够拥有住房，在公平性与部分产权拥有方面形成协调。

（6）在符合可承受住房条件的情况下，社会土地与区域必须优先提供给工薪家庭。

六　新型"自行车革命"计划

伦敦将推广自行车使用作为建设高质量全球最宜居城市的重要环节。《2020远景规划》提出，伦敦是一座适合发展自行车交通的城市，应将该市建成为"真正自行车化"的城市（truly cyclised city）。为此，该市将投入10亿英镑，推动一项大规模、多层次的自行车促进项目。伦敦计划新建一系列"自行车高速公路"，包括新建一条15英里长，连接内城与西郊的"东－西部自行车高速路"，提升"巴克莱自行车高速公路"的质量。

同时，伦敦将为自行车初学者修建从伦敦郊外到市中心的新型城市"便道"，即具有明确标识的专用道。到2016年，伦敦将在滑铁卢、维多利亚以及玛丽勒博区建设一系列自行车枢纽，届时全市将新增8万辆自行车停车点。

自行车租赁项目也将得到更大规模的实施。目前的"巴克莱自行车租赁项目"实施非常成功。在2013年，该项目新增2000辆自行车以及5000个自

行车停车点。未来该项目将以"流动支付"技术加快租赁速度，并考虑提供电动自行车的租赁服务。

七 提升伦敦国际竞争力

大伦敦政府在《2020远景规划》中提出，伦敦未来的竞争力以及潜力释放的关键在于城市的开放度。2012年伦敦是全球最受欢迎的城市之一，共接待了1690万游客。在全球经济面临十字路口的阶段，保持开放性和国际竞争力是该市发挥自身优势的重要前提。为此，伦敦政府提出以下几个推进的具体方面：

（1）在2016年~2020年期间，政府与伦敦企业合作，分别新创造25万个以上的实习机会。

（2）到2020年，伦敦的最低生活费用应保持在中等水平。

（3）修改移民政策，吸引高智商、高素质的境外人才集聚伦敦，同时阻止不愿做出贡献的人群移入。

（4）提高伦敦的宽带与无线网络的信息连通能力，使之成为全欧洲网络连接速度最快的城市。

（5）到2020年，实现轨道无线网络全覆盖。

（6）推动国家能源市场改革，支持分布式能源发展，确保到2025年伦敦25%的能源供给来自于本地。

（7）新建1座4条跑道的机场，以使伦敦保持欧洲最大航空中心地位，提升就业、经济增长以及竞争力方面的优势。

八 规划"机遇区域"空间

在《2020远景规划》中，伦敦为未来发展设定了19个"机遇区域"（opportunity areas），其中包括滑铁卢、温布利、格林尼治半岛等重要城区。这些区域大体上自西向东贯穿伦敦大都市区，在经济、科技、文化、社会等方面各具优势。

伦敦希望在未来的10年中，在上述区域培育新的发展增长点，并以这些区域作为区域发展的新动力源。预计到2020年,19个"机遇区域"将为伦敦贡献201300个新增家庭,以及328500个新增就业岗位。这些区域的设定,将为伦敦在2025年新增40万个家庭和45万个就业岗位的总体需求提供支撑。

以罗尔里山谷-斯特拉特福区域（Lower Lea Valley and Stratford）为例。该区域将重新开放伊丽莎白女王奥运村,使之成为体育、休闲、娱乐目的地,从而使该区域能够承担全球性体育赛事,并吸引数十万游客。该奥运村将成为新城市区域的核心,区域内还将建设维斯菲尔德-斯特拉特福购物中心,将雇佣1万人,其中超过2000人将从当地未就业居民中招聘。同时,区域内的信息城市（iCity）高科技与数字产业集群将提供超过4500个就业岗位。总体上看,这一"机遇区域"将在未来提供32000个新增家庭以及5万个就业岗位。

九 主要启示与借鉴

大伦敦《2020远景规划》是伦敦城市区域为后奥运时期地区发展做出的重要指导性文件。该规划体现了世界城市在当前全球竞争日益激烈情况下的一些最新规划特点,可为中国中长期城市规划提供宝贵的启示与借鉴。

（1）中长期规划必须与城市人口发展相适应。大伦敦《2020远景规划》中,并未以传统的城市经济、社会、文化未来发展趋势以及挑战为战略视野的起点,而是选取未来城市的人口规模作为规划的起点。规划的整体框架设定也以未来城市人口增长带来的需求作为主要原则。这种以人口规模发展为规划基点的特征,抓住了中长期规划的关键所在。在对中长期经济、科技、社会做出精确判断较为困难的情况下,以人口发展这一较为清晰的领域作为规划的依据,是符合城市以人为本的发展趋势的。中国的大都市中长期规划往往更多关注城市外部环境的变量,而较少考虑人口、就业这些城市内生基础变量。因此,应借鉴伦敦的经验,在规划的初始条件设置方面提高对人口规模的关注度。

（2）人才培养从初中级教育入手。伦敦《2020远景规划》将对人才培养的规划前伸至初中级教育阶段,对于中小学的教育给予了高度的关注。特别是对于中学阶段专业化人才培养以及学徒制的重视,体现了将教育发展与经济发展通盘考虑的重要思路。中国国际性大都市的转型发展也逐渐进入了人才竞争的阶段,如何在初中级教育阶段将人才塑造的理念引入教育体系中,是城市教育规划需要重视的新领域。

(3)重视自行车在城市交通体系中的地位。伦敦政府对于自行车在未来城市交通体系中发挥重要作用的关注度令人印象深刻,其规划中甚至提出"自行车革命"的概念。自行车作为环保、便捷的城市交通工具,一直被视为交通体系的补充。而伦敦对于自行车的使用不仅在停车点以及租赁方面采取鼓励政策,甚至修建专用的自行车高速公路。这种以自行车交通为尺度的基础建设思路,值得中国城市借鉴。中国曾作为"自行车王国"著称于世,自行车的使用与普及具有相当广泛基础。在当前城市交通不断遭遇压力和瓶颈的阶段,深入思考自行车在城区交通中的地位,以自行车为视角进行部分基础设施的规划,有助于为破解交通拥堵难题提供新的解决方案。

参考文献

McKinsey Global Institute, *Urban World: Mapping the Economic Power of Cities*, 2011.

GLA, *The Mayor's Education Inquiry Final Report*, October 2012.

GLA Economics. *Tourism in London*, Working Paper 53, 2012.

GLA, *Cultural Metropolis – The Mayor's Cultural Strategy – 2012 and Beyond*, 2010.

TfL, *Travel in London: Report 5*, 2012.

Times Higher Education World University Rankings 2012 – 2013, http://www. Timeshighereducation. co. uk/world – university – rankings, Oxford University, Cambridge University, Imperial College London, University College London.

B.32 东京推动私营铁路公司参与新城建设*

春 燕

摘 要： 新城项目建设是城市化发展的重要内容之一。部分新城由于规模小、配套服务不足、出行困难，不仅没能解决中心城区的过度拥挤、蔓延式扩张等问题，还影响了城市整体转型升级。日本私有铁路公司通过轨道交通建设带动新城发展，提供了一种新城开发的可行模式，其经验值得中国借鉴。

关键词： 新城建设 轨道交通企业 多元化经营

近年来为响应城市化发展战略，顺应城市化推进过程中城市自身发展的客观需求，新城项目建设已成为城市化发展的主要内容之一。但由于各种原因，新城规模小、城市基础设施和配套服务不足难以满足出行需求，缺乏对中心城区的居民和企业的吸引力等问题不断出现，一些新城建设不仅没能满足城市化需求，解决中心城区的过度拥挤、城市蔓延式扩张等问题，还影响了城市整体转型升级。因此，研究新城开发战略、探讨新城的开发模式是找到新城建设路径的重要一环。日本私有轨道（铁路）交通企业利用多元化经营管理参与大都市建设，特别是促进大都市周边新城建设发展的经验值得借鉴。

---

* 本文部分思路受上海市哲学社会科学规划办"上海城市发展战略"创新研究基地，以及上海市政府发展研究中心上海发展战略研究所左学金工作室在上海社会科学院组织召开上海社科院第101次新智库论坛"国际大都市未来交通"与会专家观点启发，特此致谢。

一 日本私有铁路公司参与城市建设的方式

1. 日本私有铁路公司的多元化运营策略

日本私有铁路公司是日本城市交通运营的主要力量，当前日本全国大约有16家主要的大型私有铁路公司，其中大多数集中在大都市圈。以日本首都圈为例，东京现有8家私有铁路公司，承担着日本首都城市圈特别是城郊之间的交通运输任务。从运输规模上看，东京的私有铁路公司经营铁路承担的旅客运输量占东京轨道交通旅客运输总量的89%，是保障东京城市及城郊之间交通出行的重要力量。日本的城市交通是由地区铁路为主的城郊快速通勤交通和城市公共交通构成，私有铁路公司以经营地区铁路为主。

作为公共交通运输，日本的私有铁路公司运营没有政府补贴。在市场的激烈竞争中，日本私有铁路公司想要占据市场，不断扩大企业业务满足城市快速发展需求，除依靠大都市巨大的交通需求和企业自身高效的运营管理之外，可以开展运输业之外的多元化经营。这也是保证日本私有铁路公司企业运营发展的重要因素。日本相关法律在允许私营铁路公司经营轨道交通运输的同时，也允许其从事地方服务业和铁路建设沿线城市开发等商业活动。根据相关法律法规，私有铁路公司通过在运输线路周边开发城镇，提供公交和出租汽车等服务、提供卖场和超市购物，以及休闲娱乐等扩大和增加铁路沿线人口及游客，保障运输客流。同时，用获取的营业收入补贴交通运输业务，特别是对公共交通方面的经营补贴。因此，日本私有铁路公司内部一般都设有3个业务部门，一是交通（铁路）运输部，二是汽车运输部，三是以房地产开发和服务业为主的其他部门。其中，房地产业务包括沿线和站区周边的商业开发、住宅建设以及物业管理等。尽管各个公司在多元化经营细节方面存在差异，但房地产开发作为企业的主要业务内容在各个企业都是基本相同的。

2. 私有铁路公司参与城市建设的案例

东急公司是日本最大的私有铁路公司，是私有铁路多元化经营的成功企业。从东急公司营业收入的统计来看，公司收入中的49%来源于交通运输主业，房地产约占收入的33%，酒店收入约为2%，其他业务收入16%。东急公司是利用开发东京城郊交通线进入交通运输业的。在建设东京郊区 20.1 公里铁路运输线时，东急公司在沿线平整坡地开发了约 5000 公顷的花园新城，在站点周边建设百货商场、酒店、饭店、休闲娱乐以及办公场所等集客设施。

该线路建成之后，东急公司进一步将线路和建设的靠近东京中心区的地铁线与公共运输局经营的城市公交地铁连接，使东急公司列车能够直接进入东京的城市中心。尽管这一项目的建设工期用了相对较长时间，但是东急公司通过这些设施的建设，不断吸引人口入住花园新城。现在东急公司建设的花园新城人口已达到 50 万人，成为东急公司运输线路上的主要客源。现在东急公司已拥有铁路运输线约 100 公里，企业的年销售收入也已达到 47830 亿日元。作为日本私有铁路公司多元经营的成功典范，东急公司现拥有 10 万多员工和 400 多个下属企业，其中 10 家成员公司在东京证券交易所上市。

二　私有铁路公司参与城市建设的主要作用

1. 促进新城建设更多与市场需求相结合

土地开发是日本私有铁路公司多元化业务经营中的重要组成部分，是企业获取盈利和促进主业发展的重要战略性业务。从地区来看，私有铁路公司参与开发会更多地考虑市场因素，可以更加合理地规划交通与城市建设之间的关系。因此，由私有铁路公司参与设计和开发的项目在有效形成人流和产业集聚等方面都能发挥积极作用。私有铁路公司土地开发的主要业务内容包括沿线和站区周边的商业开发、住宅建设以及物业管理等。此外，还有与城市基础设施服务相关的城市煤气，以及与运输线路有关的郊区主题娱乐公园和体育项目、旅游等，如东京迪士尼就是由私有铁路公司开发和经营的项目。

私有铁路公司在土地开发过程中自然地使企业自身利益与地区发展结合在一起，因此企业在促进地区发展方面有很强的积极性。在实际运营中，许多企业为创造良好社区环境，积极主动地创造条件吸引一些著名的大学搬到建设区，改善社区形象，如东急公司就拥有自己的大学管理集团。在日本，各地的私有铁路公司长久以来以优质低价的服务和高效率的管理赢得了良好社会声誉。私有铁路公司参与地方建设对于提升区域对外影响，吸引人口和产业都有着积极作用。

2. 有利于统筹建设涵盖末端交通的新城系统交通

汽车运输部是日本私有铁路公司多元化经营部门之一，主要经营业务是与铁路交通相关的巴士和出租车等。在东京的 8 家私有铁路公司中，除东急公司将汽车业务委托子公司管理经营外，其余私有铁路公司均自行经营汽车服务业务。但是从东京 8 家私有铁路公司业务运营的盈亏状况看，64% 的企业的汽车业务部业务亏损经营，其中亏损比例最大的占到企业收入的 6% 左右（有盈利收入的企业的盈利额也仅占企业收入的 1%~8%）。尽管如此，日本私有铁路公司仍然保留这一部门。这一点从运输企业的整体业务来看，说明轨道交通与公共交通和出租车之间有着密切的联系，城市末端交通不仅是大运量快速轨道交通业务的重要补充，也是快速交通的重要支撑。保障末端交通可以使更多人出行选择公共快速交通，进而减少机动车出行。从城市交通系统角度看，说明私有铁路公司汽车服务部门的业务统筹成为城市交通的一个越来越不可忽视的城市末端交通。

3. 带动和促进新城的地区服务业发展

日本私有铁路公司多元化经营是促进企业不断发展壮大的最主要原因，其中服务业是日本私有铁路公司获取盈利的最主要来源之一。正是这些服务性产业的支撑成就了私有铁路企业逐步发展成为集团公司。近年来不少企业将服务业务转向旅游和休闲产业。很多私有铁路企业拥有独立的棒球职业队和旅行社，一些公司的旅游收入占公司其他收入的 70%，旅游收入成为企业收入的重要部分。服务业领域很宽，随着信息产业的快速发展，私有铁路企业的多元化经营范围进一步扩大，领域涉及电视广播、文化和信息网络等产业。一些大的私有铁路公司的服务业已逐渐远离企业的运输线，出现非本地化的经营趋势，业务扩展到了国内其他地方以及海外。从性质上看，服务产业的带动性很广，不仅使企业受益，对于促进地区发展也产生积极影响。

三 日本私有铁路公司通过多元化经营参与城市建设的经验借鉴

1. 轨道交通企业多元化经营有利于新城开发

日本私有铁路公司由于经营地方性铁路，业务主要集中在城郊之间。例如，私有铁路公司的多元化经营对东京的郊区发展产生了很重要的影响，私有铁路公司的房地产开发、商业以及服务业等对于东京郊区的新城建设发挥了重要作用。由于私有铁路公司的土地开发是以保证企业盈利为前提，并且力求可持续性，因此开发建设除销售外，企业还留有物业以及设施作商业运营。这样企业的开发建设会更多地考虑区域发展前景和市场因素，特别是在开发前景方面企业和地方利益达成了一致。当前国内新城建设中一个重要的问题表现在集聚不足，其中原因之一是开发模式中没能最大限度地考虑市场和满足市场需求。如果通过企业的多元化运营使轨道交通公司参与到新城建设之中，那么企业的利益与地区发展相结合的同时，新城建设就会更多地容纳市场需求要素，这一要素将有利于促进新城建设和新城集聚与发展。

2. 利用多元化经营统筹末端交通，降低公共交通的出行成本

日本私有铁路公司克服单纯环节上的盈亏影响，全盘统筹末端交通业务的经验值得思考与借鉴。末端交通是城市交通建设系统的重要组成部分。近年随着国内城市轨道交通网络化建设的不断完善，城市末端交通问题也越来越突出，特别是在新城开发建设中，政府也在尝试逐步试行开通社区公交和自行车免费租赁等模式来完善城市末端交通。可以借鉴日本私有铁路公司营业模式，探讨利用多元化经营设计新的资源性补贴方式，特别是在新城建设中促使轨道交通企业利用多元化经营统筹末端交通，创造更加便捷、更为低成本的大都市交通出行环境。

3. 轨道交通企业参与新城建设，多元化经营提升企业竞争力

长期以来，中国城市轨道交通运营除政府的直接财政补贴外，还实施轨道交通运营财政退税、房产税减免、所得税优惠（轨道交通盈利起 5 年内所得税优惠）等间接的政策优惠。这些补贴方式一直存在着对企业发展激励不足，以及使得政府财政压力过大等问题。日本私有铁路公司不靠政府补贴，在多元化经营中积极参与城市建设，发展服务业，除百货、超市、旅行社和体育俱乐部外，还有电视广播等文化产业以及信息网络。一些大的私有铁路公司服务业已逐渐远离企业的运输线，出现非本地化的经营趋势，业务扩展到国内其他地区以及海外等。这些产业支撑和成就了日本私有铁路企业逐步发展成为集团公司，也促使其提升了企业影响力。因此，借鉴日本私有铁路公司经验，允许和鼓励国内轨道交通企业发展与主业无关的服务业，对于企

业和地区包括第三产业发展都是有益的。轨道交通是城市的重要基础设施，许多国家和地方政府通过直接或间接的方式①补贴和扶持其企业运营。其中，多元化经营作为政府资源补贴的主要形式，对于减少政府财政压力和有效激励企业改善经营等具有积极作用。目前中国有一些地方和城市开始试行和采用轨道交通企业多元化运营的扶持方式，如香港特区1996年赋予香港地铁公司开发沿线房地产的权利，深圳也在2005年通过利用资源补贴允许企业多元化支持城市轨道交通运营。

四 新城建设与交通体系的互动机制探索

当前，新城建设是中国城市化发展中的主要方向，主导着城市化过程中的城市空间结构、人口与产业布局以及城市形态建设。国内新城建设现在还处在探索之中，存在着诸多问题，通过借鉴国际上的新城建设经验，有益于确定国内新城开发建设更加适合的模式。从日本私有铁路公司参与新城建设的经验看，日本的新城建设依托了私有铁路公司多元化运营方式，在新城的基础设施建设和产业导入等方面取得了良好的成绩。在这个过程中，私有铁路公司利用多元化运营使企业得到发展，争取到了交通运输必需的高峰客流和企业经营必需的资金，同时促进了新城的开发建设。新城通过私有铁路公司的交通设施、商业设施以及城市基础服务设施建设形成了对人口、产业的吸引，成为城市圈中新的发展"引擎"。

新城建设成功的标志是集聚，而形成集聚的关键是交通。归纳日本新城建设的成功经验，形式上是私有铁路公司利用多元化经营参与新城建设，实质效果是交通建设与新城开发相结合，企业利益与新城发展前景相结合，以及在新城建设中加入了市场元素。

新城建设不是一个单纯的项目建设，是适应社会发展的城市规划的全局事业。与传统的注重城市规划相比，新城建设更加需要全面地对整个城市资源进行统筹。事实上，在国内的新城规划建设中也在强调交通建设和市场机制，强

---

① 政府常见的补贴形式有资金补贴、政策补贴、资源补贴。

调新城开发运作要尽量采用市场方式，运用市场经济规律等。但结合日本私有铁路公司参与新城建设的经验看，要使新城建设迎合市场经济规律，发挥市场的灵活性，体现市场经营城市，这不可能在一个层面的政策、制度中完成，需要不同部门之间的协调，需要不同层级政府内部、政府与民间明确相互的职能与分工，形成在政策、制度等方面各司其职的战略性合作，建立企业利益和新城发展前景的协作关系。日本私有铁路公司参与新城建设的经验表明，实现新城建设和交通规划与市场的结合，关键是政策与市场化运作机制的结合。这需要有政策制度上的完善，还要有企业制度作为市场运作的配合。在这种情况下向轨道交通企业开放新城建设，对于积极创造社会参与新城建设机会具有一定参考。

参考文献

宾晖：《东日本铁路公司客运经营的启示》，《铁道运输与经济》2009 年 4 期。

杨天薇：《对城市轨道交通补贴方式的探讨》，《现代城市轨道交通》2008 年第 6 期。

周春燕、王琼辉：《公众参与城市轨道交通政府补贴机制探讨》，《价格理论与实践》2007 年第 6 期。

蔡蔚：《城市轨道交通的基本属性对投融资的启示》，《城市轨道交通研究》2007 年第 1 期。

城市运营网：《新城运作机制的比较研究》，http：//c.kaifa01.com/theory02/theory02090918065_all.htm，2009 年 9 月 18 日。

B.33
日本城市有轨电车的发展特点与趋势

春 燕

摘　要： 东京都中央区近期以 1500 万日元预算批准了东京银座"新一代型有轨电车（lRT）建设调查"项目。该项目的立项使城市有轨电车再次引起人们的关注。本文介绍近年来日本城市有轨电车建设情况，同时考察当前世界主要大都市有轨电车发展现状，为国内城市公交发展建设提供借鉴。

关键词： 日本　城市有轨电车

20 世纪 70 年代后，机动车为主的交通出行方式所带来的交通拥堵、环境污染、能源危机、土地紧缺等问题越来越突出，致使日本不得不重新考虑以节能、清洁且具有较大载客能力的城市轨道交通作为新交通系统来促进城市公共交通的发展。东京都中央区年度 1500 万日元预算批准的东京银座"新一代型有轨电车（lRT）建设调查"项目是近年来众多城市有轨电车建设项目中的一个。该项目计划由东京银座筑地市场至晴海地区，全长约 2.8 公里的运行里程。如该计划进展顺利，东京银座有轨电车可以在 2018 年实现全线开通与运营。至此，东京银座有轨电车在 1971 年停止运营之后，历经 47 年有望将再次复出，因此东京银座轨道电车项目的立项使城市有轨电车再次成为人们的关注热点。

一　日本城市有轨电车的发展特点

1. 日本城市交通系统

在日本，城市交通系统包括轨道铁路（JR 线、民营铁路、地铁等）、城市独轨、AGT（自动轨道交通）、有轨电车、公共汽车、私人轿车、自行车等多种形式。根据都市交通出行的需求特性，不同出行方式的交通方式选择也各有不同。其中，城市有轨电车主要以每小时数千人，出行距离在 10 公里左右的较短距离出行运输需求为主。城市有轨电车是以电力推动的列车，亦称路面电车，或简称电车。作为城市公共交通的一种，城市有轨电车以车辆不排放废气的无污染环保特性受到广泛欢迎。城市有轨电车属轻铁的一种，列车有单节，最多亦不过三节，通常全在街道上行走，在不同规模城市发挥着各自不同的作用。如有轨电车在大都市圈是作为大量快速交通运输系统构成的公共交通网的补充手段而发挥作用，在地方中心城市中是市内交通的主要交通手段。

2. 日本城市有轨电车特征

20 世纪 70 年代以来，以机动车为主的交通出行带来的城市交通问题越来越严重，交通拥堵、环境污染、能源危机、城市用地紧缺等开始影响城市的正常生活。在这种情况下，日本各个城市开始重新考虑发展城市轨道公共交通支持市民出行。但是在城市公共交通中，城市地铁建设需要有巨大的资金投入，这对于许多的中小城市来讲基本无法承担，因此不少中小城市便转向选择建设城市有轨电车。自 1978 年起至今的 30 多年时间里，在日本中小城市中就有数十座城市发展了具有其城市特点的城市有轨电车，现在正在规划和建设中的城市有轨电车项目也不少。城市有轨电车在中小城市受到欢迎，除建设资金的问题之外，便捷性、舒适性、美观特别是技术进步都是其能够发展的重要原因。城市有轨电车技术进步的主要表现有城市有轨电车专用路权的实现、开发了能够与铁路共享路权的有轨电车、第三轨供电的实现、橡胶轮胎单轨导向走行的导轨电车使用、车辆低地板的生产技术的应用，以及控制技术进步和信号应用等。

在日本，每到一个城市都可以看到城市有轨电车在运行，包括数以千万人口的大都市和小到数十几万人口的小城市，城市有轨电车都能是城市交通系统的重要组成部分。但是在不同规模城市有轨电车承担的功能各不相同，如以东京为代表的大都市其市区的地铁系统极为发达，因此从线路差异看，大都市的城市有轨电车线路的分布不在城市中心区，大都市郊区及与中心城区的结合部是大都市城市有轨电车运行的主要区域。城郊结合部的城市有轨电车将大都市中心城方向的多个地铁线路与郊区出行进行整合，形成了郊区以城市有轨电车为主的交通系统。从运输能力看，大城市有轨电车线路分布于城市周边是由于大城市周边客流量相对小于市中心，这种情况很适合城市有轨电车的运行。对于中小城市而言，中小城市中心城区的客运需求比大城市小，城市有轨电车的运输水平基本能够满足城市居民的出行需求，因此在没有城市地铁系统的中小城市，城市有轨电车线路的分布在整个市区，包括城市中心城区出行的各个方向上，城市有轨电车在中小城市是主要公共交通运输工具。如日本广岛的城市有轨电车线网就是从市中心向郊区方向辐射分布。日本的城市有轨电车建设尽管在不同城市的运行职能有所不同，但是各个城市的城市有轨电车建设方针基本一致，就是根据各城市有轨电车的发展历史，采取更新或新建。在改造废弃铁路、修缮原有城市有轨电车线路和新建城市有轨电车线路时，尽量使城市有轨电车能够与干线铁路轨道实现共享以提高运输设施效率。

表1 日本有轨电车的城市

城 市	建设规模	有轨电车建设情况
札幌市	3条	一条线、山鼻西线、山鼻线
函馆市	4条	主线、汤川线、宝来·谷地头线、大森线
东京都	2条	荒川线、世田谷线
丰桥市	1条	东田本线
富山市	6条	市内轨道主线、支线、安野屋线、吴羽线、富山都心线、富山港线
广岛市	6条	主线、宇品线、江波线、白岛线、皆实线、横川线
高知市	3条	伊野线、栈桥线、后免线
松山市	4条	城南线、大手町线、花园线、本町线
长崎市	5条	主线、赤迫支线、樱町支线、大浦支线、萤茶屋支线
京都市	2条	岚山本线、北野线
大阪市	2条	阪堺线、上街线
冈山市	2条	东山本线、清辉桥线
熊本市	5条	主线、水前寺线、健军线、上熊本线、田崎线
鹿儿岛市	4条	第一期线、第二期线、唐凑线、谷山线

资料来源：日本交通省网站相关信息整理。

3. 广岛城市有轨电车建设特点

在日本，包括东京在内的许多日本城市都拥有一条或多条有轨电车在运行，其中从线路和运量来讲，广岛市有轨电车的规模在日本各城市中排第一（见表2、表3）。广岛市的城市有轨电车建设是在新线路建设的同时结合改造旧的线路，采取这种建设方式的利处在于能够更多的降低建设成本，使现有资源得到充分利用。广岛市根据需求在不同发展阶段规划了城市有轨电车的建设，因地因时地保证了作为市政服务的交通设施供给，并在不断的建设中增加了运行路线，提升了整个城市交通网的服务水平。广岛市在处理城市有轨电车同其他轨道交通（包括干线铁路与城市地铁）的衔接方面采取了在规划线路时提前考虑并做出备案为今后的建设和顺利运营创造条件。

表2 广岛有轨电车线路

单位：公里

路线名	区间	公里数
主线（市内线）	广岛站－广电西广岛	5.4
宇品线（市内线）	纸屋街－广岛港	5.9
白岛线（市内线）	八丁堀－白岛	1.2
横川线（市内线）	十日市町－横川站	1.4
江波线（市内线）	土桥－江波	2.6
皆习线（市内线）	的场街－皆习街六丁目	2.5
宫岛线	广电西广岛－广岛宫岛口	16.1

资料来源：日本交通省网站相关信息整理。

表3 广岛有轨电车运行状态

编号	运行区间	所要时间	运行间隔
1号线	广岛站－纸屋街东－广岛港	49分	10分
2号线	广岛站－纸屋街东·西－广岛宫岛口	68分	9分
3号线	广電西广岛－纸屋街西－宇品二丁目/广岛港	52分	12分
5号线	广岛站－比治山下－广岛港	32分	12分
6号线	广岛站－纸屋街东·西－江波	39分	12分
7号线	横川站－纸屋街西－广电总部前	27分	12分
8号线	横川站－土桥－江波	23分	12分
9号线	八丁堀－白岛	8分	8分

资料来源：日本广岛市政府交通网站资料整理。

二 城市有轨电车的发展趋势

1. 城市有轨电车的综合优势

从城市角度看,既往的城市公交车在出行环保、节能以及投资费用少等方面都占有优势,但是由于既有公交车在路面使用方面难以与其他车辆区分行驶线路,导致公交车的行驶速度受到很大限制。而大运量地下铁路的建设费用又过于庞大,特别是中小城市,包括大城市的郊区部都很难实施建设,在这种情况下,城市有轨电车便开始受到重视。虽然现在的城市有轨电车是由传统的有轨电车发展而来,但是由于技术进步,现在的城市有轨电车在性能方面已经有了很大改善。与传统有轨电车相比,现在的城市有轨电车运行更具有安全可靠、舒适、节能、环保等诸多特点。同时,城市有轨电车在车体外观设计上也能够充分彰显城市个性,使城市与城市有轨电车相互呼应。因此,作为介于既往公交车和地铁轻轨之间的轨道交通,城市有轨电车适合并有利于中小型城市的交通发展,同时也符合大城市周边郊区城镇交通需求。正是由于城市有轨电车所具有的这些优点,现在许多城市开始改建或新建现代的城市有轨电车,如瑞士日内瓦、法国斯特拉斯堡、西班牙巴塞罗那等。当前在我国的大连、上海等城市也在尝试城市有轨电车的运行。城市有轨电车作为一种优势明显的公共交通形式,逐步地在更大范围内被越来越多的城市所认识和采用,并已成为一个可见的趋势。

2. 城市有轨电车的建设特色

城市有轨电车自应用以来,以其便捷性、舒适性、美观等特点受到市民和政府的普遍认可。据统计,到2010年世界上已有137个城市开通了城市有轨电车。纵观城市有轨电车系统的建设情况,由于受城市规模、城市的有轨电车发展历史,以及各个城市的经济实力等因素影响,各个城市的有轨电车的建设和运行方式存在差异。归纳起来看,城市有轨电车建设的主要方式有:①改造原有有轨电车线或废弃铁路,包括多数城市采用了旧线改造与新建线路相结合的方式。这种方式一方面可充分利用现有资源,另一方面可以降低建设成本。②根据出行需求新建有轨电车线路。这种情况多是伴随人口增加,出行需求加大的区域按需供给,通过在适当的地区布设新线,提高线路以及整个交通网络的服务能力。③体现现代城市有轨电车的技术进步和形式的多样化。例如上述中关于有轨电车专用路权（Metrotram）及有轨电车与铁路共享路权（Tramtrain）等，无论从形式还是技术上都显示了科学技术的发展及未来交通发展趋势。此外，现代城市有轨电车的另一个建设特色是对步行者安全的保障。与其他机动车相比，城市有轨电车由于有固定的行驶轨道，对于步行者来讲相对更加安全，且噪声低、废气排放少。正是如此，在许多禁止机动车出行的城市街区都可以看到城市轨道交通在行驶，还有一些城市在城市有轨电车的行驶线路上同时开设公交车的专用线路。作为新的尝试，双线合一使城市可以集约利用空间，尽管双线合一的维护费用比单纯运行有轨电车要高，但是能够较好地保证普通公交车的优先权。

表4 城市有轨电车的发展特点

城市及国	规模	建设与运营特点
布加勒斯特（罗马尼亚）	①线路长度：450多公里； ②线路方向：城市环线+通向周边的辐射网络； ③客运规模：城市总客流量的45%。	（1）城市有轨电车客货两用，白天运客，夜间还可运货， （2）设计符合现代化交通要求的有轨电车车辆，车厢能载客230名，时速达70公里，没有噪音，低耗电。
神户（日本）		日本神户市运行的城市有轨电车的速度相对较快，其速度高于出租车的车速。为了减少交通拥堵，车辆的线路建设在高于路面的高架桥之上。车辆为无人驾驶。用小型的计算机系统驾驶车辆、对乘客进行疏导等。
加拿大		在多伦多、埃德蒙顿和温哥华等城市城市有轨电车是城市的主要交通工具，车辆均选用现代化的公交车型。
苏黎世（瑞士）	①线路长度400多公里； ②线路规模：约交通线路总长的1/4； ③客运规模：城市总客运量占62%。	
克雷菲尔德城（德国）	①线路规模：城市交通线总长的7%； ②客运规模：城市总客运量的35%。	改造旧的轨道，使车厢的底板降低其高度。现在城市快速城市电车路线已达60多公里，其车辆利用计算机调度已和控制车辆的运行。

续表

城市及国	规模	建设与运营特点
布鲁塞尔市（比利时）	客运规模：占城市公共交通运量的42%。	建设专项的快速城市有轨电车轨道，包括高架、隧道、以及路面等，由于新技术的使用电车能在高架上运行，也能穿过隧道。
俄罗斯	一种新型的有轨电车，时速可达65公里。	（1）采用新的底板的车辆设计，方便了乘客上下车，并且改良了操作方式，使有轨电车的运行更加平稳和低噪声。 （2）连接两节以上的车厢运行，车辆驾驶由一名乘务员进行，加大了客量的数量。 （3）电车的轨道尽可能建在高架桥或地下，是为提升安全行驶以及保障行驶速度。

资料来源：http://baike.baidu.com等相关网站资料整理。

三 中国发展城市有轨电车的主要借鉴

正如日本许多城市的反思一样，随着人们环境保护意识的不断加强，越来越多的人开始认识到机动车对于环境的影响以及绿色出行的必要性。当前，国内许多城市已开始转变过去的鼓励机动车出行的政策，在这样的发展环境中，城市有轨电车应当是未来城市公交发展的又一亮点。考察现在的城市有轨电车的优势以及日本城市有轨电车建设特点，对今后国内城市有轨电车建设的启示有以下方面。

（1）城市有轨电车是城市规划交通发展中需要考虑的内容之一，但是不同城市应当根据城市的具体情况定位城市有轨电车的发展方向。

（2）城市有轨电车建设应当与现有的城市交通系统协调考虑，可以是补充，如中心城区在郊区的补充，或与现有路面公交整合，节约空间并且与路面公交车相互促进。

（3）充分发挥城市有轨电车的设计优势，在交通系统建设中突出城市个性。

（4）创新研究城市有轨电车技术上新的可能性，根据路线以及运行区域特点选择规模和形式不同的城市有轨电车。

（5）向市民宣传城市有轨电车，特别是在高龄社会人群中宣传有轨电车设计上体现的人文关怀给高龄者出行带来的方便。

参考文献

徐曙:《日本的城市新交通系统——AGT》,《城市轨道交通研究》1998年第1期。

甄静:《我国轻轨交通的发展战略》,《城市轨道交通研究》2002年第1期。

张航、万军:《城市慢行交通发展模式研究》,《城市研究》2011年第9期。

日本交通省:《日本都市交通计划调查》,2010,http://www.mlit.go.jp/crd/tosiko/pt/kotsujittai.html#chukyo。

中国城市最佳实践

Best Practice of Chinese Cities

B.34
国际大都市"多机场"建设趋势与上海经验

邓智团

摘　要： 当前世界范围内，部分国际大都市出现拥有两个或者多个机场的情况，并具备较为成功的运行和管理经验。国内的上海是较早拥有双机场的城市，形成了较完整的"多机场"体系。本报告在对国际大都市"双机场"、"多机场"总体分析的基础上，着重对上海"双机场"的运行与分工进行研究。

关键词： 城市机场　多机场　上海

随着经济的发展，推动世界航空运输业高速发展，出现一些国际大都市一个城市就拥有两个或多个机场的情形，即所谓"一市多场"，如伦敦地区有5

个机场，法国巴黎市拥有戴高乐机场和奥利机场。根据我国的现状，"一市多场"基本含义还是限定在一个城市建设有多个机场。这样，只有上海符合这个界定，拥有浦东和虹桥两个机场，具备较完整的"一市多场"的特征。

一 国际大都市"多机场"机场体系的发展趋势

1. "多机场"现状及发展趋势

全球范围内"双机场"或"多机场"模式，相对而言，欧洲和北美普遍而亚洲较少。在欧洲，伦敦的机场有5个，曼彻斯特的机场有3个，法国巴黎的机场有2个。在北美，美国纽约的机场有4个，华盛顿的机场有3个，旧金山的机场有3个。在亚洲，日本东京的机场有2个，韩国首尔的机场有2个，我国台湾台北的机场有2个（见表1）。中国大陆目前仅上海存在"双机场"：浦东国际机场和虹桥国际机场。

表1 世界主要国际大都市的"多机场"体系

城市名称	机场（个）	机场名称（代码）
北 美 洲		
纽 约	4	肯尼迪机场（JFK），纽瓦克机场（EWR），拉瓜迪亚机场（LGA），艾斯利普机场（ISP）
华盛顿	3	杜勒斯机场（IAD），华盛顿国立机场（DCA），巴尔的摩机场（BWI）
芝加哥	2	奥黑尔机场（ORD），米德韦机场（MDW）
波士顿	4	波士顿洛根机场（BOS），曼彻斯特机场（MHT），普罗维登斯机场（PVD），伍斯特机场（ORH）
旧金山	3	旧金山国际机场（SFO），奥克兰机场（OAK），圣何塞机场（SJC）
达拉斯	2	达拉斯/沃思堡机场（DFW），拉夫菲尔德机场（DAL）
迈阿密	3	迈阿密国际机场（MIA），劳德代尔堡机场（FLL），西棕榈滩机场（PBI）
洛杉矶	5	洛杉矶国际机场（LAX），橙县机场（SNA），安大略机场（ONT），伯班克机场（BUR），长滩机场（LGB）
休斯敦	2	布什洲际机场（IAH），霍比机场（HOU）
蒙特利尔	2	多尔瓦机场（YUL），米拉贝尔机场（YMX）

续表

城市名称	机场(个)	机场名称(代码)
多伦多	2	皮尔森国际机场(YYZ),汉密尔顿机场(YHM)
欧　洲		
伦　敦	5	希思罗机场(LHR),盖特威克机场(LGW),斯坦斯特德机场(STN),卢顿机场(LTN),伦敦城市机场(LCY)
曼彻斯特	3	曼彻斯特国际机场(MAN),利物浦雷侬机场(LPL),利兹/布拉德福机场(LBA)
巴　黎	2	戴高乐机场(CDG),奥利机场(ORY)
罗　马	2	菲乌米奇诺机场(FCO),钱皮诺机场(CIA)
米　兰	3	摩尔彭萨机场(MXP),利纳特机场(LIN),Orioal Serio 机场(BGY)
柏　林	3	泰格尔机场(TXL),滕伯尔霍夫机场(THF),舍讷费尔德机场(SXF)
杜塞尔多夫	3	杜塞尔多夫国际机场(DUS),科隆/波恩机场(CGN),门兴格拉德巴赫机场(MGL)
斯德哥尔摩	2	加勒穆恩机场(OSL),桑讷菲尤尔机场(TRF)
奥斯陆	2	阿兰达机场(ARN),布罗马机场(BMA)
莫斯科	4	谢诺梅杰沃机场(SVO),多莫杰多沃机场(DME),伏努科沃机场(VKO),贝科沃机场(BKO)
亚　洲		
东　京	2	羽田机场(HND),成田机场(NRT)
大　阪	2	关西机场(KIX),伊丹机场(ITM)
首　尔	2	仁川机场(ICN),金浦机场(GMP)
台　北	2	中正国际机场(TPE),松山机场(TSA)
吉隆坡	2	吉隆坡国际机场(KUL),苏邦机场(SZB)
迪　拜	2	迪拜机场(DXB),沙迦机场(SHJ)
上　海	2	上海虹桥机场(SHA),浦东机场(PVG)

资料来源：朱方海、凌建明、郝航程、陈丽：《机场建设"多机场"模式研究》，《中国民航大学学报》2007年第2期。

2. 构建"多机场"标准

"多机场"的构建准确地说是针对航空枢纽城市，因为只有航空枢纽城市才具备多机场体系的基本要素。判断"多机场"体系成功与否非常简单直观的标准，即基于客运和货运。根据已有研究，主要有以下几类指标。

(1) 地方经济指标。从民航发展的规律可知,当某一城市的人均GDP达到4000~7000美元,可考虑修建第2座机场。如韩国的首尔,1985~1990年,人均GDP从2294美元增加到6287美元,政府开始考虑修建第2座机场。仁川机场从1992年开始设计,2001年3月正式对外开放。

(2) 运量指标。一是客运出行量。出行量既包括从机场出发的,也包括到达该机场的。对具有"多机场"体系的城市客运量排名前10位的机场研究分析可知(见表2),当某一城市中最繁忙的机场年旅客吞吐量超过5000万人次且该机场满足城市70%以上的出行量时,应考虑新建机场(朱新华、都业富,2009)。出行量指标是根据实际统计数据得出的,对预测数据也是适用的。

表2 "多机场"城市旅客吞吐量分布(2001年)

单位:万人次,%

城 市	机场名称(代码)	旅客吞吐量/万人次	比例/%
休斯敦	布什洲际机场(IAH)	34801	80.1
	霍比机场(HOU)	864	19.9
	合 计	35665	100.0
台 北	中正国际机场(TPE)	1846	78.7
	松山机场(TSA)	500	21.3
	合 计	2346	100.0
莫斯科	谢诺梅杰沃机场(SVO)	1157	60.5
	多莫杰多沃机场(DME)	387	20.2
	伏努科沃机场(VKO)	369	19.3
	贝科沃机场(BKO)	—	—
	合 计	1913	100.0
米 兰	摩尔彭萨机场(MXP)	1857	69.4
	利纳特机场(LIN)	713	26.7
	OrioalSerio机场(BGY)	106	3.9
	合 计	2676	100.0
东 京	习田机场(HND)	5869	69.8
	成田机场(NRT)	2538	30.2
	合 计	8407	100.0
迈阿密	迈阿密国际机场(MIA)	3167	58.6
	劳德代尔堡机场(FLL)	1641	30.4
	西棕榈滩机场(PBI)	594	11.0
	合 计	5402	100.0

资料来源:朱方海、凌建明、郝航程、陈丽(2007)。

二是机场运力。机场运力是指单机场所能提供的最大运输能力,对旅客指的是客运能力,对货物指的是货运能力。一般中小型机场都只有单条跑道。大型机场随着运量的上升,跑道数量逐渐增加,在一个机场内修建2～4条跑道是最先被采用的措施。根据现有资料统计,当机场跑道数和机场运力达到一定指标时,应考虑修建新的机场,如表3所示。

表3 机场跑道数和机场运力指标

单位:万人次,条

跑道数量	跑道容量	跑道数量	跑道容量
1	1500～2000	3	4500～5000
2	3000～35000	≥4	6000～7000

3. "多机场"体系功能分工

"多机场"体系的机场间通过差异化战略进行合理分工,已成为国外多机场体系发展的主要特征。如伦敦的"多机场"已成为机场间合作最成功的范例(见表4)。

表4 伦敦地区五大机场发展战略

伦敦地区	发展战略
希思罗机场	运量主要来自定期国际航班
盖特威克机场	通航北美和加勒比航点之多居英国各机场之首,大约1/4的旅客往来北美航点
斯坦斯特德机场	50%来自低成本航空公司,37%来自传统航空公司,13%来自包机航空公司
卢顿机场	主要接待休闲度假旅客,其中78%来自定期航班,22%来自包机服务;以国际业务为主,国际航线旅客流量占72%
伦敦城市机场	主要针对伦敦市中心的商务旅客,通航英国、爱尔兰和欧洲20多个航点

资料来源:陈团生:《多机场系统运营特征及发展策略分析》,《机场》2008年第7期。

由于各个城市航空基本设施建设的原因以及历史背景不同,"多机场"体系形成了各异的运行模式。

一是新旧机场按照国际机场、国内干线、国内支线功能分工,如芝加哥城市的3个机场,O'Hare机场以国内客、货运和国际客、货运为主,Midway机场以国内航线为主。二是商用航空和通用航空进行分工。三是两个机场同时作为干线机场和国际机场。

二 上海"双机场"体系现状

1. 上海建设亚太航空枢纽的战略定位

上海航空枢纽建设总体目标是构建完善的国内国际航线网络,使上海成为连接世界各地与中国的空中门户,建成亚太地区的核心枢纽,最终成为世界航空网络的重要节点。2010年底,上海地区航空运输实现飞机起降55.1万架次、旅客吞吐量7188万人次、货邮吞吐量370.8万吨,三大指标"十一五"期间年均复合增长率(CAGR)分别为8%、11.7%、10.9%。与其他机场运输情况相比,"十一五"期末,上海两个机场当年的航班起降架次、旅客吞吐量、货邮吞吐量三大指标分别占华东地区机场三大指标的35.6%、41.7%和72.1%,分别占全国175家机场三大指标总量的10%、12.7%和32.8%。2010年,浦东机场货邮吞吐量世界排名第3。另外,国际运输方面,上海两个机场国际旅客吞吐量占全国机场总量的1/3,国际货邮吞吐量占总量的2/3。

2. 浦东机场与虹桥机场的现状

上海目前拥有浦东机场和虹桥机场两大机场。① 基本情况如表5所示。

表5 上海·"双机场"体系基本情况

机场 分项	浦东国际机场	虹桥综合交通枢纽
地理位置	位于上海浦东长江入海口南岸的滨海地带,距上海市中心约30公里	位于上海西郊318国道旁,距上海市中心约13公里
起降航班	抵离上海的全部国际和港澳地区航班以及部分国内航班	国内航班,并保留国际航班的备降功能
建设进程	1997年10月15日一期工程全面开工。1999年9月16日第一航站楼和第一条跑道建成启用。2005年3月17日第二条跑道建成启用。2005年12月22日扩建工程全面开工,2008年全面建成,第三条跑道和第二航站楼全面启用	1921年3月10日辟建。1964年4月24日扩建工程竣工。1972年2月17日由军民合用改为民航专用机场。1991年12月30日国际候机楼建成启用。2006年扩建,2008年完工

---

① 尽管部分航空公司(如Airasia)将杭州萧山机场视作上海机场的一部分,但考虑到此种提法只是企业营销策略,而萧山机场的建设和管理与上海方面并没有直接关系,因此本报告上海的机场体系暂只考虑浦东机场和虹桥机场。

331

续表

分项 \ 机场	浦东国际机场	虹桥综合交通枢纽
硬件设施	跑道5条(3条平行主跑道,2条在建);航站楼2座(1号航站楼27.8万平方米,2号航站楼48.55万平方米);停机坪149万平方米(一期124万平方米,二期25万平方米);停机位218个(70个登机桥位,65个远机位,58个货机位,25个维修机位);登机桥70座(1号航站楼28座,2号航站楼42座);值机柜台556个(1号航站楼204个,2号航站楼352个);仪表着陆系统Ⅱ类双向	2条主跑道(4E级)和滑行道4条;候机楼3座(1号8.2万平方米,2号36.26万平方米,0.3万平方米的公务机候机楼);停机坪51万平方米(扩建前);停机位88个;登机桥13座(扩建前);仪表着陆系统Ⅰ类

资料来源:作者根据相关资料整理。

三 上海"双机场"航空枢纽的定位与分工

1. 上海"双机场"客货运行能力

上海"双机场"体系合计拥有2座机场、4座航站楼、5条跑道在同时运营,客货保障能力得到大幅度提升,2015年预计实现客货吞吐量1亿人次和550万吨。① 最终规划目标为客运1.2亿人次/年,货运700万吨/年。其硬件基础设施规模已基本满足建设亚太航空枢纽的近期和中期需求(见表6)。

运输结构趋于合理。2010年,上海机场共通航219个国内外城市,81家国内外航空公司,基本覆盖除南美以外的主要国际空域。到2015年,浦东、虹桥两机场的客运设施保障能力将达1亿人次、货运550万吨、高峰日航班起降2362架次/日、高峰小时起降148架次/小时,能够满足市场发展需要(见表7、表8)。

---

① 上海市人民政府:《上海市航空运输"十二五"规划》,2012年9月。

国际大都市"多机场"建设趋势与上海经验

表6 上海"双机场"与亚太地区主要航空枢纽比较

机场名称		跑道数量（条）	航站楼数量及总建筑面积（万平方米）	通航城市（2009年）	旅客吞吐量（人次）（2010年）	货邮吞吐量（吨）（2010年）
中国上海	浦东机场	3	T1 面积:27.8 T2 面积:48.55	115个（国际）；66个（国内）	40578621	3228080.8
	虹桥机场	2	T1 面积:8.2 T2 面积:36.26	91个（国内外）	31298812	480438.1
中国北京	首都机场	3	T1 面积:6 T2 面积:33.6 T3 面积:98.6	91个（国内）；76个（国际）	73948114	1551471.6
日本东京	羽田机场	4	T1（日航专用） T2（全日空专用） T3 面积:15.4	18个（国际）	64069098	804995
	成田机场	2	T1 面积:17.7 T2 面积:28.4	98个（国际）；9个（国内）	33868682	2167843
韩国首尔	仁川机场	3	仁川:2座 面积:49.6	117个（国际）	33478925	2684499
	金浦机场	2	金浦:2座	10个（国内）；4个（国际）	17565901	226493

资料来源：朱新华、都业富：《世界典型航空枢纽透视与经验借鉴》，《空运商务》2009年第10期。

表7 上海"十二五"航空客货运量两机场分配预测

年份	旅客吞吐量(万人次)			货邮吞吐量(万吨)		
	两机场总量	虹桥	浦东	两机场总量	虹桥	浦东
2011(实际值)	7456	3311	4145	354	45	309
2012	7800	3200	4600	435	60	375
2013	8500	3300	5200	475	65	410
2014	9250	3400	5850	515	70	445
2015	10000	3500	6500	550	75	475
远期	12000	4000	8000	670	100	570

注：2015年上海航空客运量规模与两机场运量分配，基本相当于法国巴黎总量规模及戴高乐机场和奥利机场的运量分配格局。

资料来源：《上海市航空运输业"十二五"规划》，2012。

表8 上海航空市场需求与机场设施、空管、空域保障能力对比

项目\单位\机场	高峰日（架次/日）			高峰小时（架次/小时）		
	浦东机场	虹桥机场	合计	浦东机场	虹桥机场	合计
2010年实际值	1040	688	1728	65	43	108
国家空管委目标值	2080	960	3040	130	60	190
机场设计能力	2144	960	3104	134	60	194
"十二五"预测值	1635	727	2362	102	46	148
目前空域能力	1040	688	1728	65	47	112
2015年空管预测值	1395	917	2312	87	57	144

资料来源：《上海市航空运输业"十二五"规划》，2012。

2. 上海"双机场"定位与功能分工

（1）初期功能分工。依据2004年确定的《上海航空枢纽战略规划》，浦东、虹桥两个机场的功能定位为"一主一辅、互利互补"运营模式，即"以浦东机场为主，虹桥机场为辅"分工合作模式，浦东机场定位为国际枢纽机场，虹桥机场定位为区域性枢纽机场。

（2）新的功能分工。当前上海"双机场"体系的功能布局以浦东为主建枢纽，将之建成为国际大型复合航空枢纽；虹桥机场以国内点对点运营为主。但机场的定位在不断变化。

虽然虹桥机场已有多条国际及地区航线，分别为虹桥－韩国金浦、虹桥－日本羽田、虹桥－台湾松山和虹桥－香港。但根据上海市政府和中国民用航空局联合下发的《上海航空枢纽战略规划》以及《上海市航空运输"十二五"规划》等文件，上海"双机场"的既定功能没有根本改变，坚持上海"双机场"既定功能定位。一是以浦东机场为主建设国际复合型门户枢纽，重点提升浦东机场枢纽核心竞争力，加快构建枢纽航线网络和航班波。二是近年在浦东机场附近规划建设了新的大飞机制造基地，使得机场地区形成飞机制造能力、试飞、检验和飞机维修维护等高附加值航空产业，因此依托浦东机场的祝桥镇具备了建设国际航空城的能力。三是2013年7月国务院新批准的《中国（上海）自由贸易试验园区总体方案》划定了我国当前第一个自由贸易实验园

区，共 28 平方公里，包括外高桥、洋山港和浦东机场综合保税区三个部分。这样浦东机场以及周围地区具备了"国际复合型门户枢纽＋大飞机制造基地＋中国（上海）自由贸易试验园区（浦东机场综合保税区）"等综合功能。

虹桥机场在枢纽结构中发挥辅助作用，以国内点对点运营为主，通航少量的国际包机和地区航班，同时承担城市和地区通用航空（如公务机等）运营机场的功能。随着虹桥综合交通枢纽的建成，标志着上海的经济发展战略由"重东轻西"转型为"东西并重"的格局形成。随着虹桥综合交通枢纽地区的整体功能提升和拓展，虹桥机场的定位也正逐步提升，并可能与浦东机场并驾齐驱（见表9）。

表9 上海航空枢纽的功能分划

项目＼机场	浦东国际机场	虹桥综合交通枢纽
总体定位	亚太地区大型复合型门户枢纽机场	长三角地区大型综合交通枢纽
服务对象	国际货运枢纽；航空邮政快递中心；国际航空物流中心；低成本航空和休闲旅游包机运营基地；试飞机场	点对点航线为主的国际商务机场；公务机、包机和专机运营基地；低成本航空运营基地
	国际近程、港澳台和本地商务旅客；国际转国际、国际转国内旅客；客货运的多式联运	高质量的国际旅客、本地旅客、国际快件、国际远程中转旅客；客运多式联运
	以城市交通为主的一体化交通中心	以对外交通和城市交通为主的世界级综合交通枢纽
	以货运为主的陆、海、空客货多式联运中心	以客运为主的陆、空多联运中心
航线分配	国际近程航线、地区航线以及国内主要干线部分航班	国内"点对点"运营为主，适度发展港澳台航线、短距离国际航班
配套保障	民航飞机维修中心、民航航材储备中心、长三角地区航空油料储备基地、国产飞机总装基地	东方航空公司训练基地、FBO运营基地
临空经济	临空产业区、临空农业区、迪士尼乐园、浦东国际空港商务区、国际展览中心、大飞机制造基地	虹桥开发区、国家会展中心
	外高桥港、浦东机场空港、中国（上海）自由贸易园区（洋山港、外高桥和浦东机场综合保税区）	大虹桥商务区（虹桥涉外中心、临空经济园区、长风生态商务区、江桥商务区、徐泾商务港、九亭现代服务业聚集区、七宝生态商务区）

续表

项目\机场	浦东国际机场	虹桥综合交通枢纽
地面交通	轨道交通、磁悬浮、机场巴士、城市公交、长途汽车、线路巴士、社会车辆、出租车等交通方式	轨道交通、磁悬浮、高速铁路、机场巴士、长途汽车、线路巴士、社会车辆、出租车等交通方式
远期设施	5条跑道、2座航站楼、2个指廊	2条跑道、2座航站楼
远期目标	客运吞吐量:8000万人次;货邮吞吐量:600万吨	客运吞吐量:4000万人次;货邮吞吐量:100万吨

3. 上海"双机场"的地面交通配套与连接

配套地面交通经过多年的建设,目前两个机场都得到较大改善,空-地联运集散能力增强。截至"十一五"期末,上海中环高架浦东南段和浦东机场北通道、虹桥综合交通枢纽和"一纵三横"配套快速路网的建成通车,明显改善了机场连接市区的道路交通条件。

浦东、虹桥两机场间的地铁2号线通车,为两机场间交通提供了新的选择;沪宁、沪杭高速拓宽工程竣工和申嘉湖高速、沪常高速、上海长江隧桥工程的建成通车,改善了城市连接周边省市的道路交通条件。上海两机场间以地铁2号线直接衔接,并通过1条磁悬浮、2条轨交、7条高架道路,20余条市内公交线路、8条省际线路,基本形成了便捷进出市区及长三角的地面交通网络。

创造性规划和建设虹桥综合交通枢纽,增强上海机场对长三角的服务能力。虹桥综合交通枢纽建设项目将机场、高铁、磁浮、地铁、巴士及社会车辆等各种交通基础设施集中在一个一体化的建筑综合体内,打造现代化集约型的世界级综合交通枢纽,大幅度提高机场与各种交通方式之间换乘的便捷性,方便乘客利用多种交通方式中转乘机,以更好地服务于长三角地区。

参考文献

范玉贞:《论上海浦东机场和虹桥机场的分工与合作》,《城市发展研究》2009年第7期。

王海东：《上海航空枢纽"双机场"运作模式的探讨》，《科技资讯》2003年第17期。

陈团生：《多机场系统运营特征及发展策略分析》，《机场》2008年第7期。

朱方海、凌建明、郝航程、陈丽：《机场建设"多机场"模式研究》，《中国民航大学学报》2007年第2期。

张越、胡华清：《美国东北部多机场系统运营管理模式》，《综合运输》2007年第4期。

俞吾炎：《全力以赴建设上海航空枢纽》，《交通与运输》2006年第6期。

朱新华、都业富：《世界典型航空枢纽透视与经验借鉴》，《空运商务》2009年第10期。

陈华、王爱民：《从长三角地区经济发展看上海中远期航空枢纽战略布局》，《上海经济研究》2007年第8期。

周振华、陈向明、黄建富主编《世界城市——国际经验与上海发展》，上海社会科学院出版社，2004。

欧阳杰、聂鲁美：《转型升级中的上海航空枢纽发展战略》，《中国民用航空》2012年第2期。

范玉贞：《论上海浦东机场和虹桥机场的分工与合作》，《城市发展研究》2009年第7期。

王海东：《上海航空枢纽"一市两场"运作模式的探讨》，《科技资讯》2007年第5期。

上海市人民政府：《上海市航空运输"十二五"规划》，上海市人民政府公文，2012年9月。

B.35 杭州打造"中国电子商务之都"的政策与成效

李 健

摘 要: 作为一种全新商业经济形态,电子商务对于全球商业模式的改变具有重要作用,进而影响区域生产组织。杭州电子商务产业国内领先,具有诸多成功的经验。本文首先在杭州电子商务发展阶段划分基础上分析了其不同时期的重点政策,其次重点分析现阶段发展的特征和重点,最后就未来发展的政策突破方向进行了梳理。

关键词: 杭州 电子商务

作为社会信息化发展过程中出现的一种全新商业经济形态,电子商务在全球商业经济活动中的比重不断增长,对经济和社会发展的影响日益深远。按照中国电子商务研究中心对电子商务的定义,广义概念是指以电子设备为媒介进行的商务活动;狭义概念是指以计算机网络为基础所进行的各种商务活动,是商品和服务的提供者、广告商、消费者以及中介商等有关各方行为的总和。

杭州市电子商务服务业国内领先,包括 B2B、B2C、C2C、第三方支付等在内在全国居领先地位,阿里巴巴、天猫、淘宝网、支付宝等平台驰名国内外,中国化纤网、中国建材网、中国水泥网、中国五金网等行业网站逐渐壮大,文三路电子信息街、东方电子商务园等园区引领全国电子商务产业发展。2012年,杭州电子商务平台成交额突破12000亿元,杭州本地网购市场交易额达953亿元,还包括网店数量等在国内都排名第一。更突出的是杭州在全球率先形成电子商务衍生服务业生态体系与创新群落，2008年被中国电子商务协会授予"中国电子商务之都"称号，2011年被国家发改委、商务部等八部委评选为"中国电子商务示范城市"。

一 杭州电子商务发展阶段划分与重点政策

自2000年以来，杭州市委、市政府积极顺应工业化与信息化融合发展趋势，确立电子商务发展的战略地位，通过规划引领、政策扶持、企业培育、环境营造、宣传引导等一系列措施，有力地推动电子商务的发展和应用。从政策导向和实施效果区分，包括以下几个阶段。

第一阶段是2000~2003年。杭州市政府出台以促进经济和社会信息化发展、工业企业信息化为主要内容的多项政策，特别是在2000年出台的《杭州市经济和社会信息化发展规划纲要（2001~2010年）》和2003年出台的《关于加快推进工业企业信息化的若干意见》，推动了杭州市经济、社会信息化基础建设，扶持了高科技和新兴产业的发展，为杭州市网络经济和电子商务的发展奠定了信息化硬件资源基础和技术支撑。

第二阶段是2004~2007年。杭州市政府出台《杭州市电子商务发展实施纲要（2004~2010年）》和《关于促进杭州市电子商务发展的若干意见》等政策文件，首次直接针对杭州的电子商务发展制定稳定和具有阶段性、科学性的政策规划。而《杭州市信息化发展总体规划（2004~2010年）》、《关于加快国家电子信息产业基地建设的若干意见》和《杭州市国民经济和社会信息化"十一五"规划》等规划和政策的出台，为杭州市电子商务产业的发展进一步夯实了软硬件基础。

第三阶段是2008~2011年。2008年后，杭州市政府先后出台大企业培育计划、中小企业"瞪羚计划"和《打造"中国电子商务之都"三年行动计划》等，提出了打造"中国电子商务之都"的目标，并采用直接财政补助、优化服务、授予企业荣誉等手段和方式，促进和引导企业应用电子商务。2008年9月，杭州市出台《杭州市电子商务进企业专项资金管理办法》，建立电子商务进企业专项资金，为中小企业发展提供财政资金补助，为电子商务产业集

群进一步夯实基础,有效地促进了杭州市电子商务的发展和繁荣。

第四阶段是2012年之后。在该阶段,杭州市电子商务产业已经取得相当的成绩。2012年,《杭州市"十二五"电子商务发展规划》和《杭州市电子商务产业发展总体规划》出台,进一步梳理了杭州市电子商务产业总体发展思路,确立了电子商务发展原则、目标、主要任务和重点领域,明确了产业集聚方向和空间布局框架,规划了在"十二五"期间重点引导与扶持的系列工程。之后,受国家商务部政策引导,《杭州市跨境贸易电子商务服务试点实施方案(2012.8~2014.8)》出台,其为杭州市跨境电子商务发展明确了方向和发展路径,推进了海关、国检、国税及外管等部门与电子商务企业、物流配套企业间的标准化信息流通。2013年7月,《关于进一步加快电子商务发展的若干意见》出台,针对电子商务产业体系构建、商贸流通领域的电子商务应用这两个领域,从产业内容、支撑体系、示范工程、管理服务等方面提出发展重点(见表1)。

表1 2000年以来杭州市电子商务产业发展相关规划和政策

年份	主要规划与政策引导
2000	《杭州市经济和社会信息化发展规划纲要(2001~2010年)》
2003	《关于加快推进工业企业信息化的若干意见》
2003	《关于鼓励软件出口的若干规定》
2004	《杭州市电子商务发展实施纲要(2004~2010年)》
2004	《杭州市信息化发展总体规划(2004~2010年)》
2005	《杭州市信息服务与软件业发展规划(2005~2010年)》
2005	《杭州市电子政务建设实施纲要(2005~2006年)》
2005	《关于促进杭州市电子商务发展的若干意见》
2005	《关于加快信息服务与软件业发展的若干意见》
2005	《关于加快国家电子信息产业基地建设的若干意见》
2006	《杭州市国民经济和社会信息化"十一五"规划》
2008	《打造"中国电子商务之都"三年行动计划》
2008	《关于杭州市中小出口企业电子商务财政资助管理办法》
2008	《杭州市电子商务进企业专项资金管理办法》
2012	《杭州市十大产业发展总体规划》
2012	《杭州市"十二五"软件和信息服务业发展规划》
2012	《杭州市"十二五"电子商务发展规划》
2012	《杭州市电子商务产业发展总体规划》
2012	《杭州市跨境贸易电子商务服务试点实施方案(2012.8~2014.8)》
2013	《关于进一步加快电子商务发展的若干意见》

二 杭州电子商务产业发展的现状特点

杭州是国务院明确确定的全国电子商务中心。作为"十二五"期间重点扶持发展的"十大产业"之一，电子商务服务业是杭州市唯一在全国乃至全球居领先地位的产业，也是杭州创新型经济最具活力和创新能力的产业之一。2012年，杭州市电子商务产业收入达335亿元，同比增长76.95%，增速远超其他行业。经过十几年的发展，杭州市电子商务服务业在全国独树一帜，初步形成五大优势特征。

第一，全球领先水平的服务平台。包括拥有全球最大的C2C电子商务服务平台——淘宝，全国最大的B2C网站——天猫，全国最大的民营网络支付平台——支付宝。2012年，杭州电子商务平台年度成交额突破12000亿元，超过广州（1万亿元），居全国首位；杭州本地网购市场交易额也达到953亿元，超过上海（900亿元），居全国第一位；杭州市网店数量在国内22个城市群网商中位列第一。2012年，总部位于杭州的淘宝网平台的交易额突破1万亿元，超过美国最大的两家电子商务企业亚马逊和eBay全年交易额的总和。

第二，拥有完备的产业集群网络。在产业生产组织的层面，从注重电子商务服务平台建设上升到重视电子商务生态网络建设，并努力肩负起新商业文明建设的重担。阿里巴巴提出的"开放、透明、分享、责任"理念，引领中国电子商务服务业发展新趋势。在市场拓展层面，杭州电子商务服务已经覆盖农业、工业及传统服务业领域。在产业链层面，覆盖仓储、物流、快递、信息服务外包，以及商业模式创新等环节。淘宝和天猫每天包裹量近800万件，占全国快递总量的60%左右。

第三，拥有较强的行业话语权。杭州市多家业内知名电子商务企业按要求向国家相关部委上报报告、数据，供决策参考。阿里集团每季度向国家商务部和工信部报送《外贸趋势报告》，每月向国家工信部报送《内贸趋势报告》；中国建材网每月向工信部报送中国水泥网电子商务信息，工信部原材料司每日从其网站获取水泥市场信息；网盛生意宝向工业和信息化部定期报送工业动态信息专报。另外，杭州已连续三年编制《中国电子商务之都互联网经济发展报告》，是国内电子商务产业发展最具影响力的行业报告。

第四,拥有健全的行业信用体系。阿里巴巴旗下的淘宝、支付宝积极创新,通过诚信评价系统、第三方支付体系以及制定《诚信自律宣言》来净化网络购物环境。2012年,阿里巴巴在全网消保中投入10亿元,作为消费者赔付资金,推进了电子商务服务业信用体系建设。淘宝首先推行消费者保障计划,引发网购行业的"规则跟进"。C2C领域的易趣、拍拍分别推出了"品质保障"和"诚保计划",其中"7天无条件退换货"、"买家申诉卖家举证"等举措领先于传统零售行业,成为新消费的标杆。

第五,服务平台的社会贡献较大。首先,为社会提供较多就业岗位,仅淘宝网平台就为杭州提供30万个直接就业机会,同时为杭州市物流、支付等行业提供近90万个间接就业岗位。其次,对城市经济贡献不断增长。杭州市电子商务服务业增加值占全市GDP的比重由2010年的1.15%上升到2012年的2.99%。最后,助力城市转型。电子商务已为更多传统行业所接受并使用,促进了内外贸企业、制造业、服务业的转型升级。

当前杭州市电子商务发展仍然面临着很多现实问题,包括:在市场日益细化的基础上,电子商务产业发展支持政策需要不断更新;电子商务产业直接的管理机构缺失,尚未形成适合电子商务模式的有效管理机制;电子商务产业链构成尚不健全,商流、物流、信息流和资金流合一有待强化态合。电子商务发展的法制法规尚不健全,跨境贸易电子商务发展仍面临海关、贸易等瓶颈制约。

三 近期杭州电子商务产业发展的重点

目前,全球电子商务产业已经进入快速发展期,在商业模式创新、潜在消费、带动就业、助推经济转型等方面发挥巨大作用[①]。为贯彻落实国家、浙江省电子商务发展"十二五"规划精神,杭州市政府提出抓住发展机遇,集中力量、突出重点,强化杭州电子商务在全国、全球竞争中的比较优势,进一步加快推进电子商务产业的发展,发挥电子商务的创新引领作用,切实提高网络

---

① 根据麦肯锡全球研究院2013年3月发布的网络零售研究报告,通过调查分析中国266个城市人均线上消费和总消费水平,发现约60%的线上消费确实取代线下零售,还有40%因网络零售产生新增消费。

消费对经济增长的贡献，打造具有全球竞争力的中国电子商务之都。从近期杭州出台的政策和举措分析，包括如下四个方面的重要工作。①

（一）做强做大电子商务产业

第一，做强网络零售，扩张市场范围，创新经营模式。围绕龙头企业如淘宝、天猫等持续做强做大，巩固作为全球最大第三方网络零售平台的地位。在服装、医药、纺织品、日用百货等领域，培育一批辐射全国的网络零售企业，形成覆盖全国乃至全球市场的网络零售新格局。推进一批传统优势商贸业采取O2O（即线上到线下、线下到线上）方式，以"店商＋电商"（线下实体体验，线上网站购买）的模式实现转型发展。

第二，做大B2B电子商务，推进实体和虚体市场融合。抓住浙江海洋经济发展示范区和舟山群岛新区建设得到国家批复的机遇，依托省内其他城市如宁波、舟山等已建大宗商品交易平台，创新政策，鼓励开展煤炭、钢铁、塑料及粮食等大宗商品的网上交易，通过电子商务建设来增强大宗商品定价话语权。此外，重点推动专业市场和电子商务互动发展，实现实体市场与虚拟市场的融合。根据市场需求，创新产业发展的领域，推进电子商务由信息流服务向信息流、商流、物流和资金流的综合服务发展。

第三，拓展跨境贸易电子商务，推进管理组织标准化。积极拓展跨境贸易电子商务的发展，积极推进与国家发改委、海关总署、工商、金融等部门来共同探索制定跨境电子商务进出口所涉及的在线通关、检验检疫、退税、结汇等相关基础信息标准和接口规范，实现海关、商检、国税、电商企业以及物流企业等之间的标准化信息流通。

第四，做活农村电子商务，建设综合服务平台。以全省（未来可拓展至全国）各地特色农产品的网络销售为重点，建设展示交流与产销对接的综合性电子商务发展与服务平台。在当前，重点整合现有农产品网上交易平台资源，建设全省性农产品交易的综合性电子商务服务平台。

---

① 本部分参考浙江省政协长三角（浙江）民营经济研究会联合课题组《打造电子商务强省若干建议》课题研究。

（二）建设安全、多元渠道的金融支付体系

加快建设由网上支付、移动支付、固话支付等多元渠道构成的综合支付体系。创新银行与电子商务企业合作模式，强化电子银行和在线支付功能。强化安全性建设，重点拓展 B2B 领域在线支付。加强信息安全防范，完善电子认证基础设施，开展电子认证加密技术研究，引导电子商务企业完善数字认证、密钥管理等安全服务功能。强化防范意识，完善信息安全管理制度与评估机制建设，提高电子商务系统的风险监控、应急响应、数据备份与恢复等能力。

（三）推进电子商务、现代物流产业融合发展

推进电子商务产业与物流产业的融合，依托龙头物流企业建设全国物流网络，重点支持快递企业在杭州设立总部或区域总部。推进电子商务与第三方物流互动发展，特别是物联网等先进物流技术以及装备的应用。在产业融合发展中，特别突出解决网购"最后一公里"难题，为电子商务产业提供快速高效的物流支撑（见图1）。

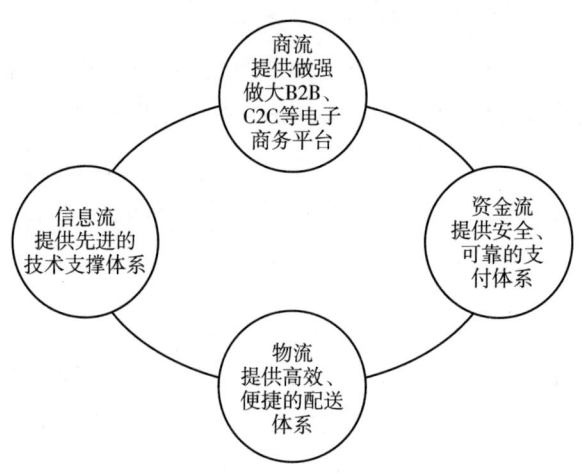

图 1　电子商务"四流融合"体系

资料来源：长三角（浙江）民营经济研究会 2010 年课题报告。

(四)探索云计划等先进技术支撑体系

电子商务产业需要开展海量数据的存储及智能分析,把握物联网、云计算等先进技术带来的商机,推进企业电子商务应用与数字增值业务延伸。抓住杭州市被国家发改委、工信部联合列入首批"云计算服务创新发展试点城市"的契机,加快推进杭州云服务平台建设和完善云安全解决方案,推进电子商务领域中海量数据存储、智能分析等技术的应用。鼓励信息业务服务外包,推动电信运营商、软件供应商、系统集成商为电子商务企业提供平台开发、信息处理、应用系统等外包服务。

四 杭州市电子商务产业的政策突破点

基于良好的发展基础和国内外电子商务产业的发展态势,杭州并不满足于发展现状,其立志于顺应新形势,尊重电子商务产业的发展规律,努力为电子商务产业创造宽松的环境和优越的条件。未来的政策突破点包括以下五个方面。[1]

一是向国家相关部门申请建设杭州市电子商务发展试验区,重点探索未来电子商务产业发展的方向。成立由国家发改委、商务部、浙江省、杭州市共同组成的电子商务发展省部联席会议制度,与国家相关管理部门畅通沟通。以杭州入选国家跨境贸易电子商务试点城市为契机,探索跨境电子商务产业发展"出口产品入区退税、进口产品出区征税"的管理办法。

二是成立电子商务产业发展局,进一步加强对全市电子商务产业发展的规划、指导、管理和服务。

三是加快电子商务调查、统计、评估等地方标准与规范的研究与制定,借鉴发达国家的相关政策、法规,推进与国际标准的接轨,提升电子商务产业的发展规范和环境。

---

[1] 本部分参考浙江省政协长三角(浙江)民营经济研究联合课题组《打造电子商务强省若干建议》课题研究。

四是扩大电子商务发展支持基金规模，重点投资于重大电子商务基础设施工程建设，中小企业利用第三方平台发展电子商务，以及电子商务创业、孵化等支撑功能。与浙江省将电子商务产业列为战略性新兴产业相对应，建议电子商务产业发展享受高新技术产业的扶持政策。

五是创新电子商务服务人才的培养机制，建设一支规模大、质量高的电子商务产业队伍。支持阿里学院搭建大学生和小企业之间的人才直通车，培育实用型、创新型电商人才，尤其重视开展电商领袖培育计划；引进国内外电子商务及相关领域高端人才。发挥电子商务促进会等中介机构的作用，支持电子商务企业常态举办业务培训，提升全市电子商务从业人员业务水平。

参考文献

杭州市人民政府：《杭州市经济和社会信息化发展规划纲要（2001～2010年）》，2000。
杭州市人民政府：《关于加快推进工业企业信息化的若干意见》，2003。
杭州市人民政府：《杭州市信息化发展总体规划（2004～2010年）》，2004。
杭州市人民政府：《关于加快国家电子信息产业基地建设的若干意见》，2005。
杭州市人民政府：《杭州市国民经济和社会信息化"十一五"规划》，2006。
杭州市人民政府：《打造"中国电子商务之都"三年行动计划》，2008。
杭州市人民政府：《杭州市电子商务进企业专项资金管理办法》，2008。
杭州市人民政府：《杭州市"十二五"电子商务发展规划》，2012。
杭州市人民政府：《杭州市电子商务产业发展总体规划》，2012。
杭州市人民政府：《杭州市跨境贸易电子商务服务试点实施方案（2012.8～2014.8）》，2012。
杭州市人民政府：《关于进一步加快电子商务发展的若干意见》，2013。

B.36 上海"营改增"试点经验与服务业发展

闫彦明

摘　要：

新加坡作为世界环境最佳的城市之一,政府的环境策略具有特色,强调针对性、时效性和可持续性。新加坡环境策略的三大目标是保持新加坡环境的高水准、推动新加坡成为绿色运动的先锋和创造可持续的环境文化。其环境策略的效果在多部门合作、区域合作、全社会参与、详细可行、形成文化等多方面对中国的环境保护有借鉴意义。增值税和营业税两税并存的税制格局不利于服务业发展。自上海市开设"营改增"试点以来,在涉及的"1+6"行业范围内,总体上呈现减税效应。"营改增"政策对推动上海市服务产业发展发挥了重要作用,但短期来看还存在制度不完善的情况。上海市将根据试点以来的经验和问题,进一步完善"营改增"政策体系。

关键词：

上海市　"营改增"试点　服务经济

近年来,上海按照"创新驱动、转型发展"的战略,稳步推动经济结构与经济发展方式转型,逐步取得了政策的累计效应。这集中体现为服务业的发展活力逐渐开始显现。2012年末,上海市服务业增加值占区域生产总值的比重首次达到60%的历史峰值,同比增长速度达到10.6%,快于区域生产总值增长速度3.1个百分点,更远快于第一、第二产业的增长速度。其中,信息传输、计算机服务和软件业的发展进一步加快,增速达到16.5%。从动因来看,服务业的快速发展的原因是多方面的,其中一个重要方面是上海市"营业税改征增值税"(以下简称"营改增")试点的推进,带来了深层次的影响。

一 上海市"营改增"试点推出的背景及主要措施

1. 上海市"营改增"试点推出的背景

1994年我国税制改革后,形成了增值税和营业税两税并存的税制格局,这两大税种也构成了我国流转税的主要部分。从征税覆盖范围看,增值税覆盖了除建筑业之外的第二产业,营业税则覆盖了第三产业的大部分行业。

由于营业税采取的是"道道征收、全额征税"的办法,对服务业企业而言,其在无形中承担了一些不必要的税负,如从事营业税劳务企业购进材料、固定资产不能抵扣,从事营业税劳务企业之间相互提供劳务不能抵扣等。在我国经济转型背景下,这种两税分割的状况显然不利于服务业的发展。

遵循"先试点、再推广"思路,我国选择了服务业发达、财政收入具有较好基础的上海市作为改革试点。2011年11月16日,财政部和国家税务总局下发了《关于在上海市开展交通运输业和部分现代服务业营业税改征增值税试点的通知》,宣布自2012年1月1日起,在上海地区率先试点对交通运输业和部分现代服务业由征收营业税改为征收增值税。改革的主要目的在于有效打通第二、第三产业之间增值税的抵扣链条,从制度上解决货物与劳务税制不统一和营业税重复征收等重要问题。在上海市试点之后,到2012年底,中央决定进一步将试点范围扩大到全国12个省、直辖市、计划单列市。

2. 上海市"营改增"试点的主要措施

(1)改革涉及的行业领域。"营改增"试点主要涉及交通运输业和部分现代服务业,即"1+6",具体如图1所示。将试点行业改革前每一道交易都要全额征税的营业税,变成逐环节征收、逐环节抵扣的增值税。在新的办法中,针对不同行业特点,设置了不同的税率,如对于重点鼓励的研发和技术、信息技术、文化创意、物流辅助、鉴证咨询等现代服务行业实行6%的低税率,交通运输业实行较为"折中"的11%税率。

（2）纳税人的分级管理。根据企业规模大小，分为一般纳税人和小规模纳税人两级。其中，应税服务年销售额超过 500 万元的纳税人，为一般纳税人；而年销售额未超过上述标准的，为小规模纳税人。根据试点规定，原适用 5% 营业税的小规模纳税人，试点后可以适用 3% 的增值税率，理论上减税幅度达到 40%（见图 2）。

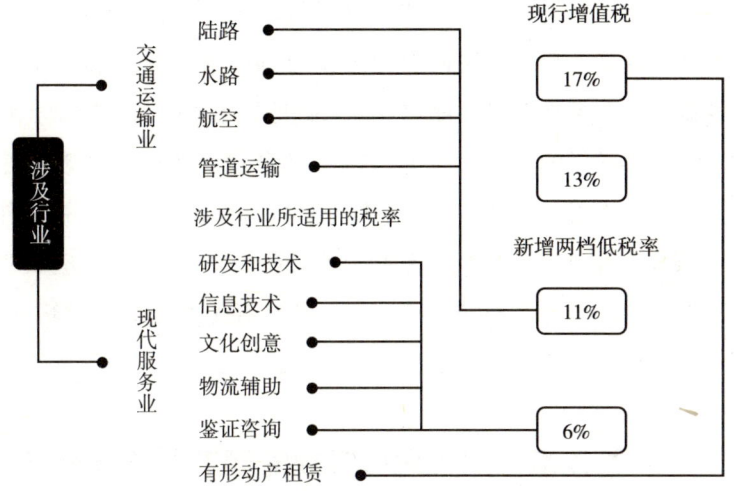

图 1　"营改增"试点涉及的主要行业及税率变化

资料来源：http：//www.zjtax.gov.cn/pub/zjgs/swxc/sszt/ygz/。

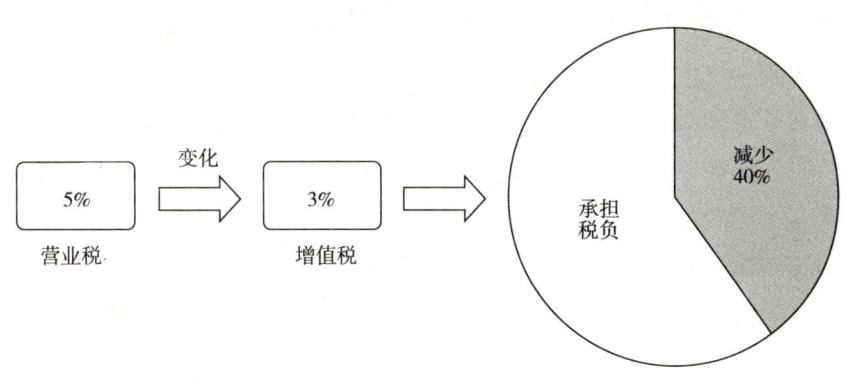

图 2　小规模纳税人理论上可以减税 40%

资料来源：http：//www.zjtax.gov.cn/pub/zjgs/swxc/sszt/ygz/。

（3）税收收入分配。试点后，营业税改征增值税项目取得的增值税收入，仍按原营业税分配比例在中央、市、区三级之间进行分配；因试点产生的财政减收，也按现行财政体制由中央和地方分别负担。

（4）构建完善的推进机制。"营改增"作为国家税制改革的一项重大安排，将为上海市服务业发展带来新的活力。上海市也高度重视通过组织机制的完善来加以推动。一是构建了部、市、区三级联动工作机制，建立了由财政部、国家税务总局和上海市人民政府三方组成的国家"营改增"改革试点工作联席会议制度。二是在市级层面成立了由分管副市长牵头，财政、税务、经信等相关职能部门组成的上海市"营改增"改革试点工作协调领导小组，统筹解决试点过程中出现的问题。三是在税务部门内部设立6个推进工作组，具体负责"营改增"税务工作的具体方面。四是全市17个区县相应成立了由分管区长领导的区"营改增"推进工作小组，并在各区税务局下设6个工作组，分别与市局6个推进工作组相对接。

二 "营改增"对上海服务业的促进渠道与效果

"营改增"试点1年多来，效果逐渐显现，并已成为降低流转税成本、实施结构性减税、推动服务业发展的重要政策。该政策的推动实施在破解影响现代服务业发展的税制瓶颈方面迈出了关键性的一步，在推动上海现代服务业发展方面发挥了积极作用。期间，上海市成功实现了"1+6"试点行业从原营业税税制向增值税税制的顺利转换，将增值税征收范围覆盖到了试点行业所有的货物和劳务。据统计，截至2013年4月底，全市共有16.8万户企业纳入了"营改增"试点范围，比年初的11.8万户新增了5万户，其中新增试点服务项目的企业为2.4万户，新办企业为2.6万户。从总体效果看，从2012年启动试点至2013年4月期间的总体情况看，"营改增"试点的推进，有效地降低了试点企业的总体税收负担。具体来看，主要的效果体现为如下几个方面。

1. 服务企业整体减税，有利于激发企业成长活力

上海试行"营改增"新税制为构建符合服务经济特点的新型税收制度体

系奠定了良好基础,为现代服务业的更好更快发展提供了更为有效的税制保障。许多试点企业以此为契机,着力整合业务资源、开拓市场渠道、创新服务领域,有力地促进了这些企业的模式转型和经营方式转变。从减税成效看,与原税制相比,"营改增"对不同类型企业的影响存在一定差异,其效果可以概括为:小规模纳税人的税负下降较为明显,一般纳税人的税负整体下降,原增值税一般纳税人的税负普遍下降。据统计,试点以来上海市区域内合计减税约200亿元,减税效应比较明显。

2. 打通不同产业之间税收抵扣"链条",有利于促进制造业与服务业的联动发展

"营改增"政策的一个关键点在于,服务业企业征收增值税能够打通原来第二、三产业之间无法抵扣的障碍,连接二、三产业增值税抵扣链条,从制度上解决货物与劳务税制不统一、不协调和营业税重复征收问题。从产业链角度看,实行"营改增"后,上下游不同类型的企业可以层层抵扣,有利于激发上下游企业的积极性。同时,新税制的推行有助于形成服务业和制造业相互促进的良性循环发展机制。一方面,税收抵扣措施有效地减轻了制造业企业的税收负担,从而其有能力进一步加大对现代服务业相关业务的投入力度;另一方面,一些企业主动将部分服务业务分离,聚焦核心产业,不仅推动了服务业市场繁荣,也提升了上海先进制造业企业的竞争力。例如,2012年,上海电气、上海汽车和上海华谊等25家大型制造业企业集团和部分现代服务业企业集团先后实施了主辅分离。

3. 丰富服务产业业态,有助于扩大服务业总体体量

"营改增"试点不仅激发了服务业企业的创新活力,也推动了大型制造类企业将生产性服务业的业务外包,这些都有助于推动服务业的分工与专业化发展,并从总体上扩大服务业的体量。例如,从服务业产业链角度看,有助于形成制造企业服务外包——转型服务类企业"总包"——小微型服务企业"专项分包"的格局,此过程也往往会促成许多新兴业态的出现。根据《文汇报》有关资料,受"营改增"试点及国家对服务贸易实行出口退税或免税政策的综合影响,对近2000户试点企业抽样调查结果表明,在全市市场销售增速回落的情况下,试点企业的客户数量、营业收入、利润分别同比增长了7.45%、

19.8%和19.3%。①

除此以外，随着税制完善并逐渐与国际市场接轨，上海市对外商投资的吸引力也显著增强，特别是跨国公司落户上海的意愿明显增强，这促使各类投资和生产要素向现代服务业加速集聚。据统计，2012年，上海市新认定跨国公司地区总部50户、投资性公司25户、研发中心17户，总部经济的集聚效应不断增强。

三 存在的问题与发展展望

调研发现，在一年多的试点过程中，虽然取得了显著的成效，但同时也暴露不少问题，如部分行业税负增加、抵税项目不充分、国地税衔接不畅等。

1. 主要问题

（1）部分行业税负不降反增。根据国家统计局上海调查总队在2012年底的一项调查，有64.1%的受访企业税负减轻或基本不变，但也有35.9%的受访企业反映税负增加（其中主要集中在交通运输业和鉴证咨询服务业等行业）。

表1 反映税负增加的企业情况

单位：%

所属行业	反映税负增加的受访企业比例	主要原因
交通运输业	58.6	实际税率的提高，即原来按营业额的3%缴纳营业税改为按增值业务的11%缴纳增值税。虽然进项税抵扣范围已渐趋合理，但企业仍有不清楚、不明确的地方
信息技术服务业、文化创意服务业、鉴证咨询服务业	43.4	这些企业原本营业税税率为5%，"营改增"后，增值税税率为6%。由于这些企业的成本主要由工资、房租、物业费构成，这部分支出不能作为进项税抵扣，看上去税率调整幅度仅1个百分点，实际上企业税负略有增加。考虑到近几年企业用工、物业成本不断上升的现实，他们认为此次"营改增"试点对企业的实惠不多

资料来源：根据国家统计局上海调查总队《上海"营改增"试点中的新情况新问题》有关内容整理而成。

---

① 《上海"营改增"试点减税200亿 服务业迅猛发展》，《文汇报》2013年4月17日。

（2）抵扣项目偏少。如，研发技术和信息服务行业的主要运行成本是人工费、差旅费和办公场所租赁费，这三大成本约占企业运行成本的60%~80%，但目前规定却不能抵扣，导致企业的整体赋税水平比之前整体略有上升，而企业主要抵扣来源是购入固定资产（主要是电脑购置）、办公用品以及少量的食品支出等，但这些项目比重较小。

（3）补贴政策面临完善。上海市规定，在"营改增"的试点中，税负增加企业可以向政府申请补贴。但突出的问题是补贴具有一定的滞后性，比如每个季度申请补贴，季末结算时政府只支付70%，待到年底结算后再支付100%的余额。政府部门的考虑主要是，由于每个季度的企业税负增减往往有一定差异，如果支付过量则年底结算还要向企业再收回补贴，手续烦琐，但如此操作的结果会对企业的现金流造成一定影响。税收补贴的另外一个问题在于，部分企业由此"打擦边球"，虚拟提高企业税负，使得税负的数据不能真实反映实际效果；部分企业甚至设法骗取补贴，给国家财政带来损失。另外，国家统计局上海调查总队的调查显示，有43.2%的受访企业对税负增加部分返还政策的手续便利性评价"一般"，13.5%的企业表示"不太满意"，手续便利性成为该政策中企业满意度最低的部分。可见，地方财政补贴政策亟待寻求规范。

2. 完善"营改增"试点政策展望

作为促进服务经济发展的重要措施，"营改增"试点的推出为上海市加快推动经济转型、实现服务业快速发展发挥了重要作用。尤其是"营改增"在促进整合产业链条、推动服务业深度发展、促进产业间协调发展等方面的影响将是长远的，其意义远大于实践中出现的各种瓶颈问题。例如，虽然部分企业税负略有增加，但可以通过价格机制往下游转嫁，同时也会倒逼相关企业加快转型。总体而言，"营改增"试点对上海区域经济转型与发展的促进作用，对微观企业生产经营的积极影响都是显著的。

上海市自试点推行"营改增"以来，持续跟踪研究试点企业及行业税负变动趋势，密切关注试点过程中出现的各种问题，着力从税制上研究完善相关政策措施，力争构建有利于促进完善"营改增"试点政策的长效机制。上海市在"营改增"试点中的经验和不足，将能够为其他省市推行该政策起到重要的借鉴作用。根据国务院的安排，交通运输业和部分现代服务业"营改增"

于今年8月1日在全国推开，并择机将铁路运输和邮电通信等行业纳入试点行业范围。

近来，上海市有关部门已经着手研究下一步试点工作，如对邮电通信业进行基本分析和测算，积极准备预案，为下一步"营改增"的推广推行创造条件。可以预见，随着"营改增"政策的不断完善，将对上海区域经济尤其是各个现代服务行业的快速发展带来新的活力。

参考文献

谢卫群：《上海营改增推动现代服务业发展》，《人民日报》2012年8月24日。

国家统计局上海调查总队：《上海"营改增"试点中的新情况新问题》，2012年12月18日。

汤蕴懿：《2012年上海市"营改增"试点的政策评估及2013年运行预测》，载于沈开艳主编《上海经济发展报告（2013）——城市功能和产业空间转型》，社会科学文献出版社，2013。

《上海"营改增"试点减税200亿　服务业迅猛发展》，《文汇报》2013年4月17日。

Abstract

The upgrading of globalization and world cities is a major topic in 2014. The Trans – Pacific Partnership Agreement and Transatlantic Trade and Investment Partnership will reach agreements in 2014 as assumed, which are regarded as "representative free trade in 21st Century". They will bring fewer tariffs, more service, less barrier, higher standards and wider topics for international trade. The agreements will promote free trade in at least 39 countries which account to over 60% of world GDP. Meanwhile, after 12 years of effort, the Doha round of WTO trade negotiations has finally reached an agreement in Bali. Those represent the acceleration of globalization 2.0.

World cities are the key nodes of the spatial structure of a globalized economy. World cities are under the pressure to upgrade that has been generated by new contents of free trade agreements. Those cities with quick response and obvious upgrading will take advantage in new round global competition.

What is the world cities' appropriate response to the upgraded global competition? This has become a crucial question to the decision – makers of world cities. This report has provided a way towards world city 2.0: (1) urban economy based on capital and creativity; (2) social inclusion; (3) cultural restoration; (4) good governance with happiness as the central goal; (5) low – carbon eco – system; and, (6) compact and mixed urban space.

This report has studied 40 cities around the world and evaluated their capability in terms of world city 2.0. It has been revealed that the once narrow gap between developed cities and developing cities has widened. However, there are opportunities for the developing cities when they are on the right track of upgrading. China (Shanghai) Pilot Free Trade Zone is a case showing their determination.

Contents

B. 1　Deepening Globalization and New
　　　Dimensions of World City 2.0:
　　　2014 Trends in Global City Development　　/ 001

Abstract: World City 2.0, as the special response toward the globalization deepening process, has made its key contents clear. There are 6 new urban development dimensions have been observed. Those are innovation-driven urban economy, inclusive oriented urban society, cultural turn of urban life, good governance taking happiness as the key value, low-carbon city and compact and mixed-use urban space. 40 key world cities have been evaluated under those new understandings.

Keywords: World City 2.0; Urban Upgrading; Globalization Deepening

B. 2　The Urban Startup Ecosystem:
　　　The Global Trends　　/ 051

Abstract: Jointly released by Telefónica Digital and Startup Genome, Startup Ecosystem Report 2012 made a ranking list of the startup ecosystems of the world. Startup Genome collected the data from 2011 using the Startup Compass, and 50 qualitative interviews compiled jointly by the University of California, Berkeley, Stanford University and Telefonica Digital. Based on methods of data analysis, the purpose of the report is to help high-tech companies avoid premature failure. The report also believes that all cities have the capacity to establish a healthy startup ecosystem.

Keywords: Startup Ecosystem; Evaluation; Analysis; Comparison

B.3 Silicon Alley in New York: The Renaissance of Science Parks in American Downtown Areas / 060

Abstract: "Silicon Valley", the iconic region of the Internet industry, is known by most people, whereas "Silicon Alley" is not. In fact, these high-tech enterprise groups, located within borderless technology parks, grouped in old houses and located in lower Manhattan, New York, have become the main growth engine of the economy of New York City. New York City is therefore known as the second fastest grouing Internet and mobile information technology center in the United States, after Silicon Valley. Its rapid development experience has important implications for the construction of innovative cities in China.

Keywords: New York; Center City; Borderless Technology Park; Silicon Alley

B.4 Creative Clusters: The Japanese Model of Government-corporation-university Cooperation / 067

Abstract: The Japan Ministry of Education, Culture, Sports, Science and Technology has put forward policies to encourage the development of "creative cluster" to accelerate the large scale commercialization and production of R&D outcomes so as to promote creative capability of Japan. The key components of these policies are: (1) outstanding research institutes are the core; (2) enterprises and others institutes are partners; (3) government departments are network elements; and (4) formation of government-corporation-university creative clusters.

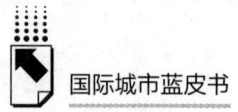

Keywords: Japan; Creative Cluster; Government-Corpoation-university Cooperation; Japanese Ministry of Education; Culture; Sports; Science and Technology

B.5 Service Sectors in Industrial Innovation: Biotechnology Industry Cluster in Munich / 074

Abstract: As Germany's largest economic center, Munich has a strong advantage in the industrial and technological innovation. During the development of Munich's economy, the technology services play an important role, and have formed a unique model. This paper analyzes the characteristics and service sectors of the Munich biotechnology industry cluster, put forward some revelation on technological innovation of China's major cities.

Keywords: Munich; Technology Services; Biotechnology Industry Cluster?

B.6 The Seven Challenges on Modern City Sustainable Development / 083

Abstract: Despite the discussion on climate change and the depletion of natural resources was unceasing more than thirty years, the sustainable development achievement still can be counted on one's fingers. Until today, the global sustainable development policy discussion is focused on how to promote it, and the definition of sustainable development is clean energy use of the economic growth. The study thinks that urban organization and running way have major effect on economic growth, energy demand, natural environment and life quality, thus the connotation of sustainable development focuses on another aspect of city: the mode of urban infrastructure and functional organization, then put forward corresponding seven challenges.

Keywords: Smart City; Sustainable Development; Urban Organization

Contents

B. 7 The Rise of Financial Centres in the
BRIC countries / 093

Abstract: Relying on the advantage of the national economy, major financial centers in "BRIC countries" as a whole entered a phase of rapid growth. Some financial development indicators, ranking among international financial centers of these citiies, showed an upward trend in the medium to long term. By using of data of the "Global Financial Centres Index" (GFCI) that issued by the City of London, this report analysed the features of international position of major international financial centers in "BRIC countries". On seeking common problems, put forward some strategic proposal on development of financial centers in the future for the "BRIC countries".

Keywords: BRIC Countries; Financial Center; Development Strategy; Soft Environment

B. 8 The Developments, Reflection and Inspiration
of FTA in U. S. A. / 100

Abstract: In 2012 the Congressional Research Service released "U. S. Free Trade Zones: Background and Issues for Congress". The report reviewed the development of free trade zones in the United States and current situation, and through large amounts of data on the United States free trade zone, the cost and benefits were analyzed through three aspects : "inverted tariff structure" led to tax reduction, customs and warehousing control efficiency as well as exports of goods without duty consumed, scrapped and destroyed in trade area. Taken the ongoing free trade experiment park construction in China and Shanghai into accounted, there is an important reference.

Keywords: Free Trade Zone; Cost; Reflection?

B.9　Detroit's Glory to Insolvency　　　　　　　　　/ 110

Abstract: Case of Detroit "bankruptcy" is one of the important and typical events in the development of city. Based on the statistical data of Detroit City, the huge debt and bankruptcy process are described. The paper has analyzed the key factors of the gradual decline Detroit in the long term, and put forward some enlightenment to China's urban development according to the related problems.

Keywords: Bankruptcy of City; Detroit City; Population Loss

B.10　The "Next Economy" Recommendation by American Think Tank, The "Next Economy" Strategy in Remaking Manufacturing Sectors in American Metropolitan Areas　　/ 119

Abstract: The Metropolitan Policy Program at Brookings has launched a compact federal policy series to frame the challenges facing the next presidency and advance a select number of discrete policy recommendations to the federal government. The series entitled "Remaking Federalism, Renewing the Economy" includes an overarching framing paper as well as 18 actionable, short-form policy briefs. They sets out that the federal government should work out the outline of a new growth model focused on shaping a "next economy", make "bottom up" regional initiatives the new norm, serve the need for the future development. They have give some detailed recommendations, including "Metro Federalism", "Create a Nationwide Network of Advanced Industries Innovation Hubs", "Support the Designation of 20 Manufacturing Universities", "Establish a 'Race to the Shop' Competition for Advanced Manufacturing", etc.

Keywords: "Next Economy"; Federalism; Innovation; Manufacturing; Metropolitan Area

Contents

B.11　Metropolitan Chicago's Manufacturing Cluster　　　/ 129

Abstract: This article, based on Metropolitan Chicago's Manufacturing Cluster: A Drill-Down Report on Innovation, Workforce, and Infrastructure, issued by Chicago Metropolitan Agency for Planning (CMAP), try to explores the manufacturing cluster to identify major issues that influence the region's competitive advantage in this vital economic activity. It includes several steps that the region can take to capitalize on this "manufacturing moment" in the early 21st Century. The paper analysised the "3P approach" - Product, Process, and People - to define the characteristics of Chicago advanced manufacturing, and illustrated the Next Steps Strategy for Chicago Manufacture future development: Strengthening Innovation, Workforce, and Infrastructure.

Keywords: Chicago; Manufacture; Innovation.

B.12　The Sustainability of Manufacturing Industries in Otaku, Tokyo　　　/ 138

Abstract: The manufacturing industries in Otaku, Tokyo have developed into a base of Japanese industries. The paper has introduced the evolution and characteristics of manufacturing industries in Otaku, Tokyo and the inspiration to manufacturing industries in China's metropolitan areas.

Keywords: Manufacturing Industries; Otaku; Tokyo?

B.13　The Success of Professional Services Industry Clusters of New York　　　/ 145

Abstract: New York City is one of the most innovative dynamic cities in the

361

world. Its ability of innovation has close relationship with the industrial structure. The professional service sector of New York City has gradually evolved the spatial cluster during recent decades. This pattern of development has played a positive role to promote industrial innovation. The experience of New York City can provide a reference for China's Metropolis on how to promote the development of the professional service industry.

Keywords: New York City; Professional Service Industry; Industrial Clusters; Innovation

B.14 Public Feeling and Government Responsibility of Happiness / 155

Abstract: This paper reviews and analyses the present and hot views on Happiness City. It concludes the common features of today's happiness city and points out that, health, education and well-being are the most important factors of a happiness city. It also discusses that Chinese Cities should learn more from those cities in developed cities to set up happiness cities.

Keywords: Happiness City; Happiness Index; Empirical Study

B.15 Human Resource Policy of Singapore in View of Globalization / 163

Abstract: With the intensification of Singapore's aging society, the structure of the labor force, particularly the personnel structure has changed, bringing a range of economic development issues. To this end, Singapore government do some useful exploration to maintain the diversity of economic structure, labor training services for industrial transformation, improve the employment of local residents, and push on the market of labor offshore.

Keywords: Singapore; Personnel Structure; Industrial Restructuring; Employment

B. 16　　The Assistance Service System of Taipei City　/ 169

Abstract: The transformation of social economy directly drives great change of social structure in Taipei city. In the process, the social assistance received wide attention. Taipei City government issued "social assistance law", and constantly improves the construction of city social welfare system. This presentation focuses on the main policy of Social Bureau of Taipei City in recent years, and summarizes the construction of social assistance system to provide reference for construction of assistance system in mainland city.

Keywords: City assistance Service; Taipei; Policy

B. 17　　Boston's Demographics and Employment
　　　　through the Recession　　　　　　　　　　/ 176

Abstract: Boston's population and employment are demonstrating many aspects of evolution and growth. Boston's population has grown over the last decade, became more racially and ethnically diverse, increased its share of young adults, and became more educated. Boston appears to have successfully weathered the storm of the most recent recession. The city has experienced strong job growth since 2011, particularly in the Professional, Scientific, & Technical Services, Health Care & Education, and Hospitality & Leisure industries.

Keywords: Boston; Demographics; Employment?

B. 18　　Culture Evaluation System: Fundamental
　　　　Factors of International Culture Metropolis　/ 189

Abstract: This paper compared the culture evaluation system among

UNESCO, EU, OECD, US and world cities such as London. It analyzed the basic indictor of different framework for cultural statistics, and illustrated the main factor and elements for the development of culture. The paper mentioned that there are two perspectives on culture development trends: economy-industry view and system view. It also point out the three levels of indicators of international cultural index framework: core indicators, basic indicators and specific indicators.

Keywords: Culture; Industry; Index System

B. 19 Cultural Renaissance and Urban Restoration: The Tendency of European Capitals of Culture / 198

Abstract: European Capital of Culture is a flagship cultural initiative of the European Union. Its aim is to promote culture, image, linkage, tourism, diversity and union of European cities. The selection of European Capitals of Culture is under strict procedure and is highly competitive. 2013 European Capitals of Culture are Marseille (France) and Kosice (Slovakia). The former is selected because of the balance between culture and economy, the latter is because of its cultural renaissance. European Capital of Culture is a positive indication to Chinese cities in cultural development, tourism and social inclusion.

Keywords: European Capital of Culture; Cities; Culture

B. 20 Cool Cities vs. Wealth Cities: The Movement of Population in American Metropolitan Areas / 206

Abstract: This paper, by comparative research on the flow trend of migration of young adult and he locations of very highest-income households in American Metropolitan Area; try to study the exactness of Cool Cities and Wealth Cities. The research showed that the young adults are headed to metro areas which are known to have a certain vibe. The distribution of very high-income households is disproportionately in metropolitan area.

Keywords: Metropolitan Area; Young Adult; High-income Household

B. 21 Opportunities for Different Cities: The Clustering of Cultural and Creative Industries in Europe / 213

Abstract: Europe is the key leading region for Cultural and Creative Industries. The CCI create over 6. 4 million employment positions in 30 members of EU. Among EU, many CCI clusters have been formed. Those major CCI clusters are located mainly in prosper areas, such as the capital cities and main metropolises. Among those 25 leading CCI clustering areas identified by EU, London and Paris over-perform against all the others. However, small and medium European cities and areas are winners well since they dominate the list of the highest growth in CCI clusters.

Keywords: Europe; Cultural and Creative Industries; Cluster

B. 22 Green Development in Leading the Next Urban Economy / 223

Abstract: Without any doubt, cities have become the laboratory of green economy. "Going green: How Cities are leading the next economy" is a report jointly issued by LSE cities, London School of economics and political Science, Local Governments sustainability group (ICLEI), Global Green Growth Institute (GGGI). This report use scientific surveying method to investigate the sample of 90 cities around urban challenges and building green economy, having many important new findings. In addition, the report also reviews the progress of green economy on the area of land use, transportation, building, energy, waste, water resources, and comparatively analyzes those mentioned. In the process of Cities leading green economy, land use and transportation has a regulation effects on buildings, energy consumption, waste and water consumption. Thus compact city has become the goal

for many cities. The article would take Copenhagen and Hong Kong as cases study with totally different institutional environments, but the same excellent performance on the integration of land use and transportation. The vision of land use and transportation in Copenhagen is mainly reflected in the Finger Plan. Hong Kong lays much emphasis on the integration of public transport and investment on service.

Keywords: Green Economy; Cities; Compact City; Land Use; Public Transportation

B.23 Singapore's Environment Strategies in Maintaining Garden City / 235

Abstract: Singapore is one of the countries with world - renowned environment. The government has environment strategies characterised by their pertinence, timeliness and sustainability. The goals of the strategies are: (1) safeguard the clean and healthy environment, (2) nurture an eco - friendly culture in every generation, and (3) cherish our beautiful, clean and green environment for present and future generations. The strategies have positive indication to China's environment policies in institutional coordination, regional cooperation, practicability, cultivation.

Keywords: Singapore; Environment; Energy-efficiency

B.24 The Management of Air Pollution and Waste Disposal in HK / 246

Abstract: Air haze and disposal in China cities are the two important environmental issues in long-term problem. This report reviewed and summarized the effective measures on reducing urban haze and utilization of waste disposal practices of Hong Kong for nearly 10 years (especially within 3 years), and then give inspiration on Beijing, Shanghai and other mainland cities which face the same dilemma.

Keywords: Hong Kong; Air Pollution; Waste Disposal; Policy

B.25 The Development and Application of Low-carbon Building in Munich / 255

Abstract: Low-carbon technology of German is the first class in the world. Author has systematically expounded the background, objectives and programs of carbon reduction in Munich, and concentrated on methods of the housing renovations, efficient system, combined heat & power production and diverse power generation. The experience of low carbon building technology in Munich will play important role in development of Chinese low-carbon cities.

Keywords: Low-carbon City; Munich; Low-carbon Building

B.26 Collaborative Governance among Local Authorities: The Case of Chesapeake Bay Program / 264

Abstract: It has been 30 years since the collaborative governance of water pollution of the Chesapeake Bay was launched. As the largest bay in the United States, the comprehensive governance of the Chesapeake Bay is a case of successful practice. The ecological environment management of Chesapeake Bay relies on the support of the Federal government, while the cooperation among the state governments and federal government has played a bigger role. The paper analyzes the development of organization structure and the ways of inter-governmental cooperation during the process of the Chesapeake Bay project and intends to put forward suggestions to regional cooperation in China.

Keywords: Chesapeake Bay; Government Collaboration; Comprehensive Treatment

国际城市蓝皮书

B.27　Partnership Governance: the New Pattern of Modern Urban Management in West Countries　/ 274

Abstract: With the development of globalization, market, information and network, urban governance has substituted for traditional urban management. Public-private partnership is a new pattern of modern urban governance. This paper analyses the basic theories of partnership governance and puts forward some policy recommendations to promote china's urban partnership governance.

Keywords: Partnership Governance; City Management; West Countries

B.28　In-depth Urbanization and Innovative Participatory Urban Governance　/ 281

Abstract: After the world financial crisis in 2008, innovative urban governance has been carried out in Western countries so as to promote economic development and to reconcile social contradiction. The focus of the innovative urban governance has been on the reform of government in aim to improve administrative effectiveness, the transit of government priority to social service and, the integration of government and public participation in urban governance. The innovation has positive reference to urban governance in China in response to the public, improvement of administrative effectiveness, the construction of intermediary and, multiple participation.

Keywords: Urban Governance; Administrative Effectiveness; Social Service; Multiple Participation

B.29　The Trap and Strategies of Urbanization in Latin America　/ 289

Abstract: Main clues to August 13, 2011, McKinsey released "Building global competitive cities: The key to Latin American growth" and released on August 21, 2012 UN-HABITAT "Latin American City Development Report, 2012", the paper analyzed series of problems of Latin American cities generated in the rapid urbanization process, as well as some solution on economic, ecological and management of selected cities.

Keywords: Latin American; Urbanization; The Latin American Trap; Policy

B.30　The Development of Multi-center Metropolis in Ranstad, Holland　/ 296

Abstract: Taking into account of the degree of aggregation and performance aspects of the city, the Randstad Holland is one of the fourth greatest Metropolises with London, Paris, France, and Ruhr of Germany. Compared to the urban areas of London and Paris as the representative of a single center, multi-center metropolis Randstad Holland has been widespread concern in the world, characterized by green heart scattered around the center of the open space, easing the pressure on the center of the city and maintaining a good ecological environment of the metropolitan area through the green. It is the 20th anniversary of the founding of the Randstad inter-provincial coordination mechanism, this article elaborates and analyzes of the process of the formation of the Randstad's multi-center structure, development status and trends, revealing the advantages and disadvantages of multi-center metropolis and development challenges.

Keywords: Randstad; Metropolis; Multi-center; Functionalism

B. 31　London Development Plan Based on the
　　　　Value of Human Living in Post-Olympic Era　/ 303

Abstract: This article, based on 2020 vision: The Greatest City on Earth, issued by Greater London Authority, has tried to explore the future development and planning for Greater London metropolitan areas. The planning vision has shown the evolution of London between now and 2020, and the British capital will become the envy of the world in 2050 and beyond. The vision has indicated the strategy targets for London in post-Olympic decades, such as unlocking the talent, improving the transport network, releasing a new cycling revolutions, etc., and has shown up the 19 Opportunity Areas for London regional development.

Keywords: London; Metropolitan; Planning

B. 32　The Role of Private Railway Firms in the
　　　　Development of Tokyo's New Towns　/ 311

Abstract: New towns have become a major topic of China's urbanization. Some new towns in China have to face problems of small size, insufficient facilities, poor transportation and etc, which did not provide an alternative to the overcrowded and sprawled downtown and suspended the urbanization of the regions. New town development accelerated by railway construction in Japan can therefore provide a model to China's new town development.

Keywords: New Towns; Railway Firms; Diversification; International Comparison

B. 33　The Development of Tramcar in Japan　/ 318

Abstract: The local government of Chuo-ku of Tokyo approved "The Study of IRT (Tramcar)" of 15 million Japanese yen presently. The Project has therefore attracted attention on the development of tramcar. The paper has introduced the development of tramcar in Japan, studied tramcar in overseas metropolitan areas and provided reference for urban transportation in China.

Keywords: Japan; Tramcar; International Overview

B.34 The Trends of "One City with Multi-airport" in International metropolis and Experience of Shanghai / 326

Abstract: Currently, many international metropolises appear with two or more airports and form a more successful operation and management experience. Shanghai, which is the domestic city with two airports, has a complete "One City with multi-airport" system. Based on the overall analysis of the international metropolis with "one city with two airports", "one city with multi-airports", the report focuses the operation and function division of Shanghai.

Keywords: City Airport; One City with Multi-airport System; International Experience; Shanghai

B.35 The Development of Hangzhou as the Capital for E-commerce in China / 338

Abstract: As a new form of commercial economy, e-commerce plays an important role in global commerce model change, thereby affecting the regional organization of production. As the domestic e-commerce industry leader, Hangzhou has many successful experiences in e-commerce industry development. This paper analyzes its key policy in different periods, then focus on the current development, finally carried out on the future development of policy breakthrough.

Keywords: Hangzhou; E-commerce; Policy

B.36 "The Change of Sales Taxes Into Value Added Taxes" Pilot and the Development of Service Industry in Shanghai / 347

Abstract: Coexistence of Value added tax and business tax is not good to the development of service industry. Since Shanghai opened "Change Sales Taxes Into Value Added Taxes" pilot, in relation to the "1 +6" range of industries, the overall effect is the reduction of taxes. The "Change Sales Taxes Into Value Added Taxes" policy plays an important role in promoting the development of Shanghai's service industry city. But in the short term, the system is not so perfect. Based on experience and problems since the pilot, the Shanghai city will continue to improve the "Change Sales Taxes Into Value Added Taxes" policy system.

Keywords: Shanghai City; Change Sales Taxes Into Value Added Taxes; Service Economy

中国皮书网
www.pishu.cn

发布皮书研创资讯，传播皮书精彩内容
引领皮书出版潮流，打造皮书服务平台

栏目设置：

- ☐ 资讯：皮书动态、皮书观点、皮书数据、皮书报道、皮书新书发布会、电子期刊
- ☐ 标准：皮书评价、皮书研究、皮书规范、皮书专家、编撰团队
- ☐ 服务：最新皮书、皮书书目、重点推荐、在线购书
- ☐ 链接：皮书数据库、皮书博客、皮书微博、出版社首页、在线书城
- ☐ 搜索：资讯、图书、研究动态
- ☐ 互动：皮书论坛

中国皮书网依托皮书系列"权威、前沿、原创"的优质内容资源，通过文字、图片、音频、视频等多种元素，在皮书研创者、使用者之间搭建了一个成果展示、资源共享的互动平台。

自2005年12月正式上线以来，中国皮书网的IP访问量、PV浏览量与日俱增，受到海内外研究者、公务人员、商务人士以及专业读者的广泛关注。

2008年、2011年中国皮书网均在全国新闻出版业网站荣誉评选中获得"最具商业价值网站"称号。

2012年，中国皮书网在全国新闻出版业网站系列荣誉评选中获得"出版业网站百强"称号。

权威报告　热点资讯　海量资源

当代中国与世界发展的高端智库平台

皮书数据库　www.pishu.com.cn

　　皮书数据库是专业的人文社会科学综合学术资源总库,以大型连续性图书——皮书系列为基础,整合国内外相关资讯构建而成。该数据库包含七大子库,涵盖两百多个主题,囊括了近十几年间中国与世界经济社会发展报告,覆盖经济、社会、政治、文化、教育、国际问题等多个领域。

　　皮书数据库以篇章为基本单位,方便用户对皮书内容的阅读需求。用户可进行全文检索,也可对文献题目、内容提要、作者名称、作者单位、关键字等基本信息进行检索,还可对检索到的篇章再作二次筛选,进行在线阅读或下载阅读。智能多维度导航,可使用户根据自己熟知的分类标准进行分类导航筛选,使查找和检索更高效、便捷。

　　权威的研究报告、独特的调研数据、前沿的热点资讯,皮书数据库已发展成为国内最具影响力的关于中国与世界现实问题研究的成果库和资讯库。

皮书俱乐部会员服务指南

1. 谁能成为皮书俱乐部成员?
- 皮书作者自动成为俱乐部会员
- 购买了皮书产品(纸质皮书、电子书)的个人用户

2. 会员可以享受的增值服务
- 加入皮书俱乐部,免费获赠该纸质图书的电子书
- 免费获赠皮书数据库100元充值卡
- 免费定期获赠皮书电子期刊
- 优先参与各类皮书学术活动
- 优先享受皮书产品的最新优惠

3. 如何享受增值服务?

(1) 加入皮书俱乐部,获赠该书的电子书

　　第1步　登录我社官网(www.ssap.com.cn),注册账号;

　　第2步　登录并进入"会员中心"—"皮书俱乐部",提交加入皮书俱乐部申请;

　　第3步　审核通过后,自动进入俱乐部服务环节,填写相关购书信息即可自动兑换相应电子书。

(2) 免费获赠皮书数据库100元充值卡

　　100元充值卡只能在皮书数据库中充值和使用
　　第1步　刮开附赠充值的涂层(左下);
　　第2步　登录皮书数据库网站(www.pishu.com.cn),注册账号;
　　第3步　登录并进入"会员中心"—"在线充值"—"充值卡充值",充值成功后即可使用。

4. 声明

　　解释权归社会科学文献出版社所有

卡号:7256685068997889

皮书俱乐部会员可享受社会科学文献出版社其他相关免费增值服务,有任何疑问,均可与我们联系
联系电话: 010-59367227　企业QQ: 800045692　邮箱: pishuclub@ssap.cn
欢迎登录社会科学文献出版社官网(www.ssap.com.cn)和中国皮书网(www.pishu.cn)了解更多信息

社会科学文献出版社 皮书系列

"皮书"起源于十七、十八世纪的英国,主要指官方或社会组织正式发表的重要文件或报告,多以"白皮书"命名。在中国,"皮书"这一概念被社会广泛接受,并被成功运作、发展成为一种全新的出版形态,则源于中国社会科学院社会科学文献出版社。

皮书是对中国与世界发展状况和热点问题进行年度监测,以专业的角度、专家的视野和实证研究方法,针对某一领域或区域现状与发展态势展开分析和预测,具备权威性、前沿性、原创性、实证性、时效性等特点的连续性公开出版物,由一系列权威研究报告组成。皮书系列是社会科学文献出版社编辑出版的蓝皮书、绿皮书、黄皮书等的统称。

皮书系列的作者以中国社会科学院、著名高校、地方社会科学院的研究人员为主,多为国内一流研究机构的权威专家学者,他们的看法和观点代表了学界对中国与世界的现实和未来最高水平的解读与分析。

自20世纪90年代末推出以《经济蓝皮书》为开端的皮书系列以来,社会科学文献出版社至今已累计出版皮书千余部,内容涵盖经济、社会、政法、文化传媒、行业、地方发展、国际形势等领域。皮书系列已成为社会科学文献出版社的著名图书品牌和中国社会科学院的知名学术品牌。

皮书系列在数字出版和国际出版方面成就斐然。皮书数据库被评为"2008~2009年度数字出版知名品牌";《经济蓝皮书》《社会蓝皮书》等十几种皮书每年还由国外知名学术出版机构出版英文版、俄文版、韩文版和日文版,面向全球发行。

2011年,皮书系列正式列入"十二五"国家重点出版规划项目;2012年,部分重点皮书列入中国社会科学院承担的国家哲学社会科学创新工程项目;2014年,35种院外皮书使用"中国社会科学院创新工程学术出版项目"标识。

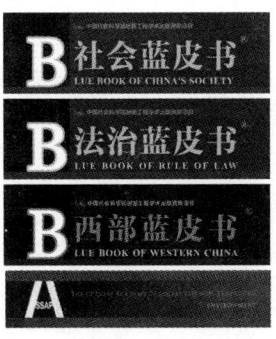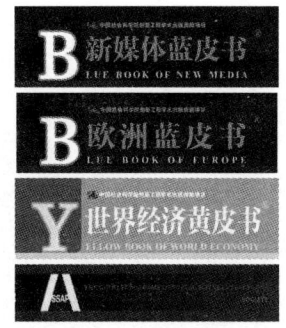

法律声明

"皮书系列"（含蓝皮书、绿皮书、黄皮书）由社会科学文献出版社最早使用并对外推广，现已成为中国图书市场上流行的品牌，是社会科学文献出版社的品牌图书。社会科学文献出版社拥有该系列图书的专有出版权和网络传播权，其LOGO（ ）与"经济蓝皮书"、"社会蓝皮书"等皮书名称已在中华人民共和国工商行政管理总局商标局登记注册，社会科学文献出版社合法拥有其商标专用权。

未经社会科学文献出版社的授权和许可，任何复制、模仿或以其他方式侵害"皮书系列"和LOGO（ ）、"经济蓝皮书"、"社会蓝皮书"等皮书名称商标专用权的行为均属于侵权行为，社会科学文献出版社将采取法律手段追究其法律责任，维护合法权益。

欢迎社会各界人士对侵犯社会科学文献出版社上述权利的违法行为进行举报。电话：010-59367121，电子邮箱：fawubu@ssap.cn。

社会科学文献出版社